창석집

이 책은 2023~2024년도 정부(교육부)의 재원으로 한국고전번역원의 지원을 받아
수행된 '권역별거점연구소협동번역사업'의 결과물임.

This work was supported by Institute for the Translation of Korean Classics - Grant funded by the Korean Government.

한국고전번역원 한국문집번역총서 / 경북대학교 영남문화연구원

창석집 1

蒼石集

이준 지음　김숭호 옮김

李埈

일러두기

1. 이 책의 번역 대본은 한국고전번역원에서 간행한 한국문집총간 제64~65집에 실린 《창석집(蒼石集)》으로 하였다. 번역 대본의 원문 텍스트와 원문 이미지는 한국고전종합DB(http://db.itkc.or.kr)에서 확인할 수 있다.
2. 내용이 간단한 역주는 간주(間註)로, 긴 역주는 각주(脚註)로 처리하였다.
3. 한자는 필요한 경우 이해를 돕기 위하여 넣었으며, 운문(韻文)은 원문을 병기하였다.
4. 맞춤법과 띄어쓰기는 한글 맞춤법과 표준어 규정을 따랐다.
5. 이 책에서 사용한 부호는 다음과 같다.
   ( ) : 번역문과 음이 같은 한자를 묶는다.
   〔 〕 : 번역문과 뜻은 같으나 음이 다른 한자를 묶는다.
   " " : 대화 등의 인용문을 묶는다.
   ' ' : " " 안의 재인용 또는 강조 문구를 묶는다.
   「 」 : ' ' 안의 재인용을 묶는다.
   『 』 : 「 」 안의 재인용을 묶는다.
   《 》 : 책명 및 각주의 전거(典據)를 묶는다.
   〈 〉 : 책의 편명 및 운문·산문의 제목을 묶는다.
   □ : 글자의 자리를 비워 둠을 나타낸다.
   ▨ : 마멸 또는 삭제된 원문 글자의 자리를 나타낸다.

차례

창석집 제2권

시詩

《창석집(蒼石集)》 해제

이세동 | 경북대학교 중어중문학과 교수

1. 창석(蒼石) 이준(李埈)의 생애와 그의 시대

인물은 시간과 공간의 결과물이다. 그에게 주어진 시대와 공간 속에서 그가 수행한 역할이 그를 평가하는 기준이 된다는 말이다. 이런 관점에서 창석 이준(1560~1635)의 삶은 두드러진다. 임진·정유의 왜란과 정묘의 호란을 겪으면서, 광해의 난정과 이괄의 난을 거치면서 조선의 관료이자 문인으로서 그가 보여 준 행보는 늘 '선비가 가야 할 길'이라는 한 지점을 맴돌고 있었다. 선비는 수기치인(修己治人)을 본령으로 한다. 평소에는 자신의 덕과 소양을 닦다가 출사의 기회가 주어지면 위민애국(爲民愛國)의 책무를 다하는 것이 선비가 가야 할 길이다. 그러므로 선비됨의 출발점은 독서와 수신이지만 선비됨의 귀착점은 지식인으로서의 실천인 것이다.

창석의 생애와 성취에 대한 가장 자세한 자료는 그의 장손 신와(新窩) 이재관(李在寬, 1620~1689)이 편찬한 연보[1]와 번암(樊巖) 채제공(蔡濟恭, 1720~1799)이 지은 행장[2]이다. 특히 행장은 원문

1 《蒼石先生年譜》는 《蒼石集》이 간행된 이후에 별도로 간행되었다. 이와 관련한 자세한 내용은 뒤에서 서술할 것이다.

2 《樊巖集》 권39에 〈贈嘉善大夫吏曹參判兼同知經筵義禁府事弘文館提學同知春秋館

만 12,000여 자에 달하여 분량 면에서도 놀랍지만, 기술의 방식이 단순한 행력(行歷)에 그치는 것이 아니라 어휘의 선택이나 평가의 말들에서 창석을 존경하고 사모하는 마음이 읽히는 명문이다. 본 해제에서는 연보를 기준으로 행력을 따라가되, 중요한 맥락들은 행장의 기록을 중심으로 서술하고 실록과 《승정원일기》 등 기타 자료들을 참고하였다. 행장에 기록된 내용을 인용할 경우에는 출처를 밝히지 않을 것이지만, 필요한 경우에는 긴 직함은 생략하고 〈창석행장(蒼石行狀)〉이란 제목으로 출처를 밝혀 본문에 기술하거나 각주를 달 것이다.

창석은 조선 명종 15년(1560)에 경상도 상주목 청리(靑里)의 달내〔酉川, 현재의 상주시 청리면 가천리 달내마을〕에서 태어났다. 자는 숙평(叔平), 관향은 흥양(興陽, 전남 고흥)이다. 대사헌을 지낸 창석의 6대조 이은(李垠)이 상주의 단밀(丹密, 현재의 의성군 단밀면)에 처음 입향하였고, 증조부 이조년(李兆年)이 다시 청리로 이거하였으며, 부친 이수인(李守仁)이 달내로 옮겼다.

창석은 어린 시절에 석천(石川) 김각(金覺)과 서산(西山) 민은(閔誾)에게 배웠다. 민은에게 《맹자》를 배울 때 〈양혜왕〉 편의 "하필이면 이익을 말씀하십니까?"라는 대목을 읽다가, "옳음과 이로움을 구분하는 일은 특히 배우는 자들이 무엇보다 먼저 해야

成均館事五衛都摠府副摠管世子左副賓客行通政大夫弘文館副提學兼經筵參贊官春秋館修撰官蒼石先生李公行狀〉이란 긴 제목으로 실려 있다. 채제공은 행장을 짓고 난 16년 뒤에 창석의 신도비명도 지었는데 《樊巖集》 권39에 실려 있다. 창석에 대한 체제공의 향념이 참으로 간절했던 듯하다.

할 일이다."라고 하였는데,[3] 이 생각은 그의 평생을 관통하는 가치관이 된 것으로 보인다. 그의 실천이 늘 '옳음〔義〕'에서 이루어지고 있기 때문이다. 어린 시절 한때는 그런 생각을 할 수 있으나, 고단한 세상살이에서 그 생각을 평생토록 간직하며 실천하는 것은 쉬운 일이 아니다. 그래서 창석의 삶은 특별하다.

창석은 21세에 서애(西厓) 유성룡(柳成龍, 1542~1607)의 문하에 들어갔다. 25세에는 다시 안동의 하회로 서애를 찾아가 《주역》을 강문했고, 그 사이(23세)에 생원시에도 합격했다. 32세이던 1591년 가을에 문과 별시에 급제하여 권지교서관정자(權知校書館正字)에 보임되었다. 급제한 이듬해인 1592년에 임진왜란이 발발했다. 서울에 있던 창석은 걸어서 고향으로 돌아왔다. 피란 중이던 부모를 어렵사리 만난 뒤, 수천 명의 피란민들을 모아 의병을 일으켰다. 우복(愚伏) 정경세(鄭經世, 1563~1633)를 주장(主將)으로 하고 자신은 소모장(召募將)이 되어 백화산 고모담에 진을 치고 왜적에게 대항했다. 이듬해(1593) 2월에 창석은 형님인 월간(月澗) 이전(李㙉, 1558~1648)과 함께 고립된 상태에서 왜적과 싸우다가 현기증으로 쓰러졌다. 두 형제가 함께 죽을지도 모르는 상황에서 창석은 형님에게 가사를 부탁하고 혼자 탈출하기를 권유하였으나 월간은 끝내 포기하지 않고 아우를 업고 뛰쳐나와 함께 목숨을 건졌다. 창석은 후일 "우리 형님이 없었으면 내 몸도 없었다."라고 하며 중국의 화가에게 이 일을 다섯 폭의 그림

3 蔡濟恭, 《樊巖集》 권39 〈蒼石行狀〉: "方幼少讀孟子'何必曰利', 卽惕然曰: '義利之辨, 尤學者所當先.'"

으로 그리게 하였고, 조선의 명사 26명이 서문과 시를 붙였다. 이 화첩이 유명한 《형제급난도(兄弟急難圖)》이다. 창석의 고향인 상주시 청리면에는 아직도 체화당(棣華堂)이 남아 이 형제들의 우애를 말없이 전해 주고 있다. 체화는 산앵두꽃인데, 《시경·상체(常棣)》의 "무릇 사람들 중에는 형제만 한 이가 없다네."라고 한 구절에서 유래한 것이다.

1594년에는 백성들을 모아 둔전을 경영하여 군량을 마련했으며, 1595년에는 경상도 도사가 되어 군량과 어염을 시의에 적절하게 조달했는데 이를 눈여겨본 체찰사 이원익(李元翼)이 그의 임기를 연장해 주기를 청했다. 1597년 가을에 왜적이 재침하여 이른바 정유재란이 발발하자, 조정은 사헌부 지평으로 있던 그를 소모관(召募官)으로 임명했다. 남쪽으로 내려와 의병을 규합해 곽재우(郭再祐)의 군진과 합류하였다가 이듬해에는 총리사(摠理使) 이원익의 휘하로 옮겨 군무를 보좌했다. 이상이 임진과 정유의 왜란을 겪으면서 창석이 걸었던 대략의 행적이다. 때로는 전투의 현장에서 죽음을 무릅쓰고, 때로는 후방에서 군수를 보급하며 국난을 극복해 간 충성스런 관료의 모습이다.

1599년에 창석은 단양 군수에 임명되었다. 단양은 영남으로 가는 요충지로서 명나라 군대가 자주 지나다니는 길목이다 보니 민폐가 막심했다. 창석은 호소와 위엄으로 이들을 제압하는 등 5년 동안 교화가 크게 행해져, 감사가 치행제일(治行第一)로 조정에 보고했다. 1603년 3월에 홍문관 수찬에 제수되어 떠나가는 창석을 전송하며 백성들이, "단양의 산이 빼어나고 기이하며 단양의 물이 깊고 맑으나, 공을 머물게 하지 못하고 공의 이름만 머물게 하는구나.〔丹山秀且奇, 丹水深而淸, 不能使公留, 但得公留名.〕"라고 노래하였다. 지방관으로서 선정을 베풀던 창석의 면모를 살필 수 있는 대목이다.

3월에 단양 군수를 이임한 창석은 5월에 수찬의 겸직이었던 경연 검토관(經筵檢討官)으로 조강(朝講)에 나아갔다. 《주역》의 〈진괘(晉卦)〉를 강하는 자리였는데 창석은 강을 이어서 다음과 같이 아뢰었다.

> 무릇 임금은 더없이 높은 자리에 있으면서 위복(威福)을 내리는 권한을 가지고 있기 때문에 사방의 백성들이 떠받들게 되며 하고 싶은 일을 반드시 이룰 수 있습니다. 그러므로 범상한 군주는 쉽사리 교만하게 되고, 지혜가 남보다 뛰어난 군주는 아랫사람들을 경시하고 자신이 성인인 체하는 병폐가 있게 되는 것입니다. 후세의 일을 들어 말해 본다면, 당나라 덕종(德宗)은 총명이 남보다 뛰어나고 정밀하게 관찰함이 보통이 아니었습니다. 그때에 육지(陸贄)와 같은 신하가 있었는데도 그의 말을 들어주지 않다가 두 차례나 봉천(奉天)에서 곤란을 겪었습니다. 자만심에 차 거만하게 구는 병폐는 고금의 공통된 근심거리지만 덕종은 더욱 심했기 때문에 이런 지경에 이르렀던 것입니다.

겉으로는 당나라 임금 덕종을 끌어와 언로(言路)를 개방하라고 하였지만, 숨은 뜻은 지금의 임금 선조(宣祖)를 향한 비판이자 충고였다. 그러므로 당시 사관은 이 말의 뒤에, "상이 스스로 잘난 체하며 남들에게 교만을 부리는 점이 덕종과 유사하였으므로 이준이 임문(臨文)하여 언급한 것이다."라고 적었다. 여기까지 잘 참았던 선조는, 창석이 다시 정여립(鄭汝立)의 옥사에 연루되어 억울하게 죽은 정개청(鄭介淸)을 옹호하는 발언을 한 뒤, "미관말직에 있는 신하로서 이처럼 외람되게 아뢰고 보니, 만 번 죽더라도 애석할 것이 없습니다. ……"라고 하며 말을 끝내자 분노했다. 당시 상황을 실록에서는 다음과 같이 적었다.

상이 언성을 높여 안색을 바꾸고 좌우를 돌아보며 이르기를, "이준이 어떤 사람인가? 경상도 사람인가? 말이 조용하지 못한 데다 잘 살피지 못한 점이 많다. 정개청의 일을 해명하려 하면서도 곡절을 잘 알지 못하고 있다."라고 하였다.

정개청을 극도로 미워했던 선조는 이날 조강(朝講)을 사시정(巳時正, 10시)에 끝냈다. 조강은 진시(辰時, 7~9시)에 시작하는 것이 관례였으니 대략 2시간 만에 끝낸 것이다. 이날의 연대(筵對)를 종합하여 사관은 다음과 같이 적었다.

사신은 논한다. …… 지금은 군신 상하가 한마음으로 함께 일을 하면서 서로 의논하여 계획을 바꾸어 나가야 할 때이다. 그런데 충성스러운 말이 병폐에 적중하였는데도 임금은 언성을 높이고 안색을 바꾸며 귀담아듣지 않았다. 간신이 선비를 죽인 일을 오래도록 깨닫지 못하여 언로가 더욱 막히고 지극한 원통이 펴지지 못하게 했으니, 재변이 연이어 발생하는 것이 어찌 괴이한 일이겠는가.[4]

이상 실록의 기록을 길게 정리한 것은 이 단락이 강직한 간관(諫官)으로서의 창석을 살펴볼 수 있는 첫 번째 사료이기 때문이다. 이런 강직함은 광해군 재위기에도 계속 이어진다.

1608년 광해군 즉위년에 홍문관 교리로서 올린 옥당 차자(玉堂箚子)에서 전 좌의정 기자헌(奇自獻)을 탄핵하기를, "온 백성이 우러러보는 정승의 자리에 있으면서 음흉한 성격을 가지고 형벌과 복을 주는 일을 그 손에서 마음대로 하고 있습니다."라고 하였는데, 기자헌은 광해군의 즉위에 공을 세운 훈신이었다. 또 다른 광해군 지지자이자 사돈[5]인 박승종(朴承宗)에게 내릴 교서를 짓게 하자, "나는 소인을 꾸며 주는 것을 부끄럽게 생각한다."라고 하며 사두(詞頭)를 돌려보냈다. 사두는 사신(詞臣)에게 조서를 짓게 할 때 어떤 내용으로 글을 지으라고 내려 주는 요지를 말한다. 채제공은 이 두 가지 일을 두고, 〈창석행장〉에서 "두 사람은 당시에 사람을 귀하게도 하고 천하게도 할 수 있는 자들이었는데, 그들의 소행을 미워하면서 용서하지 않은 것이 이와 같았다."라고 적었다.

이해 11월 6일에 올린 상소에서는, "교묘히 아첨하고 헐뜯는 시녀와 내시가 그 사이에 뒤섞여 들어가 예(禮)에 맞지 않는 것으로 꾀고 의롭지 못한 것으로 이끌었습니다. 그러므로 자연히 도(道)와 멀어지고 덕을 지키는 것이 확고하지 않아 아첨하는 사람

4 이상 일련의 기록은 《宣祖實錄》 162권, 선조 36년 5월 6일 첫 번째 기사 참조. 채제공의 〈蒼石行狀〉에는 창석이, 당나라 덕종이 육지의 진언을 받아들이지 않은 것이 당시 관작을 삭탈당하고 고향에 내려가 있던 유성룡을 대하는 것과 비슷하다고 말하자 임금이 좋아하지 않고 경연을 파했다고 하였는데, 실록에는 이런 내용이 없다.

5 광해군의 세자빈 밀양 박씨는 박승종의 손녀였다.

은 쉬이 친해지고 현명한 사람은 날이 갈수록 소원해졌으니, 마지막에 일어날 사태에 대한 걱정을 이루 다 형언할 수 없습니다."라고 하였다. 광해군은 이 상소에 대해 "오랜 병으로 침울해 있던 중 약석(藥石)과 같은 말을 모두 읽고 내 가상히 여겨 탄식하였다. 마땅히 마음에 새겨 두겠다."라고 하여 일단 임금의 아량을 보였다.

창석은 또 궁궐을 새로 짓는 등 광해군이 대대적으로 토목 공사를 일으키자 차자를 올려, "급하지도 않은 곳에 큰 공사를 일으키는 것은 공경하고 두려워하는 뜻이 아닙니다." 하였고, 1611년(광해군3) 3월에는 문과 전시(殿試)에서 임금의 실책을 지적하는 듯한 임숙영(任叔英)의 대책문을 보고 광해군이 격노하여 급제를 취소하도록 하자, "그가 말한 내용이 만에 하나라도 거짓말이 아니라면 더욱 근심하며 스스로 반성해야지 격식에 맞지 않는다는 이유로 그를 배척해서는 안 됩니다."라고 상소하였다. 이 상소에 대하여 광해군은, "소를 살펴보니 모두 곧은 말이었다. 깊이 유념하겠다. 다만 진언하는 데에는 방법이 여러 가지이니, 소회가 있으면 혹 소를 올려 빠짐없이 말하는 것은 괜찮겠으나, 과장(科場)에 있어서는 이미 제문(題問)이 있고 또 정식(程式)이 있으니, 제의(題意)를 위배하고 정식을 위반하여 한갓 다른 말만을 한 자가 과명(科名)을 훔치게 된다면, 선비들의 무궁한 폐습의 기반이 된다. 나는 이 점을 걱정하는 것이다."라고 하며 한발 물러섰다.

이해(1611) 3월 26일에 이언적과 이황을 비난하는 정인홍의 상소가 올라왔는데, 성균관의 유생들이 청금록(青衿錄)에서 정인홍의 이름을 삭제하고 서울과 지방에 방을 붙여 성토하였다. 광해군이 격노하여 유생들을 금고시켰으나 유생들은 오히려 성균관을 비우고 사방으로 나갔다. 홍문관 응교로 있던 창석은 또 상소하였다. "저 정인홍은 두 유학자의 도덕이 울연히 한 시대의 유종(儒宗)이 되는 것을 보고 스승(남명 조식)의 학문이 두 유학자와 나란히 평가받지 못하는 것을 시샘하여, 이기려는 마음으로 노여움을 드러내어 온갖 말로 비방하면서 흑백처럼 시비가 나뉘는 것을 전혀 알지 못했습니다."라고 하였다. 여러 차례의 소차(疏箚)에서 등극 초기의 너그러움을 보여 온 광해군은 분노했다. "앞뒤 차자 내용에서 종횡으로 논의한 것이 당동벌이(黨同伐異)이다."라는 비답과 "홍문관은 의리를 돌아보지 않고 번거롭게 하기를 꺼리지 않는구나."라는 등의 비답이 연달아 나왔다.

창석은 다시 상소하여, "신하의 도리는 의(義)를 따를 뿐 군주를 따르지 않습니다. 성상의 조치는 한결같이 이치에 어긋나니, 아무리 형벌을 내리더라도 복종하지 않겠습니다. …… 당동벌이라고 배척하고 또한 의리를 돌아보지 않는다고 억압하셨습니다. 전하께서 의리라고 하신 것은 어떤 것을 가리켜 하신 말씀입니까? 도(道)가 있는 곳이 바로 이치가 있는 곳입니다."라고 하였다. 이 일의 전말을 두고 채제공은 〈창석행장〉에서, "광해군이 겉으로는 공론을 두려워하며 간혹 낯빛과 말을 거짓으로 꾸몄으나 속으로는 좌지우지하려는 마음이 절로 드러났다."라고 하였다.

이 일을 계기로 창석은 권간(權奸)들이 전횡하고 있는 조정을 떠났다.[6] 이호민(李好閔)이 광해군에게 아뢰기를, "이준이 고고함

6 채제공은 〈蒼石行狀〉에서, "당시에 세 사람의 흉인을 삼창(三昌)이라고 불렀는

과 정직함을 조정에서 용납받지 못하자 조각배를 타고 남쪽으로 돌아가니, 애석합니다."라고 하였다. 1613년에 잠시 풍기 군수로 나가 교화를 펼치고 돌아온 것을 제외하고는 10여 년을 낙동강가에서 경전에 침잠하고 이치와 의리를 탐색하며 보냈다.

1623년 반정으로 즉위한 인조는 64세의 창석을 홍문관 교리에 임명했다. 이틀 뒤에는 다시 의정부 사인으로 바뀌었고 두 달 뒤에는 사헌부 집의로 옮겼다. 두 달 사이에 정5품에서 정4품으로, 다시 종3품으로 계속 승진하였으니 새 조정은 창석을 크게 쓰려는 듯했다. 그러나 이런 상황은 여기까지였다. 당상관이 목전에 있었지만 이후 홍문관 전한, 상의원 정, 사간원 사간, 사복시 정, 성균관 사성, 세자시강원 보덕 등 종3품과 정3품 당하관의 벼슬길을 맴돌기만 하였다. 인조의 새 조정에서도 그의 간언이 계속되었기 때문이다.

1623년 5월에 강화도에 위리안치되어 있던 폐세자(廢世子) 이지(李祬)가 굴을 파서 탈출하려는 시도가 있었다. 반정공신이었던 이귀(李貴)는 폐세자를 죽이고자 하였고, 막역한 벗이었던 정경세도 은근히 창석을 설득하고 있었다. 이귀가 창석에게 편지를 보내, "공은 반드시 폐세자를 위하여 절의를 세우려 하는가?" 하자 창석은, "예로부터 어떤 일 때문에 반드시 임금에게 간쟁한 자들

데, 그들이 조정을 틀어쥐고 당여와 원군을 심고 위세와 복록을 멋대로 하자, 공은 물러나기로 결심했다. 이때가 신해년(1611)이다."라고 하였다. 삼창은 광창부원군(廣昌府院君) 이이첨(李爾瞻), 밀창부원군(密昌府院君) 박승종(朴承宗), 문창부원군(文昌府院君) 유희분(柳希奮)을 일컫는 말이다.

이 모두 그 일을 위하여 절의를 세웠는가?”라고 답장하고 폐세자의 구명을 위해 상소하였다. 이 일로 인해 창석은 철원 부사로 좌천되었다.

1624년에 이괄(李适)이 반란을 일으키자, 임금이 공주(公州)로 피란하였다. 난리가 났다는 말을 듣고 창석은 여러 동지와 함께 의병 1,000여 명을 모집하여 이름을 의승군(義勝軍)이라 하였다. 날짜를 정해 행재소로 달려가려 했으나 역적이 토벌되고 어가가 서울로 돌아갔다는 말을 듣고는 곧바로 의병을 해산하고, 역적의 변고가 일어나게 된 원인과 백성이 임금을 원망하는 상황을 상소로 극진하게 아뢰었다.

역모의 초사(招辭)에 이름이 나온 인성군(仁城君)의 처리 문제를 두고 또 이귀와 대립한 적이 있었는데, 창석은 어전에서 “이귀의 말을 권도(權道)에 맞는 것으로 여기시는 것입니까? 권도의 말은 경중을 헤아려 중도(中道)에 맞게 하는 것인데, 이귀의 말이 어찌 중도에 맞는다고 할 수 있겠습니까.”라고 하였다. 이 일로 대각(臺閣)에서 거듭 창석의 파직을 청하자, 대사간 장유(張維)가 “이 노인의 마음에는 다른 것이 없다. 만약 심하게 문구를 가지고 따진다면 우리는 공론에 죄를 얻을 것이다.”라고 하였다.

1625년에 인조가 인목대비의 딸인 정명공주의 저택을 짓게 하였는데 규모가 법도를 크게 넘었다. 창석이 “신들이 말하는 것은 조종(祖宗)의 법이고, 전하께서 행하시는 것은 자전(慈殿)의 뜻입니다. 전하께서는 한 나라 법도의 주인이 되셨으니, 마땅히 사리로 일깨워 드리는 것이 곧 대효가 되는데, 어찌 모후(母后)의 분부라고 해서 의롭지 않은 일을 곡진히 따르는 것을 효로 여길 수 있겠습니까."라고 하였으나 인조는 아랑곳하지 않았다.

1626년 인조의 생모인 연주부부인(連珠府夫人) 능성 구씨가 죽자 인조는 이귀의 건의에 따라 3년복을 입고자 하였다. 창석은 "주상께서는 지손으로서 대통을 계승하셨으니, 소종(小宗)을 대종(大宗)에 합칠 수 없습니다."라고 하며, 3년상이 예에 맞지 않음을 극론하였다. 삼사(三司)가 번갈아 동일한 취지로 상소하고 대사헌 정경세가 힘써 간쟁하자, 인조가 몹시 진노하여 간원(諫院)의 관원들을 모두 체차(遞差)하였다. 창석은 "승정원은 임금에게 올릴 말과 올리지 말아야 할 말을 주관하는데 조정의 공론을 거치지 않은 비답을 돌려보내지 못하여 마침내 군부의 잘못된 조치를 이루어 주니, 의리를 해치고 일의 체모를 손상함이 몹시 크다." 하고 해당 승지를 탄핵하였다. 인조는 이로부터 6년 뒤인 1632년에 생부인 정원대원군(定遠大院君)을 원종(元宗)으로, 연주부부인을 인헌왕후(仁獻王后)로 각각 추존하고, 1634년에는 이들의 신주를 종묘정전에 부묘(祔廟)하고자 하였는데 이때도 창석은 상소를 올려 예법에 어긋남을 극론하였다.

이상이 창석이 간관으로서 보여 준 주요 모습들이다. 어린 시절 《맹자》를 읽으면서 깨우쳤던 '옳음〔義〕'의 길을 '선비가 가야 할 길'이라 여기고 살았던 창석이었고, 그런 그의 삶은 간관의 풍모에서 더욱 빛이 났다. 《창석집》과 《창석속집(蒼石續集)》에 남아 있는 54편의 소(疏)와 34편의 차(箚)가 모두 그러한 자취일 것이지만 이상에서 소개한 내용만으로도 그 대략의 모습을 살펴볼 수 있을 터이다. 이런 창석이었기에 정경세는 "노형이 어전에서 아뢴 말씀은 충군애국의 혈성에서 나와, 꺼리고 저촉됨을 도무지 돌아보지 않았으니 듣고 탄복하였습니다."[7]라고 하였고, 채제공은 그의 생애를 개괄하면서 "공의 평소 언론과 실천을 삼대 이후에 특별히 저명했던 사람들과 비교하면 오직 한나라의 가의(賈誼), 당나라의 육지(陸贄), 송나라의 이강(李綱)과 진덕수(眞德秀)에 가깝고, 나머지 사람들은 모두 적막할 뿐이다."[8]라고 하며 역대의 이름난 간관들에 견주었던 것이다.

1627년에 정묘호란이 일어나자 창석은 근왕(勤王)을 위해 의군(義軍)을 모았고, 마침 호소사(號召使)로 내려온 정경세가 창석에게 군량미를 조달하게 하자 수천 가마의 군량을 확보했다. 전주에 있던 소현세자의 분조(分朝)를 찾아가 알현한 뒤 조도사(調度使)에 임명되어 다시 만여 가마의 군량을 모았는데, 적이 물러가자 모은 군량을 모두 관고(官庫)에 귀속시켰다. 4월에 조정으로 들어가자 인조가 전시의 공적을 칭찬하고 비로소 당상관으로 특진시켰다. 군직인 절충장군(折衝將軍) 첨지중추부사(僉知中樞府事)로서 문관직인 지제교(知製敎)를 겸하게 하였다. 문관 품계인 통정대부(通政大夫)가 아니라 군직을 받은 것은 전장에서 조도사로서 군공을 세웠기 때문일 것이지만, 그의 강직함에 대한 조정의 불온한 시선도 작용하였을 것이다. 이후 공조 참의, 동부승지, 우부승지, 좌부승지, 삼척 부사, 예조 참의 등의 벼슬을 거치고,

7 鄭經世, 《愚伏集》 권10 〈與李叔平〉: "老兄登對之啓, 出於忠君愛國之血誠, 犯忌觸諱, 都不顧計, 聞之嘆服."

8 蔡濟恭, 《樊巖集》 권39 〈蒼石行狀〉: "公之平日言論事爲, 方之三代後傑然著稱之人, 惟漢之賈誼, 唐之陸贄, 宋之李綱眞德秀爲近之, 餘皆寂寥耳."

1635년 4월에 홍문관 부제학이 되었다. 시골에 있던 창석은 부임하기 위해 상경하다가 도중에 병을 얻어 사직소를 올리고 돌아와 6월 17일에 향년 76세로 작고했다.

1647년에 상주의 옥성서원(玉成書院), 1708년에 풍기의 우곡서원(愚谷書院)에 각각 배향되었다. 1867년(고종4)에 우의정 유후조(柳厚祚)가 빈대(賓對)에서 주청하여 자헌대부 이조 판서에 추증되었고, 4년 뒤인 1871년에는 좌의정으로 승진한 유후조가 다시 시장(諡狀)을 지어 문간(文簡)의 시호가 내려졌다. "도덕이 널리 드러난 것을 '문'이라 하고, 한 가지 덕에도 게으르지 않은 것을 '간'이라 한다.〔道德博聞曰文, 一德不懈曰簡〕"라는 시법(諡法)에 따른 것이었다.[9] 현대에 들어와서, 2005년 5월에는 정몽주(鄭夢周)·김굉필(金宏弼)·정여창(鄭汝昌)·이언적(李彦迪)·이황(李滉)·노수신(盧守愼)·유성룡(柳成龍)·정경세(鄭經世)를 봉향하고 있는 상주의 도남서원(道南書院)에서 경상도 유림들이 도회(道會)를 개최하여 창석의 추향(追享)을 의결하였다.

2. 《창석집(蒼石集)》의 간본(刊本)과 내용

1) 간본

창석의 저술과 부록에 해당하는 원전 자료는 3종이 남아 있는데,

9 이상 창석 사후의 기림에 대한 내용은 《蒼石集》과는 별도로 간행된 《蒼石先生年譜》 권2에 의거한 것이다.

목판본 《창석선생문집(蒼石先生文集)》(이하 《원집》) 18권 10책과 목활자본 《창석선생속집(蒼石先生續集)》(이하 《속집》) 8권 4책 및 목판본 《창석선생연보(蒼石先生年譜)》(이하 《연보》) 4권 2책이 그것이다. 도합 30권 16책의 이 3종은 각각 간행 연도가 다르며, 《원집》과 《연보》의 목판은 창석문중에서 한국국학진흥원에 기탁하여 보관하고 있다. 한국국학진흥원이 구축한 〈목판아카이브〉에 따르면, 이 목판은 전체 462장 중 결락이 119장이며 현재 342장이 남아 있다고 한다.[10] 《원집》은 대략 17세기 중엽에서 18세기 중엽 사이에 간행된 것으로 보이지만 서발(序跋)이나 후지(後識)가 없어 정확한 연도는 알 수 없고, 《연보》는 1871년경에 판각한 것으로 추정되는데 이때 일실되거나 마모된 《원집》의 일부도 다시 판각해 보완하였다. 그간 《원집》만 먼저 유통되다가 《연보》가 간행되면서 비로소 《원집》과 《연보》가 한 질로 묶여 유통되다 보니, 규장각(奎6916)에 소장되어 있는 판본에는 《연보》가 없고 성균관대학교 중앙도서관(D3B-1006) 소장본에는 《연보》가 있게 된 것이다.

한편 《원집》 발간 시 간행되지 못한 유문들이 11권의 《별집(別集)》 필사본으로 종가에 보관되어 있었는데, 1909년에 월간의 10대손 이시건(李時健, 1856~1939)과 창석의 10대손 이시은(李時殷, 1862~1935) 등이 이를 선별하고 새로운 자료를 보충해 《속집》으로 편찬하여 목활자로 간행했다. 별도 유통된 이 간본은 연

10 전체 462장 중 결락이 119장이면 현재 343장이 남아 있어야 하는데, 1장이 차이가 난다. 어디에 오류가 있는지 알 수 없어 아카이브에 공개한 대로 인용했다.

세대학교 중앙도서관 등에 소장되어 있다.[11] 한국고전번역원에서는 이 가운데 규장각본 《원집》과 연세대학교본 《속집》을 표점 수록하였고, 본 번역은 이 표점본을 저본으로 하여 완역한 것이다.

2) 《원집》과 《속집》의 내용과 특징

18권 10책의 《원집》 권수(卷首)에는 목록이 있고, 서문과 발문 및 후지가 전혀 없으며 부록도 실려 있지 않다. 권1부터 권3까지에는 476제(題) 571수(首)의 시가 연대순으로 편차되어 있고, 권4부터 권18까지는 464편의 산문이 실려 있다. 산문을 수록 순서에 따라 문체별로 일별하면, 교서(敎書) 4편, 게첩(揭帖) 4편, 소(疏) 31편, 차(箚) 29편, 계사(啓辭) 44편, 정문(呈文) 3편, 서(書) 186편, 잡저(雜著) 66편, 서(序) 4편, 기(記) 10편, 발(跋) 14편, 표(表) 1편, 전(箋) 9편, 계(啓) 2편, 잠(箴) 4편, 명(銘) 3편, 상량문(上梁文) 1편, 축문(祝文) 4편, 제문(祭文) 25편, 비갈(碑碣) 8편, 묘지(墓誌) 5편, 행장(行狀) 7편 등이다.

8권 4책의 《속집》 권수에는 목록이 있고, 권미(卷尾)에는 월간의 10대손 이시건이 쓴 후지(後識)가 있다. 권1에는 시 108제 116수와 부(賦) 2편이 실려 있고 권2부터 권8까지는 358편의 산문이 실려 있는데 산문을 수록 순서에 따라 문체별로 일별하면, 교서 9편, 게첩 4편, 소 23편, 차 5편, 계사 6편, 정사(呈辭) 2편, 정문 2편, 서(書) 109편, 잡저 25편, 서(序) 7편, 기 8편, 발

11 이상 간본에 대한 정리는 한국국학진흥원의 〈목판아카이브〉와 한국고전번역원의 〈《창석집》 해제〉를 참고하고 일부 인용하였다.

1편, 표 3편, 전 5편, 계 8편, 명 2편, 상량문 7편, 축문고사(祝文告辭) 50편, 제문 66편, 비갈 8편, 묘표(墓表) 3편, 묘지 4편, 행장 1편 등이다. 이제 《원집》과 《속집》을 아울러 시와 산문의 특징적인 면모를 간략하게 살펴보기로 한다.

창석의 시는 《원집》과 《속집》을 통틀어 584제 687수인데, 조선 중기 인물이 남긴 시편치고는 많은 편이다. 시체별로는 칠언시가 대부분이고 율시가 압도적으로 많으며, 70여 제의 고시 가운데에는 700자부터 1,120자에 이르는 장편이 4제 있다.[12] 이는 정형화된 근체시를 선호하면서도 상황에 따라 호방한 고체시도 운용한 것인데, 유교적 가치의 범주를 철저히 지키면서도 강직함을 실천하던 창석의 특징적인 기질과 무관하지 않을 것이다. 창석의 시가 적지 않은 편수임에도 불구하고, 시화류(詩話類)의 글이나 선집(選集) 등에 실린 경우가 없으며 그를 기리는 행장이나 만사에도 이에 대한 언급이 드문 것을 보면 그의 시는 산문에 비해 주목받지 못했던 듯하다.

산문 가운데, 교서(敎書) 13편, 게첩(揭帖) 8편, 소(疏) 54편, 차(箚) 34편, 계사(啓辭) 50편, 정사(呈辭) 2편, 정문(呈文) 5편, 표(表) 4편, 전(箋) 14편, 계(啓) 10편 등 도합 194편은 관직 생활과 관련된 글이다. 거의 200편에 달하는 이 글들은 벼슬길에 나가지 않았더라면 쓰지 않아도 되었을 글들이니 관리로서의 창석을 살펴볼 수 있는 중요한 자료들이지만, 특히 주목되는 것은

12 창석 시의 제(題)와 수(首)의 통계 및 시체별 분석은 呂運弼의 〈蒼石 李埈의 交遊詩의 한 樣相〉(《韓國漢詩作家硏究》 8, 태학사, 2003)을 참조했다.

54편의 상소문〔疏〕과 34편의 차자(箚子)이다. 조선의 중·후기를 막론하고 문집에 이 정도로 많은 소차(疏箚)가 실려 있는 경우는 보기 드물거니와, 내용 역시 앞에서 살펴본 것처럼 강직한 간관의 풍모를 여실하게 보여 주고 있어 《창석집》에서 가장 주목해야 할 부분이다.

창석의 산문은 당대에도 이미 높은 평가를 받았던 듯하다. 교서 13편은 지제교(知製教)로서 지은 임금의 교서들인데, 일단 수량으로 보아 여타 문집에 비해 많은 편이다. 주지하다시피 지제교는 '세 글자 벼슬〔三字銜〕'이라고 별칭될 만큼 문한(文翰)을 인정받아야 하는 자리였다. 먼저 1차 홍문록(弘文錄)과 2차 도당록(都堂錄)의 권점을 받아 홍문관의 관원이 되어야 하고, 홍문관의 관원이 되어 지제교를 예겸(例兼)하더라도 실제로 교서를 작성하는 일은 문학 재능이 뛰어난 소수에게 맡겨졌다. 창석은 32세에 급제하고 5년 뒤인 37세에 도당록에 뽑혔으며, 정묘호란의 전란 중에 절충장군의 군직으로 특진하여 당상관이 될 때도 지제교를 겸하였다. 홍문관의 관리가 아니면서 지제교를 겸하는 경우를 외지제교(外知製教)라 하는데 문한을 인정받지 못하면 불가능한 일이었다. 인조는 그의 강직한 간언이 거슬렸지만 그의 제술 능력만큼은 인정하였던 것이다.

창석의 지기(知己) 정경세는 창석의 문장에 대해 다음과 같이 말하였다.

> 노형의 문장은 깎고 다듬어 정밀하고 간결하며 씩씩하고 엄숙하니 자후(子厚)에게 얻은 바가 많습니다만, 두 사람의 문장은

기상이 절로 다르므로 각기 자신의 진짜 문체를 완성하는 것이 좋겠습니다.[13]

자후는 당나라의 문장가 유종원(柳宗元)의 자이다. 유종원을 닮아가는 창석의 문체를 보고 이제는 자신의 문체를 완성하라고 충고하면서, '정간긍장(精簡矜莊 : 정밀하고 간결하며 씩씩하고 엄숙하다)' 네 글자로 창석의 문장을 개괄한 것이다. 창석의 문장을 평가하고 충고하던 정경세는 자신들의 스승이었던 서애의 문집에 쓴 창석의 발문을 보고는 크게 감탄한다.

《서애집(西厓集)》의 발문(跋文)을 보내오셨는데 무릎을 치면서 탄복을 금치 못한바, 사람으로 하여금 거듭거듭 감탄하게 하였습니다. 다듬고 고쳐 달라는 부탁은 감히 제가 할 수 있는 일이 아닙니다만, 아끼고 완상하고 싶은 마음에서 우선은 책상 위에 놓아두고 보다가 뒷날을 기다려 옥고를 돌려드리고자 합니다.[14]

정경세의 이런 칭찬은 빈말이 아니다. 본 번역서 제14권에 실려 있는 〈서애 선생 문집 발문〔西厓先生文集跋〕〉을 보면 알 수

13 《愚伏集》 권10 〈與李叔平〉 제21서 : "老兄之文, 鍛鍊刻削, 精簡矜莊, 得之於子厚者爲多. 兩家文章, 氣象自不同, 各全其眞體可也."

14 《愚伏集》 권10 〈與李叔平〉 제31서 : "西厓跋文蒙示, 不勝擊節, 令人三復嘆賞. 點抹批示之教, 非所敢及, 只以貪於愛玩, 姑玆留置案上, 俟後璧還伏計."

있거니와, 문(文)과 도(道)의 관계를 언급하면서 글을 시작하여 조선 도학의 원류를 밝힌 뒤, 유성룡이 학문과 덕행으로 그 도통을 계승하였음을 드러내고 경륜의 이력과 시문의 성취를 개괄한 명문이다. 지금 보아도 명문인 이 발문의 대상이었던 서애도 일찍이 창석의 〈선담기(銑潭記)〉를 보고 극찬한 적이 있다.

> 또 〈선담기〉를 얻어서 읽어 보았는데, 계곡과 솔숲에 부는 바람 소리가 들리는 듯하여 사람의 정신을 상쾌하게 하였습니다. 대개 단지 땅만 명승이 아니라 웅혼한 문장과 날렵한 필치로 남김없이 묘사해 내어, 산신령이 만약 있다면 이런 글을 만나게 된 것을 다행으로 여길 것입니다.[15]

창석의 〈선담기〉에, "운암(雲巖)에서 시내를 따라 동쪽으로 몇 리쯤 가니, 골짜기 양쪽이 담장처럼 서서 마치 붉은 분칠을 한 듯한" 곳에 숨어 있다고 하였고, "사방 모퉁이에 뻗힌 바위가 겉은 둥글고 가운데는 우묵하여 그 모양이 마치 끌〔銑〕과 같아서" 선담이라 한다고 하였다. 운암은 저 유명한 사인암(舍人巖) 상류 남조천(南造川) 가에 있는 바위로, 검은 돌이 층층으로 쌓여 있고 서애가 매입한 수운정(水雲亭)이 그 위에 있었다. 수운정을 매입 해두고도 자주 가지 못하는 서애를 위해 주변의 명승을 자세히 묘

15 《西厓集》 권12 〈答李叔平〉 제4서 : "且得銑潭記讀之, 似聞溪風松籟之聲, 令人神思颯爽. 蓋不獨地境爲勝, 雄文快筆, 所以模寫者無餘蘊, 使山靈有知, 應自幸其有遇也."

사해 보내어 격찬을 받았던 것이다. 후일 노론계 문신인 월곡(月谷) 오원(吳瑗, 1700~1740)이 이곳에 들러,

> 선담은 곧 운암(雲巖)의 상류이다. 시내를 따라 3리쯤 가니 층층 바위가 시내 좌우로 50~60보(步)에 이어져 솟아 있었는데, 모두 앉을 만하였다. 그 아래 푸른 못은 깊이가 몇 장(丈)이나 되었다. 근자에 비가 세차게 내린 바람에 바위가 무너져서 폭포 물 떨어지는 곳이 더 이상 옛날 모습이 아니라고 하였다. 요컨대 역시 아름다운 곳이긴 하였으나 창석(蒼石)의 기(記)는 사실을 너무 과장하였다.[16]

라고 하였으니 그때까지도 사람들은 선담을 찾았지만 이미 창석이 본 그 선담은 아니었던 모양이다. 오원은 여기서 창석의 〈선담기〉가 사실을 과장하였다고 했는데, 경치가 변한 것인지 서애와 보는 눈이 달랐던 것인지 알 수 없지만 문장이 지나치게 아름답다는 말을 다르게 표현한 것일 터이다.

3) 《연보》의 내용

4권 2책으로 구성된 《창석선생연보》는 본 번역의 대상이 아니지만 창석을 이해하는 중요 자료일 뿐만 아니라 《창석집》의 부록에

16 《月谷集》 권10 〈湖左日記〉: "潭卽雲巖上流, 沿川三里許, 層巖亘峙川左右五六十步, 皆可坐. 其下爲碧潭, 深數丈. 近因雨蕩巖崩, 其瀑落處非復舊形態云, 要亦佳境, 而蒼石之記太過實矣."

해당하기 때문에 내용들을 개괄하고 일부를 원문과 함께 소개하기로 한다.

권1에는 세계도(世系圖)와 창석의 장손 이재관(李在寬)이 편찬한 연보(年譜)가 실려 있고, 권2부터 권4까지는 부록(附錄)이다. 권2에는 제문과 만사가 실려 있는데, 제문에는 서당과 서원 및 향교의 유생들이 공동으로 지은 제문 8편과, 문생과 지인들의 개인 제문 9편 등 17편의 제문이 실려 있다. 월간이 아우와 함께했던 애환을 개괄한 제문의 앞 단락을 소개한다.

> 아, 슬프다! 나의 아우가 지금 나를 버리고 어디로 가려 하는가. 제수씨가 방에 있고 집 안에 가득한 아들이며 딸이며 손자들이 호곡하고 있는데 듣지 못하고 알지 못한 채, 평생 살던 곳을 버리고 장차 영원히 산중으로 돌아가는가. 오호라, 아우여! 저기에 무슨 미련이 있으며 여기에 무슨 미움이 있기에 문득 세상이 싫어져서 길이 작별하기를 이처럼 갑자기 하는가. 아, 슬프다! 아우는 경신년(1560)에 태어났고 나는 무오년(1558)에 태어나 어린 시절부터 앞자락과 뒷자락처럼 서로 따르며 놀았고, 조금 자라서는 스승에게 배울 때나 산사에서 글 읽을 때나 하루 한때라도 함께하지 않은 적이 없었다. ……[17]

17 《蒼石先生年譜》 권2 〈祭文・伯氏月澗〉: "嗚呼哀哉! 吾弟今欲舍我而何之. 有嫂在室, 有子若女若諸孫, 滿家號哭, 而莫聞莫知, 去平生之所處, 將永歸于山中. 嗚呼弟乎! 於彼何戀, 於此何惡, 而遽厭世而長辭若此之果乎. 嗚呼哀哉! 弟生於庚申, 余生於戊午, 自在髫齔, 前襟後裾, 追逐嬉遊. 及稍長, 受學師門, 讀書山寺, 無一時一日而不相隨也. ……"

제문은 보통 운문으로 짓지만 슬픔이 사무치면 산문으로 짓는다. 운문의 형식을 맞출 마음의 겨를이 없기 때문이다. 산문으로 지은 이 제문은 잘 지은 글이라기보다는 우애로부터 비롯한 아픔이 사무치는 글이다. 만사에는 동계(桐溪) 정온(鄭蘊), 선원(仙源) 김상용(金尙容), 용주(龍洲) 조경(趙絅), 분사(分沙) 이성구(李聖求), 계곡(谿谷) 장유(張維), 택당(澤堂) 이식(李植), 동명(東溟) 김세렴(金世濂), 학사(鶴沙) 김응조(金應祖), 인재(訒齋) 최현(崔晛), 지천(遲川) 최명길(崔鳴吉) 등 당대의 명류들과 지인들이 지은 36편의 애도시가 실려 있다. 계곡 장유의 만사 한 수를 소개한다.

온 몸 가득 쌓인 것은 하늘 주신 참마음	滿腔都是貯天眞
자리 위 보배 품고 초야에서 유유자적	山野風姿席上珍
문장은 주자 배워 모두가 바른 이치	文學考亭渾義理
장경 같은 시편에는 정신이 더욱 우뚝	詩傳長慶更精神
맑은 조정 인재 되어 기대 저버리지 않았고	論才不負淸朝望
늦게서야 맺은 정의 지기를 어찌 잊으랴	知己寧忘晩契親
상자 속에 남은 글씨 지금도 보면서	遺墨尙看留篋笥
백발로 만사 지으며 눈물 적시네	白頭題輓爲沾巾

원문의 '석상진(席上珍)'은 《예기》 〈유행(儒行)〉의 "유자는 자리 위의 진귀한 보배처럼 덕을 품고 임금이 불러 주기를 기다린다.〔儒有席上之珍以待聘〕"라는 말에서 유래하여 재덕을 갖춘 선비를 비유하는 말이고, '고정(考亭)'은 주자를 말하고 '장경(長慶)'은

《장경집(長慶集)》을 펴냈던 당나라의 백거이(白居易)와 원진(元稹)을 가리킨다. 56자에 불과한 칠언율시 한 편으로 창석의 생애를 개괄하고, 자신과 늦게 맺은 정의(情誼)를 드러내며 안타까워하는 명편이다.

권3에는 번암 채제공이 지은 행장(行狀)과 상주 출신의 오주(鰲州) 한극창(韓克昌)이 지은 〈옥성서원봉안문(玉成書院奉安文)〉, 역시 상주 출신의 와운(臥雲) 강용량(康用良)이 지은 〈양정상향문(兩丁常享文)〉, 낙파 유후조가 지은 시장(諡狀)이 실려 있다. 이 가운데 〈양정상향문〉은 춘추로 정일(丁日)에 거행되는 옥성서원 향사 때의 축문으로, 그 내용은 다음과 같다.

> 재주는 하늘에서 내리셨고, 학문은 스승에게 받으셨네. 우리에게 끝없는 은혜 주시어 가는 길이 어둡지 않게 하셨네.〔才降于天, 學資于師. 惠我無疆, 不昧所之.〕

권4에는 창석의 셋째 아들 이문규(李文圭, 1600~1630)가 평소에 보고 들었던 내용을 기록한 〈문사록(聞斯錄)〉이 실려 있다. 월간과 창석의 평소 우애를 눈에 보일 듯이 묘사한 첫 단락을 소개한다.

> 선공과 백부 월간공이 종일토록 같이 계시면 아들과 조카들이 좌우로 나뉘어 모시고 앉았다. 경전과 역사서를 잡고서 의리를 토론하거나, 고금의 인물들을 평론하거나, 관직 생활이나 집안 다스리는 법도를 강론하셨는데, 뜻이 지치면 때로 술을 가져오게 하시어 시를 읊조리고 글을 품평하거나 거문고 소리를 들으면서

아침부터 날이 저물 때까지 하시고, 또 등촉을 밝혀 이어 가다가 밤이 깊어서야 그만두셨다. 우복 선생께서 탄식하며 말씀하기를, "그 집에 들어가면 봄바람 속에 있는 듯하다." 하셨다.[18]

3. 맺음말

창석 이준은 조선 중기 상주 출신의 학자이자 관인으로서 강직한 간관(諫官)의 면모가 돋보이는 인물이다. 그는 서애 유성룡의 제자이자 우복 정경세의 절친한 벗으로, 조선 도학의 학통 선상에 위치한 학자일 뿐만 아니라 32세에 문과 별시에 급제하여 생전에 홍문관 부제학에 이르고 사후에 이조 판서의 증직과 문간(文簡)의 시호를 받은 문신이었다.

그의 벼슬길이 그리 순탄하지 않았던 것은 여러 가지 이유가 있겠으나 강직했던 그의 기질이 주요 원인 가운데 하나였을 것으로 짐작된다. 선조·광해군·인조의 세 조정에서 올렸던 54편의 소(疏)와 34편의 차(箚)가 남아 있고 이 가운데는 실록에 실려 있는 글도 많아, 양적으로도 비교 대상이 드문 상황이거니와 내용도 불굴의 기개와 강개한 의기로 충만해 있어 읽다 보면 조선의 한 의사(義士)를 만나는 듯한 느낌이 든다.

18 《蒼石先生年譜》 권4 〈聞斯錄〉: "先公與伯父月澗公, 終日相對, 子姪分左右侍坐. 執經史, 討論義理, 或上下古今人物, 或講議居官治家之法. 意倦則或命觴賦詩, 或評文, 或聽琴, 自朝至暮, 又繼以燭, 至夜分罷. 愚伏先生歎曰: '入其室, 如在春風中.'"

그가 남긴 글들은 여러 차례의 병란을 겪었음에도 불구하고 비교적 잘 보존되어 26권 14책의 문집과 속집으로 남아 있으며, 부록을 포함하면 30권 16책이나 된다. 이는 조선 중기의 문집으로는 적지 않은 분량이며, 특히 관직 생활과 관련한 다양한 문체의 글들은 이 시기를 연구하는 데 중요한 자료로 활용될 수 있을 것이다.

그는 약 700수에 달하는 많은 양의 시를 남기고 있지만 시보다는 문장으로 더 명성이 높았던 듯하다. 다만, 앞에서 소개한 장유의 만사에 보인 바와 같이 백거이·원진의 시와 비슷하지만 정신은 그보다 뛰어나다는 말은 음미해 볼 필요가 있다. 그의 문장은 정경세로부터 '정밀하고 간결하며 씩씩하고 엄숙한〔精簡矜莊〕' 문장이 당송팔대가의 선두주자인 유종원의 문체와 비슷하다는 평가를 받았다.

이런 상황에서 이번에 《창석집》과 《창석속집》이 완역된 것은 의의가 크다고 할 수 있다. 그러나 부록편인 4권 2책의 《창석연보(蒼石年譜)》가 함께 번역되지 못한 것은 아쉬움으로 남는다. 숙련된 역자들이 장기간에 걸쳐 신뢰할 만한 번역을 한 것으로 보이는데, 간혹 오류가 있다면 번역문의 일부를 교열한 사람으로서 함께 책임이 있음을 밝혀 둔다.

창석집

제 1 권

詩 시

시 詩

영양〔영천〕 가는 길에 입으로 읊어 접반사 차만리[1]에게 부치다

永陽途中口占 寄車接伴萬里

넓은 진흙길에 한창 흙비 내리는데	浩蕩泥途雨政霾
외로운 가슴의 답답함을 누구에게 드러낼까	孤襟鬱鬱向誰開
흐르는 세월에 이미 황매[2]가 가까움을 느끼겠고	流光已覺黃梅近
쇠하고 병듦에 흰 머리카락 재촉함이 가련하네	衰病仍憐白髮催
언덕과 습지에 해마다 말을 모는 나그네니	原隰連年驅馬客
강과 호수 어느 곳에 물고기를 낚는 누대 지을까	江湖何處釣魚臺
오두미가 내 수레를 잡아 둔다고 말하지 마오	莫言斗粟淹吾駕
도잠처럼 내일 아침 귀거래사를 읊으리라[3]	陶令明朝賦去來

1 치만리(車萬里) : 차운로(車雲輅, 1559~1637)로, 본관은 연안(延安), 호는 창주(滄洲)이며 만리는 그의 자이다. 차천로(車天輅)의 동생이다. 1580년(선조13) 생원, 진사 양시(兩試)에 장원으로 합격하였고, 1583년(선조16) 알성 문과에 장원으로 급제하였다. 문장에 뛰어났으며, 저서로 《창주집(滄洲集)》이 있다.

2 황매(黃梅) : 매실이 누렇게 익는 계절인 4월 초여름을 말한다. 이때에는 긴 장맛비가 내리는데, 이를 황매우(黃梅雨)라고 한다.

3 오두미가……읊으리라 : 도잠(陶潛)이 일찍이 팽택 영(彭澤令)이 된 지 겨우 80여 일이 되었을 때, 군(郡)의 독우(督郵)가 순시차 팽택현을 방문하게 되어, 현리(縣吏)가 도잠에게 의관(衣冠)을 갖추고 독우를 뵈어야 한다고 하자, 도잠이 탄식하며 말하기를, "나는 오두미(五斗米) 때문에 허리를 굽혀서 향리(鄕里)의 소인(小人)을 섬길 수 없다." 하고, 〈귀거래사(歸去來辭)〉를 지어 자기의 뜻을 부치고 당장 전원(田園)으로 돌아갔던 것을 원용한 말이다.

난리 후에 소촌[4]에 들렀는데 느낌이 있어

亂後過召村有感

성곽은 여전히 남았는데 城郭依然在
살던 백성은 몇이나 남았나 居民有幾餘
사람이 떠난 뒤에 홀로 와서 獨來人去後
내 생애의 초기를 인하여 생각하네 仍憶我生初
옷의 띠처럼 감싼 삼한의 땅이요 衣帶三韓地
창칼로 많은 전쟁을 치른 옛터일세 戈鋋百戰墟
부질없이 옛 전장을 조문하는 눈물이 空將弔古淚
비에 섞여 나그네 옷깃을 적시네 和雨濕征裾

4 소촌(召村) : 현 경상남도 진주시 문산면에 있었던 역 이름이다.

송지를 지나며

過松池

대 위에 가을 날씨 개니 시골 정취 넉넉하여	臺上晴秋野趣饒
수레 덮개 걷고 잠시 거니네	爲傾行蓋暫逍遙
작은 못의 물고기와 새는 모쪼록 나를 기억하라	小塘魚鳥須相記
훗날 다시 오면 옛 친구리라	他日重來是舊交

이숙긍이 약속하고도 찾아오지 않음을 조롱하며
嘲李叔兢有約不來

뜰의 나무 가을 소리에 홀로 문을 닫고	庭樹秋聲獨掩門
그대 생각해도 보지 못해 몰래 혼이 사라지네	思君不見暗消魂
하늘 가득한 구름과 비는 온종일 여전한데	滿空雲雨朝仍夕
어찌하여 그대는 약속을 손바닥 뒤집듯 하나[5]	無奈從君手覆飜

5 어찌하여……하나 : 교제의 도가 반복무상하다는 뜻이다. 두보(杜甫)의 〈빈교행(貧交行)〉에 "손 뒤집으면 구름 되고 엎으면 비가 된다.〔翻手作雲覆手雨〕"라고 한 것을 원용하였다.

조월천[6]의 제만퇴헌 시에 차운하여
次趙月川題晩退軒韻

지형이 그윽하고 외진 것은 작은 광려[7]이고	地形幽絶小匡廬
책상 위에는 참동계[8] 한 부가 있네	床上參同一部書
발 걷은 저녁 들판에 오이와 채소가 익으니	簾捲晩郊苽菜熟
은자[9]의 가을걷이가 전혀 서툴지만은 않네	園公秋事未全疏

6 조월천(趙月川) : 조목(趙穆, 1524~1606)으로, 본관은 횡성(橫城), 자는 사경(士敬), 호는 월천이며, 이황(李滉)의 문인이다. 문장과 글씨에 뛰어났으며 예천(醴泉)의 정산서원(鼎山書院), 예안(禮安)의 도산서원(陶山書院), 봉화의 문암서원(文巖書院) 등에 제향되었다. 저술로 《월천집》, 《곤지잡록(困知雜錄)》이 있다.

7 광려(匡廬) : 중국의 여산(廬山)으로, 산수를 즐기며 도의를 강마하는 장소를 말한다. 은(殷)·주(周) 때에 광속(匡俗)이라는 사람의 형제 일곱 명이 여산에 집을 짓고 은둔하였기 때문에 광려라 하였다. 주희가 남강군 지사(南康軍知事)로 있을 때, 여산 백록동서원에서 산수를 즐기며 도의를 강마했다는 고사가 있다.

8 참동계(參同契) : 동한(東漢) 위백양(魏伯陽)의 저서로, 《주역(周易)》의 효상(爻象)을 빌려 도가(道家)의 연단양생법(鍊丹養生法)을 논한 것이다. 연단술(鍊丹術)을 논하는 서적의 비조로 일컬어지며, 송대(宋代) 이학(理學)에도 영향을 미쳤다.

9 은자(隱者) : 원문은 '원공(園公)'으로, 진(秦)나라 말기에 학정을 피하여 상산(商山)에 들어가 숨어 살았다고 하는 네 사람의 은사(隱士)인 동원공(東園公), 녹리선생(甪里先生), 기리계(綺里季), 하황공(夏黃公) 가운데 동원공을 가리킨다. 이 네 사람을 상산사호(商山四皓)라 부르는데, 상주의 다른 이름이 상산이기 때문에 원용한 것이다.

읍령[10]에서 친형에게 부치다
泣嶺寄家兄

동관으로 한 마리 말을 타고 먼 외직으로 떠나니	匹馬東關作遠遊
장부의 행역이 언제나 끝날까	大夫行役幾時休
가을의 물색은 또 잎이 누렇게 물들고	殘年物色又黃葉
반평생 전쟁에 부질없이 머리만 새었네	半世兵塵空白頭
부모 형제는 생사의 이별을 하였고	父母弟兄生死別
산천과 성곽은 고금의 수치를 받았네	山河城郭古今羞
붉은 충정은 조각조각 많은 피가 되어	丹心片片成殷血
천 겹의 읍령에 다 뿌려지네	洒盡千重泣嶺秋

10 읍령(泣嶺) : 경상북도 영해(寧海)의 동쪽에 있는 고개 이름이다.

귀뚜라미

蟋蟀

가을 벌레는 불평 때문에 우는 것[11]이 아닌데도	秋蟲非爲不平鳴
듣는 이는 어찌하여 스스로 불평하게 여기는가	聞者如何自不平
침상 아래의 은은한 소리는 백가지로 변하고	床下暗聲能百變
거울 속의 흰 머리털은 천 가닥으로 자라네	鏡中華髮長千莖
옛 궁궐의 벼와 기장[12]은 백성들의 아픔이요	故宮禾黍臣民慟
선영이 바람 서리 맞음에 골육의 정이 아프네	先隴風霜骨肉情
귀뚤귀뚤 우는 소리 서로 창화하는 듯한데	咄咄啾啾似相和
나 홀로 텅 빈 누각에 기대 날 밝기를 기다리네	獨憑虛閣候天明

11 불평……것 : 한유(韓愈)의 〈송맹동야서(送孟東野序)〉에 "대체로 물건이 그 화평함을 얻지 못하면 운다.〔大凡物不得其平則鳴〕"라고 한 데서 온 말로, 불공평한 일을 당했을 때 불만의 소리를 내게 되는 것을 의미한다. 《東雅堂昌黎集註 卷19》

12 옛……기장 : 폐허가 됐다는 말이다. 은(殷)나라가 망한 뒤에 기자(箕子)가 주(周)나라에 조회하러 가는 길에 은나라의 옛터를 지나가다가 궁실이 다 허물어진 폐허에 벼와 기장 등의 곡식이 무성하게 자라고 있는 모습을 보고, 〈맥수가(麥秀歌)〉를 지어서 노래하기를, "옛터에 보리가 무성하고 벼와 기장도 자랐구나.〔麥秀漸漸兮, 禾黍油油兮.〕"라고 한 고사를 원용한 것이다. 《史記 宋微子世家》

조월천에게 드리다

呈趙月川

사 년의 전쟁에도 시채[13]는 남았고	四年兵革餘蓍蔡
삼경의 바람과 서리에도 죽송은 남았네[14]	三逕風霜有竹松
술잔 잡고 훗날 모임을 이루지 못해	未把杯觴成後會
다만 시구에 의지해 먼저 사죄하네	只憑詩句作先容
이날 술동이에 누런 국화 띄우지만	樽中此日泛黃菊
언제쯤 세상 밖에서 적송자[15]를 따를까	物外何年追赤松

13 시채(蓍蔡) : 시귀(蓍龜)라고도 하는데, 점을 칠 때 쓰이는 시초(蓍草)와 거북 껍질을 말한다. 옛날에는 국가에서 중요한 일을 결정할 때 반드시 점을 쳤는데, 거북의 껍질로 점치는 것은 복(卜)이고, 시초로 점치는 것은 서(筮)라고 한다. 여기서는 이런 의미에서, 국가적으로 중요한 일의 자문 역할을 하던 학자나 신하들을 가리킨다.

14 삼경의……남았네 : 삼경(三逕)은 은자가 경영한 세 갈래 오솔길이다. 한(漢)나라 때 처사 장후(蔣詡)가 왕망(王莽) 집권 시 벼슬을 버리고 향리(鄕里)로 돌아가 은거하면서 뜨락의 대나무 밑에 세 갈래의 오솔길을 내고는 오직 구중(求仲), 양중(羊仲) 두 사람하고만 종유했었는데, 진(晉)나라의 도잠(陶潛) 또한 〈귀거래사(歸去來辭)〉에서 이 고사를 인용하여, "세 갈래 오솔길은 묵었으나, 소나무와 국화는 아직 그대로 있도다.〔三逕就荒, 松菊猶存.〕"라고 한 것을 원용하였다. '송국(松菊)'이 판본에 따라 송죽(松竹)으로 된 곳도 있다. 평측과 압운 때문에 '죽송(竹松)'으로 변용한 듯하다.

15 적송자(赤松子) : 고대 전설상의 선인이다. 한(漢)나라의 개국 공신 장량(張良)이 한 고조(漢高祖)를 도와 천하를 평정한 뒤에 유후(留侯)의 봉작을 받고 나서, "바라건대 인간 세상의 일을 버리고 적송자를 따라 노닐고 싶다.〔願棄人間事, 欲從赤松子遊耳.〕"라고 하였다. 《史記 留侯世家》

낙포를 나누어 참은둔을 이루고자 하니　　　願分洛浦成眞隱
종산이 거짓 모습이라 비웃음 허락지 않으리[16]　　　不許鍾山笑假容

16 낙포를……않으리 : 원문의 낙포(洛浦), 종산(鍾山), 가용(假容)은 모두 공치규(孔稚珪)가 지은 〈북산이문(北山移文)〉에 나오는 말이다. 남제(南齊)의 주옹(周顒)이 일찍이 북산(北山)에 은거하다가 조정의 부름을 받고 변절하여 해염 영(海鹽令)에 취임해서 임기를 마치고는 드디어 경사(京師)로 가는 도중에 다시 북산에 들르려고 하자, 공치규가 그의 변절을 배척하며 〈북산이문〉을 지었는데, "종산의 영령과 초당의 신령이 역로에 연기를 달리게 하여 산정에 이문을 새기게 하였다.〔鍾山之英·草堂之靈, 馳煙驛路, 勒移山庭.〕"라고 하고, 또 "봉황의 젓대 소리를 낙포에서 듣고, 나무꾼의 노랫소리를 연뢰에서 만났다.〔聞鳳吹於洛浦, 值薪歌於延瀨.〕"라고 하고, 또 "비록 강 언덕에서 거짓 은자 노릇을 하고 있으나 좋은 벼슬에 마음이 얽매였다.〔雖假容於江皐, 乃纓情於好爵.〕"라고 하고, 그 가식적인 행동에 대해 "이에 남산은 조롱을 보내오고, 북산은 소리 높이 비웃는다.〔於是, 南嶽獻嘲, 北隴騰笑.〕"라고 한 데서 온 말로, 조롱을 보낸다는 것은 은거하다가 벼슬길에 나가서 남들로부터 비난을 받게 되는 것을 의미한다. 종산은 남경(南京) 동쪽에 있는 북산(北山)을 달리 이른 말이다.

진양 전쟁터를 지나며
過晉陽戰場

언덕의 풀은 쓸쓸하고 언덕의 비는 어둑하니　　隴草蕭蕭隴雨昏
많은 피가 아직 흔적으로 남은 것을 차마 보리오　忍看殷血尙留痕
천 섬의 남강 물을 가져다　　欲將千斛南江水
모래밭 다 씻고자 해도 원한을 다 씻지는 못하리　洗盡沙場不盡冤

서애 선생과 헤어지며

別西厓先生

생각건대 지난날 상서로운 구름이 궁궐을 에워싸매 憶昨祥雲擁紫宸

금문[17]이 새벽에 열려 뭇 신하들이 모였네 金門曉闢會群臣

많은 기룡[18]이 하패[19]를 울리고 夔龍濟濟鳴霞佩

굳센 방호[20]가 임금의 수레를 받들었네 方虎桓桓捧日輪

우두커니 이방에서 다투어 조회함을 보았더니 佇見殊方爭執玉

어찌 푸른 바다에 갑자기 티끌이 일 줄 알았으랴 豈知滄海忽揚塵

영균[21]은 일찍이 청산의 약속을 간하였고[22] 靈均早諫青山約

17 금문(金門) : 한(漢)나라 궁궐 문의 이름인 금마문(金馬門)으로, 대궐의 문을 말한다. 《사기(史記)》 〈골계열전(滑稽列傳)〉에 "금마문이라는 것은 환서문(宦署門)인데, 그 문 곁에 동마(銅馬)가 있기 때문에 금마문이라고 한 것이다."라고 하였다.

18 기룡(夔龍) : 순(舜)임금의 두 현신(賢臣)으로, 기는 악관(樂官)이었고, 용은 간관(諫官)이었다. 훌륭한 신하를 비유하는 말로 쓰였다.

19 하패(霞佩) : 신선이 차는 패옥인데, 여기서는 높은 벼슬아치의 패옥을 말한다.

20 방호(方虎) : 주 선왕(周宣王) 때의 현신(賢臣)이었던 방숙(方叔)과 소호(召虎)를 합칭한 말이다. 방숙은 일찍이 형만(荊蠻)을 평정하였고, 소호는 일찍이 회이(淮夷)를 평정한 일이 있다. 여기서는 용맹한 무장을 뜻하는 말로 쓰인다.

21 영균(靈均) : 전국 시대 초(楚)나라의 충신인 굴원(屈原)을 가리킨다. 이름은 평(平)이고 자는 원(原), 호는 영균이다. 회왕(懷王)을 섬겨 벼슬이 좌도(左徒)에 이르고 큰 신임을 받았으나, 대부인 자초(子椒)와 회왕의 동생인 사마자란(司馬子蘭)의 시기를 받아 방축되자 〈이소경(離騷經)〉을 지어 임금에게 충간(忠諫)하였으나 용납되지 않으므로 〈어부사(漁父辭)〉 등 여러 편의 글을 지어 자신의 뜻을 밝히고 멱라수(汨羅水)에 투신자살했다. 《史記 屈原列傳》

등우[23]는 끝내 백수의 진인[24]을 회복하였네　鄧禹終恢白水眞

일성만 있어도 오히려 하나라를 제향할 수 있고[25]　有一成猶能祀夏

비록 삼 호만 남아도 끝내 진을 멸할 수 있다네[26]　雖三戶可竟亡秦

22 청산의 약속을 간하였고 : 전국 시대에 진(秦)나라 재상이었던 세객(說客) 장의(張儀)가 초(楚)나라와 제(齊)나라의 우호 관계를 끊기 위해 초 회왕(楚懷王)에게 상오(商於)의 땅 600리를 돌려주겠다고 약속하였다가 나중에 6리라고 거짓말을 하였다. 회왕이 크게 노하여 진나라를 공격하자, 장의는 초나라에 들어가 근상(靳尙)에게 많은 뇌물을 주었다. 근상은 회왕의 총희인 정수(鄭袖)를 통해 회왕에게 말하여 장의를 풀어 주고 이에 반대하는 굴원(屈原)을 모함하였다. 여기서 육리청산(六里青山)이라는 고사가 나왔다. 《史記 張儀列傳》

23 등우(鄧禹) : 후한(後漢) 광무제(光武帝) 때의 명신이다. 13세에 장안(長安)에 유학할 당시 광무제를 만나 서로 절친하게 지냈다. 뒤에 광무제를 도와 천하를 평정하는 데 큰 공을 세워 고밀후(高密侯)에 봉해지고 명제(明帝) 때는 태부(太傅)가 되었다. 《後漢書 鄧禹列傳》

24 백수의 진인 : 백수는 중국 남양(南陽)의 백수현(白水縣)으로, 후한(後漢) 광무제(光武帝) 유수(劉秀)가 여기에서 일어나 백수진인(白水眞人)으로 일컬어졌다. 기운을 잘 보는 왕망(王莽)의 사자가 남양 땅에 이르러 그가 거처하는 용릉(舂陵) 지역을 멀리서 바라보고는 "기운이 성대하게 일어나는 것을 보니, 왕자(王者)가 일어나 천명을 받을 곳임이 분명하다." 하였다. 《後漢書 光武帝紀》

25 일성만……있고 : 하우(夏禹)의 6세손으로, 제상(帝相)의 아들인 소강(少康)의 고사이다. 요(澆)가 제상을 시해하고 왕위에 올라 하우의 왕통이 끊어진 지 40년이 되었을 적에, 소강이 사방 십 리 되는 땅〔一成〕과 5백 명〔一旅〕의 병력으로, 마침내 과(過)와 과(戈)를 멸망시키고 우왕(禹王)의 기업을 회복한 뒤에, 하나라 역대 왕을 종묘에서 제사 지내며 천명으로 왕이 되었음을 밝힌〔祀夏配天〕 고사가 전한다. 《春秋左氏傳 哀公元年》《史記 吳太伯世家》

26 비록……있다네 : 자기 나라를 멸망시킨 적국을 원망하는 뜻으로, 몇 명만 남아도 복수할 수 있음을 말한다. 전국 시대 말엽에 진(秦)나라에서 초(楚)나라 회왕(懷王)을 속여서 초청한 뒤 억류하다가 죽이자, 초나라의 음양가(陰陽家) 남공(南公)이 "초나라에 3호만 남아 있어도 진나라를 멸망시킬 나라는 반드시 초나라일 것이다.

사방 교외의 많은 보루가 깊은 통한을 품으니	四郊多壘懷深痛
만 리의 긴 성은 이 몸을 의지하였네	萬里長城倚此身
임금에게 허락한 충분이 격발함에 이미 감복했고	已服許君忠憤激
어머니 모시는 효심의 순정함도 따라 알았네	從知將母孝心純
행동이 험하고 막힘에 곤궁해도 마음은 쇠 같았고	行窮險阻心如鐵
그리움은 고향 마을에 매여 머리털이 새려 했네	戀係鄉關髮欲銀
순전〔조정〕에서 곤의[27]를 사양한 세월 동안	舜殿袞衣辭日月
내당[28]에서 채색옷 입고 혼정신성을 받들었네	萊堂綵服奉昏晨
노인성[29]의 빛은 남극에 밝고	老人星彩明南極
승상부의 문채가 북극성을 에워쌌네[30]	相府台文拱北辰
계절은 한창 늦은 한식인데	節序正當寒食晚
풍광은 옛 동산에 봄빛을 더하였네	風光添淂故園春

〔楚雖三戶 亡秦必楚也〕"라고 하였는데, 과연 뒤에 초나라의 항우(項羽)가 삼호진(三戶津)을 건너와서 진나라를 멸망시켰다. 《史記 項羽本紀》

27 곤의(袞衣) : 곤복(袞服)이라고도 하는데, 왕공(王公)의 복장이다. 옛날에는 천자가 상공(上公)에게 곤의(袞衣)를 내렸다는 데서 유래하여 삼공(三公)을 말한다.

28 내당(萊堂) : 노래당(老萊堂)의 준말이다. 노래자(老萊子)가 춤추는 당이란 뜻으로, 부친이 계신 곳을 말한다. 춘추 시대 초(楚)나라의 은자 노래자는 연로한 부모를 위해 70세의 나이에도 색동옷을 입고 부모를 봉양하였다고 한다.

29 노인성(老人星) : 인간의 수명을 관장한다는 별로, 남극성(南極星) 또는 남극노인(南極老人)이라고도 한다. 《史記 天官書》

30 북극성을 에워쌌네 : 뭇별이 북두성을 옹위하는 것처럼 신하가 임금을 모시는 것을 말하는데, 《논어》 〈위정(爲政)〉의 "덕정(德政)을 펴게 되면, 북두성이 가만히 제자리를 지키고 있어도 뭇별이 옹위하는 것처럼 될 것이다.〔爲政以德, 譬如北辰居其所, 而衆星共之.〕"라는 말에서 나왔다.

오솔길이 황폐한 율리에 아직 국화는 남았고[31] 徑荒栗里猶存菊
문에 가까운 송강에는 순채를 뜯을 만하네[32] 門壓松江可掇蓴
비록 맛난 음식으로 어버이를 봉양하고자 하나[33] 縱欲庭闈供滫瀡
조정에 다시 누가 있어 경륜을 도우리오 更誰廊廟贊經綸
조서가 멀리 천자의 뜰에서 내려오면 泥封遙自天墀下
옥 부절로 장차 한수 가로 돌아가겠지요[34] 玉節將還漢水濱
모래톱의 버들은 추위를 털고 금빛 싹 틔우고 汀柳擺寒金色嫩

31 율리에……남았고 : 전원에 대한 동경을 뜻한다. 도잠(陶潛)은 팽택 영(彭澤令)을 지내다가 벼슬을 그만두고 대나무, 소나무, 국화가 있는 고향 율리(栗里)로 돌아가 〈귀거래사〉를 지었으니. 앞의 주 14 '삼경의……남았네' 참고.

32 송강에는……만하네 : 진(晉)나라 때 오중(吳中) 출신의 장한(張翰)이 일찍이 낙양(洛陽)에 들어가 동조연(東曹掾)으로 있다가 어느 날 갑자기 가을바람이 일어나는 것을 보고는 자기 고향 강동(江東) 오중(吳中)의 순챗국〔蓴羹〕과 송강(松江)의 농어회〔鱸鱠〕가 생각나서 말하기를 "인생은 뜻에 맞게 사는 것이 중요한데, 어찌 수천 리 타관에서 벼슬에 얽매여 명작(名爵)을 구할 필요가 있겠는가."라고 하고는 즉시 벼슬을 버리고 고향으로 돌아갔다는 고사가 있다. 여기서는 이 고사를 원용하여 벼슬을 버리고 고향으로 돌아가고 싶은 마음을 표현한 것이다. 《晉書 文苑列傳 張翰》

33 맛난……하나 : 원문은 '수수(滫瀡)'인데, 녹말을 섞어 음식을 부드럽고 윤기 있게 조리한다는 뜻으로, 연하고 맛난 음식을 말한다. 《예기》 〈내칙(內則)〉에 "쌀뜨물로 부드럽게 하고 기름기로 기름지게 하여, 부모나 시부모님이 맛보신 뒤에 물러난다.〔滫瀡以滑之, 脂膏以膏之, 父母舅姑, 必嘗之而後, 退.〕"라고 한 말에서 유래하였다.

34 조서가……돌아가겠지요 : 원문 '이봉(泥封)'은 자니봉(紫泥封)으로, 황제의 조서(詔書)를 뜻하고, '천지(天墀)'는 제왕의 궁전에 있는 뜰을 말한다. '옥절(玉節)'은 어명을 받고 파견되는 사신이나 지방장관들이 차는 부절을 말하니, 명나라에서 조서를 가진 사신이 우리나라에 오면 어명을 받들어 서울로 가 중국 사신을 응대할 것이라는 뜻이다.

상수 가의 복숭은 비 온 뒤에 분홍빛이 맺히네　湘桃經雨粉光句
흐드러진 꽃이 눈에 들어오니 고향 마을 생각나고　芳華入眼思田里
이별이 놀라게 하니 막빈 신세를 원망하겠지　離別驚心怨幕賓
거친데도 남다른 대우 받음이 스스로 다행스러우나　自幸疏狂蒙異遇
장려하고 발탁하여 친함을 허여함에 매우 부끄럽네　深慚奬拔許相親
청평[35]의 가치는 식객 삼천[36]보다 귀중하고　青萍價重三千客
대려[37]의 명성은 열아홉 사람[38]을 가벼이 여겼네　大呂名輕十九人
원통한 빚을 갚지 못하니 옷깃은 피로 젖고　冤債未禁襟血濕
흐르는 세월을 헛되이 보내니 귀밑머리 희어지네　流光虛擲鬢絲新

35 청평(青萍) : 전국 시대 월(越)나라 구천(句踐)의 보검인 청평검(青萍劍)으로, 국가의 어려움을 극복해 낼 영웅을 비유한다.

36 식객 삼천 : 전국 시대에 제(齊)나라의 맹상군(孟嘗君), 위(魏)나라의 신릉군(信陵君), 조(趙)나라의 평원군(平原君), 초(楚)나라의 춘신군(春申君)이 모두 재상 지위에 있으면서 선비들을 좋아하여 항상 문하에 식객이 삼천여 명이나 있었다. 재능 있는 많은 사람을 뜻한다.

37 대려(大呂) : 주(周)나라 종묘 제악(宗廟祭樂)에 썼던 대종(大鐘)이다. 그 무게가 대단하여 솥 하나를 9만 명이 힘을 합하여야 겨우 옮길 수 있을 정도였는데, 삼대(三代)가 모두 전국(傳國)의 보배로 삼았다.

38 열아홉 사람 : 재주가 어중간한 사람을 말한다. 전국 시대 조(趙)나라가 진(秦)나라의 공격을 받아 도성이 함락될 위기에 처하자, 조나라 왕은 평원군(平原君)에게 초(楚)나라에 가서 구원을 요청하게 하였다. 평원군은 수천 명의 식객 중에 문무(文武)의 재주를 겸비한 인재 20명을 뽑아 초나라에 함께 가기로 하였는데 1명이 부족하였다. 이때 모수(毛遂)가 자신을 추천하니, 나머지 19명이 모두 비웃었다. 평원군이 초나라에 가서 구원을 요청하였으나 초나라 왕이 쉽게 허락하지 않았다. 이에 모수가 칼을 차고 앞으로 나아가 초나라 왕을 꾸짖고 논리 정연한 구변으로 설득하여 합종의 맹약을 맺게 하였다. 《史記 平原君列傳》

하늘 끝으로 가서 살매 한이 다함이 없어　天涯去住無窮恨
홀로 모래톱에서 흰 마름을 뜯네[39]　獨向芳洲採白蘋

39 흰 마름을 뜯네 : 은둔하여 지내는 것을 말한다. 남조(南朝) 양(梁)나라 시인 유운(柳惲)의 〈강남곡(江南曲)〉에 "물가 모래톱에서 흰 마름을 캐니, 해가 떨어지는 강남의 봄이로다.〔汀洲採白蘋, 落日江南春.〕"라고 하였다.

달밤에 정경임[40] 등 여러 벗과 함께 연정에 모여 '월도오동상 풍래양류변'[41]으로 운을 나누었는데, '상(上)' 자를 얻었다

月夜同鄭景任諸友會蓮亭 以月到梧桐上風來楊柳邊分韻 得上字

상주에서도 아름다운 곳	尙中佳麗地
기개 있는 문인들이 많네	文人多倜儻
복랍[42]이 절기에 맞아	伏臘値令序
술을 갖추어 함께 왕래하였네	壺觴共來往
그동안 떨어져서 만나지 못해	邇來成契闊
산천에서 수고로이 꿈속에서 상상만 하였네	山川勞夢想
내 마음을 하염없이 아프게 하니	悠哉傷我情
우리 고을의 빛나는 선비들 생각하네	斐然思吾黨
어찌 알았으랴, 몇 년 동안의 이별에	那知數年別

40 정경임(鄭景任) : 정경세(鄭經世, 1563~1633)로, 본관은 진주(晉州), 호는 하거(河渠)·승성자(乘成子)·석중도인(石潈道人)·송록(松麓)·우복, 시호는 문장(文莊)이며, 경임은 그의 자이다. 유성룡(柳成龍)의 문인이며, 이조 판서, 양관 대제학 등을 지냈다. 개령(開寧) 덕림서원(德林書院)에 제향되었다. 저서로 《우복집(愚伏集)》이 전한다.

41 월도오동상 풍래양류변 : 북송(北宋)의 학자 소옹(邵雍)의 시 〈월도오동상음(月到梧桐上吟)〉의 기구와 승구로, "달은 오동나무 위에 올라오고, 바람은 버드나무 가에 불어오네.〔月到梧桐上, 風來楊柳邊.〕"이다.

42 복랍(伏臘) : 한여름의 삼복(三伏)과 한겨울의 납일(臘日)을 아울러 이르는 말이다. 세시복랍(歲時伏臘)의 약어로, 전(轉)하여 사철을 뜻한다.

비로소 높은 벼슬아치[43]가 왕림해 줌을 볼 줄이야	始見軒車枉
서로 손잡고 이웃 집에 도착하니	相携到隣家
이군의 당우가 확 트였네	李君堂宇敞
지금 바로 구름 걷혀 달은 밝고	政當霽月明
서늘한 기운이 텅 빈 휘장에 들어오네	涼氣入虛幌
연잎에 바람 불자 남은 향기 흩어지고	荷風散餘香
대나무에 이슬 맺혀 맑은 소리 부서지네	竹露碎淸響
막걸리 한 잔 기울이니	濁醪倒一杯
번잡한 마음이 시원해짐을 깨닫겠네	煩襟覺蕭爽
생각하니, 지난날 이별할 때	憶昨別離時
먼 여정이 우거진 풀로 막혔었지	脩程阻莽蒼
그리워도 만나 볼 수 없어서	相思不相見
흰 귀밑털이 몇 가닥이나 자랐던가	鬢絲幾縷長
게다가 시운이 곤궁함을 만나	況遭時運屯
풍진세상에서 바야흐로 어지러웠네	風塵方擾攘
서쪽에서 다시 동쪽까지 모질게 고생하여	役役西復東
오 년 동안 세상의 그물에 떨어졌네[44]	五載墮世網
치달리느라 매우 짬도 없이	驅馳苦未遑
나랏일에 실로 분주[45]하였네	王事實鞅掌

43 높은 벼슬아치 : 원문은 '헌거(軒車)'로, 관원들이 타고 다니는 수레인데, 정경세를 가리킨다.

44 세상의 그물에 떨어졌네 : 세상의 번거로운 일에 얽매임을 말한다.

45 분주 : 원문 '앙장(鞅掌)'은 나랏일을 맡아 분주함을 의미한다. 《시경》 〈북산(北

다행히 지금은 변방의 전쟁 경보가 없고	幸今邊警息
지난해에도 또한 조금 풍년이었네	前年亦少穰
말술은 가까이 친할 수 있고	斗酒會親串
뜰 안은 한가히 지낼 만하네	中園足偃仰
어찌하면 그대들을 붙잡아 머물게 하여	安得挽君住
임천에서 마음껏 놀며 즐길 수 있을까	林泉恣遊賞
시냇가에는 흰 대나무 사립문이 있고	溪邊白竹扉
손에는 푸른 명아주 지팡이가 있네	手中青藜杖
서로 따르는 백 년 동안은	相隨百年間
태평성대 영원히 누리길 기약하네	太平期永享
도리어 우스운 것은 한 이부가	却笑韓吏部
글을 지어 세 번 잘못 올린 것[46]이라	作書誤三上

山)〉에 "누구는 소리쳐 부르짖는 줄도 모르고, 누구는 참혹하게 고생을 하며, 누구는 집에서 편안히 누웠다 일어났다 하고, 누구는 나랏일로 정신없이 분주하누나.〔或不知叫號, 或慘慘劬勞, 或棲遲偃仰, 或王事鞅掌.〕"라고 하였다.

46 한 이부(韓吏部)가……것 : 한 이부는 한유(韓愈)를 가리키는데, 한유가 자신을 등용해 주길 바라는 뜻으로 고관대작에게 편지를 올렸다는 의미이다. 한유가 정원(貞元) 8년(792)에 급제하고 나서 그 후에 이부(吏部)의 박학굉사과(博學宏辭科)에 응시하였다가 성취하지 못하자, 정원 11년에 벼슬을 구하기 위해 당시 재상인 조경(趙憬)·가탐(賈耽)·노매(盧邁)에게 세 차례 편지를 올렸다. 이를 광범삼서(光範三書)라고 하는데, 소득이 없자 고향으로 돌아갔다. 이때 올린 편지가 〈상재상서(上宰相書)〉, 〈후십구일부상서(後十九日復上書)〉, 〈후입구일부상서(後廿九日復上書)〉이다.

쌍청당에서 매화를 완상하며

雙淸堂賞梅

처량하게 찬 서리가 풀리지 않아	惻惻霜寒未解圍
뜰 가운데 초목들이 빛을 잃었네	庭中草木少光輝
무성한 것은 오직 눈처럼 흰 매화가 있으니	離離獨有梅如雪
천지의 곧은 마음이 모두 여기에 모였네	天地貞心總屬伊

내영산[47]에서 노닐며 황회원[48]의 시에 차운하여 함께 온 여러 벗들에게 보여 줌

遊內迎山 次黃會元韻示同來諸契

꿈에 명산을 생각하며 몇 번이나 누워 노닐었더니	夢想名山幾臥遊
그대와 함께 오늘 밤에 사찰에서 묵는구나	共君今夜宿僧樓
허공을 가르는 푸른 벼랑은 날 개니 그림인 듯	橫空翠壁晴欺畫
골짜기에 비치는 붉은 숲은 일찍 가을이 되었네	映壑紅林早得秋
좋은 경계에 올라 조망의 즐거움 잠시 이루었더니	勝界暫成登眺樂
티끌 속세에서 이별의 근심 다시 품었네	塵區還抱別離愁
평소 부질없이 자연[49]에 깊이 빠졌으나	烟霞謾有平生癖
역로를 치달리며 쉬지 못함이 부끄럽네	驛路驅馳愧未休

47 내영산(內迎山) : 경상북도 청하현(淸河縣)에 있는 산 이름이다.

48 황회원(黃會元) : 황여일(黃汝一, 1556~?)로, 본관은 평해(平海), 호는 해월헌(海月軒) 또는 매월헌(梅月軒)이며, 회원은 그의 자이다. 평해의 명계서원(明溪書院)에 제향되었다. 저서로 《조천록(朝天錄)》과 《해월집(海月集)》이 있다.

49 자연 : 원문 '연하(煙霞)'는 연기와 노을로, 산수 자연의 경치를 뜻한다. 당(唐)나라 전유암(田遊巖)이 벼슬을 버리고 은거하였는데, 고종(高宗)이 사람을 보내 산속 생활이 어떤지를 물어보니, "신은 물과 바위에 대한 병이 이미 고황에 들고 연하의 고질병이 되었는데, 성상의 시대를 만나 다행히 소요하고 있습니다.〔臣泉石膏肓, 煙霞痼疾, 幸得逍遙.〕"라고 대답하였다. 《舊唐書 田游巖傳》

주사종의 강정에서 홍상국의 시에 차운하여
周嗣宗江亭 次洪相國韻

이요당으로 옛 친구를 찾아가니	二樂堂中訪故人
공이 비록 성은 주일지라도 어찌 이름이 윤인가[50]	公雖周姓豈名倫
십 년 동안 단구[51]의 빼어난 경치를 거듭 완상하며	十年重賞丹丘勝
온갖 일로 흰 머리털 생겨남을 부질없이 슬퍼하였네	萬事空悲白髮新
병 속에는 해와 달[52]을 간직한 하늘이 있으나	壺裏有天藏日月
세상에는 풍진을 피할 땅이 없다네	世間無地避風塵
고생스러워서 스스로 묻노니, 무슨 일 때문에	勞勞自問緣何事

50 공이……윤인가 : 명나라 중기의 관리로, 사사로움 없이 공무에 충실했던 주륜(周倫, 1463~1542)이라는 자가 있는데, 그는 강소(江蘇)성 곤산(昆山) 사람으로 자는 백명(伯明), 호는 정옹(貞翁), 시호는 강희(康僖)이다. 벼슬은 신안 현령, 대리시소경(大理寺少卿), 남경(南京) 형부 상서에까지 이르렀다. 시의 주인공 주사종이 명나라 주륜과 이름은 같은데 벼슬하여 경술의 포부를 펼치지 않고 은둔한 것을 의아하게 여긴 것이다.

51 단구(丹丘) : 단구(丹邱)라고도 하는데, 밤이나 낮이나 항상 밝은 곳으로 선인(仙人)이 산다는 전설상의 지명이다.

52 병……달 : '병 속'의 원문 '호리(壺裏)'는 호중천(壺中天)으로, 호로(壺蘆) 속에 있는 별천지, 신선의 세계이다. 호공(壺公)이란 신선이 저잣거리에서 약을 팔고 있었는데, 모두 그를 그저 평범한 사람인 줄로만 알았다. 하루는 비장방(費長房)이란 사람이, 호공이 천장에 걸어 둔 호로 속으로 들어가는 것을 보고는 비범한 인물인 줄 알고 매일같이 정성껏 그를 시봉하였더니, 하루는 호공이 그를 데리고 호로 속으로 들어갔는데, 호로 속은 완전히 별천지로 해와 달이 있고 선궁(仙宮)이 있었다 한다. 《神仙傳 壺公》

먼 길에 말을 치달리며 직무[53]에 곤궁을 당하는가 驅馬長途困卯申

53 직무 : 원문은 '묘신(卯申)'으로, 옛날에 관리들이 묘시(卯時)인 오전 5시에서 7시 사이에 관청에 출근하여 신시(申時)인 오후 3시에서 5시 사이에 퇴근하였기 때문에 직무에 종사하는 것을 말한다.

조월천의 시[54]에 차운하여

次趙月川韻

높은 벼슬에 대해 뜻을 잊은 지 오래여서	軒冕忘情久
거문고와 서책에 정취가 깊을 수 있었네	琴書得趣深
텅 빈 당 단정히 앉은 곳에	虛堂端坐處
밝은 달이 하늘 한가운데 떠오르네	明月到天心

54 조월천의 시 : 원제목은 〈등천연대(登天淵臺)〉로, 《월천집(月川集)》 권1에 실려 있다.

무술년(1598, 선조31) 입춘이 바로 제석이었는데, 명나라 군사들이 왜적의 군영을 깊숙이 공격한 지 이미 팔 일이 되었다는 소식을 듣고

戊戌立春 乃除日也 聞王師薄賊營已八日

명나라 군사들이 변방을 막 넘어오자	王師纔出塞
남쪽 나라는 비로소 봄이 돌아왔네	南國始回春
비는 모래밭의 피를 씻어 내고	雨洗沙場血
-14일 동안 비가 내렸다.-	
바람은 사막의 티끌을 불어 없애네	風吹大漠塵
다시 살아남은 황제의 힘 덕분이니	再生蒙帝力
만 번 죽더라도 요임금의 인자함을 축원하네	萬死祝堯仁
시험 삼아 주대[55]에 올라 바라보니	試上周臺望
상서로운 구름이 궁궐을 에워쌌네	祥雲擁紫宸

55 주대(周臺) : 무엇을 뜻하는지 알 수 없다.

나부정에서 양 사군의 시에 차운하여

羅浮亭 次楊使君韻

긴 바람이 나에게 불어와 첩첩 산봉우리 지나	長風吹我度重巒
날 듯이 나부정에 들어가니 시야가 넓어지네	飛入羅浮眼界寬
붉은 벼랑 몇 겹이 먼 강 길에 아득하고	丹壁數重江路逈
채색 노을에 옷 젖어 벽의[56]가 차갑네	彩霞晴濕薜衣寒

56 벽의(薜衣) : 덩굴을 엮어서 만든 옷으로, 신선이나 은자가 입는 옷을 가리킨다.

매화에게 묻다

問梅花

곧은 마음 빼어난 빛깔은 품평하기 어려우나	貞心絶色品題難
대개 운당[57]과 백중지세일세	槪是篔簹伯仲間
마땅히 요명[58]과 옥 섬돌에 함께할 만한데	宜與蕘蓂同玉砌
어찌하여 초췌하게 빈 산에서 늙었는가	如何憔悴老空山

57 운당(篔簹) : 마디가 길고 키가 작은 대나무의 한 종류이다. 소식(蘇軾)의 문장 〈문여가화운당곡언죽기(文與可畫篔簹谷偃竹記)〉에 "이 대는 길이가 몇 척(尺)밖에 안 되지만 만 장(丈)의 기세를 지니고 있다."라고 하였다.

58 요명(堯蓂) : 요(堯)임금 뜰에 난 상서로운 풀이라는 뜻으로, '명협(蓂莢)' 또는 '역협(曆莢)'이라고도 한다. 이 풀은 매월 초하루면 한 잎씩 났다가 16일이면 다시 한 잎씩 떨어져 월말이면 모두 다 떨어지기 때문에 이 잎의 숫자로 날짜를 알 수 있었다고 한다. 《竹書紀年 卷上 帝堯陶唐氏》

매화가 답하다
梅花答

마음 같고 향기 같음[59]은 진실로 만나기 어려우니	同心同臭固應難
쓸쓸하게 이곳에서 늙는 것이 무슨 상관이랴	寂寞何妨老此間
오직 꿈속의 넋이 자주 학으로 변하여	惟有夢魂頻化鶴
밤이 깊어지면 달과 어울려 봉래산으로 간다네	夜深和月到蓬山

59 마음……같음 : 《주역》 〈계사전 상(繫辭傳上)〉에 "두 사람이 마음을 함께하면 그 예리함이 쇠를 자를 만하고, 마음을 함께한 말은 그 향기가 난초와 같다.〔二人同心, 其利斷金. 同心之言, 其臭如蘭.〕"라고 한 데서 원용하였다. 매화의 의기와 기상이 대나무와 같이 굳세고 강인함을 말한다.

곡강의 텅 빈 객관에 밤에 앉아 있으니 감회가 있어
曲江空館 夜坐有懷

한 해가 저무는 진한 지역에서	歲晏辰韓域
나그네는 아직도 여가가 없네	征夫尙未遑
흐르는 세월은 부질없이 지나가고	流光空荏苒
세상 일은 슬프고 처량하네	世事足悲涼
떨어지는 잎은 찬 빗소리에 울리고	落木寒鳴雨
슬픈 기러기는 밤 서리에 울부짖네	哀鴻夜叫霜
위태한 누대는 백 척 높이에 서 있으니	危樓憑百尺
노쇠한 이의 눈물은 천 줄기로 쏟아지네	衰淚迸千行

조여시가 과거 급제하여 그 아우 이부랑 여직과 함께 금의환향했다는 소식을 듣고 시를 지어 축하하다

聞趙汝時登第 與其弟吏部郎汝直錦還 以詩爲賀

붉은 섬돌 대궐에서 오천언을 써 내려가니[60]	彤墀下筆五千言
형의 영예로운 명성이 아우[61]와 나란하였네	伯子榮聲竝卯君
체악이 같은 가지에서 비와 이슬을 맞았고[62]	棣蕚同枝承雨露
비단옷 소매 연이어 효도를 빛나게 했네[63]	錦衣聯袂耀晨昏

60 오천언을 써 내려가니 : 《열선전(列仙傳)》에 의하면, 함곡관 영(函谷關令) 윤희(尹喜)가 푸른 소를 타고 지나가는 노자(老子)에게 부탁하여 《도덕경(道德經)》 오천언(五千言)을 받았다는 고사가 있다. 여기서는 노자가 거침없이 오천언을 쓴 것처럼 주인공도 장문의 과거 답안지를 거침없이 써 내려갔음을 말한다.

61 아우 : 원문은 '묘군(卯君)'으로, 간지(干支)에 '묘(卯)' 자가 들어간 해에 출생한 사람이란 뜻인데, 송(宋)나라 소식(蘇軾)이 아우인 소철(蘇轍)의 생일을 축하하며 지은 시에 "동파가 이것을 가지고 묘군에게 축수한다.〔東坡持是壽卯君〕"라고 한 데서 유래하였다.

62 체악이……맞았고 : 형제가 한 집에서 훌륭한 가정 교육을 함께 받았다는 말이다. 체악(棣蕚)은 아가위꽃을 받치는 꽃받침인데, 꽃과 꽃받침은 한 가지에서 나왔으므로 형제를 의미한다. 《시경》 〈상체(常棣)〉에 "아가위의 꽃이여, 꽃받침이 화사하지 않은가. 무릇 지금 사람들은, 형제만 한 이가 없느니라.〔常棣之華, 鄂不韡韡. 凡今之人, 莫如兄弟.〕"라고 한 데서 유래하였다.

63 비단옷……했네 : 형제가 연이어 과거에 급제하여 어버이를 영광스럽게 하는 효도를 했다는 말이다. 신혼(晨昏)은 혼정신성(昏定晨省)의 줄임말로, 밤에는 부모의 잠자리를 보아 드리고 이른 아침에는 부모의 안부를 묻는다는 뜻으로, 부모를 잘 섬기고 효성을 다하는 것을 말한다. 이 효도의 끝은 《효경》 〈개종명의장(開宗明義章)〉에 "입신출세하여 도를 행해서 후세에 명성을 드날려 부모를 현양하는 것이 효

맑은 자태는 완연히 얼음 병의 달[64]을 대한 듯하고 清姿宛對壺中月
상서로운 빛은 해 아래 구름[65]을 기쁘게 바라보네 瑞色欣瞻日下雲
총애하여 발탁함이 지금 빼어난 선비에게 돌아가니 寵擢如今歸俊士
하늘의 마음이 사문을 돕는 줄 알 수 있도다 天心可見佑斯文

-당시에 군자의 도가 사라질까 근심함이 있었기 때문에 마지막 구에서 이 말을 언급하였다.-

도의 끝이 된다.〔立身行道, 揚名於後世, 以顯父母, 孝之終也.〕"라고 하였으니, 과거 급제하여 어버이를 영광스럽게 하는 효도를 다했다는 말이다.

64 얼음 병의 달 : 빙호추월(氷壺秋月) 즉 얼음 병에 담긴 달빛이란 뜻으로, 고결한 인품을 형용한 것이다.

65 해 아래 구름 : 송대의 명신(名臣) 한기(韓琦, 1008~1075)가 약관의 나이에 차석으로 진사시(進士試)에 급제하여 창방례에 참석했을 때, 그의 이름을 부를 차례가 되자 태사(太史)가 아뢰기를 "태양 아래 오색구름이 나타났습니다.〔日下五色雲見〕"라고 했다는 고사가 있다.《宋史 韓琦列傳》한기 같은 명신을 본받아 임금에게 충성을 다할 것을 다짐한다는 뜻이다.

제운루[66]
梯雲樓

고국의 벼슬아치 모두 초나라 죄수[67]가 되었으나	故國衣冠盡楚囚
맑은 풍도는 만고토록 오직 이 누각에 남았네	淸風萬古獨斯樓
곧은 모습이 곤륜산의 불길[68]에 사라지지 않자	貞姿未逐崑炎滅
꽃다운 자취는 다시 맑은 물에 뛰어들었네	芳躅還從止水投
부자가 함께 충효의 열전에 남았고	父子同歸忠孝傳
산하는 또한 고금의 근심을 띠고 있네	山河亦帶古今愁
어찌하면 천 길 우물에서 물을 길어 와	何緣汲取千尋井
아교를 달여서 흐린 물을 맑게[69] 할까	煎作阿膠救濁流

66 제운루(梯雲樓) : 강서성(江西省) 의춘현(宜春縣) 남쪽 앙산묘(仰山廟)의 오른쪽에 있는데, 송나라 때 이곳에 공맹(孔孟) 소상을 세웠다. 1276년 송나라가 망하자 태학생(太學生) 서응오(徐應鑣)가 제문(祭文)을 지어서 악왕(岳王 : 악비(岳飛))에게 제사를 지내고, 자신의 2남 1녀와 함께 경덕재(經德齋)의 제운루(梯雲樓)에 올라 불을 놓고서 스스로 분신(焚身)하였으나, 학복(學僕)이 이를 알고서 불을 끄니, 서응오는 마침내 세 자녀와 함께 우물에 몸을 던져 죽었다. 《宋史 忠義列傳 徐應鑣》

67 초나라 죄수 : 원문은 '초수(楚囚)'로, 진(晉)나라에 포로로 잡혀가서 거문고로 초나라 음악을 연주하며 고향을 그리워했던 종의(鍾儀)의 고사에서 유래하여, 나라가 위태한 상황에서 더 이상 어찌할 수 없이 군박한 처지에 빠진 사람을 가리키는 말이 되었다. 《春秋左氏傳 成公9年》

68 곤륜산(崑崙山)의 불길 : 곤륜산은 옥이 나는 곳이며, 그 산에 불이 나면 옥과 돌이 함께 탄다고 한다. 그 불길 속에서도 곧은 절의는 없어지지 않음을 뜻한다.

69 아교(阿膠)를……맑게 : 아교는 검은 당나귀 가죽을 진하게 고아서 굳힌 약품(藥品)으로, 여기에는 흐린 물을 맑게 하는 성분을 함유하고 있기 때문에 이른 말이다. 유신(庾信)의 〈애강남부(哀江南賦)〉에 "아교도 황하의 흐린 물은 맑게 할 수 없다.〔阿膠不能止黃河之濁〕" 하였다.

김여우[70]가 방문하겠다는 약속을 했는데 비에 막혀 오지 못하여

金汝遇有約來訪 阻雨不發

계서[71]에 좋은 일 있으매 벗을 그리워하며[72]	好事溪西日暮雲
지금껏 바라보매 몇 번이나 넋이 녹았던가	向來相望幾消魂
오늘 아침 갑자기 다리에 비가 내려	今朝忽作橋頭雨
돌아가는 길을 막아 그대를 놓아주지 않네	鎖斷歸程不放君

70 김여우(金汝遇) : 선조 때의 의병인 김광두(金光斗, 1562~1608)로, 본관은 상주(尙州), 호는 일묵재(一默齋)이며, 여우는 그의 자이다. 유성룡(柳成龍)의 문인이다. 임진왜란이 일어났을 때 정경세와 함께 함창(咸昌) 등지에서 의병을 모집하여 왜군과 싸웠다.

71 계서(溪西) : 시내의 서쪽으로, 은거지를 뜻하는 듯한데, 출처를 알 수 없다.

72 벗을 그리워하며 : 원문은 '일모운(日暮雲)'으로, 벗을 그리워하는 정을 말한다. 두보(杜甫)가 이백(李白)을 그리워하면서 지은 〈춘일억이백(春日憶李白)〉에 "위수 북쪽엔 봄 하늘에 나무가 무성하고, 강 동쪽엔 저문 날에 구름이 일어나네.〔渭北春天樹, 江東日暮雲.〕"라고 한 데서 유래하였다. 《杜少陵詩集 卷1》

함녕 현감 나덕원[73]에게 보내다

寄咸寧守羅德元

금성산 아래가 그대의 집이니	錦城山下是君家
붉은 게와 노란 귤 등 진미가 많으리라	紫蟹黃柑勝味多
늙어 은둔함에 어찌 향사[74]의 그리움이 없으랴만	老去豈無鄕社戀
다만 나랏일 때문에 남쪽 끝에서 막혀 있네	只緣王事滯南涯

73 나덕원(羅德元) : 1548~? 본관은 금성(錦城), 자는 이건(以健), 호는 사담(沙潭)이다. 1573년(선조6) 문과에 급제하여 익위사세마(翊衛司洗馬)에 제수(除授)되었다. 전라남도 나주(羅州)의 금성으로 이주하여 금성 나씨 이조판서공파 함평 입향조가 되었다. 임진왜란 때 의병(義兵)을 모집하여 명(明)나라 제독(提督) 마귀(麻貴)를 도와 왜적을 격퇴하였다. 벼슬은 함안 현감(咸安縣監) 등을 지냈다. 저서로 《사담유고(沙潭遺稿)》가 있다.

74 향사(鄕社) : 고향의 시 모임을 말한다.

김사담 문장[75]께서 지난 경진년(1580, 선조13)에 어버이 봉양을 위해 고을 수령을 청하였다. 외직으로 나가 제천(堤川)을 다스렸는데 몇 해 지나지도 않아 정사가 잘 이루어졌다. 고을 사람들이 그 교화를 사모하여 선정비를 만들어 기록하였다. 십오 년 뒤인 갑오년(1594)에 공이 우거하던 옥천의 집에서 생을 마치니, 제천의 백성들이 허겁지겁 달려가서 조문하며 장례에 모였다. 이때는 한창 전쟁과 기근으로 부모 형제가 죽어도 조문하는 이가 없었는데 공이 사람들을 감동시킨 것이 이와 같았으니, 참으로 이른바 "옛날 사랑을 남긴 분이다."[76]라는 것이리라. 올해 여름에 내가 일 때문에 제천에 들렀는데, 공의 덕망 있는 정사를 칭송하며 눈물 흘리는 노인들이 있었다. 이에 감동하여 시를 지어 두 번째 비석의 뒷면에 써서 훗날 풍속을 살피는 관찰사가 채집하여 기록할 것에 대비한다

金沙潭文丈往在庚辰間 爲養乞郡 出調堤縣 不數年而政成 邑人慕其化

75 김사담(金沙潭) 문장(文丈) : 김홍민(金弘敏, 1540~1594)으로, 본관은 상주(尙州), 자는 임보(任父)이며, 사담은 그의 호이다. 선조 때의 문신으로, 임진왜란 때 의병을 일으켰다. 문장은 재주가 높고 덕이 뛰어나면서 나이가 많은 사람에 대한 존칭이다.

76 옛날……분이다 : 지방관이 백성들에게 선정을 베푼 것을 뜻하는 말이다. 이 때문에 선정비(善政碑)를 유애비라고도 한다. 춘추 시대 정(鄭)나라 공손교(公孫僑), 곧 정 자산(鄭子產)이 죽자 공자가 눈물을 흘리며 "옛날 사랑을 남긴 분이다.〔古之遺愛〕"라고 칭송하였다. 《春秋左氏傳 昭公20年》

礱石以敍之 後十五年甲午 公卒於沃川之僑次 堤之士民匍匐會葬 時方兵旅饑饉 骨肉死無弔 而公之感人如是 眞所謂古之遺愛乎 今年夏 余以事過堤 耆老有稱其德政而流涕者 於是感而有賦 書于二碑陰 以備異日觀風者之採摭

나그넷길 오늘은 나지[77]를 지나다 들렀는데	客行今日過羅池
일곱 자의 비석에 조문할 줄 어찌 알았으랴	七尺螭頭弔豈知
백 리 고을에 일찍이 천리마의 발자취 남았고	百里曾淹騏驥步
아홉 가지 특징[78]에서 봉황의 거동을 다투어 보네	九苞爭覩鳳凰儀
시서는 본래 가정 교육에서 터득하였고	詩書本自家庭得
큰 업적은 모두 효도와 우애에서 옮긴 것일세	事業皆從孝友移
비석에 남다른 정사를 새길 필요 없으니	不用貞珉刊異政
백세에 명성을 전함은 사람 입에 오름이 비석일세	流聲百世口爲碑

77 나지(羅池) : 옛날 유종원(柳宗元)이 중국 광서(廣西) 지방으로 좌천되어 갔다가 거기에서 죽었다. 그 후에 그 고을 사람들이 그의 사당을 짓고 이름을 나지묘(羅池廟)라 하였다. 여기서는 김홍민의 사당을 미화한 말이다.

78 아홉 가지 특징 : 원문의 '구포(九苞)'는 봉황이 지녔다는 아홉 가지 특징을 말하는데, 구포명(口包命), 심합도(心合度), 이청달(耳聽達), 설굴신(舌詘伸), 채색광(彩色光), 관구주(冠矩州), 거예구(距銳鉤), 음격양(音激揚), 복문호(腹文戶)이다. 《山堂肆考 卷211 羽蟲 鳳》

송덕보가 말을 빌려준 것에 감사하며 아울러 이별의 마음을 적다

謝宋德甫借馬 兼識別情

예문관에서 서로 어울릴 때 봄이 몇 번 지났던가	藝苑相隨問幾春
이별한 뒤 양쪽 귀밑털이 각자 은처럼 희어졌네	別來雙鬢各成銀
궁궐에서는 함께 반룡[79]의 객이 되었더니	雲霄共作攀龍客
갈림길에서는 지금 말을 빌리는 사람이 되었네	岐路今爲借馬人
행색은 천 리 먼 길을 감당하지 못하지만	行色不堪千里遠
사귐의 정은 백 년의 친함이 변하지 않네	交情無改百年親
맑은 강 북쪽을 바라보며 서로 헤어지는 곳에	滄江北望相分地
푸른 나무 맑은 놀이 한강 가에까지 닿았네	碧樹晴煙接漢濱

79 반룡(攀龍) : 제왕 혹은 명사(名士)에게 몸을 의탁해서 공명(功名)을 이루는 것을 말한다. 한나라 양웅(揚雄)이 지은 《법언(法言)》 〈연건(淵騫)〉의 "용의 비늘을 그러잡고 봉의 날개에 달라붙는다.〔攀龍鱗, 附鳳翼.〕"라는 말에서 유래하였다.

김이정[80]과 권수지[81]에게 주다

贈金而靜權守之

손꼽아 교유하던 날 헤아려 보니 몇 년이 지났던가 屈指交遊問幾春
남은 생은 아마도 태평성대의 백성이리라 餘生曾是太平民
미과[82]에서 장원한 것이 스스로 부끄러운데 微科自愧名居甲
난리가 많아 임진왜란을 함께 겪었네 多難同逢歲在辰
흰머리 노인의 관직은 아직 집극[83]이요 皓首官銜猶執戟
젊은 시절의 시간은 치달리는 수레와 같네 青年光景劇奔輪
매화 핀 작은 누각에서 등불 걸고 얘기하니 梅花小閣懸燈話
그윽한 근심이 가난 때문이 아님을 누가 알리오 誰識幽愁不爲貧

80 김이정(金而靜) : 김윤안(金允安, 1560~1622)으로, 본관은 순천(順天), 호는 동리(東籬)이며, 이정은 그의 자이다. 1588년 사마시에 합격하고, 임진왜란 때에 형윤명과 함께 의병장 김해(金垓) 휘하에서 활약하였다. 1612년 문과에 급제하여 1613년 대구 부사를 지냈다. 저서로 《동리집(東籬集)》이 있다.

81 권수지(權守之) : 권태일(權泰一, 1569~1631)로, 본관은 안동, 자는 수지(守之), 호는 장곡(藏谷)·노천(蘆川)이며, 수지는 그의 자이다. 1599년(선조32)에 문과에 합격해 설서, 정언 등을 거쳐 영덕 현령(盈德縣令), 전라 감사(全羅監司) 등을 역임하였다. 접반사(接伴使)로 가도(椵島)에 갔다가 병으로 죽었다. 저서로 《장곡집(藏谷集)》이 있다.

82 미과(微科) : 소과를 말하는 듯하다.

83 집극(執戟) : 창을 쥐고 숙위(宿衛)하는 낭중(郎中)이라는 뜻으로, 보통 관직이 높지 않은 관원을 가리키는 말로 쓰인다.

막 단양에 부임하여 친형에게 부치다

將赴丹陽 寄家兄

참담하게 종천[84]토록 애통함이 어찌 끝이 있으랴	慘慘終天慟豈涯
형제가 오히려 다행히 서로 의지했네	弟兄猶幸兩相依
동서로 벼슬살이에 무슨 영예가 있으랴	東西羈宦榮何有
조석으로 책상을 함께하려 했더니 계획이 어긋났네	朝暮連床計已違
푸른 풀 꿈[85]에서 돌아오니 봄이 끝나가려 하고	青草夢回春欲晩
자형화[86] 피니 나그네는 돌아가길 생각했네	紫荊花發客思歸
오직 바라는 것은, 함께 사정[87]의 말을 면려하여	惟期共勉斯征語
선조의 아름다운 덕을 더욱 드러내 밝힘일세	先祖遺芳更發揮

84 종천(終天) : 세상이 끝날 때까지의 영원한 슬픔을 말하는데, 부모를 잃은 슬픔을 뜻하는 말로 쓰인다. 1592년(선조25) 6월, 부친상을 당하였다.

85 푸른 풀 꿈 : 남북조 시대 남제(南齊)의 유명한 시인 사영운(謝靈運)이 죽은 아우 사혜련(謝惠蓮)을 꿈에 보고서 영감을 얻어 이튿날 〈등지상루(登池上樓)〉에 "연못가에 푸른 풀이 돋아나고, 뜰의 버드나무 새소리도 바뀌었네.〔池塘生青草, 園柳變鳴禽.〕"라고 읊었는데, 앞구는 중국 시단에서 제일 걸작이라 한다. 형을 꿈에서 보고 변고가 있는 것이 아닌가 염려한 것이다.

86 자형화(紫荊花) : 박태기나무의 꽃을 가리키는데, 뒷날 형제간의 우애를 뜻하게 되었다. 남조의 양(梁)나라 전진(田眞) 삼 형제가 각기 재산을 나누고, 마지막으로 뜰에 있는 이 나무를 나누려 하니 박태기나무가 곧 시들었다. 이에 삼 형제가 다시 살림을 합치니, 나무가 다시 무성해졌다고 한다. 《續齊諧記 紫荊樹》

87 사정(斯征) : 《시경》 〈소완(小宛)〉에 "내 날로 매진하거늘, 너도 달로 나아가라. 일찍 일어나고 밤늦게 잠들어, 너를 낳아 주신 분을 욕되게 하지 마라.〔我日斯邁, 而月斯征. 夙興夜寐, 無忝爾所生.〕"라고 한 데서 원용하였다. 여기에서는 형제가 각자 부모를 욕되게 하지 않도록 서로 부지런히 노력하자며 면려(勉勵)하는 뜻이다.

하거[88]에게 부치다

寄荷渠

부르는 조서가 매우 급하여 서울 가는 길 재촉하니	辟書火急促西征
잊지 못하는 이별의 근심에 스스로 평안치 못하네	耿耿離憂自不平
땅에 가득한 아름다운 꽃은 온통 이미 떨어졌고	滿地芳華渾已落
허공에 울리는 비바람 아직 완전히 개지 않았네	響空風雨未全晴
집으로 돌아갈 꿈을 꾸나 청산이 막혔고	歸家有夢青山隔
세상에 이바지할 마음 없으나 흰 머리털만 생기네	供世無心白髮生
언제쯤 수회[89]에서 함께 귀를 씻고	何日水回同洗耳
돌 사이 찬 물방울이 옥처럼 울리는 것을 들을까	石間寒滴聽琮鳴

88 하거(荷渠) : 정경세(鄭經世, 1563~1633)의 호이다.

89 수회(水回) : 수회촌(水回村)으로, 지금의 충주시 수안보면 무두리〔水回里〕이다. 중산천과 석문천 냇물이 마을 둘레를 돌아서 흐르므로 '물이 돈다〔水回〕' 하여 붙여진 이름이다. 영남과 충청·경기 지방을 잇는 교통의 요지이다.

가을날 도담[90]에서 노닐며 함께 온 세 사람에게 주고 아울러 김도원[91]에게도 소식을 전하다

秋日遊島潭 贈同來三子 兼柬金道源

단산의 팔월에 가을바람 일어나니	丹山八月秋風起
십 리의 붉은 숲이 강물에 비치네	十里紅林照江水
중류에서 질펀하게 노니는 두세 사람은	中流蕩漾二三人
푸른 눈 검은 머리에 붉은 용의 수염일세	青瞳紺髮虯髯紫
목란주에 계수나무 노로 그윽한 구경 마음껏 하고	蘭舟桂棹恣幽賞
쇠 피리[92] 옥 거문고로 맑고 씩씩함을 다투네	鐵笛瑤徽角淸壯
벼랑 사이의 운모[93]가 가려 금빛이 되었으니	屛間雲母障成金
고육[94]의 그림으로도 또한 형상하기 어렵네	顧陸丹青亦難狀

90 도담(島潭) : 충청북도 단양군(丹陽郡) 매포면(梅浦面) 도곡리(道谷里)에 있다. 소(沼) 가운데에 세 개의 바위가 솟아 있는데, 이를 도담 삼봉(島潭三峯)이라고 한다.

91 김도원(金道源) : 김용(金涌, 1557~1620)으로, 본관은 의성(義城), 호는 운천(雲川)이며, 도원은 그의 자이다. 김수일(金守一)의 아들이자 김성일의 조카이다.

92 쇠 피리 : 원문은 '철적(鐵笛)'으로, 주로 은자(隱者)나 고사(高士)들이 이것을 잘 불었다 한다.

93 운모(雲母) : 판상(板狀) 또는 편상(片狀)의 규산(珪酸) 광물(鑛物)이다. 화강암에 많이 들어 있으며, 겹겹이 떨어지는 성질이 있다. 흑백 두 가지가 있는데, 특히 백색의 운모는 유리 대용품으로 쓰이기도 한다.

94 고육(顧陸) : 중국의 유명한 화가인 고개지(顧愷之)와 육탐미(陸探微)를 병칭한 말이다. 고개지는 화절(畫絶)·치절(癡絶)·재절(才絶)의 삼절(三絶)로 일컬어지고, 육탐미는 인물 및 산수화에 독보적(獨步的)인 존재로 일컬어졌는데, 장회관

쟁반에 쌓인 음식은 산해진미가 뒤섞였고	盤中飣餖雜珍饌
유리 술잔에는 자하주[95] 향이 가득하네	紫霞香滿琉璃盞
취하여 일어나 달빛[96] 가운데서 춤추니	醉來起舞玉鏡中
시원한 바람을 타고 한만[97]에서 노니는 듯하네	如御泠風遊汗漫
밤에 송료에서 자다가 꿈이 막 깨니	夜宿松寮夢初覺
이 몸이 혼연히 갈매기로 변한 듯[98]하네	此身渾疑幻鷗鳥
일어나 아침 해가 봉우리 동쪽에서 뜨는 것을 보니	起看朝日昇嶺東
석문의 새벽에 오색 노을이 가득하네	五色煙霞石門曉
붓을 휘둘러 장단구를 적고 나니	揮毫題罷長短句

(將懷瓘)의 《역대명화기(歷代名畫記)》에 "육탐미는 골수를 얻었고 고개지는 정신을 얻었다.〔陸得其骨, 顧得其神.〕"라고 평하였다.

95 자하주(紫霞酒) : 신선이 마시는 술이다.

96 달빛 : 원문의 '옥경(玉鏡)'은 옥으로 만든 거울로, 밝은 달을 비유한다.

97 한만(汗漫) : 본래 광대무변한 공간을 가리키는 말인데, 그곳에서 사는 신선을 뜻하는 말로 사용되기도 한다. 옛날 노오(盧敖)가 북해(北海)에서 노닐다가 이인(異人)인 약사(若士)를 만나 함께 벗으로 노닐자고 청하자, 약사가 응답하기를 "나는 구해 밖에서 한만과 만날 약속이 되어 있으니 오래 머물러 있을 수가 없다.〔吾與汗漫期于九垓之外, 吾不可以久駐.〕"라고 하고는 곧바로 구름 속으로 들어가 보이지 않았다는 이야기가 전한다. 《淮南子 道應訓》

98 갈매기로 변한 듯 : 마음이 순수하여 저절로 자연과 일체가 됨을 말한 것이다. 옛날 바닷가에 살던 한 사람이 갈매기를 아주 좋아하여 매일 바닷가로 나가서 갈매기와 놀다 보니, 찾아온 갈매기가 100마리도 넘었는데, 한번은 그의 아비가 말하기를 "내가 들으매 갈매기들이 모두 너를 따라 노닌다 하니, 네가 갈매기를 잡아 오너라. 내가 갈매기를 완상하고 싶다.〔吾聞鷗鳥皆從汝游, 汝取來, 吾玩之.〕" 하므로, 이튿날 다시 바닷가로 나가 보니, 갈매기들이 사람의 교사(巧邪)한 마음을 알아채고는 공중에서 빙빙 돌기만 하고 내려오지 않았다는 고사에서 온 말이다. 《列子 黃帝》

소동파의 적벽부와 비슷하구나　　彷彿坡翁赤壁賦

큰 소리로 소해창[99]에 화답하고자 하니　　高吟欲和少海唱

소리 몇 마디에 어룡부를 놀라 요동케 하네　　數聲驚撼魚龍府

이 구역은 예로부터 세상의 티끌 적었으니　　玆區從古少風埃

도기가 있지 않으면 어찌 올 수 있으랴　　非有道氣那得來

퇴계[100]의 분명한 연원은 운대[101]의 빼어남이요　　退溪的源雲臺逸

99 소해창(少海唱) : 저본에는 '소(小)'로 되어 있으나 《진서(晉書)》에 의거하여 수정하였다. 진(晉)나라 때 오중(吳中)의 회계(會稽)에 살았던 은사 하통이 지은 노래이다. 한번은 그가 병든 모친의 약을 구하기 위해 낙양(洛陽)에 갔었는데, 이때 그의 범상치 않은 행동을 본 태위(太尉) 가충(賈充)이 오중 지방에 관한 풍속 등 여러 가지를 물었다. 하통의 말을 들은 가충은 그 지방에 관한 가곡(歌曲)을 지어 부를 수 있느냐고 물었다. 이에 하통이 대답하기를 "오자서(伍子胥)가 오왕(吳王)에게 충간하였으나 말은 쓰이지 않고 도리어 죽임을 당하여 시체가 바다에 던져졌기에, 나라 사람들이 지금도 그의 충렬(忠烈)을 가슴 아프게 여긴다. 그래서 내가 〈소해창〉을 지었으니 지금 불러 보겠다." 하고는 발을 구르며 힘차게 노래를 불렀다. 구경하는 사람들이 모두 놀라 "〈소해창〉을 들으니 오자서와 굴원이 바로 곁에 서 있는 것 같다." 하였고, 가충은 "이 오아(吳兒)는 바로 목인석심(木人石心)이다." 하며 감탄했다고 한다. 《晉書 隱逸列傳 夏統》

100 퇴계(退溪) : 이황(李滉, 1501~1570)으로, 1548년(명종3) 1월, 단양 군수(丹陽郡守)로 부임하였는데, 〈도담(島潭)〉이란 제목의 시가 《퇴계집》 권1에 두 수 실려 있고 별집 권1에 무신년(1548)에 지은 시 한 수가 실려 있다. 또 황준량에게 보낸 편지〔與黃仲擧〕에서 "보내온 시를 보니 화답이 금옥과도 같아, 마치 몸이 단구(丹丘)에 들어가 적성의 신선 옆에서 도끼 자루 썩는 것도 모르는 것과 같은 느낌이었습니다."라고 하였다. 《退溪集 續集 卷4 與黃仲擧, 韓國文集叢刊 30輯》 황준량과 시를 수작한 듯한데, 구체적인 작품은 상세하지 않다.

101 운대(雲臺) : 주자(朱子)를 가리킨다. 그의 《역학계몽(易學啓蒙)》의 서문 끝에, "송 효종 순희 병오년(1186) 3월 16일 운대진일이 손수 쓰다.〔淳熙丙午暮春既望雲臺眞逸手記〕"라고 하였다.

금로[102]의 아름다운 말은 산곡[103]의 재주일세　錦老綺語山谷才

수령[104]이 된 지 일 년 만에 정치 교화가 전해졌더니　視篆朞年政化流

신선이 되어 한번 떠난 것이 지금 몇 년이었던가　仙驂一去今幾秋

못가의 바람과 달은 아직도 변함없는데　潭邊風月猶無恙

우리들을 남겨 두고 날아올라 즐겁게 노니는가　留與吾曹拚勝遊

그대는 보지 못했는가　君不見

우뚝한 금강산의 이만 봉우리에는　金剛崒嵂二萬峯

그 가운데를 흐르는 은하수가 없음을　未有絳河流其中

또 보지 못했는가　又不見

평온한 동정호 칠백 리에는　洞庭平湖七百里

잡고 하늘로 올라갈 삼도[105]가 없음을　未有三島擎層空

102 금로(錦老) : 황준량(黃俊良, 1517～1563)으로, 본관은 평해(平海), 자는 중거(仲擧), 호는 금계(錦溪)이다. 이황의 문인이다. 1537년 생원시에 합격하였고, 1540년 문과에 급제하였다. 신령 현감으로 재직할 때 백학서원(白鶴書院)을 창설하여 후진 교육에 힘썼다. 저서로 《금계집》이 있다. 황준량이 1557년(명종12) 가을, 단양 군수(丹陽郡守)가 되었는데, 그 당시 도담에서 배 띄우고 유람하며 지은 시로 《금계집》 권3의 〈이 방백과 도담에 배 띄우고〔與李方伯泛島潭〕〉와 권5 외집의 〈최견숙의 범주도담시에 차운하다〔次崔見叔泛舟島潭〕〉가 있다.

103 산곡(山谷) : 황정견(黃庭堅, 1045～1105)의 호이다. 황정견은 송(宋)나라 후기의 시인이자 서예가이다. 소식(蘇軾)의 문하생(門下生) 중 일인자로, 자재농염(自在濃艶)한 시풍으로 기이하고 파격적인 용법을 써서, 구양수(歐陽脩) 이래 송시(宋詩)를 일변하여 새로운 시풍을 수립하였다. 강서파(江西派)의 원조이며, 서예가로서도 송대 사대가의 한 사람으로 꼽힌다. 시집으로 《산곡집(山谷集)》이 있다.

104 수령 : 원문은 '시전(視篆)'인데, 일을 보고 도장을 찍는다는 뜻으로, 수령이 사무를 봄을 지칭한다. 전(篆)은 전자(篆字)인데 관청의 도장은 전자로 새기기 때문에 생긴 말이다.

어찌하면 적성[106]군에서 포구를 사서 何如赤城之郡買浦口
물결 속 산호 옥나무 세 그루[107]를 드러낼까 波心露出珊瑚三玉樹
모호하게 변하여 만 길의 돌이 되어 糢糊變爲萬仞石
맑은 하늘에 거꾸로 꽂혀 오래도록 썩지 않았네 倒揷晴空久不朽
상서로운 구름 사방을 에워싸니 봉황이 새끼 낳고 祥雲四匝鳳留雛
그 위에 구절포[108]가 많이 자라났네 其上多生九節蒲
한번 복용함에 문득 선령과 통함을 깨닫겠으니 一服頓覺通仙靈
자유롭게 노닐어[109] 곧장 봉호[110]를 깔볼 듯하네 揮斥直欲凌蓬壺
홀로 산꼭대기에 서서 천겁의 세월 보냈고 獨立絶頂經千劫
해와 달을 비웃으며 신선들[111] 가벼이 여겼네 調笑日月輕喬偓

105 삼도(三島) : 전설상의 신선이 산다는 봉래(蓬萊), 방장(方丈), 영주(瀛洲) 세 섬을 말한다.

106 적성(赤城) : 적성산(赤城山)으로, 중국 천태산(天台山)의 남문(南門) 역할을 하는 산인데, 선비의 은거지를 뜻하는 말로 많이 쓰인다. 여기서는 단양을 말한다.

107 산호……그루 : 도담 삼봉을 비유한다.

108 구절포(九節蒲) : 1촌(寸)에 아홉 마디 이상 되는 창포로, 장수(長壽)하는 선약(仙藥)으로 일컬어져 왔다. 《抱朴子 仙藥》

109 자유롭게 노닐어 : 원문 '휘척(揮斥)'은 자유롭게 돌아다닌다는 뜻으로, 《장자(莊子)》 〈전자방(田子方)〉에, "무릇 지인(至人)은 위로는 청천(青天)을 엿보고, 아래로는 황천(黃泉) 속에 잠기며 우주의 팔방 끝까지 자유롭게 돌아다니면서도 신기(神氣)가 조금도 변하지 않는다.〔夫至人者, 上闚青天, 下潛黃泉, 揮斥八極, 神氣不變.〕"라고 한 데서 온 말이다.

110 봉호(蓬壺) : 동해(東海) 가운데 있다는 삼신산(三神山) 중의 하나인 봉래산(蓬萊山)의 별칭이다.

111 신선들 : 원문 '교악(喬偓)'은 신선 왕교(王喬)와 악전(偓佺)의 병칭이다. 왕교는 왕자교(王子喬)로, 주 영왕(周靈王)의 태자 진(晉)이다. 태자 시절에 왕에게 직

나는 도규[112]를 나누어 준 뒤에	我欲分出刀圭餘
영가에서 참을 닦는 객들에게 가져다주려 하네	持贈永嘉修眞客
먹으면 평범한 인물이 환골탈태할 수 있어	餌之能令凡骨換
양쪽 겨드랑이에 펄렁이며 날개가 생겨나리	兩腋翩翩生羽翰
손으로 봉황 부절을 가지고 옥황상제를 알현하고	手携鳳節朝紫皇
인하여 하청과 해안[113]을 보리라	坐閱河清與海晏
돌아갈 때 만약 구루 영[114]을 방문한다면	歸時如過句漏令
어떻게 솥에 가득한 단약을 대접할까	何以餉之丹滿鼎
날 듯이 인간 세상으로 돌아갈 필요 없으니	不須飄然還下方
지금 해내의 땅이 아직 깨끗해지지 않았음일세	至今海宇未乾淨
이곳에 머물러 다섯 신선이 되어	此間留作五仙子
눈으로 도담 세 봉우리 보기를 평지처럼 여기세	眼看三島爲平地

간하다가 폐해져 서인이 되었다. 젓대를 잘 불어 봉황새 소리를 냈으며 도사(道士) 부구공(浮丘公)을 만나 흰 학을 타고 산꼭대기에서 살았다 한다. 《列仙傳 王子喬》 악전은 순임금 때 괴산(槐山)에서 약초를 캐고 살던 신선으로, 송실(松實) 먹기를 좋아하고 온몸에 털이 났으며 눈동자는 네모나고 머릿결이 푸르며 몹시 빨리 달려서 달리는 말도 쫓아갈 수가 있었다고 한다. 《列仙傳 偓佺》

112 도규(刀圭) : 약의 양(量)을 헤아리는 기구로, 칼과 비슷하며 위는 뾰족하고 가운데는 움푹 패어 있다. 후세에는 의술(醫術)이나 약물(藥物)을 일컫는 말로 쓰인다. 여기서는 신선이 되는 약을 말한다.

113 하청(河淸)과 해안(海晏) : 황하의 물이 맑아지고 창해의 파도가 잠잠해진다는 말로, 국가가 안정되고 천하가 태평해짐을 비유한다.

114 구루 영(句漏令) : 신선을 말한다. 진(晉)나라 도가(道家) 갈홍(葛洪)이 구루 지방에 선약의 재료가 되는 단사(丹沙)가 생산된다는 말을 듣고 자청하여 구루 영(句漏令)이 되어 그곳에서 단사를 제련하였다는 데서 유래하였다. 《晉書 葛洪傳》

묻노니, 구루 영은 어떤 사람인가　　借問句漏令何人
유천[115]에 몸을 숨긴 이씨 성을 가진 사람일세　　酉川中隱身姓李

115 유천(酉川) : 상주 청리면에 있는 지명이다. 여기는 이준의 집안인 흥양(興陽) 이씨(李氏)들의 반촌이다.

금역당[116]에 쓰다

題琴易堂

백 년 된 당을 중수하여 새 이름을 내거니	百年堂構揭新名
붙인 뜻이 사병[117]을 취한 것과는 같지 않네	寓意非如取四幷
홀로 거문고[118]를 안고 옛 악보를 찾으며	獨抱峨洋尋舊譜
또 음양[119]의 수를 따라 남긴 역경을 완미하네	且從奇耦玩遺經
거문고 연주하자 언덕의 학이 소리 내어 화답하고	彈來皐鶴聲聲和

116 금역당(琴易堂) : 배용길(裵龍吉, 1556~1609)의 당 이름으로, 거문고와 《주역》을 즐겼다는 뜻이다. 그의 본관은 흥해(興海), 자는 명서(明瑞), 호는 금역당(琴易堂)·장륙당(藏六堂)이다. 김성일(金誠一)의 문인이다. 1592년 임진왜란이 일어나자 안동에서 의병을 일으켜 활약하였다. 저서로는 《금역당집》이 있다.

117 사병(四幷) : 좋은 때〔良辰〕, 아름다운 경치〔美景〕, 완상하는 마음〔賞心〕, 즐거운 일〔樂事〕을 동시에 만나는 것을 이른다. 사영운(謝靈運)의 〈의위태자업중집시서(擬魏太子鄴中集詩序)〉에 "천하에 좋은 때, 아름다운 경치, 완상하는 마음, 즐거운 일이 네 가지를 동시에 만나기는 어렵다.〔天下良辰美景賞心樂事, 四者難幷.〕" 하였다.

118 거문고 : 원문 '아양(峨洋)'은 거문고의 소리를 형용한 것인데, 여기서는 거문고를 말한다. 춘추 시대의 백아(伯牙)는 거문고를 잘 탔고, 그의 벗 종자기(鍾子期)는 거문고 소리를 잘 감상하였다. 백아가 거문고를 타면서 고산(高山)에 뜻을 두면 종자기가 "높디높기가 마치 태산과 같도다!〔峨峨兮若泰山〕"라고 하였고, 또 유수(流水)에 뜻을 두면 "넓디넓기가 마치 강하와 같도다!〔洋洋兮若江河〕"라고 하였는데, 종자기가 죽자 백아는 자신의 거문고 소리를 들을 사람이 없다며 줄을 끊고 다시는 거문고를 타지 않았다는 데서 나왔다. 《列子 湯問》

119 음양 : 원문의 '기우(奇耦)'는 기수와 우수로, 기는 양이 되고 우는 음이 되기 때문에, 여기서는 음양을 뜻한다.

주역 읽기 마치자 선향이 하늘하늘 맑네　點罷仙香裊裊淸
기다리네, 비 갠 가을 강의 달이 밝을 때　待得秋晴江月白
당에서 현송[120] 소리 그대에게서 듣기를　堂中絃誦就君聽

120 현송(絃誦) : '현가(絃歌)'와 같은 말이다. 옛날 《시경(詩經)》을 배울 적에 거문고와 비파 등 현악기에 맞추어 노래로 불렀는데 이를 현가(絃歌)라고 한다. 그리고 악기의 반주 없이 낭독하는 것을 송(誦)이라고 하는데, 이 둘을 합하여 현송이라고 칭한다. 곧 수업하고 송독하는 것을 말한다.

창석정 팔경

蒼石亭八景

청효[121]의 옛 성가퀴 青驍古堞

만세의 계획이 이미 헛된 것이 되어 萬世計已空
여러 겹의 성만 홀로 서 있네 數層城獨立
생각건대, 응당 이슬 맞은 풀 가운데 想應露草中
동선[122]이 밤마다 울고 있겠지 銅仙夜夜泣

백록의 남은 터 白鹿遺墟

가시덤불이 남은 터를 뒤덮었고 荊棘蒙遺墟
이끼 꽃이 기울어진 주춧돌을 적시네 苔花濕欹礎
누가 알리오, 농부들의 밭이 誰識野人田
당시에 현송[123]하던 곳인 줄 當年絃誦處

-다른 판본에는 "산세가 푸른 용처럼 내달리니, 동천의 이름에서 백록이 생각나

121 청효(青驍) : 지금의 경상북도 상주시(尙州市) 청리면(青里面) 지역에 있었던 청리현(青里縣)의 신라 시대 이름이다.

122 동선(銅仙) : 구리로 만든 선인(仙人)이다. 한(漢)나라 효무제(孝武帝)가 승로반(承露盤)을 들고 서 있는 선인을 구리로 주조하였다. 뒤에 한나라가 망하자 조조(曹操)의 손자인 위 명제(魏明帝)가 청룡(青龍) 1년(233) 8월에 궁관을 불러서 승로반 선인을 궁전 앞에 옮겨다 세워 두라고 명하매 궁관들이 승로반 선인을 해체하자 동으로 된 선인이 눈물을 줄줄 흘려 모두 놀랐다고 한다. 《緯略 卷9 承露盤銘》 여기서는 신라가 망해서 수호신으로 만들어진 조형물들이 눈물 흘린다는 의미이다.

123 현송(絃誦) : 현가(絃歌)와 같은 말이다. 앞의 주 120 '현송(絃誦)' 참고.

네. 옛 자취에 현가 소리 아득한데, 아름다운 덕망은 초목들이 머금고 있네.〔山勢走靑虯, 洞名思白鹿, 古蹟杳絃歌, 遺芳含草木.〕"로 되어 있다.-

용지의 작은 섬 龍池小嶼

겁화가 곤명지에 나타나니[124]	刦火報昆明
산천이 다 변하여 바뀌었네	山川悉變易
작은 섬만 홀로 못에 임하였는데	小嶼獨臨池
구불구불하여 용의 자취로 인식하네	蜿蜒認龍蹟

유수의 평평한 모래밭 酉水平沙

맑은 물 아득한 곳에	綠水微茫際
차가운 모래밭이 평평하게 보이네	寒沙一望平
가을 갈대 피면 빛을 잃지만	秋蘆開失色
봄눈이 다 녹으면 더욱 선명하네	春雪盡逾明

현산의 지는 해 峴山落景

지나간 일은 물을 수 없으니	往事不可問
사람도 죽고 비석 또한 없기 때문일세	人亡碑亦無
오직 어여쁜 것은, 해가 진 뒤에	惟憐日落後

124 겁화(刦火)가 곤명지(昆明池)에 나타나니 : 불가(佛家)의 용어로, 재앙을 뜻한다. 하나의 세계가 끝날 즈음에 겁화가 일어나 온 세상을 다 불태운다고 하는데, 한 무제(漢武帝) 때 곤명지(昆明池) 밑바닥에서 검은 재가 나오자, 인도 승려 축법란(竺法蘭)이 "바로 그것이 겁화를 당한 재〔刦灰〕"라고 대답했다는 고사가 전한다. 《高僧傳 卷1 漢洛陽白馬寺竺法蘭》

산의 기운을 모두 모사할 수 있음이라 山氣摠堪摹

상령[125]의 뜬구름 商嶺浮雲

흰 구름은 푸른 산에서 나와 白雲出靑山
절로 펼쳐졌다가 다시 절로 뭉쳐지네 自舒還自卷
고상한 사람도 또한 무심하여 高人亦無心
몸이 구름과 함께 느긋하네 身與雲俱倦

-다른 판본에는 "고상한 사람은 흰 구름과 같아, 가고 머무름에 전혀 연연함이 없네.〔高人如白雲, 行住俱無戀.〕"로 되어 있다.-

장정의 푸른 버들 長汀翠柳

부요[126]는 휘 늘어진 실 같고 扶搖如䙴線
흔들리는 모습은 횃불의 연기 같네 婀娜似烘煙
가장 어여쁜 것은, 봄바람 부는 저녁에 最愛春風暮
하늘 가득 하얗게 꽃이 날리는 것일세 飛花白滿天

곡체의 푸른 대나무 曲砌蒼篔

해가 뜨니 금빛 대나무 그림자 생기고 日出金篩影
바람 부니 옥 부서지는 소리 나네 風來玉碎音

125 상령(商嶺) : 상산(商山)으로, 상주(商州)를 의미한다.

126 부요(扶搖) : 회오리바람을 말한다. 《장자》 〈소요유(逍遙遊)〉에 대붕(大鵬)이 남쪽 바다로 날아갈 적에, "회오리바람을 타고 구만 리 창공으로 날아올라 간다.〔摶扶搖而上者九萬里〕"라는 말이 나온다. 그러나 여기서는 하늘거리는 버들가지를 비유한 말이다.

방의 창에서 고요히 마주하니	軒窓靜相對
맑은 기운이 흉금에 들어오네	淸氣入靈襟

-다른 판본에는 "감히 상서로운 봉황이 옴을 바라겠는가, 큰 자라 낚기를 기대한 것도 아닐세. 쓸쓸히 지는 해를 잘 바라보니, 바람과 눈이 한창 싸우는 듯하네.〔敢望來祥鳳, 非期釣巨鰲. 好看搖落日, 風雪戰方鏖.〕로 되어 있다.-

작은 시내

小澗

한 줄기 신령한 샘물 은하수에서 나오니	一脈靈源出絳雲
출렁이는 찬물이 푸른빛 머금어 티끌이 없네	漾寒涵綠不留塵
바라는 것은, 시내의 찰랑이는 맑은 물로	願將澗底盈盈玉
인간 세상에서 수고한 몸을 깨끗이 씻음이라	淨洗人間役役身

불암에서 노닐며

遊佛巖

바위의 형태가 본래 늙은 유마[127] 같으니 巖形本是老維摩
바위의 이름이 어찌 불가에서 벗어날 필요 있으랴 巖號寧須避佛家
용의 자취가 구불구불하니 비가 내린 듯하고 龍蹟蜿蜒疑降雨
하늘의 향기가 에워싸니 꽃이 날리는 듯하네 天香繚繞想飄花
신령한 도끼 번거롭게 하여 돌탑을 새겨 만들고 雕成石塔煩神斧
은하수를 길어서 요단을 깨끗이 씻네 淨洗瑤壇挹絳河
이 가운데서 백업[128]을 찾으려 하니 欲向此中尋白業
양치기가 금화산에 들어간 것[129] 무엇이 부러우랴 牧羊何羨到金華

127 유마(維摩) : 석가모니의 속제자(俗弟子)인 유마힐(維摩詰)을 가리킨다. 그는 본디 인도 비야리국(毘耶里國)의 장자(長者)로서, 속가(俗家)에 있으면서 보살행업(菩薩行業)을 잘 닦아 불제자(佛弟子)보다 뛰어났다고 하는데, 그가 설(說)한 《유마경(維摩經)》 3권이 전한다. 여기서는 단지 부처에 빗대서 한 말이다.

128 백업(白業) : 불경(佛經)에서 악업(惡業)을 흑업(黑業)이라 하고, 선업(善業)을 백업(白業)이라 한다.

129 양치기가……것 : 한(漢)나라 때의 양치기 황초평(黃初平)은 단계(丹溪) 사람으로, 15세에 신선술을 닦으러 도사를 따라 금화산(金華山) 석실(石室) 속에서 수도하였다. 그 후 40년 만에 그의 형 황초기(黃初起)가 수소문 끝에 그를 찾아가 만났더니 양은 보이지 않고 흰 돌들만 있었다. 황초평이 "양들은 일어나라."라고 소리치자, 흰 돌들이 모두 수만 마리의 양으로 변했다고 한다. 《神仙傳 黃初平》

유격장군 모국기[130]가 초서로 중국 조정에서 독보적이었기에 시를 주어 시 짓기를 내기하다

茅遊擊 國器 草書獨步中朝 投詩以賭之

문성에 아울러 높은 장성까지 주니[131]	文星兼與將星高
업적이 삼분과 육도[132]를 꿰뚫었네	業貫三墳又六韜
변방에서 용호절[133]을 잠시 가지니	絶徼暫携龍虎節
우리나라 사람들이 봉황의 깃발을 즐겁게 보네	東人快覩鳳凰毛
재앙에 창을 휘둘러 푸른 바다를 수습하고	揮戈氛祲收靑海
구름 놀에 붓을 휘둘러 아름다운 붓을 적시네	落筆雲煙潤彩毫
혹 금 고리[134]를 매고 한 자 남겨 주신다면	倘荷金鉤留一字

130 유격장군 모국기 : 중국 명(明)나라의 유격장군(遊擊將軍) 모국기(茅國器)로, 호는 행오(行吾), 절강(浙江) 소흥위(紹興衛) 사람이며 무진사(武進士)로 벼슬을 시작하였다. 절승영(浙勝營)의 보병 3천 기를 거느리고 조선에 와서 울산 전투에서 크게 전과를 올렸다. 정유재란 이후 전주에 주둔하였으며, 3월부터는 성주(星州), 고령(高靈)으로 옮겨 주둔하였다가 제독 동일원(董一元)의 지휘 아래 사천(泗川) 싸움에 참가하여 공을 세웠다.

131 문성(文星)에……주니 : 문성은 곧 문관을 가리키고, 장성(將星)은 대장을 상징하는 별을 가리킨 것으로, 전하여 여기서는 문관이 지방에 나가서 무사(武事)까지 겸하게 되었음을 의미한다.

132 삼분과 육도 : 삼분은 삼분 오전(三墳五典) 즉 삼황오제 시대의 글을 말하고, 육도는 육도 삼략(六韜三略) 즉 병서(兵書)를 말한다.

133 용호절(龍虎節) : 주(周)나라 때의 부절로, 상단부에 용과 호랑이가 조각되어 있기 때문에 붙여진 이름이다. 《周禮 地官 司徒下》 모국기가 유격장군에 임명됨을 말한다.

요지에서 선도[135] 훔치는 것도 부럽지 않으리　　　瑤池不羨竊仙桃

134　금 고리 : 원문은 '금구(金鉤)'이다. 두보의 시 〈진습유고택(陳拾遺古宅)〉에 "지금 흰 벽이 매끄러운데, 글씨가 은구를 이어 놓은 듯하네.〔到今素壁滑, 灑翰銀鉤連.〕"라고 한 데서 유래하여 자획(字劃)이 굳셈을 '은구(銀鉤)'에 비유한다. 저본의 '금(金)'이 오자이거나, 은(銀)보다 더 뛰어남을 드러내려는 의도적 표현이라 생각된다.

135　요지(瑤池)에서 선도(仙桃) : 요지는 고대 전설 속의 선인(仙人) 서왕모(西王母)가 거처했던 곳으로, 곤륜산(崑崙山)에 있었다. 한(漢)나라 무제(武帝) 원봉(元封) 원년(元年)에 서왕모가 궁전(宮殿)에 내려와 선도 7개를 바쳤는데, 무제가 그 씨앗을 남겨 두려고 하자 서왕모가 "이는 세상에 있을 것이 못 되며, 3천 년에 하나가 열릴 뿐입니다."라고 하였다는 고사가 있다. 《列子 周穆王》

정 각로[136]의 시에 차운하고 아울러 재랑[137] 두 사람에게 보여 주다

次鄭閣老韻 兼示二齋郎

흐르는 세월 어제는 오늘이 아니고	流光昨日非今日
나그네의 모습은 장정과 단정[138]에서 쉬네	行色長亭又短亭
위험 일어나매 바람이 진영에 불어옴 견디지 못해	作厄不堪風送陣
근심 없애려 애오라지 술을 빌려 병사로 삼네[139]	破愁聊借酒爲兵
하늘 끝의 모습은 새로우면서도 옛 모습을 아울렀고	天涯面目新兼舊
분수 밖의 공명은 영광스럽고도 놀랍네	分外功名寵若驚
홀로 군성에 누우매 가을이 이미 다 가니	獨臥郡城秋已盡
돌아갈 마음은 한결같이 그대를 따라가네	歸心一一逐君行

136 정 각로(鄭閣老) : 누구인지 알 수 없다. 각로(閣老)는 원래는 중사인(中舍人)과 급사중(給事中)을 칭하는 말이었는데, 당(唐)나라 이후로는 재상(宰相)을 각로라 칭하였다.

137 재랑(齋郎) : 묘(廟)·사(社)·전(殿)·궁(宮)·능(陵)의 참봉을 두루 이르는 말이다.

138 장정(長亭)과 단정(短亭) : 행인들의 휴게소로서, 5리(里)마다 단정을 설치하고 10리마다 장정을 설치하였다

139 술을……삼네 : 《남사(南史)》 〈진훤열전(陳暄列傳)〉에 "고(故) 강자의(江諮議)가 말하기를 '술은 병(兵)과 같다. 병은 천 일 동안 사용하지 않을 수 있지만 하루라도 대비하지 않을 수 없다. 술은 천 일 동안 마시지 않을 수 있지만 한번 마시면 취하지 않을 수가 없다.' 하였다.〔故江諮議有言, 酒猶兵也. 兵可千日而不用, 不可一日而不備; 酒可千日而不飮, 不可一飮而不醉.〕"라고 했다.

청송 부사 김창원[140]에게 부치다
寄靑鳧府伯金昌遠

한밤중에 청려장[141] 불빛으로 책을 읽더니	曾讀靑藜午夜書
귀양 온 신선의 정황은 요즘 어떠한가	謫仙爲況近何如
용부가 환골탈태하매 응당 비법을 전할 만하고[142]	龍符換骨應傳秘
오리 신[143]을 신고 조회가매 허공을 날아가리라	鳧舃趨朝想步虛

140 김창원(金昌遠) : 김홍미(金弘微, 1557~1604)로, 본관은 상주(尙州), 호는 성극(省克)이며, 창원은 그의 자이다. 유성룡(柳成龍)의 문인이다. 정여립(鄭汝立)의 모반 사건(謀反事件)에 연루되어 파면되었으나 그 뒤 다시 기용되어 우부승지로 있으면서 이순신(李舜臣)을 탄핵하여 파면시켰으며, 대사간, 강릉 부사 등을 지냈다.

141 청려장(靑藜杖) : 《삼보황도(三輔黃圖)》에, 한 성제(漢成帝) 때 유향이 천록각(天祿閣)에서 서책을 교정하고 있을 적에 한번은 밤에 황의(黃衣)를 입은 노인이 청려장(靑藜杖)을 짚고 찾아와서는 청려장 끝에 불을 일으켜 유향을 비춰 주고, 또한 홍범오행(洪範五行), 천문지도(天文地圖) 등의 글을 유향에게 전해 주었는데, 이때 유향이 노인의 성명을 묻자, 그 노인은 "나는 태을(太乙)의 정기인데, 천제께서 유씨의 자식 중에 박학한 자가 있다는 말을 듣고 내려가서 살펴보게 하셨다."라고 했다 한다.

142 용부가……만하고 : 용부는 청송 부사에 임명된 부절을 말한다. 《신당서》 권24 〈거복지(車服志)〉에 "황태자(皇太子)가 감국(監國)할 적에 쌍룡부(雙龍符) 왼쪽과 오른쪽 모두 열 개씩 주고 양경(兩京) 및 북도(北都) 유수(留守)에게는 왼쪽 인부 스무 개와 오른쪽 인부 열아홉 개를 주었다."라고 하였다. 김창원이 청송을 잘 다스려서 환골탈태하듯 면모를 일신함에는 응당 비법이 있을 것이라는 말이다.

143 오리 신 : 후한(後漢) 명제(明帝) 때 선인(仙人) 왕교(王喬)가 신술(神術)이 있었던바, 그가 일찍이 섭현 영(葉縣令)으로 있으면서 매월 삭망(朔望) 때마다 거기(車騎)도 없이 머나먼 길을 와서 조회에 참예하므로, 임금이 그를 괴이하게 여겨 그

붉은 부절[144]이 어찌 티끌세상에 오래 머물겠는가	絳節豈淹塵世界
궁궐의 옥 계단으로 장차 돌아가리라	紫微將返玉階除
가련케도 백발의 나는 단양 군수가 되어[145]	可憐白首丹陽尹
문서 더미 속에서 날을 보내네	簿領叢中送日居

내막을 알아보게 하였다. 그 결과, 그가 올 때마다 오리 두 마리가 동남쪽에서 날아오므로, 그물을 쳐서 오리를 잡고 보니 바로 왕교의 신이었다는 고사에서 온 말로, 전하여 지방관을 의미한다. 여기서는 청송 부사 김창원이 임금에게 인사하러 조정에 갈 때 왕교처럼 오리 신을 신고 하늘을 날아서 갔다는 말이다.

144 붉은 부절 : 원문은 '강절(絳節)'로, 상제(上帝)나 신선이 사용하는 의장용 붉은 깃발을 말한다.

145 단양 군수가 되어 : 이준은 1599년(선조32)에 단양 군수가 되어 5년간 단양 지방을 다스렸다.

또 앞의 운자를 사용하여 박사수[146]에게 주다

又用前韻贈朴士秀

백 리 먼 곳에서 일찍이 편지 한 통 보내오니	百里曾紆一尺書
멀리서 온 정의가 다시 어떠한가	遠來情意更何如
추위와 더위가 이미 삼 년 지났음을 알겠고	炎涼已覺三年隔
득실이 한바탕 꿈처럼 허망함으로 함께 귀결되네	得喪同歸一夢虛
나그네 모습은 바쁜데 해는 저물려 하고	行色忽忽天欲暮
흐르는 세월은 뉘엿뉘엿 한 해가 끝나려 하네	流光苒苒歲將除
푸른 물결과 고목이 있는 계림의 길	滄波古木鷄林路
만고의 남은 터에서 박혁거세를 조문하겠지	萬古遺墟弔赫居

146 박사수(朴士秀) : 박운(朴蕓, 1535~1596)으로, 본관은 함양(咸陽), 호는 병백당(病柏堂)이며, 사수는 그의 자이다. 퇴계(退溪) 이황(李滉)의 제자로, 사마시(司馬試)에 입격하였으며, 여러 차례 벼슬에 임명되었으나 나아가지 않았다.

같은 해 급제한 임응수와 이별하며
別任同年應秀

객지에서의 청명절	客裏淸明節
술동이 앞에는 이별하는 친구의 마음일세	樽前故舊心
풍진세상에 양쪽 귀밑머리 희어지고	風塵兩衰鬢
세상일에 한번 옷깃을 적시네	世事一霑襟
큰 고개에는 매화가 막 떨어지고	大嶺梅初落
차가운 물결에는 달이 잠기려 하네	寒潮月欲沈
내일 아침 양서[147]로 이별하면	明朝瀼西別
꿈속의 넋만 부질없이 찾아가겠지	魂夢謾相尋

147 양서(瀼西) : 원래 사천성(四川省) 봉절현(奉節縣)의 산간에 흐르는 냇물 이름인데, 농사 지으며 은둔하는 곳을 말한다. 두보가 기주(夔州) 지방에 누널 때 그곳의 산천을 몹시 좋아하여 차마 떠나지 못하고 양수의 동쪽, 서쪽 등으로 세 번이나 집을 옮기며 살았던 데서 온 말이다. 두보의 시 〈자양서형비차이거동둔모옥(自瀼西荊扉且移居東屯茅屋)〉에 "양수의 동쪽과 양수의 서쪽에서, 한결같이 시냇가에 머물다 보니, 오가는 곳 모두가 띠집인데, 농사 짓기 위해 머물렀네.〔東屯復瀼西, 一種住淸溪. 來往皆茅屋, 淹留爲稻畦.〕"라고 하였다. 《杜少陵詩集 卷15, 卷20》

단산[148]에서 우연히 읊다

丹山偶吟

연단술로 크고 작은 환단[149]을 기약함이 없어	丹術無期大小還
시 읊조리며 애오라지 한가한 관리[150] 되었네	吟哦聊作一閑官
몸을 짝함에 다만 팥배나무 지팡이만 있고	伴身只有棠梨杖
배를 채움에 오히려 목숙[151] 쟁반으로 견디네	充腹猶堪苜蓿盤
달 비치는 골짜기 찬 물소리는 베개에 기대어 듣고	月壑寒流欹枕聽
구름 바위의 빼어난 경치는 발을 걷고 보네	雲巖秀色捲簾看
허리춤에서 만약 황금 인끈을 푼다면	腰間倘去黃金綬
심사가 산속의 승려와 마찬가지리라	心事山僧與一般

148 단산(丹山) : 충청도 단양현(丹陽縣)의 고려 때 이름이다.

149 환단(還丹) : 구전단(九轉丹)으로, 도가(道家)에서 단사(丹沙)를 아홉 차례 제련하여 만든 단약(丹藥)을 가리키는데, 이것을 복용하면 신선이 되어 장생불사(長生不死)한다는 데서 온 말이다.

150 한가한 관리 : 이준이 1599년(선조32) 단양 군수가 되어 5년간 재직한 것을 말한다.

151 목숙(苜蓿) : 거여목이라는 소채(蔬菜)의 일종으로, 빈약한 식생활을 비유할 때 흔히 쓰인다. 당나라 설령지(薛令之)가 동궁 시독(東宮侍讀)으로 있을 적에 초라한 밥상을 보고는 슬픈 표정으로 "소반엔 무엇이 담겨 있는고, 난간에서 자라난 목숙 나물이로세.〔盤中何所有? 苜蓿長欄干.〕"라는 내용의 시 〈자도(自悼)〉를 지었다는 고사가 있다. 《唐摭言 卷15》

친형이 붉은 쌀과 맑은 술을 부쳐 보내서 술에 취하고 덕에 배불렀기에 감동하여 읊다

家兄寄送紅米綠醑 醉酒飽德 感而有吟

고을의 경제가 몇 달 치의 재물도 전혀 없어 郡計都無數月資
식탐 있는 사내의 모습이 학처럼 여위었네 饞夫形貌鶴同羸
안영의 현미밥[152]은 벼슬살이 괴로웠고 晏嬰脫粟居官苦
공부의 남은 술잔은 가는 곳마다 서러웠네[153] 工部殘杯到處悲
자하주 붉은빛이 술잔 가득함에 갑자기 놀라고 紫醞忽驚霞滿酌
향기로운 쌀알 숟가락에 흐름을 아울러 감사하네 香粳兼謝玉流匙
이제부터 더욱 강마을을 그리는 마음 일어나 從今益起江鄉戀
옛 학업을 유천 가를 거닐며 찾네 舊業行尋酉一涯

152 현미밥 : 원문은 '탈속(脫粟)'으로, 껍질만 벗기고 쓿지는 않은 쌀, 즉 현미(玄米)로 지은 밥을 말하는데, 안영(晏嬰)이 늘 이것을 먹었다고 한다. 《晏子 雜下》

153 공부(工部)의……서러웠네 : 공부는 검교공부원외랑(檢校工部員外郎) 벼슬을 지낸 두보(杜甫)로, 객지의 처량한 신세를 뜻한다. 두보의 시 〈증위좌승(贈韋左丞)〉에 "나귀 타고 삼십 년 동안, 장안의 봄을 나그네 신세로 살아왔네. 아침이면 부잣집 문을 찾아가고, 저녁이면 살진 말의 뒤를 따랐어라. 남은 술과 식은 고깃점, 가는 곳마다 남몰래 몹시 서러웠네.〔騎驢三十載, 旅食京華春. 朝扣富兒門, 暮隨肥馬塵. 殘盃與冷炙, 到處潛悲辛.〕"라고 한 데서 온 말이다.

선담[154]에서 노닐며

遊銑潭

아름다운 명성은 두 연못과 함께하지 못하나　佳名不與兩潭俱
구름 빛깔이 이전부터 한 구역을 감쌌네　雲物從前鎖一區
돌 위에는 천 조각 옥돌을 새로 간 듯하고　石面新礱千片玉
못에는 몇 쟁반의 진주[155]가 어지러이 튀었던가　潭心亂躍幾盤珠
병 속의 해와 달[156]은 예나 지금이나 한가롭고　壺中烏兎閑今古
티끌 세속의 하루살이는 있고 없음에 현혹되네　塵裏蜉蝣眩有無
땅이 외져 예로부터 보고 즐기는 이 드물었으니　地僻由來稀見賞
우리들 현회[157]의 이치와 무엇이 다르랴　吾人顯晦理何殊

154 선담(銑潭) : 충청북도 단양 소재의 못이다. 권13의 〈선담기(銑潭記)〉에 자세한 내용이 있다. 서애 유성룡은 "〈선담기〉를 얻어 읽어 보니 시내의 바람 소리와 솔바람 소리가 마음을 상쾌하게 하는 듯하다.〔且得銑潭記讀之, 似聞溪風松籟之聲, 令人神思颯爽.〕"라고 하였다. 《西厓集 卷12 答李叔平》

155 쟁반의 진주 : 달빛을 받아 반짝이며 튀는 물방울을 비유한 말이다.

156 병……달 : 앞의 주 52 '병……달' 참고. '해와 달'의 원문 '오토(烏兎)'는, 해 속에는 세 발 달린 까마귀가 살고 달 속에는 옥토끼가 산다는 신화에서 유래하여, 해와 달을 가리키며, 세월을 의미한다.

157 현회(顯晦) : 두드러지게 드러남과 어두워짐, 세상 사람에게 알려지는 것과 알려지지 아니하는 것으로, 세상에 도가 있으면 나오고 세상에 도가 없으면 자취를 감추고 물러남을 비유한 말이다.

가을날 강루에 올라 국화 무더기가 관도 곁에 흐드러지게 핀 것을 보았는데 적절한 곳이 아님을 슬퍼하며 느낌이 있어 시를 읊고 적어서 하상[158]에게 올리다

秋日登江樓 見叢菊爛開官道傍 憐其失所 感而有賦 錄呈河上

길가의 국화 한 무더기	路傍一叢菊
만 조각 황금빛으로 꽃이 피었네	花開萬片金
지나가는 사람은 날마다 많고 많지만	過者日紛紛
누가 세한[159]의 마음을 알리오	誰識歲寒心
서릿바람은 끊임없이 불어오고	霜風吹不已
가시덤불이 다시 침범하였네	荊棘復相侵
내가 그 뿌리를 옮겨 와	我欲移其根
상수 가에 두고자 했었지	置之湘水潯
상수 가에 어떤 사람이 있어	水潯有一人
초췌하게 홀로 거닐며 시를 읊었네[160]	憔悴獨行吟

158 하상(河上) : 경상북도 풍산(豐山)의 하회마을을 일컫는 말로서, 여기서는 이준의 스승인 서애(西厓) 유성룡(柳成龍)을 가리킨다.

159 세한(歲寒) : 《논어》 〈자한(子罕)〉에 "추운 겨울이 닥쳐서 비로소 소나무, 측백나무가 늦게 시듦을 안다.〔歲寒然後知松栢之後凋〕"라고 한 데서 변함없는 지조를 말하는데, 여기서는 다른 꽃이 다 지고 난 뒤 이슬이 내릴 때 피는 오상고절(傲霜孤節)과 같은 말로 쓰여, 흔히 국화를 가리킨다.

160 상수(湘水) 가에 어떤……읊었네 : 상수는 중국 남쪽 양자강의 지류인데 초(楚)나라 지역으로, 초나라 굴원(屈原)이 간신의 모함을 받아 조정의 요직에서 내쫓

가슴속은 아름다운 난초 같은 지조였고 胸中猗蘭操
무릎 위는 외로운 오동나무 거문고였네 膝上孤桐琴
정을 품고 때때로 한번 연주하지만 含情時一彈
온 세상에는 지음[161]이 적었네 擧世少知音
청양[162]에는 수레를 매우 분주하게 몰았더니 青陽劇奔車
흰 머리카락이 문득 비녀에 가득하였네 白雪忽盈簪
가련쿠나, 마른 나무 같은 나그네 可憐枯槁客
마른 나무와 함께 거친 숲에 버려졌네 同爾委荒林
곧은 자태를 혹 만난다면 貞姿倘相遇
교분을 맺는 것이 이로부터 깊어지리라 托契從此深

겨 상수 근처에서 쓸쓸한 나날을 보내다가 울분을 견디지 못한 나머지 상수의 멱라연(汨羅淵)에 몸을 던져 자살하였다. 그 뒤 한(漢)나라 때 사람인 가의(賈誼)가 장사왕(長沙王)의 태부(太傅)로 좌천되어 가다가 상수를 지나면서 제문을 지어 굴원을 조문했다는 고사가 있다. 여기서는 굴원이나 가의처럼 유배되어서도 임금을 향한 곧은 절의를 굽히지 않았음을 말한다.

161 지음(知音) : 자기를 알아주는 친한 벗을 뜻한다. 춘추 시대에 백아(伯牙)가 거문고를 타면서 고산(高山)에 뜻을 두자 종자기(鍾子期)가 "높디높기가 마치 태산과 같도다!〔峨峨兮若泰山〕" 하였고, 또 유수(流水)에 뜻을 두자 "넓디넓기가 마치 강하와 같도다!〔洋洋兮若江河〕" 하였다. 벗인 종자기가 죽자 백아는 거문고 소리를 알아주는 사람이 없다 하여 거문고의 현(絃)을 모두 끊고 다시는 연주하지 않았다. 《列子 湯問》

162 청양(青陽) : 원래는 봄을 뜻하는 말이나, 청소년의 아름다운 얼굴 모습으로, 한창 기력이 왕성한 청소년 시절을 말한다. 《이아(爾雅)》 〈석천(釋天)〉에 "봄은 청양, 여름은 주명, 가을은 백장, 겨울은 현영이니, 네 가지 기운이 조화로운 것을 옥촉이라 한다.〔春爲青陽, 夏爲朱明, 秋爲白藏, 冬爲玄英, 四氣和謂之玉燭.〕"라고 한 데서 가져온 말이다.

어찌 강가의 매화를 부러워하며 　豈羨江頭梅
복숭아와 오얏의 그늘[163]에 은혜를 빌리랴 　借恩桃李陰
아침저녁으로 밝게 서로 마음을 터놓으니 　朝暮耿相照
다만 선비[164]의 사귐에 비길 뿐만이 아닐세 　不但充佩衿
지는 꽃 드리운 것을 먹으면 　落英餌離離
노년에 빨리 늙는 것을 억제한다네 　頹齡制駸駸
맹세는 도연명 삼경의 대나무[165]보다 깊고 　盟深陶逕竹
공은 적인걸 약상자의 인삼[166]보다 곱절일세 　功倍狄籠蔘
두려운 것은, 이 계획 너무 늦어져 　此計恐晼晚
번거로운 근심을 짐짓 감당하기 어려운 것일세 　繁愁故難任
강루의 위를 서성이니 　徘徊江樓上
저녁 이슬이 이미 옷깃을 적시네 　夕露已霑襟

163 복숭아와 오얏의 그늘 : 요로(要路)에 있는 권세가의 도움을 비유한다.

164 선비 : 원문 '패금(佩衿)'은 푸른 패옥(佩玉)과 푸른 옷깃을 뜻하는 것으로, 푸른 복장(服裝)을 한 청년 학도를 가리킨다. 《시경》〈자금(子衿)〉에 "푸르디푸른 그대의 옷깃이여, 길이 생각하는 내 마음이로다. 비록 나는 가지 못하나, 그대는 왜 소식을 계속 전하지 않는고.〔青青子衿, 悠悠我心. 縱我不往, 子寧不嗣音?〕"라고 한 데서 온 말이다.

165 도연명 삼경의 대나무 : 한(漢)나라 장후(蔣詡)는 자가 원경(元卿)으로, 왕망(王莽)이 집권하자 벼슬에서 물러나 향리인 두릉(杜陵)에 은거하였다. 그 뒤로 집의 대밭 아래에 세 갈래의 오솔길을 내고 벗 구중(求仲)과 양중(羊仲) 두 사람하고만 교유하였다. 앞의 주 14 '삼경의……남았네' 참고.

166 적인걸 약상자의 인삼 : 당(唐)나라 원행충(元行沖)이 적인걸(狄仁傑)에게 자신을 하나의 약석(藥石)으로 비축하기를 청하자, 적인걸이 "자네는 바로 나의 약롱 안의 약물이니, 하루도 없어서는 안 된다.〔君正吾藥籠中物, 不可一日無也.〕"라고 하였다. 《新唐書 儒學列傳下 元澹》

서애 선생의 시에 공경히 차운하여

敬次西厓先生韻

황금 만 냥 가치의 새 시를 나에게 주시니 新詩錫我萬黃金
읽고 난 뒤 맑은 바람이 이미 가슴에 가득하네 讀罷淸風已滿襟
옛 곡조는 지금 음악으로 화답하기 어렵고 古調難將今樂和
긴 성은 어찌 짧은 병장기로 침입함을 두려워하랴 長城豈畏短兵侵
문장은 세상을 감동시켜도 참으로 여사요 文章動世眞餘事
인의를 왕께 진술하는 것이 본마음일세 仁義陳王是本心
나라 경륜함을 다 거두고 집으로 돌아와서 卷盡經綸歸一室
그윽한 회포는 때때로 다시 요금으로 쏟아 내시길 幽懷時復寫瑤琴

홍중서[167]에게 주다

贈洪仲瑞

한양에서는 옛날에 삼 년 동안 공부를 함께 했고 洛中舊共三年榻
호상에서는 다시 이틀 밤 등불을 밝혔네 湖上重懸二夜燈
붓 끝의 문장은 아각에 깃든 봉황[168]이요 筆下文章巢閣鳳
세간의 명리는 속가에 사는 승려라 世間名利在家僧
세월은 물처럼 흘러가는 것을 멈추지 못하니 光陰不禁流如水
관직 생활이 얼음처럼 차가운 것을 어찌 견디랴 官味那堪冷似氷
동이 술도 사양치 않고 한번 취하니 樽酒莫辭成一醉
고개의 구름이 이로부터 천 겹으로 막네 嶺雲從此隔千層

167 홍중서(洪仲瑞) : 누구인지 알 수 없다. 다만 이정구(李廷龜)의 《월사집(月沙集)》 권4 갑진조천록 상(甲辰朝天錄上)의 〈고봉사에서 홍중서에게 증별하다〔高峯寺留別洪仲瑞〕〉라는 시의 주에 "모옹(慕翁)은 홍군서(洪君瑞)의 호이다."라고 하였다.

168 아각(阿閣)에 깃든 봉황 : 아각은 사면에 모두 차양이 있는 누각인데, "옛날 황제 헌원씨 때에 봉황이 아각에 둥지를 틀었다.〔昔黃帝軒轅, 鳳凰巢阿閣.〕"라고 하였다. 《文選 古詩 西北有古樓 李善注》

경자년(1600, 선조33) 겨울 진중[169]에서 단양에 부임할 때, 친구들이 종각의 서방에서 나에게 술을 대접하였다. 술이 반쯤 취하매 남덕광이 시 한 수를 청하기에 갑작스럽게 짓다

庚子冬 自秦中赴丹陽 親舊觴余於鍾閣之西坊 酒半 南德光求一語 率爾有賦

한양에서 고향을 그리워하는 두세 사람　洛中望鄉二三人
영남 밖으로 집에서 오백 리를 떠났네　嶺外辭家五百里
좋은 밤에 술을 사서 비통[170]에 가득 채우고　良宵沽酒滿郫筒
취한 뒤에 수다스럽게 시사를 논하네　醉後刺刺論時事
예로부터 나그네는 잘 이끌어 주기 어려우니　從來羈旅汲引難
슬픈 노래로 연나라 시장에서 늙을 필요 없네[171]　不用悲歌老燕市

169 진중(秦中) : 관중(關中)과 같은 말로, 진(秦)나라의 도성인 함양(咸陽) 일대의 분지인데, 여기서는 한양을 가리킨다.

170 비통(郫筒) : 대나무로 만든 술통의 이름이다. 비현(郫縣)에 큰 대나무가 많아서 그것을 잘라 술통을 만들었는데, 이를 비통이라 하고 거기에 담긴 술을 비통주(郫筒酒)라고 한다.

171 슬픈……없네 : 《사기》 〈자객열전(刺客列傳) 형가(荊軻)〉에 "형가가 연(燕)나라에 이르러 축(筑)을 잘 타는 고점리(高漸離)와 사이가 좋았다. 형가가 술을 좋아하여 날마다 고점리와 같이 연시(燕市)에서 술을 마시다가 술이 취하면 돌아갔다. 그때 고점리가 축을 타면 형가가 저자 가운데서 그 곡에 맞추어 노래를 부르면서 서로 즐거워하다가 이윽고 눈물을 흘리는 등 주위에 사람이 없는 것처럼 하였다."라고 하였다. 비분강개할 필요 없이 은둔하여 유유자적하게 살 것을 말한 것이다.

순채국과 농어회[172]는 장 사인의 꿈에 자주 나오고 蓴鱸夢頻張舍人
계옥[173]은 소 계자의 근심을 깊게 하였네 桂玉愁深蘇季子
어찌 수레에 발이 묶인 망아지와 같이 되랴 寧同轅下駒縶足
진흙에서 꼬리 끄는 거북[174]이 나의 분수일세 自分泥中龜曳尾
내일 아침 각건[175] 쓰고 상주를 떠나면 明朝角巾尙州去
덧없는 인생의 모이고 흩어짐이 부평초 같으리 浮生聚散如萍水

172 순채국과 농어회 : 벼슬을 버리고 고향으로 돌아가고 싶은 마음을 표현한 것으로, 앞의 주 32 '송강에는……만하네' 참고.

173 계옥(桂玉) : 땔나무와 쌀이 귀한 것을 비유한 말로, 전국 시대 소진(蘇秦)이 초(楚)나라 왕에게 "초나라의 밥은 옥보다도 귀하고 땔감은 계수나무보다도 귀합니다. 지금 제가 옥으로 지은 밥을 먹고 계수나무로 불을 때고 있으니, 이 또한 어려운 일이 아니겠습니까.〔楚國之食貴于玉, 薪貴于桂. 今臣食玉炊桂, 不亦難乎?〕"라고 불만을 토로했다는 고사에서 유래하였다. 《戰國策 楚策3》

174 진흙에서……거북 : 높은 관직에 있는 사람보다 산림에서 자신의 분수에 따라 사는 사람이 더 마음이 편안하다는 말이다. 초(楚)나라에서 죽은 지 3천 년 되는 신령스러운 거북이의 뼈를 묘당(廟堂)에 모셔 놓았는데, 이를 본 장자(莊子)가 "죽어서 뼈다귀로 남아 귀한 대접을 받고 싶겠는가. 아니면 살아서 흙탕물 속에 꼬리를 끌며 자유로이 살고 싶겠는가.〔寧其死爲留骨而貴乎? 寧其生而曳尾於塗中乎?〕"라고 한 데서 나왔다. 《莊子 秋水》

175 각건(角巾) : 옛날에 은사(隱士)나, 관직에서 은퇴한 이들이 쓰던 두건이다.

홍대성 · 홍군서[176] 형제에게 주다

贈洪大成君瑞伯仲

동각의 매화[177]가 아름다운 잔치에 피었으니	梅花東閣綺筵開
색동옷 입고 너울너울 춤추는 두 명의 노래자라	彩服翩翩二老萊
천하의 풍류는 독보적임을 인정하고	宇內風流推獨步
영남의 산수는 다시 옴을 기뻐하네	嶺中山水喜重來
함께 섭현의 신발 한 쌍[178] 날아옴을 위로하고	共勞葉縣雙飛舃
마주하여 어머니의 만수를 비는 술잔에 술 따르네	對酌萱堂萬壽杯
병들어 단구에 누워 있는 옛 동료는	病臥丹丘舊僚佐
멀리서 바라보며 고개를 자주 돌리지도 못하였네	不堪遙望首頻回

176 홍군서(洪君瑞) : 홍이상(洪履祥, 1549~1615)으로, 본관은 풍산(豐山), 자는 군서 또는 원례(元禮)이며, 호는 모당(慕堂), 시호는 문경(文敬)이다. 대사성을 역임하였고 영남 유생(儒生) 문경호(文景虎) 등이 성혼(成渾)을 배척하는 상소를 올리자 이를 반박했다가 안동 부사(安東府使)로 좌천되었다. 청주 목사(淸州牧使), 대사헌을 거쳐 개성부 유수(開城府留守)를 역임하였다.

177 동각의 매화 : 동각(東閣)은 지방 수령의 관아(官衙)를 뜻한다. 남조(南朝) 양(梁)나라 하손(何遜)이 건안왕(建安王)의 수조관(水曹官)으로 양주(楊州)에 있을 때 관청 뜰에 매화 한 그루가 있어서 매일같이 그 나무 아래서 시를 읊곤 하였다. 뒤에 낙양(洛陽)에 돌아갔다가 그 매화가 그리워서 다시 양주로 발령해 주길 청하여 양주에 당도하니 매화가 한창 피었기에 매화나무 아래서 종일토록 서성거렸다. 《梁書 何遜列傳》

178 섭현의 신발 한 쌍 : 앞의 주 143 '오리 신' 참고. 여기서는 지방관으로 있던 홍대성, 홍군서 형제가 어머니 수연에 왔음을 말한다.

김 참판이 창석정 팔영[179] 시를 적어 보내 줌에 감사하며
謝金參判題寄蒼石亭八詠

새 시는 동천의 그윽함을 다 묘사하였으니	新詩描盡洞天幽
어찌 화가 고 호두[180]를 번거롭게 하리오	畵手何煩顧虎頭
영지를 씹고 난 듯 구규[181]가 향기롭고	嚼罷靈芝香九竅
무늬 있는 비단을 짠 듯 두 눈이 어찔하네	織成紋錦眩雙眸
높은 벼슬이 참즐거움에 방해됨을 익숙히 알기에	熟知軒冕妨眞樂
조용히 시편을 마주하고 옛날 놀던 일을 생각하네	靜對篇章想舊遊
내일 시험 삼아 강로를 찾아 떠나면	明日試尋江路去
채색 노을이 흰 갈매기 노는 모래톱을 감싸리라	彩霞晴匝白鷗洲

179 김 참판이 창석정 팔영 : 김 참판은 호조 참판을 지낸 김륵(金玏, 1540~1616)으로, 본관은 예안(禮安), 자는 희옥(希玉), 호는 백암(柏巖), 시호는 민절(敏節)이다. 박승임과 이황의 문인이다. 호조 참판, 대사성을 역임하였으며 이조 판서에 증직되었다. 《소고집》 간행에도 참여하였다. 저서로 《백암집(柏巖集)》이 전한다. 시는 《백암집》 권2에 실려 있다.

180 고 호두(顧虎頭) : 진(晉)나라 때의 화가로, 호두장군(虎頭將軍)을 지낸 고개지(顧愷之)를 가리킨다. 고개지는 특히 재절(才絶), 화절(畫絶), 치절(癡絶) 즉 삼절(三絶)로 이름 높았다.

181 구규(九竅) : 사람의 몸에 있는 아홉 구멍, 즉 이(耳), 목(目), 비(鼻)의 각각 두 구멍씩 여섯 구멍과 구(口), 항문(肛門), 요도(尿道)의 세 구멍을 합해서 일컫는 말이다.

홍군서가 장차 출발하려다가 비에 막혀 그만두다
洪君瑞將發 爲雨所阻

영남에서 이별한 것은 지난날의 눈물이요	嶺外分襟前日淚
교두에서 헤어짐은 이때의 마음이라	橋頭把手此時情
매화가 저물려 하니 정히 애석할 만하고	梅花欲晩政堪惜
새소리가 추위에 놀라나 아직 밝지 않았네	鳥語㤼寒猶未明
나랏일은 기한이 있어 먼 이별을 가벼이 여기나	王事有期輕遠別
하느님은 뜻함이 많아 돌아갈 길을 막았네	天公多意鎖歸程
아름다운 기약 다시 강산의 도움을 받았으니	佳期更被江山助
바쁘게 위성의 노래[182] 부름을 허락하지 마오	莫許忩忩唱渭城

182 위성(渭城)의 노래 : 석별의 노래인 양관곡(陽關曲)을 뜻한다. 당나라 왕유(王維)가 지은 〈송원이사안서(送元二使安西)〉란 시에 "위성의 아침 비가 가벼운 먼지를 적시니, 객사는 푸르고 푸르러 버들빛이 새롭구나. 한 잔 술 더 기울이라 그대에게 권하는 까닭은, 서쪽으로 양관을 나가면 친구가 없기 때문일세.〔渭城朝雨浥輕塵, 客舍靑靑柳色新. 勸君更進一杯酒, 西出陽關無故人.〕"라고 하였는데, 제일구(第一句)만 재창(再唱)을 하지 않고 나머지 삼구(三句)는 모두 재창하는 데서 양관삼첩(陽關三疊)이라 한다.

황회원[183]에게 부치다

寄黃會元

옛 친구 동쪽 바닷가로 돌아가 누웠으니	故人歸臥海東頭
양쪽에서 서로 생각함에 달이 몇 번 기울었던가	兩地相思月幾鉤
만 권의 책에 상아찌로 예전의 공부를 다시 찾고	萬軸牙籤尋舊業
천 가닥 흰 머리털로 곤궁한 시름에 잠겼네	千絲鬢髮坐窮愁
청평 튕기기를 끝내니[184] 용광[185]이 움직이고	靑萍彈罷龍光動
채필[186] 휘두르니 신기루가 떠 있네	彩筆揮來蜃氣浮
우연히 현랑[187]을 마주하여 한마디 적노니	偶對賢郎題一語

183 황회원(黃會元) : 황여일(黃汝一, 1556~?)로, 본관은 평해(平海), 호는 해월헌(海月軒) 또는 매월헌(梅月軒)이며, 회원은 그의 자이다. 저서로 《조천록(朝天錄)》과 《해월집(海月集)》이 있다.

184 청평(靑萍) 튕기기를 끝내니 : 청평은 전국 시대 월(越)나라 구천(句踐)의 명검인 청평검(靑萍劍)이다. 검을 사용하는 전쟁이 끝나 태평한 시대가 되었음을 말한다.

185 용광(龍光) : 전설 속의 보검인 용천검(龍泉劍)의 광채로, 재능이 뛰어난 사람을 비유한다. 진(晉)나라 때 오(吳) 땅에 자색 기운이 하늘의 우수(牛宿)와 두수(斗宿) 사이로 뻗치는 것을 보고 장화(張華)가 뇌환(雷煥)을 풍성현(豊城縣)의 현령으로 보내 용천검(龍泉劍)과 태아검(太阿劍)을 얻은 다음 하나씩 나누어 가졌다 한다. 《晉書 張華傳》

186 채필(彩筆) : 채색 붓으로, 문학적 재능이 매우 뛰어남을 비유한 말이다. 남조(南朝) 양(梁)의 강엄(江淹)이 어릴 적에, 자칭 곽박(郭璞)이란 사람이 채색 붓을 주는 꿈을 꾼 뒤로 문장이 크게 진보하였는데, 만년에 야정(冶亭)에서 잠을 자다가 그가 다시 붓을 회수해 가는 꿈을 꾼 뒤로는 좋은 문장이 나오지 않았다는 고사에서 유래하였다. 《南史 江淹列傳》

갈림길에 임하여 뜻이 아득함을 더욱 깨닫겠네　　臨岐益覺意悠悠

187 현랑(賢郎) : 상대방의 아들을 높여 부르는 말이다.

도담의 말 위에서 최 제독[188]의 시에 차운하여
島潭馬上 次崔提督韻

옛 동산을 지난밤 꿈속에서 돌아가니	故園前夜夢中歸
어린아이 문에서 맞이하고 술이 술잔에 가득했네	稚子迎門酒滿巵
두견새 한번 울어 나그네 잠을 놀라게 하는데	杜宇一聲驚旅枕
푸른 처마엔 별과 달 있고 새벽빛은 더디네	碧簷星月曙光遲

188 최 제독 : 최진방(崔鎭邦)으로, 본관은 충주(忠州), 자는 지병(之屛)이다. 1560년(명종15) 문과에 급제하였다. 안동 교수 겸 제독관을 지냈다.

문서 더미에서 공무를 보던 중 대사헌 이윤경[189]의 편지를 받고 기뻐서 읊다

簿書塡委中得李大成潤卿書 喜而有吟

책상 가득한 문서가 극심한 수고로움 일으키니	滿案文書撥劇勞
황당[190]에서 하루 종일 머리만 부질없이 긁네	黃堂終日首空搔
하늘 바람이 내 어두운 눈동자를 닦아 주려고	天風欲我昏眸刮
구름 사이로 채색 봉황 깃털을 날려 보냈네	吹落雲間彩鳳毛

189 이윤경(李潤卿) : 이수광(李睟光, 1563~1628)으로, 본관은 전주(全州), 호는 지봉(芝峯)이며, 윤경은 그의 자이다. 이조 판서를 지냈으며, 사신으로 여러 차례 명나라에 다녀오면서 천주교 지식과 서양 문물을 소개하여 실학 발전의 선구자가 되었다. 저서로 《지봉유설(芝峯類說)》, 《채신잡록(采薪雜錄)》 등이 있다. 이수광의 편지에 대한 답장이 《창석집》 권9에 〈답이윤경(答李潤卿)〉으로 실려 있다.

190 황당(黃堂) : 웅황(雄黃)의 염료(染料)를 칠한 태수(太守)의 청사(廳舍)로, 보통 지방 장관을 가리키는 말로 사용된다. 이준이 1599년(선조32) 단양 군수(丹陽郡守)가 되었을 때인 듯하다.

단산에서 심익보의 시에 차운하여
丹山次沈益甫韻

운수[191]는 삼생[192]의 고질병이요	雲水三生癖
공명은 한 꿈의 허망함이라	功名一夢疏
신령한 뗏목[193]을 겨우 달에 띄우자마자	靈槎纔泛月
내 몸이 이미 하늘을 나네	身世已憑虛
강물이 깨끗함은 유리보다 낫고	江淨玻瓈勝
산이 선명함은 비단 수놓은 듯하네	山明錦繡如
봉영[194]을 그대는 묻지 마오	蓬瀛君莫問

191 운수(雲水) : 운수향(雲水鄕)으로, 물이 흐르고 구름이 떠도는 곳, 즉 세속을 초월한 맑고 깨끗한 곳을 뜻하는데, 은둔함을 말한다.

192 삼생(三生) : 불가(佛家)의 용어로, 사람이 태어나는 과거, 현재, 미래, 즉 전생(前生), 현생(現生), 후생(後生)을 가리킨다.

193 신령한 뗏목 : 한 무제(漢武帝) 때 장건(張騫)이 사명(使命)을 받들고 서역(西域)으로 가던 길에 뗏목을 타고 황하(黃河)의 근원을 한없이 거슬러 올라가다가 한 성시(城市)에 이르렀는데, 한 여인은 방 안에서 베를 짜고 한 남자는 소를 끌고 은하(銀河)의 물을 먹이고 있었다. 그들에게 "여기가 어디인가?"라고 묻자, 그 여인이 지기석(支機石) 하나를 장건에게 주면서 "성도(成都)의 엄군평(嚴君平)에게 가서 물어보시오."라고 하였다. 장건이 돌아와서 엄군평을 찾아가 지기석을 보이자, 엄군평이 말하기를 "이것은 직녀의 지기석이다. 아무 연월일에 객성(客星)이 견우성과 직녀성을 범했는데, 지금 헤아려 보니 그때가 바로 이 사람이 은하에 당도한 때였도다."라고 하였다는 전설이 전한다. 후에 이를 '박망사(博望槎)' 또는 '성사(星槎)', '선사(仙槎)'라 하여 사신이나 사행(使行)을 비유하는 전거가 되었는데, 이를 차용하여 한 말이다. 《博物志》

이곳이 바로 신선이 사는 곳일세	此地卽仙居
푸른 이내는 날 개어도 오히려 축축하고	嵐翠晴猶濕
강줄기는 곧았다가 다시 굽어지네	江流直復斜
말 타고 붉은 비단 골짜기 지나가니	馬行紅錦峽
붉은 단풍이 흰 갈매기 노는 모래밭 곁에 있네	丹傍白鷗沙
회 치니 물고기는 옥 같은 살점이 튀고	斫膾魚跳玉
시를 적으니 붓은 꽃을 토해 내네	題詩筆吐花
분명히 알겠네, 만종의 녹봉이	懸知萬鍾祿
작은 연못 바닥의 모래만도 못한 것임을	不及半𥗝砂

194 봉영(蓬瀛) : 봉래(蓬萊)와 영주(瀛洲)의 병칭으로, 방장(方丈)과 함께 바다 가운데 있다고 전하는 삼신산(三神山)을 가리키며, 신선이 산다고 한다.

충주 목사 김정수[195]와 제독관 최지병이 적성으로 나를 방문하여 강고를 두루 유람하고 흥이 지극한 뒤에 돌아갔다. 며칠 뒤 최 제독이 시를 보냈기에 차운하여 부쳐 보내다

金忠州正受崔提督之屛訪我於赤城 遊遍江皐 興極而還 後數日 崔提督以詩見投 次韻却寄

우주가 우리들의 미친 뜻을 용납할 수 있으랴	宇宙能容我輩狂
이전부터 꽃구경하며 하양에서 취했었네[196]	看花夙昔醉河陽
옥 봉우리 안개 걷히니 푸른 벼랑이 예스럽고	瑤岑出霧蒼屛古
은하수가 하늘에 넘치니 흰 베가 늘어졌네	銀漢飜空白練長
해가 먼 숲에 비치니 아득한 놀이 생겨나고	日照遠林生杳靄
바람이 높은 나무에 부니 조금 싸늘함이 머무네	風來高樹逗微涼
이 몸이 지금 어디 있는지 알지 못하노니	此身不識今何在
구름 하늘을 향해 학이 날갯짓하는 듯하네	似向雲空鶴共翔

195 김정수(金正受) : 김순명(金順命, 1561~1614)으로, 본관은 강릉(江陵), 자는 정수, 호는 월봉(月峯)이다. 1582년(선조15)에 진사가 되고 1588년에 문과에 급제하였다. 예조 좌랑, 교리, 충주 목사 등을 역임하였고, 1613년(광해군5)에 수안 군수(遂安郡守)로 재직하던 중 병이 심하여 이듬해 2월 9일에 치소(治所)에서 졸하였다.

196 꽃구경하며 하양에서 취했었네 : 지방관으로 일을 잘 처리하여 훌륭한 치적을 남겼다는 뜻이다. 진(晉)나라 때 반악이 하양(河陽)의 현령으로 부임해서 곳곳에 복사꽃과 오얏꽃을 심어 온 현이 꽃 천지가 되었다. 그래서 사람들이 이것을 '하양일현화(河陽一縣花)'라 하여 미담으로 삼았는데, 후에 지방 관리가 치적을 남겼을 때 이것을 전고로 쓰게 되었다. 《白孔六帖 卷77》

문서가 책상에 가득 쌓여 눈 뜨기가 싫지만	簿牒堆床眼厭開
억지로 노쇠한 몸으로 진대[197]에 비춰 보네	强將衰朽照秦臺
선비의 갓을 쓰고 평생의 잘못을 스스로 비웃으나	儒冠自笑平生誤
신선의 방술로도 지는 해처럼 빠름을 어찌하랴	仙術其如急景頹
월형 뒤에는 지극한 보배를 팔 필요 없으니[198]	刖後不須沽至寶
불 탄 뒤에 어찌 좋은 재목이란 칭찬을 바라랴[199]	爨餘那望賞良材
오히려 오두미[200] 부끄러워 나의 수레를 멈추니	尙慙斗米淹吾駕

197 진대(秦臺) : 진나라 누대 위의 거울을 뜻하는 진대경(秦臺鏡)의 준말로, 진시황(秦始皇)이 사람의 마음속을 환히 비추어 보았다는 전설의 거울을 가리키는데, 보통 관리들이 공정하게 일을 처리하는 것을 비유할 때 쓰는 말이다.

198 월형……없으니 : 남다른 재능을 가지고 있으면서 인정받지 못하고 도리어 내침을 당하더라도 억지로 인정받으려고 애쓸 필요가 없다는 뜻이다. 월형은 발꿈치를 자르는 형벌이다. 춘추 시대 초나라 사람 변화(卞和)가 옥의 원석을 캐서 초 여왕(楚厲王)에게 바쳤더니 왕은 돌멩이를 가지고 옥이라고 속인다 하여 변화의 왼쪽 발꿈치를 잘랐다. 무왕(武王)이 즉위하자 변화는 또 박옥을 바쳤는데, 무왕 역시 속인다고 하며 이번에는 오른쪽 발꿈치를 잘랐다. 그 후 문왕(文王)이 즉위했는데, 변화가 박옥을 안고 형산(荊山) 밑에서 울고 있었다. 문왕이 사람을 시켜 물으니 "보옥(寶玉)을 돌이라 하고, 정직한 사람을 속인다고 하는 것이 슬프다." 하였다. 왕이 옥공을 시켜서 박옥을 다듬었더니, 과연 한 아름이나 되는 귀한 보옥이 나왔다고 한다. 이것이 '화씨지벽(和氏之璧)'이다. 《韓非子 和氏》

199 불……바라랴 : 좋은 재목은 불에 조금 타더라도 본질을 잃지 않음을 인용하여 자신의 지조만 굳게 지킬 뿐 남들의 평가는 신경 쓸 것이 없음을 말한다. 후한(後漢) 때에 오(吳) 땅의 어떤 사람이 오동나무를 땔감으로 하여 밥을 짓고 있었는데, 마침 채옹(蔡邕)이 지나다가 그것이 불타는 소리를 듣고는 좋은 목재(木材)임을 알고 그 오동나무를 구하여 거문고를 만들었더니 과연 좋은 소리가 났다고 한다. 거문고의 끝부분이 불에 탔다 하여 거문고 이름을 '초미금(焦尾琴)'이라 하였다. 《後漢書 蔡邕列傳》

단산에서 달 본 것이 몇 번이었던가 看月丹山問幾回

깊은 골짜기 바람과 놀이 시야에서 걷히니 風烟窈窕望中開
마침 이름난 구역을 가려서 대 하나를 쌓았네 會揀名區築一臺
하늘가의 어지러운 봉우리는 쇠 창이 늘어선 듯 天際亂峯金戟列
돌 사이 날리는 폭포는 눈 덮인 산이 무너지는 듯 石間飛瀑雪山頹
숲과 샘은 참은둔 하기 가장 좋으니 林泉最好成眞隱
인간 세상이 쓸모없는 재목이라 버림을 어찌 꺼리랴 人世何妨棄散材
이로부터 방외[201]를 찾아가고자 하니 從此欲尋方外去
만 겹의 붉은 벼랑에 채색 구름 돌아오네 萬重丹壁彩雲回

200 오두미(五斗米) : 아주 적은 녹봉을 이르는 말로, 진(晉)나라 도잠(陶潛)이 일찍이 팽택 영(彭澤令)으로 있을 때, 마침 군(郡)의 독우(督郵)가 현(縣)을 순시하게 되어, 아전이 도잠에게 의관을 갖추고 독우를 뵈어야 한다고 하자, 도잠이 탄식하며 말하기를, "나는 오두미 때문에 허리를 굽혀서 향리의 소인을 정성으로 섬길 수 없다." 하고는, 마침내 현령의 인끈을 풀어 던지고 현을 떠나 버렸던 데서 온 말이다. 《晉書 隱逸列傳 陶潛》

201 방외(方外) : 방(方)은 세상을 뜻하므로, 주로 세상에서 벗어난 불가나 도가를 이르는 말로 쓰인다. 여기서는 신선 세계를 말한다.

백암[202] 팔경

白巖八景

자굴산[203]의 맑은 이내 闍崛晴嵐

푸른 산은 완연히 푸른 눈썹의 미녀 같은데	靑山宛轉如靑娥
비 온 뒤의 검푸른 빛은 교태를 더하네	雨後黛色添夭斜
단장한 모습은 다시 가벼운 이내의 도움 받았고	靚粧更被輕嵐助
옥 같은 얼굴은 여전히 푸른 비단 두른 듯하네	玉貌依然籠碧紗
푸른 해무리는 아침 되니 그림 발로 들어오고	翠暈朝來入畵簾
차가운 빛은 날 저무니 깃든 갈가마귀와 나란하네	寒光日暮齊棲鴉
은자는 이를 마주함에 마음이 여유로우니	幽人對此心悠然
꿈속의 넋이 어찌 동화[204]에 떨어질 수 있으랴	夢魂那肯落東華

202 백암 : 오운(吳澐, 1540～1617)이 옛날부터 살던 곳으로, 경상남도 의령군 가례리(佳禮里)에 있다. 오운의 본관은 고창(高敞), 자는 태원(太源), 호는 죽유(竹牖)·죽계(竹溪)이다. 조식과 이황에게 배웠고 유성룡(柳成龍)·정구(鄭逑) 등과 교유했다. 1566년(명종21) 문과에 합격하여 벼슬이 광주 목사에 이르렀다. 임진왜란 때 창의하여 전공을 세웠다. 저술로 《죽유집》이 있다. 《죽유집》 권3에는 이준에게 백암 팔경에 대한 시를 부탁하는 편지인 〈여이숙평서(與李叔平書)〉가 실려 있으며, 《죽유집》 부록 하(附錄下) 〈투증시장간독(投贈詩章簡牘)〉에는 이준의 병서와 함께 이 시가 실려 있다.

203 자굴산(闍崛山) : 범어 기리타구타(Gṛdhrakūṭa)의 음역 기사굴산(耆闍崛山)에서 취한 이름이다. 이 산은 의령군 가례면·칠곡면·대의면의 경계 지점에 있다.

204 동화(東華) : 중국의 궁궐 동문(東門)인 동화문(東華門)인데, 중앙 관서를 지칭하는 말로 쓰인다. 즉 조정에서 벼슬살이하는 것을 말한다.

정진[205]의 밝은 모래 鼎津明沙

강물이 해마다 옥가루를 걸러 내어　江水年年淘玉屑
십 리에 아득히 깨끗한 눈을 덮어 놓은 듯하네　十里微茫衮晴雪
잔디가 푸를 때는 더욱 선명함을 깨닫겠더니　莎草青時覺轉明
갈대꽃이 흴 때는 온통 구별하지 못하겠네　蘆花白處渾未別
밤 창가에는 새벽빛 일찍 드는 것을 항상 기뻐했고　夜窓每喜曙光早
여름 자리에는 서늘한 기운 통함이 매우 좋았네　夏簟偏宜冷氣徹
그 가운데 어떤 일이 가장 그려 내기 어려운가　箇中何事最難摹
기러기 훨훨 날아 그림자가 보일 듯 말 듯함일세　落雁翩翩影明滅

장림의 저녁비 長林晩雨

비둘기 울고 제비 새끼 치며 날이 정오가 되려는데　鳴鳩乳燕日將午
은은한 우렛소리 옥우[206]에 울리네　隱隱雷車響玉宇
이윽고 한바탕 바람이 남쪽에서 불어와　俄頃一陣風南來
구름 낀 강을 거꾸로 걷어 흩날리는 비가 되네　倒卷雲江作飛雨
교외의 버들가지는 만 사람의 허리가 휘늘어진 듯　郊頭柳絲嚲萬腰
침상 위의 난초 향은 심지 하나에 젖어 드네　床上蘭香濕一炷
한 잔 술 다 마시기 전에 은빛 장대비[207] 걷히니　一杯未盡銀竹收

205 정진(鼎津) : 경상남도 함안(咸安)과 의령(宜寧) 사이에 있는 지명이다.

206 옥우(玉宇) : 옥으로 지은 궁전이란 뜻으로, 경루옥우(瓊樓玉宇)의 준말로, 신화 속에 나오는 월궁(月宮) 속의 누각을 말한다.

207 은빛 장대비 : 원문 '은죽(銀竹)'은 퍼붓는 빗줄기가 마치 은빛 대나무들이 서 있는 것과 같음을 비유한 말이다. 이백(李白)의 시에 "겨울 산을 비춰 주며 내려오는 하얀 비, 흩뿌리는 그 모습 은빛 대와 흡사하네.〔白雨映寒山, 森森似銀竹.〕"라는 구

다만 푸른 놀이 포구의 나무 휘감은 것만 보이네　但見靑煙幕浦樹

남계에 비 개고 뜬 달 南溪霽月

비 갠 못물은 청동 거울 갈아 놓은 듯하고　雨晴潭水磨靑銅
찬 두꺼비[208]는 맑은 물결 가운데 그림자 드리웠네　寒蟾影落澄波中
조용함은 잠긴 벽옥 같고 움직임은 뛰는 금 같으며[209]　靜如沈璧動躍金
얼음 빛과 비단 색이 영롱함을 머금었네　氷光練色涵玲瓏
밝은 은하수 낮게 비치니 땅이 떠 있는 듯하고　明河低暎地若浮
고운 구름이 다 흩어지니 하늘은 더욱 텅 비었네　纖雲斂盡天逾空
황홀하게 우리가 통명전[210]에 앉은 듯하니　怳然坐我通明殿
시원하고 맑은 이슬[211]이 흉금을 맑게 하네　泠泠沆瀣淸心胸

절에서 유래하였다. 《李太白詩集 卷21 宿鰕湖》

208 두꺼비 : 달의 별칭이다. 상고 시대 후예(后羿)의 아내인 항아(姮娥)가 서왕모(西王母)의 선약(仙藥)을 훔쳐 가지고 월궁(月宮)으로 달아나 두꺼비〔蟾蜍〕가 되었다는 전설에 따라 달을 섬여(蟾蜍)·항아·금섬(金蟾)이라고 부른 데서 유래한 것이다.

209 조용함은……같으며 : 달빛이 물에 비쳐 반짝인다는 뜻으로, 잠긴 벽옥은 밝은 달그림자가 물속에 잠긴 것을 말하고, 뛰는 금은 물결에 반짝이는 달빛을 형용한 말이다. 송나라 범중엄(范仲淹)의 〈악양루기(岳陽樓記)〉에 "물에 뜬 빛은 금이 뛰노는 듯하고, 조용한 그림자는 구슬이 물에 잠겨 있는 듯하다.〔浮光躍金, 靜影沈璧.〕"라고 한 데서 유래하였다.

210 통명전(通明殿) : 옥황상제의 궁전을 말한다.

211 맑은 이슬 : 원문 '항해(沆瀣)'는 깊은 밤중에 내리는 이슬인데, 도가(道家)에서는 이것을 수명(修命)의 약으로 먹는다. 《열선전(列仙傳)》에 "봄철에는 조하(朝霞)를, 여름철에는 항해를 복식(服食)한다."라고 하였다.

석천에서 갓끈 씻기 石泉濯纓

근래에 세상인심 경박함을 매우 싫어하여 年來苦厭世情澆
돌 밑의 솟는 샘물과 담박한 사귐을 맺었네 石底鳴泉爲淡交
세속의 티끌에서 구가[212] 밟는 것 영원히 사양하고 紅塵永辭蹋九街
흰 옥 같은 한 물줄기 흐르는 것 항상 어여뻤네 白玉長憐流一條
때때로 맑은 물로 나의 갓끈을 씻으니 時將淸泚濯我纓
나에게 짜증나는 더위 없어짐을 문득 깨닫게 하네 令人頓覺除煩歊
어찌하면 동아의 갖풀[213]을 끓여서 何緣煎作東阿膠
누런 물결 천 길의 혼탁함을 다 깨끗하게 할까 淨盡黃流千丈淆

유기에서 물고기 구경 柳磯觀魚

버들 바람이 물에 불어와 물결이 비단이 되니 柳風吹水文成綺
바위 위엔 기심을 잊은 사람이 수척하게 기대었네 磯頭瘦倚忘機子
모여든 물고기 몇 백 마리던가 簇簇者魚幾百頭
큰 놈은 한 자 남짓, 작은 놈은 손가락만 하네 大餘一尺小如指
유연히 갔다가 편안히 오니 悠然而逝帖然來
활발하고 양양함은 누가 시킨 것인가 潑潑洋洋問誰使
물고기여, 점액[214]의 영예를 부러워 마라 魚乎莫羨點額榮

212 구가(九街) : 도성의 넓은 거리를 가리킨다.

213 동아의 갖풀 : 아교를 만드는 재료이며, 아교는 흐린 물을 맑게 하는 물질이다. 《서경》 〈우공(禹貢)〉에 나오는 "윤수를 인도하되 동쪽으로 흘러 제수가 되어〔導沇水, 東流爲濟.〕"라는 구절의 집전(集傳)에 말하기를, "동아(東阿) 또한 제수(濟水)가 경유하는 곳인데 우물물을 취하여 갖풀〔膠〕을 끓인 것을 아교라 하니, 이를 혼탁한 물에 넣어 흔들면 맑아진다." 하였다.

일생 동안 비 내리는 것이 참으로 괴로운 일이라네 一生行雨眞苦事

봄 언덕의 철쭉 春岸躑躅

산을 덮고 물에 비치어 봄빛이 무르녹으니 遮山暎水春光融
조물주가 마름질하는 공을 두루 펼쳤네 造物偏施裁剪功
응당 알리라, 비단 자리에서 동군[215]을 전별하러 應知綺席餞東君
붉은 치마 입고 경요궁 걸어 나가는 것을 紅裙步出瓊瑤宮
단장한 뺨은 가지 끝의 이슬에 몇 번이나 울었던가 粧腮幾泣枝頭露
춤추는 소매는 발 밖의 바람에 향기 날리네 舞袖飄香簾外風
무슨 까닭으로 온갖 꽃 깃발을 가져오길 청하여 何因乞取百花幡
선홍빛 천만 떨기를 보호하는가 護却猩紅千萬叢

가을 산의 비단 수 秋山錦繡

차가운 하늘 어느 밤에 맑은 이슬 엉기고 寒空一夜白露凝
푸른 단풍 만 그루에 붉은 놀이 피어오르네 靑楓萬樹紅霞蒸
고운 가지는 이월의 꽃을 질투하고자 하고 艶枝欲妬二月蕚
붉은 불꽃은 천 개의 등불을 매단 듯하네 絳焰疑懸千炷燈

214 점액(點額) : 이마를 석벽(石壁)에 부딪친다는 뜻이다. 용문(龍門)은 황하 상류의 물이 급격히 쏟아져 내리는 여울목으로, 세 계단〔三級〕으로 되어 있는데 물고기가 그 폭포수를 뛰어오르면 용이 되고 실패하면 이마를 석벽에 부딪쳐 다치고 돌아온다는 전설에서 유래하였는데, 여기서는 반대로 과거 시험에 합격함을 뜻한다. 《水經註 河水4》

215 동군(東君) : 봄을 맡은 신(神)으로, 동제(東帝)·동황(東皇)·청황(靑皇)·청제(靑帝)라고도 한다.

해 뜨니 햇살이 어지러운 것 어찌 혐의하랴　　日出何嫌照灼迷
빗물에 씻기니 빛이 더해짐을 다시 기뻐하네　　雨洗更喜光輝增
구월 구일 중양절을 만나 꽃이 피게 하였으니　　當時九九遣花開
칠칠에게 글을 부쳐 스스로 자랑케 하지 마오[216]　　寄語七七休自矜

216 구월……마오 : 구월 구일 중양절에는 역시 국화가 어울릴 뿐이니, 다른 화려한 꽃은 필요가 없다는 말이다. 은칠칠(殷七七)은 당대(唐代)의 도사로 이름은 천상(天祥)이고 칠칠은 자호(自號)인데, 그는 환술(幻術)을 잘하여 제철이 아닌 꽃도 잘 피워 냈다고 한다. 《속선전(續仙傳)》에 의하면, 주보(周寶)가 일찍이 절서(浙西)를 진무(鎭撫)할 적에 하루는 칠칠에게 말하기를, "학림사(鶴林寺)의 두견화(杜鵑花)가 천하에 뛰어난데, 듣건대 그대는 능히 제철이 아닌 꽃을 피운다 하니, 중구일(重九日)에 맞추어 이 꽃을 한번 피워 보겠는가?" 하자, 칠칠이 이를 승낙하고 중구일 이틀 전에 학림사로 가서 묵었다. 한밤중에 여인이 와서 칠칠에게 말하기를, "첩이 하늘의 명을 받들고 이 꽃을 관장하게 되었으니, 지금 도인과 함께 이 꽃을 피우겠습니다."라고 하더니, 과연 중구일에 미쳐 두견화가 마치 봄처럼 찬란하게 피었더라는 고사에서 온 말이다.

괴산 군수 김정수에게 부치다

寄槐山守金正受

한 번 벼슬함은 괴안의 꿈[217]과 같고　一官等是槐安夢
아홉 번 제련해도 갈령의 단약[218] 만들기 어렵네　九轉難成葛令丹
-당시에 단양 군수가 되었기[219] 때문에 이렇게 말하였다.-
세상일은 끝이 없고 사람은 늙기 쉬우니　世故無央人易老
돌아가 텅 빈 산에 눕는 것만 못하리　不如歸去臥空山

217 괴안(槐安)의 꿈 : 당(唐)나라 이공좌(李公佐)의 전기소설 〈남가태수전(南柯太守傳)〉에 다음과 같은 내용이 보인다. 순우분(淳于棼)이 술을 마시고 회화나무〔槐樹〕 아래에서 잠이 들었는데, 괴안국(槐安國)에 가서 그곳 왕의 부마가 되어 남가태수(南柯太守)를 30년 동안 지내며 온갖 부귀영화를 누리는 꿈을 꾸었다. 잠에서 깬 뒤에 보니 홰나무 아래에 커다란 개미집이 하나 있었고, 남쪽 가지에는 또 작은 개미집이 하나 있었는데, 바로 꿈에서 보았던 괴안국과 남가군(南柯郡)이었다고 한다. 이와 관련하여 '괴안몽(槐安夢)', '남가일몽(南柯一夢)'이라는 성어가 있다.

218 갈령(葛令)의 단약 : 갈령은 진(晉)나라 갈홍(葛洪)을 가리킨다. 갈홍이 혼란한 세상을 피해 남쪽으로 내려가려 하다가, 교지(交趾)에서 단사(丹沙)가 나온다는 말을 듣고 구루 영(句漏令)으로 자청해 나가서 연단(鍊丹)을 했다는 고사가 있다. 《晉書 葛洪列傳》

219 당시에……되었기 : 이준은 1599년(선조32)에 단양 군수가 되었다.

단양 석문[220]

丹陽石門

언제 뇌부[221]가 신비한 솜씨를 발휘하여	何年雷斧費神功
깎아지른 쇠기둥에 옥무지개를 걸쳤나	削立金莖架玉虹
어찌하면 수레 타고 한번 올라가	安得轉輪成一上
기심을 잊고 길이 녹피옹[222]과 짝할까	忘機長伴鹿皮翁

220 단양석문(丹陽石門) : 충청북도 단양군에 있는 돌문으로, 도담 삼봉에서 상류 쪽으로 약 200m 올라가면 왼쪽 남한강 가에 있는 무지개 모양의 돌기둥으로서, 높이가 수십 척에 이르며 주변 경치가 아름답다.

221 뇌부(雷斧) : 뇌신(雷神)이 벼락을 내려칠 때 사용한다는 도끼이다. 여기서는 조물주를 뜻한다.

222 녹피옹(鹿皮翁) : 전설 속의 신선으로, 사슴 가죽 옷을 입었다 하여 이렇게 부른다. 녹피공(鹿皮公)이라고도 한다. 임치(臨淄) 사람으로, 젊을 때 소리(小吏)로 있다가 사람의 발길이 닿지 않는 잠산(岑山) 위의 신천(神泉) 가에 초옥(草屋)을 짓고 지초(芝草)를 먹고 신천의 물을 마시며 홀로 살았다. 《列仙傳 卷下 鹿皮公》

군의 동헌에 회화나무가 있는데, 그 크기는 소를 가릴 만하고 옆구리에 큰 구멍이 있었다. 고로(故老)들이 아이 때 이 나무를 보았는데, 늙은 모습이 이미 오늘날과 같았다고 하였다. 양쪽 줄기는 하늘에 닿았는데 검푸른 빛이 좋아할 만하였다. 내가 그 아래에 청소하고 물을 대서 유식[223]하는 장소로 삼았다. 인하여 서로 만난 것에 느낌이 있어 마침내 시를 읊다

郡東軒有槐樹 其大蔽牛 腰腹空洞 故老言兒時見此樹 老態已如今日矣 雙榦參天 黛色可悅 余掃漑其下 爲遊息之地 仍有感於相遇 遂賦

바람 앞에 펄럭펄럭 깃발처럼 나부끼고 風前旎旎幡幢颺
비 온 뒤에 얼룩덜룩 달무리가 선명하네 雨後斑斑蘚暈明
밝은 달은 한밤에 가로막힘이 설령 싫더라도 皓月縱嫌遮五夜
서늘한 그림자는 삼경[224]을 압도함이 가장 기쁘네 涼陰最喜壓三庚
기이한 형태는 장주의 땔감[225]이 되지 않았고 奇形不受莊周火

223 유식(遊息) : 장수유식(藏修遊息)의 준말이다. 《예기(禮記)》 〈학기(學記)〉에 "군자는 학문에 대해서 학교에 들어가서는 학업을 닦고, 학교에서 물러나 쉴 때는 기예를 즐긴다.〔君子之於學也, 藏焉修焉息焉游焉.〕"라고 한 데서 온 말로, 장(藏)은 늘 학문에 대한 생각을 품고 있는 것이요, 수(修)는 방치하지 않고 늘 익히는 것이다. 유(遊)는 한가하게 노닐며 함양하는 것이고, 식(息)은 피곤하여 쉬며 함양하는 것이다.

224 삼경(三庚) : 1년 중 가장 더운 한여름의 세 경일(庚日), 즉 삼복(三伏)을 가리킨다. 책력에 의하면, 하지 후 셋째 경일로부터 이후 열흘간을 초복(初伏), 넷째 경일로부터 이후 열흘간을 중복(中伏), 입추 후 첫째 경일로부터 이후 열흘간을 말복(末伏)이라 칭하는 데서 온 말이다.

여린 잎은 늘 자진의 생황[226]에 머물러 있네　嫩葉長留子晉笙
나무가 커서 맞추어 쓸 데 없다고 탄식하지 마오　材大莫嗟無適用
한가한 뜰에서 서생과 짝이 됨을 스스로 만족하네　閑庭自足伴書生

창 앞의 홰나무는 달아나는 용이 걸린 듯하니　窓前槐樹掛逋龍
검은 줄기 뒤얽혀 몇 년을 지냈던가　鐵幹輪囷閱幾冬
높이는 커서 진나라 오장기[227]를 용납하고　身長秦旗容五丈
몸통은 넓어 주나라 곡식 천 종을 저장하네　腹恢周粟貯千鍾
바람이 빽빽한 잎 흔드니 푸른 난새 날아오르고　風搖密葉青鸞翥

225 장주의 땔감 : 크기만 하고 쓸모가 없어서 베어질 염려가 없음을 비유한 말이다. 옛날 어떤 목수가 제(齊)나라로 가다가 곡원(曲轅)이란 곳에 이르러 그곳 사당 앞에 서 있는 상수리나무를 보았는데, 그 크기가 수천 마리의 소를 가릴 만하고 둘레를 재 보니 백 아름이나 되었지만, 목수는 그 나무가 아무런 쓸모가 없다 하여 돌아보지도 않고 갔다는 고사에서 온 말이다. 《莊子 人間世》

226 자진의 생황 : 주 영왕(周靈王)의 태자 왕자진(王子晉)이 일찍이 생(笙)을 불어 봉황의 울음소리를 내면서 이락(伊洛) 사이에 노닐다가, 신선 부구공(浮丘公)을 만나 선술을 배우고 숭산(崇山)으로 갔다. 30여 년이 지난 무렵에 집안사람 환량(桓良)이 숭산으로 찾아가 만나자, 왕자진은 "7월 7일에 구씨산(緱氏山)에서 나를 기다리라고 가족들에게 알려라."라고 하였다. 가족들이 7월 7일에 구씨산에서 기다리니 과연 왕자진이 백학(白鶴)을 타고 날아와 인사를 하고, 며칠 뒤 다시 백학을 타고 날아갔다고 한다. 《列仙傳》

227 오장기(五丈旗) : 진(秦)나라의 아방궁(阿房宮)을 비유한 것인데, "먼저 전전이 아방궁을 지으니, 동서의 길이가 500보이며, 남북의 길이가 50장이었다. 위에는 1만 명이 앉을 수가 있었으며, 아래에는 5장 높이의 깃발을 세울 수가 있었다.〔先作前殿阿房, 東西五百步, 南北五十丈. 上可以坐萬人, 下可以建五丈旗.〕"라고 하였다. 《史記 秦始皇本紀》

비가 긴 가지 적시니 붉은 이끼가 뒤덮네　　　雨濕脩柯紫蘚封
무성하게 진주 같은 열매 익기를 기다리니　　　待得離離珠寶熟
씹으면 목숨이 늘어나 교송[228]과 같아지리　　　嚼來遐壽等喬松

228 교송(喬松) : 왕자교(王子喬)와 적송자(赤松子)의 병칭이다. 전설 속에 나오는 선인으로, 둘 다 불로장생한 것으로 유명하다.

우연히 완성하여 군재[229]에 적다
偶成書郡齋

이곳에는 원래 축항어[230]가 없는데도 此地元無縮項魚
지체하여 머무른 것이 어찌 이 년 남짓이 되었던가 淹留胡乃二年餘
서쪽 강의 물결 소리는 듣기 싫을 정도였고 西江波浪聞曾厭
동쪽 누각의 매화는 흥취가 점점 성글어지네 東閣梅花興轉疏
풍속은 참으로 아름다우나 내 고향 땅 아니니 風俗信佳非我土
사람의 마음은 무릇 나의 오두막을 사랑하네 人情大抵愛吾廬
옛 동산의 토란과 밤[231]이 가을걷이를 넉넉게 하니 故園芋栗饒秋事
어찌 공무에 얽매여 돌아갈 마음을 품지 않겠는가 豈不懷歸畏簡書

229 군재(郡齋) : 군의 관아(官衙)를 말한다.

230 축항어(縮項魚) : 축항편(縮項鯿)으로, 머리가 편평(扁平)하고 목이 오그라든 형상의 물고기로, 방어(魴魚)의 일종이다. 두보(杜甫)의 시에 "다시 생각나누나 양양 맹호연, 맑은 시 구구절절 영원히 전해지리. 지금 노인들 새로운 시어(詩語) 하나 없이, 그냥 사두에서 축항편만 낚누나.〔復憶襄陽孟浩然, 淸詩句句盡堪傳. 卽今耆舊無新語, 漫釣槎頭縮項鯿.〕"라는 구절이 있다.《杜少陵詩集 卷17 解悶 12首 6》 이는 맹호연(孟浩然)이 지은 현담작(峴潭作)의 "대 낚시 드리워 시험 삼아 낚아 보니, 정말 사두의 축항편이 올라오네.〔試垂竹竿釣, 果得槎頭鯿.〕"라는 시구를 차작한 것이다. 사두(槎頭)는 낚시를 하기 위하여 물고기가 있는 곳의 물길을 배로 막아 놓은 곳을 말한다.

231 토란과 밤 : 가난한 집안의 음식을 뜻한다. 두보(杜甫)의 〈남린(南隣)〉이라는 시에 "오각건을 쓴 금리 선생이여, 밭에서 토란과 밤을 수확하니 아주 가난하지만은 않네.〔錦里先生烏角巾, 園收芋栗未全貧.〕"라고 하였다.

종사관 이백철이 차만리[232]의 증행시를 꺼내 보여 주면서 한마디 말로 이별의 회포를 적어 달라고 요청하기에 곧바로 그 시에 차운하다

李從事伯徹以車萬里贈行之什出示 求一語識別 卽步其韻

임오년[233] 같은 해에 합격한 이 정랑이여	壬午同年李正郎
남북으로 기러기가 항렬을 벗어난 것이 몇 년이었던가	幾年南北鴈離行
시의 성률은 예부터 정제한 쌍금[234]처럼 사랑했고	詩聲舊愛雙金截
글솜씨는 강한 미늘을 뚫는 활시위 당긴 듯했네	筆力曾彎入札强
여관에서 서로 만나니 사람은 옥 같고	逆旅相逢人似玉
좋은 밤에 마주하니 달은 서리 같네	良宵仍對月如霜
이전의 호방한 기상이 지금도 여전히 남아 있어	向來豪氣今猶在
담로[235] 어루만지기를 끝내자 더욱 격앙하네	撫罷湛盧更激昂

뜬구름 같은 세상 아득하고 세월은 흐르니	浮世悠悠歲月流

232 차만리(車萬里) : 차운로(車雲輅, 1559~1637)로, 앞의 주 1 '차만리(車萬里)' 참고.

233 임오년 : 1582년(선조15)으로, 이해에 이준이 생원시에 합격하였다.

234 쌍금(雙金) : 쌍남금(雙南金)의 준말로, 보통의 금보다 가치가 두 배 나가는 남쪽 지방의 금을 말한다. 쌍금처럼 훌륭한 시편을 뜻한다.

235 담로(湛盧) : 춘추 시대 구야자(歐冶子)란 사람이 월왕(越王)을 위해 만든 다섯 검 가운데 하나이다. 다섯 검은 거궐(巨闕)·담로(湛盧)·승사(勝邪)·어장(魚腸)·순구(純鉤)이다.

번다한 근심 의지할 데 없는데 술이 윤활유일세　繁愁無賴酒如油
시 천 편은 부질없이 남을 놀라게 하는 말 있으나 千篇謾有驚人語
오두미는 참으로 생계를 위해 도모함이 부끄럽네　五斗眞慙爲口謀
남쪽 지방엔 누가 서울에서 멀리 떠남 가련해하랴　南路誰憐長去國
임금께선 응당 홀로 누각에 의지함을 아시리라　北辰應識獨憑樓
관작과 봉호가 단구보다 낫다고 말하지 마오　官封莫道丹丘勝
시사는 칠실의 근심[236]을 견디기 어렵다네　時事難堪漆室憂

236 칠실의 근심 : 자기 신분과 지위에 맞지 않게 나랏일을 근심하고 걱정하는 것을 비유하는 말이다. 춘추 시대 노(魯)나라 칠실이라는 고을에서 혼기(婚期)를 놓치고 시집을 못 간 어떤 처녀가 기둥에 기대어 흐느끼고 있었는데, 이를 본 이웃의 아낙이 묻기를 "시집을 가고 싶어서 그러는가?" 하니, 처녀가 답하기를 "아닙니다. 노나라 군주는 늙었고 태자는 어리니, 걱정이 되어서 그럽니다."라고 하였다. 아낙이 말하기를 "그런 일은 대부(大夫)가 할 걱정이네." 하니, 처녀가 말하기를 "그렇지 않습니다. 노나라에 난리가 나서 군신과 부자가 치욕을 당하면 부녀들이 갈 곳이 어디 있겠습니까."라고 하였다. 《古列女傳 卷3 魯漆室女》

김사열[237]이 강에 임하여 띠집을 짓고 여러 현인들의 제영시 기록을 보내와 한마디 말을 구하여 강산을 빛내고자 하였기에 차운하여 회답하다

金士悅臨江結茅 以諸賢題詠錄寄 求一語欲賁江山 次韻以答

매우 고맙게도, 먼 곳에서 편지 운경[238]으로 보내어	遠書多謝落雲扃
강가에 임하여 초정 세웠음을 알려 주었네	報道臨江起草亭
신비한 글솜씨 감추어진 비경을 다 드러내었는데	神筆定應開罨盡
보잘것없는 시가 어찌 그 숲을 빛나게 하겠는가	小詩那得賁林坰
노을 낀 배에서 한가히 자니 모래밭 갈매기 친압하고	眠閑煙艇沙鷗狎
선경을 읽고 나니 들판의 학들이 듣네	讀罷仙經野鶴聽
벼슬에 얽매여 방문하려던 약속 이루지 못하고	係祿未成相訪約
청동 거울에 백발 성성한 것이 부끄럽네	靑銅白髮愧星星

237 김사열(金士悅) : 김태(金兌, 1561~?)로, 본관은 안동(安東), 호는 구담(九潭) 또는 수월당(水月堂)이며, 사열은 그의 자이다. 임진왜란 때 최황(崔滉, 1529~1603)을 따랐고, 정유재란 때 의병장 곽재우가 경상도 창녕의 화왕산성(火旺山城)을 지킬 때 화왕산 창의 격문을 쓰고 같이 참전하였다. 저서로 《수월당산고(水月堂散稿)》가 있다.

238 운경(雲扃) : 구름 속의 집이란 뜻으로, 신선이나 은자가 사는 집을 말한다.

홍주 목사 우현길[239]에게 부치다
寄洪州宰禹見吉

늘 새로운 시가 비단보다 나음을 사랑했더니	長愛新詩錦不如
더구나 화전[240]에 편지 몇 줄 얻었음에랴	花牋況得數行書
맑은 자태는 완연히 여윈 모습의 학을 대한 듯하고	淸姿宛對臞形鶴
빼어난 맛은 축항어[241]를 아울러 받은 듯	雋味兼承縮項魚
교제의 정에 어찌 나이의 많고 적음을 따지랴	交契寧論年少長
이별의 정은 달이 차고 기욺을 부질없이 슬퍼하네	離情空愴月盈虛
은근하게 생각한다는 말을 멀리서 보내고	殷勤遠寄相思字
다시 초겨울에 건강 조심할 것을 비네	更祝初寒愼起居
시사를 주간하는 훌륭한 재주 세상에 이런 이 없으니	幹時良具世無如
구분[242] 몇 권을 읽었던가	讀破丘墳幾卷書

239 우현길(禹見吉) : 우복룡(禹伏龍, 1547~1613)으로, 본관은 단양(丹陽), 호는 구암 또는 동계(東溪)이며, 현길은 그의 자이다. 1577년(선조10) 이이(李珥)의 천거를 받아 문소전 참봉(文昭殿參奉)이 되었고, 이어 내섬시 직장(內贍寺直長)과 여러 고을의 수령을 지냈다.

240 화전(花牋) : 화전지(花箋紙)로, 송화전(松花牋) 또는 송화지(松花紙)라 하는데 산수(山水)·화조(花鳥) 등을 그려 인쇄한 편지지이다. 시전지(詩箋紙)라고도 한다.

241 축항어(縮項魚) : 앞의 주 230 '축항어(縮項魚)' 참고.

242 구분(丘墳) : 전설로 전하는 《구구(九丘)》와 《삼분(三墳)》의 약칭으로, 고대 전적(典籍)을 가리킨다.

생각건대, 우리가 예전에 학철부어[243] 슬펐더니　念我向來悲涸鮒
공이 아니었다면 어찌 건어물 신세 면했으랴　微公那得免爲魚

-계갑년(癸甲年)[244]에 궁핍한 이를 구휼하는 은혜가 많았기 때문에 이렇게 말하였다.-

흐르는 세월이 갑자기 삼 년이 지나　流光忽忽三年隔
지난 일이 아득히 한바탕 꿈처럼 헛되네　往事悠悠一夢虛
다만 그대를 사모하는 마음 다하지 않았기에　只有嚮風心未已
날씨 차가워지매 장차 은거할 곳 정하고자 하네　歲寒將欲卜幽居

243 학철부어(涸轍鮒魚) : 궁지에 몰려 다급하게 구원을 청하는 상황을 비유한 말로, 《장자(莊子)》 〈외물(外物)〉에 나오는 고사이다. 장주(莊周)가 길을 가다가 수레바퀴 자국에서 괴로워하는 붕어를 만났는데, 붕어가 "나는 동해의 소신(小臣)인데, 당신이 약간의 물만 가지고도 나를 살릴 수 있을 거요."라고 하였다. 장주가 "좋다. 내가 지금 남쪽의 오월(吳越)의 왕을 만나러 가는 중인데, 서강(西江)의 물을 밀어 보내서 그대를 맞이하면 되겠는가?"라고 하였다. 붕어가 버럭 성을 내면서 "나는 늘 살던 물을 잃어버려 몸 둘 곳이 없는 것이오. 몇 되나 몇 말의 물만 있으면 살 수 있을 것인데 당신이 그렇게 말을 하니, 차라리 건어물 가게에 가서 나를 찾는 것이 낫겠소."라고 하였다.

244 계갑년(癸甲年) : 계사년(1593, 선조26)과 갑오년(1594)을 아울러 칭하는 말로, 이 두 해에 걸쳐 전국적으로 대기근이 발생했다.

신축년(1601, 선조34)[245] 중양절 저녁에 삼도에서 장차 배를 저어 올라가고자 하였다. 얼마 후 비바람이 사납게 몰아쳐 거의 강을 건널 수 없었기에 괴이하게 여겨 적다

辛丑重陽之夕自三島將挐舟而上 有頃 風雨暴作 幾不得渡 怪而識之

강 중심이 어둠을 띠는데 외로운 배를 저어 가니 江心帶暝移孤篷
강물이 가을 달을 머금어 빛이 영롱하네 江涵秋月光玲瓏
거슬러 돌아가 원두처 끝까지 찾으려 했더니 遡洄準擬窮源去
노 젓는 소리가 맑게 풍이궁[246]에 떨어지네 櫓聲晴落馮夷宮
얼마 후 보니, 물속에서 구름 기운이 생겨나 水中俄看雲氣生
비바람이 소리 내며 아득한 바다로 달려가네 風雨颯颯驅玄溟
사방을 둘러보니, 아득히 그칠 바를 잃고 四顧茫然失所止
마음과 정신이 출렁거려 마치 매달린 깃발 같네 心神蕩漾如懸旌
고생스럽게 노를 돌려 겨우 강을 건너니 辛勤回棹僅以濟
이 몸은 굶주린 교룡에게 잡아먹힘을 피하였네 此身免被飢蛟噬
두려워 돌아오매 마음속으로 알지 못하겠노니 攫然歸來心莫識
내가 강신에게 무슨 잘못을 하였던가 我於江神獲何戾
몸이 피곤하여 자고 싶어 잠시 안석에 기대었더니 身疲思睡暫隱几

245 신축년 : 이준이 1599년(선조32) 단양 군수가 되어 5년간 재직했으니, 단양 군수 시절에 지은 시이다.

246 풍이궁(馮夷宮) : 수신(水神)의 궁전, 즉 수궁(水宮)을 이른다. 풍이는 전설상의 황하(黃河)의 수신인 하백(河伯)으로, 전하여 수신을 이른다.

꿈속에 신인은 모습이 훌륭하였네 夢有神人形貌偉
검은 옷에 흰 두건 쓰고 나에게 읍하며 말하기를 玄衣縞巾揖余言
신선 같은 군수 놀라게 했으나 이상해하지 마오 驚動仙侯願勿異
하늘이 만고토록 기이한 신령한 경계 열었으나 天開靈境萬古奇
그윽한 일을 인간 세상에서 알까 가장 꺼렸소 幽事最忌人間知
오두[247]께서 이곳에 머무른 뒤로부터 自從遨頭住此地
이곳을 둘러싼 온갖 자태가 새로운 시가 되었소 牢籠百態爲新詩
구슬 같은 시 어지러이 떨어져 세상에 전하고 珠璣錯落傳世上
고깃배가 도화원[248] 물결을 따라갔소 漁舟解逐桃花浪
진재[249]가 위로 하소연하니 천제가 근심하여 眞宰上訴天爲愁
억지로 배를 돌리게 하여 통과함을 허락지 않았소 故勒歸帆不許放
물새 소리에 꿈에서 문득 깨어나니 水禽一聲夢忽覺

247 오두(遨頭) : 고을 수령 또는 수령이 들놀이 하는 것을 말한다. 당(唐)나라 때 성도(成都)의 풍속에 매년 4월 19일마다 완화계(浣花溪) 가에서 연유(宴游)하면서 이날을 완화일(浣花日)이라 일컬었는데, 이날은 특히 그 지방 태수(太守)가 출유(出遊)하여 두보(杜甫)의 초당(草堂)에서 오두연(遨頭宴)을 베풀었던 데서 온 말이다.

248 도화원(桃花源) : 도연명(陶淵明)의 〈도화원기(桃花源記)〉에 나오는 별천지인 무릉도원(武陵桃源)을 말한다. 〈도화원기〉에 의하면, 무릉에 사는 어떤 어부가 시내를 따라 올라가다가 복사꽃이 흐드러지게 핀 선경(仙境)을 발견해 그곳에서, 진(秦)나라 때에 난리를 피해 그곳에 들어와 살고 있던 사람들을 만나 극진한 대접을 받고 나왔는데, 뒤에 다시 그곳을 찾아갔더니 흔적이 없어서 찾을 수가 없었다고 한다. 《陶淵明集 卷6》

249 진재(眞宰) : 우주 만물의 주재자(主宰者)로서 모든 것을 관장하는 참주인으로, 《장자》 〈제물론(齊物論)〉에 "진재(眞宰)가 있는 것도 같은데, 특히 그 조짐을 얻지 못했다.〔若有眞宰, 而特不得其眹.〕"라고 하였다.

놀랄 만한 괴이한 일을 끝까지 이해하기 어렵네	咄咄異事窮難了
창을 여니 바람은 안정되고 비 또한 그쳐서	開牕風定雨亦收
은하수가 뚜렷하고 강가 하늘이 밝아 오네	星河歷歷江天曉

우복산 주인[250]과 헤어지며

別愚伏山主

오랜 벗이 임금의 부름을 받들어 상주를 떠나니　故人承召發商顔
노정의 절반인 제천에서 나그네 마음 시큰하네　路半堤川客意酸
병든 다리로 용미도[251]를 어찌 한가히 가랴　病脚豈閑龍尾道
말 타고 시 읊으며 멀리 봉두산[252]을 가리키네　吟鞭還指鳳頭山
지난 가을에는 아득히 두 지역에서 그리워하였더니　悠悠兩地前秋戀
어젯밤은 갑자기 외로운 등불에 기뻤네　忽忽孤燈昨夜歡
군청에 머무르는 것은 나의 뜻이 아니니　郡署淹留非我志
지팡이 하나 짚고 떠나 운관[253]을 찾고자 하네　一筇行欲訪雲關

고상한 이를 읍하고 전송함에 후안무치함 많으니　揖送高人多厚顔
몇 년이나 이곳에서 고생을 견뎠던가　幾年於此耐辛酸
관리로 은둔함을 비범한 관리라 말하지 마오　莫言吏隱非凡吏
어찌 산속 노인이 산을 나오지 않는 것만 하리오　何似山翁不出山
천 리 고개의 구름이 멀리 시야에 들어오고　千里嶺雲長入望

250 우복산 주인 : 우복 정경세(鄭經世, 1563~1632)를 말한다. 정경세가 살던 집의 뒷산 이름이 우복산(愚伏山)인데, 이 산은 본래 이름이 우북산(于北山)이었다가 정경세가 와 살면서 우복산이라고 이름을 붙였다고 한다.

251 용미도(龍尾道) : 조정의 복도인데, 여기서는 벼슬길에 나간 것을 가리킨다.

252 봉두산(鳳頭山) : 경기도 양주(楊州) 동남쪽으로 50리 떨어져 있는 산 이름이다.

253 운관(雲關) : 구름이 자욱한 골짜기로, 신선이나 은자가 사는 산을 비유한다.

한 동이 관아의 술에 억지로 기뻐하네　　一樽官酒强成歡
언제쯤이면 분산[254]의 바람을 이루어　　何時得遂分山願
왕래하며 서로 백죽관[255]을 찾을 수 있을까　　來往相尋白竹關

254 분산(分山) : 같이 한곳에 은거하자는 약속을 의미한다. 송(宋)나라 장영(張詠)이 화산(華山)에 은거하던 진단(陳摶)을 뵙고는 "원컨대 화산 반쪽을 나누어 살고 싶은데, 되겠습니까?"라고 하니, 진단이 "다른 사람은 몰라도 공이라면 내 마땅히 반을 나누어〔分半〕 주겠다."라고 한 데서 유래하였다. 《夢溪筆談 卷20》

255 백죽관(白竹關) : 흰 대로 만든 사립문으로, 은자의 소박한 사립문을 뜻한다.

다시 우복산 주인 시에 화운하여

再和愚伏山主

청동 거울에 지난날은 붉은 얼굴 비치더니	靑銅昔日照朱顔
의협의 기상으로 어찌 쓰라린 초나라 객[256]이 되었는가	俠氣寧爲楚客酸
서리 같은 칼날로 다리 아래 물에서 교룡을 베고	霜刃斬蛟橋下水
황금 채찍으로 변방 서쪽 산에서 말을 치달리네	金鞭馳馬塞西山
그릇된 계획만 하다 늙었으니 누가 알아 기리랴	狂圖老矣知誰賞
세상맛 쓸쓸히 괴롭기만 하고 기쁨은 없네	世味蕭然苦欠歡
오직 백 편의 시율이 남아 있으니	惟有百篇詩律在
웅장하고 호방함은 때때로 장관[257]을 압도하네	雄豪時得倒張關

문득 맑은 시를 얻으니 기쁨이 얼굴에 가득하고	忽得淸詩喜滿顔
제호[258]가 어슴푸레 고생을 씻어 주네	醍醐怳若洗辛酸
손을 놓고 호령[259]의 천 리 먼 곳으로 헤어지니	分携湖嶺千餘里

256 초(楚)나라 객(客) : 초나라의 충신으로 조정에서 쫓겨나 타향을 유랑한 굴원(屈原)을 가리키는데, 일반적으로 타향에 사는 사람 또는 귀양 간 사람을 뜻한다.

257 장관(張關) : 삼국 시대 촉한(蜀漢)의 명장인 장비(張飛)와 관우(關羽)의 병칭이다.

258 제호(醍醐) : 원래는 정제한 우유를 말하나, 여기서는 미주(美酒)를 가리킨다. 당 나라 백거이(白居易)의 '장귀일절시(將歸一絶詩)'에, "다시금 집의 술이 봄 맞아서 익는 것이 가련하니, 한 동이의 제호가 나 오기를 기다리네.〔更憐家醞迎春熟, 一甕醍醐待我歸.〕"라고 하였다.

희이산[260] 반을 빌리고자 하네 欲借希夷一半山
본디 인간 세상에는 비방과 칭찬 많으니 自是人間多毁譽
즐겨 마음의 슬픔과 기쁨에 집착하겠는가 肯敎心上着悲歡
그리워함에 찾은 것이 늦었다고 탄식하지 마오 相思莫歎相尋晩
오히려 중양절에 대사립을 방문할 수 있으리라 猶及重陽叩竹關

259 호령(湖嶺) : 호남(湖南)인 전라도와 영남(嶺南)인 경상도를 지칭하기도 하고, 호서(湖西)를 포함하여 충청도, 전라도, 경상도의 합칭으로 쓰이기도 한다.

260 희이산(希夷山) : 충청남도 서천군(舒川郡) 종천면(鍾川面)에 있는 산의 이름이다.

차운하여 구성 부사[261]에게 부치다

次韻寄龜城太守

본디 오활하고 거친 유생[262]의 한 사람이 自是迂疏一粉袍
엉킨 뿌리를 어찌 무딘 칼[263]로 시험하리오 盤根豈合試鉛刀
봉록 천 꾸러미에 얽매임이 헛되이 부끄러우니 俸錢虛愧縻千貫
나랏일에 털끝만큼도 도움이 된 적 없음일세 國事曾無補一毛
눈에 보이는 산천은 어느 날에 돌아가며 入眼林泉何日到
골머리 썩이는 공문서는 언제쯤 내던질까 埋頭案牘幾時抛
푸른 산은 사람을 가두는 감옥임을 비로소 믿겠고 青山始信囚人圄
검은 인끈은 관리 옭아매는 줄임을 바야흐로 알겠네 黑綬方知縶吏條

261 구성 부사(龜城府使) : 이진빈(李軫賓, 1558~?)으로, 본관은 전주(全州), 자는 응림(應霖)이다. 1589년(선조22) 증광 문과에서 을과로 급제하여 1600년 호조 정랑에 제수되었고, 이듬해 헌납을 거쳐, 지평을 역임하던 중 임해군(臨海君)을 탄핵하여 제거하는 데 앞장섰다. 1602년(선조35) 9월 16일에 구성 부사(龜城府使)로 제수되어 목민 업무를 담당하다가 몇 개월 후 사섬시 정(司贍寺正)에 제수되어 중앙 관직에 복귀하였다. 성균관 직강 등을 역임하였다. 《명종실록》 편찬 당시 춘추관 편수관을 지냈다.

262 유생(儒生) : 원문은 '분포(粉袍)'로, 당(唐)나라 때에 아직 급제하지 못한 선비가 모두 흰 옷을 입었으므로 '분포'라고 불린 데서 온 말로, 포의(布衣)와 같은 말이다.

263 무딘 칼 : 원문의 '연도(鉛刀)'는 납으로 만든 무딘 칼이라는 뜻으로, 자신의 우둔하고 무능함을 비유하는 겸사로 쓰인다. 후한(後漢) 반초(班超)의 상소문에 "신이 위대한 한나라의 위엄을 받들고 가서, 무딘 칼이라도 한번 휘둘러 벨 수 없겠습니까?〔臣奉大漢之威, 而無鉛刀一割之用乎?〕"라고 한 말이 보인다. 《後漢書 班超列傳》

집에 거미줄 얽혔으니 누가 방문함이 있었으랴	室綴蠨蛸誰有過
옷에는 이가 많으니 가려워 자주 긁네	衣多蟣虱癢頻搔
돌아가길 생각하나 도연명의 부[264]를 짓지 못했고	思歸未著淵明賦
난리를 만나매 굴자의 소[265]를 길게 읊조렸네	遭亂長吟屈子騷
맑은 덕은 순담인들 어찌 깨끗함을 비길 수 있으며	淸德筍潭誰比潔
재주와 명성은 죽령인들 감히 높음을 다투겠는가	才名竹嶺敢爭高
늙음이 재촉하니 단사 먹은 갈홍[266]을 배우려 하고	年催擬學餐沙葛
팔이 부러지니 벽돌 옮긴 도간[267]을 따라 하기 어렵네	肱折難追運甓陶
멀리서 옛 친구의 풍격이 예스러움을 바라보며	遙望故人風格古
그리워하매 몇 밤이나 꿈의 넋이 수고하였던가	相思幾夜夢魂勞
옥 여울에 가로놓인 배는 나는 익조[268]를 따라가고	舟橫玉瀨追飛鷁

264 도연명(陶淵明)의 부 : 〈귀거래사(歸去來辭)〉를 말한다. 앞의 주 3 '오두미가……읊으리라' 참고.

265 굴자의 소 : 굴원(屈原)의 〈이소(離騷)〉를 말한다. 앞의 주 21 '영균(靈均)' 참고.

266 단사(丹沙) 먹은 갈홍(葛洪) : 갈홍은 동진(東晉) 구용(句容) 사람으로 자는 치천(稚川), 호는 포박자(抱朴子)이다. 도적을 평정한 공으로 관내후(關內侯)에 봉해졌으나 신선의 도양술(導養術)을 좋아하여 교지(交趾)에 단사(丹沙)가 난다는 말을 듣고, 구루 영(句漏令)을 자청하여 나부산(羅浮山)에 들어가 연단(鍊丹)하였다. 《晉書 葛洪傳》

267 벽돌 옮긴 도간(陶侃) : 서진(西晉)의 도간이 광주 자사(廣州刺史)로 재임 중에, 고을 다스리는 일이 한가할 때면 매일 아침에 벽돌 백 장을 집 안에서 밖으로 운반하고, 저녁에는 다시 밖에서 안으로 운반하면서, 신체를 단련하고 뜻을 가다듬곤 하였는데, 누가 그 까닭을 묻자 "내가 바야흐로 중원의 통일에 힘을 기울이고 있는데, 너무 한가하게 지내다 보면 일을 감당하지 못할까 두려워서 그런다."라고 답변했다는 도간운벽(陶侃運甓)의 고사가 전한다. 《晉書 陶侃列傳》

268 익조(鷁鳥) : 물새의 일종이다. 《춘추》에 "익조 여섯 마리가 하늘에서 거센 바

맑은 하늘에 우뚝 솟은 대는 거오를 이고 있네[269]　臺聳晴空戴巨鼇

노닐며 완상하매 응당 소사[270] 따를 것을 생각하고　遊賞想應追小謝

우스갯소리 하며 도리어 매고[271]를 본받고자 하였네　詼諧却欲效枚皐

진흙에서 꼬리 끄는 거북[272]을 어찌 싫어하겠는가　何嫌龜尾泥中曳

용천검 광채 상자 속에 감추어진 것 원망하지 않네　不怨龍光匣裏韜

출처는 정히 모쪼록 조물주에 의지해야 하니　信詘政須憑造物

시비가 어찌 반드시 우리들을 곤궁하게 하리　是非何必困吾曹

옥가루 같은 고상한 얘기는 오래토록 끊어졌고　高談久隔飛瓊屑

옥 물결 같은 좋은 술은 외로이 따르네　美酒孤斟皺玉濤

람을 만나 뒤로 밀려 날아갔다.〔六鷁退飛〕"라고 하였는데, 여기서는 배가 급류를 타고 빨리 내려가는 것을 비유하여 묘사한 것이다. 《春秋左傳 僖公 16年》

269 거오(巨鼇)를 이고 있네 : 원래는 거대한 자라가 머리에 이고 있는 삼신산(三神山)을 가리키는데, 보통 관각(館閣)의 뜻으로 쓰인다. 발해(渤海) 동쪽에 있는 대여(岱輿)·원교(員嶠)·방호(方壺)·영주(瀛洲)·봉래(蓬萊) 등 다섯 신산(神山)이 조수(潮水)에 밀려 표류하자, 천제(天帝)가 각각 3마리씩 모두 15마리의 거대한 자라로 하여금 이 산들을 머리에 이고 있게 하였는데, 뒤에 용백국(龍伯國)의 거인이 6마리를 낚아 갔으므로 대여와 원교의 두 산은 서극(西極)으로 떠내려가고, 방호와 영주와 봉래의 세 산만 남았다고 한다. 《列子 湯問》

270 소사(小謝) : 사조(謝朓, 464~499)를 말한다. 남조 제(齊)나라 진군(陳郡) 양하(陽夏) 출신으로, 자는 현휘(玄暉)이다. 송(宋)나라의 사영운(謝靈運)을 대사(大謝), 그를 소사(小謝)라고 한다. 젊을 때부터 학문을 좋아했고, 문장이 청려(淸麗)했다. 저서로는 《사선성시집(謝宣城詩集)》이 있다.

271 매고(枚皐) : 한(漢)나라 경제(景帝) 때의 저명한 문인 매승(枚乘)의 서자(庶子)이다. 그는 어려서 아버지와 헤어져 어머니와 함께 곤궁하게 살다가, 뒷날 대궐에 글을 올려 작고한 매승의 아들임을 밝힘으로써 벼슬을 얻었다. 《漢書 枚皐傳》

272 진흙에서……거북 : 높은 관직에 있는 사람보다 산림에서 자신의 분수에 따라 사는 사람이 더 마음이 편안하다는 말이다. 앞의 주 174 '진흙에서……거북' 참고.

두 곳에서 오늘 아침 똑같이 홀을 괴지만[273] 兩地今朝同拄笏
오호[274]에는 어느 날에나 함께 배로 돌아가리 五湖何日共歸舠
따뜻한 볕은 바다 같은 봄을 기다리고 陽和會待春如海
경물은 기름 같은 비가 적셔 줌을 기뻐하네 景物欣霑雨似膏
비단 자리는 정히 좋은 날 펴는 것이 마땅하고 綺席政當開勝日
옥 거문고는 또한 맑은 곡조 연주함을 허락하네 瑤徽且許發淸操
쌍정[275]이 백 리 먼 데서 찾아온 곳에 雙旌百里相尋處
손과 주인의 한가한 정은 취할수록 더욱 호방하네 賓主閑情醉更豪

273 홀을 괴지만 : 원문 '주홀(拄笏)'은 관원들이 가지고 다니는 홀을 턱에 괴는 것으로, 세속 일에 얽매이지 않고 초연히 유유자적하는 풍도를 의미한다. 진(晉)나라 때 왕휘지(王徽之)는 잗다란 세속 일에 전혀 얽매임이 없는 성품이었는데, 그가 일찍이 환충(桓沖)의 기병 참군(騎兵參軍)으로 있을 적에 환충이 그에게 "경(卿)이 부(府)에 있은 지 오래되었으니, 요즘에는 의당 사무를 잘 알아서 처리하겠지."라고 하였으나, 왕휘지가 아무런 대꾸도 하지 않은 채 고개를 쳐들고 홀로 턱을 괴고는 엉뚱하게 "서산이 이른 아침에 상쾌한 기운을 불러온다."라고 한 데서 유래하였다. 《世說新語 簡傲》

274 오호(五湖) : 춘추 시대 월(越)나라 대부(大夫) 범려(范蠡)가 월왕(越王) 구천(句踐)을 위하여 오(吳)나라를 멸망시키고 나서는 즉시 거룻배를 오호(五湖)에 띄워 타고 떠나 버렸다는 고사에서 온 말로, 전하여 신하가 공(功)을 이루고 은퇴하는 것을 의미한다. 《史記 越王句踐世家》

275 쌍정(雙旌) : 감사(監司)가 가지고 가는 한 쌍의 깃발로, 당(唐)나라 때 절도사(節度使)에게 쌍정(雙旌)과 쌍절(雙節)을 지급하여, 정(旌)으로 포상하고 절(節)로 처벌하게 했던 데서 유래한다.

희암[276]의 유거영회 시에 차운하여
次希菴幽居詠懷韻

갈대 엮어 벽을 삼고 대나무로 서까래 삼으니	編蘆爲壁竹爲椽
생계는 비록 가난하나 기상은 넓고 크네	計活雖貧氣浩然
이익과 명성을 모두 풀이나 티끌처럼 여기고	盡把利名看草芥
내 몸을 기꺼이 구름과 노을에 눕히네	好將身世臥雲煙
방옹[277]은 비록 박학했으나 세월을 잘 보냈고	放翁縱博堪消日
도령[278]은 벼슬을 그만두매 그해를 넘기지 않았네	陶令休官不待年
은거하는 삶에는 일이 하나도 없다고 말하지 마오	莫道幽居無一事
아침마다 예주편[279]을 읽는다네	朝朝誦遍蘂珠篇

276 희암(希菴) : 윤진(尹瑱, 1541~1612)으로, 본관은 무송(茂松), 자는 계수(季守), 호는 희암(希菴)·송국주인(松菊主人)이다. 정경세, 이준 등과 교유하였다. 임진왜란이 일어나자 처가인 경상북도 상주에서 군량미와 모병에 힘써 이듬해 조정에서 사섬시 주부에 제수하였다. 김장생과 《삼진도(三盡圖)》를 저술하고, 상주 도남서원(道南書院) 창건에 앞장섰다.

277 방옹(放翁) : 남송의 대표적인 시인이자 문신인 육유(陸游, 1125~1210)로 방옹은 호이고 자는 무관(務觀)이다. 효종(孝宗) 때 쇄청시(鎖廳試)에 급제하여 진사가 되었으며, 뒤에 보장각 대제(寶章閣待制)를 지냈으나 조정이 부패하자 은퇴하여 향리에서 시작(詩作)에 전념하여 거의 1만 수(首)에 달하는 시를 남겨 중국 시사상(詩史上) 최다작의 시인으로 꼽힌다. 그의 시는 당시풍(唐詩風)의 강렬한 서정을 표현한 것이 많은데, 폭이 매우 넓어 비통한 우국의 시에서부터 전원생활의 기쁨을 노래하는 한적한 시에 이르기까지 매우 다양하였다.

278 도령(陶令) : 동진(東晉)의 시인 도연명(陶淵明)을 말한다. 앞의 주 264 '도연명(陶淵明)의 부' 참고.

279 예주편(蘂珠篇) : 예주는 꽃과 구슬로 장식한 신선 세계로, 도교(道敎)의 경전을 말한다.

이요루[280] 시에 차운하여

次二樂樓韻

문서 더미 속에서 공무로 세월을 보내다가 簿領叢中歲月流
우연히 흥을 타고 높은 누각에 올랐네 偶然乘興上高樓
노을빛은 저물녘에 복사꽃 뜬 물결에 잠기고 霞光晩浸桃花浪
산그림자는 맑게 개어 두약[281]의 모래톱을 감싸네 山影晴籠杜若洲
떠돌이 생활에 고향이 멀다는 것을 문득 잊고 流落頓忘鄕國遠
높은 곳에 올라 수운[282]이 그윽함을 매우 기뻐하네 登臨偏喜水雲幽
숲에서 지저귀며 돌아가기를 생각하는 새는 爲言林下思歸鳥
슬프게 울며 나그네 수심을 일깨울 필요 없다네 不必悲啼喚客愁

280 이요루(二樂樓) : 단양읍 뒤에 가은산성(可隱山城)이 있어 그 형세가 몹시 좋은 곳에 있는 누각 이름이다.

281 두약(杜若) : 향초(香草)의 이름으로, 굴원(屈原)의 《초사(楚辭)》 〈구가(九歌) 상군(湘君)〉에 "저 방주(芳洲)에서 두약을 캐니 장차 하계의 여자에게 주리라.〔采芳洲兮杜若, 將以遺兮下女.〕"라고 보인다.

282 수운(水雲) : 물과 구름의 고향이라는 뜻의 수운향(水雲鄕)의 준말로, 은자(隱者)가 사는 청유(淸幽)한 지방을 가리킨다.

부체찰사[283]에게 받들어 올리다
奉呈副體察使

명철한 공이 태어남은 운명에 응한 것이니	明公生應運
충성스런 간담이 몸보다 크네	忠膽大於軀
황석[284]이 검략[285]을 전해 주었고	黃石傳鈐略
푸른 장막에서 전모[286]를 토론하였네	青帷討典謨

283 부체찰사(副體察使) : 한준겸(韓浚謙, 1557~1627)으로, 본관은 청주(淸州), 자는 익지(益之), 호는 유천(柳川)이다. 서울 출신이며 인조의 장인이다. 1586년 별시 문과에 급제하였다. 이해에 예문관 검열이 되어 홍문록에 오르고 문장으로 이름을 날렸다. 정여립(鄭汝立) 모반 사건에 연좌되어 옥에 갇혔다가 수개월 만에 풀려나 원주로 이사하였다. 1592년 다시 서용되어 예조 정랑을 거쳐, 1595년 내직으로 지평·필선·정언·교리를 역임하였다. 1598년 임진왜란이 끝나자 우승지·경기 감사·대사성을 거쳐, 이듬해 경상도 관찰사가 되었다. 1601년(선조34)에 동지중추부사 겸 사도 도체찰부사(同知中樞府事兼四道都體察副使)로서 도체찰사 이덕형(李德馨)을 따라 영남 지방을 순시하였다. 1605년 호조 판서에 특진되었고, 그 뒤 대사헌·한성부 판윤 및 평안도와 함경도의 관찰사를 지냈다. 1623년 인조반정으로 그의 딸이 인렬왕후(仁烈王后)로 책봉되자 영돈령부사로 서평부원군(西平府院君)에 봉해졌다. 저서로 《유천유고》가 있다.

284 황석(黃石) : 진(秦)나라 말기의 선인(仙人) 황석공(黃石公)을 말한다. 황석공이 하비(下邳)의 흙다리 위에서 장량(張良)에게 병서(兵書)를 주며 말하기를 "이것을 읽으면 왕자(王者)의 스승이 될 것이다."라고 하였다. 장량은 그 책을 공부하여 유방(劉邦)의 참모가 되어 한(漢)나라를 개국하는 데 크게 공헌하였다. 황석공이 장량에게 주었다는 병서는 《황석공삼략(黃石公三略)》이다. 《史記 留侯世家》

285 검략(鈐略) : 《옥검편(玉鈐篇)》과 《황석공삼략(黃石公三略)》의 병칭으로, 일반적으로 병서를 이른다.

시대가 바야흐로 난리를 만났으니　　時方遭喪亂
몸이 어찌 전쟁에 치달려 감을 꺼리겠는가[287]　　身豈厭馳驅
관직을 역임하여 명성이 일찍이 드러났고　　揚歷名曾著
맑고 깨끗하여 뜻이 변함이 없었네　　澄淸志莫渝
제해[288]의 물결이 안정되지 못함을 근심하여　　鯷波愁未帖
호새[289]에 마침 근심이 많음을 부탁하였네　　狐塞屬多虞
보배로운 검은 하늘 창고에서 나누어 받았고　　寶劍頒天府
향기로운 술은 옥 술병에 하사받았네　　香醪賜玉壺
아침이 되면 대궐에서 하직하고　　待朝辭闕下
그날 변방으로 향해 가겠지　　卽日向邊隅
기쁜 기운은 강남 지역에 떠오르고　　喜氣浮江甸

286 전모(典謨) : 《서경》의 〈요전(堯典)〉, 〈순전(舜典)〉과 〈대우모(大禹謨)〉, 〈고요모(皐陶謨)〉 등의 편을 가리키는데, 뜻이 깊어 전아(典雅)한 글을 지칭하는 말로 쓰인다. 한준겸이 1589년 성균관 전적이 된 것을 말한다.

287 시대가……꺼리겠는가 : 1592년(선조25) 겨울에 원주 목사(原州牧使) 김제갑(金悌甲)이 영원성(鴒原城)을 지키면서 왜적들을 막았는데, 성이 함락되어 죽자 조정에서는 공이 현재 그 지역에 있고 또 인망이 두텁다는 이유로 즉시 목사에 제수하였다. 곧바로 임소(任所)로 부임하여 죽은 자를 조상하고 산 자를 위문한 다음, 유망(流亡)하는 자들을 불러 모으고 굶주린 자들을 진휼해 살렸으며, 절의(節義)에 죽은 자들을 표창하고 강포하게 구는 자들을 금지시키니, 온 경내가 이에 힘입어 안정되었다.

288 제해(鯷海) : 제(鯷)는 고대에 동해(東海) 바다 가운데에 있었던 종족의 이름이다. 《한서(漢書)》 〈지리지 하(地理志下)〉에, "회계(會稽)의 바다 바깥에 동제인(東鯷人)이 살고 있는데, 20여 개의 나라로 나누어져 있다."라고 하였는데, 우리나라를 가리킨다.

289 호새(狐塞) : 비호새(飛狐塞)로, 하북성 내원현(淶源縣)의 북쪽과 울현(蔚縣)의 경계에 위치한 흑석령(黑石嶺)에 지어진 성채의 이름이다.

위엄 있는 목소리는 오랑캐 녀석을 두렵게 하겠지　威聲慴虜雛
연이은 군영에는 모두 용맹한 병사들이고　連營皆銳士
막부에 모인 이는 다 통달한 선비들이리라　貯幕盡通儒
쌓인 폐단 쓸어 내듯 제거하여　積弊除如掃
깊은 은혜 연유처럼 윤택하리라　深恩潤似酥
군대의 기밀은 크고 작은 것을 참고하고　軍機參巨細
백성의 이로움은 작은 것[290]도 헤아리겠네　民利算錙銖
큰 은혜는 삼로[291]를 적시고　大惠霑三路
장수함은 많은 사람이 축원하네　遐齡祝萬夫
괴애[292]는 늘 촉 지방에 있었으니　乖厓長在蜀
장한[293]은 오 지방으로 돌아가지 마오　張翰莫歸吳

290 작은 것 : 원문 '치수(錙銖)'는 옛날 저울 이름인데, 6수(銖)를 '치(錙)'라고 했으므로 경미(輕微)한 것을 비유할 때 사용한다.

291 삼로(三路) : 삼도(三道) 또는 삼남(三南)과 같은 말로, 일반적으로 충청도, 전라도, 경상도를 일컫는다.

292 괴애(乖厓) : 북송(北宋) 초의 명신(名臣)인 장영(張詠, 946~1015)으로, 자는 복지(復之), 호는 괴애, 시호는 충정(忠定)이다. 진종(眞宗) 함평(咸平) 5년(1002) 서촉(西蜀)의 익주(益州)에 도적이 침범하여 민심이 흉흉하고 유언비어가 난무하자 진종이 장영을 익주 지사(益州知事)로 삼아 진무하게 하였다. 장영이 백성을 잘 위무하고 솔선수범하여 민심을 안정시키자, 진종이 전유(傳諭)하기를 "경이 촉에 있게 되어 짐은 서쪽에 대한 근심이 없어졌다."라고 하였다. 《宋史 張詠列傳》

293 장한(張翰) : 진(晉)나라 때 오중(吳中) 출신으로, 자는 계응(季鷹)이다. 일찍이 낙양(洛陽)에 들어가 동조연(東曹掾)으로 있다가 어느 날 갑자기 가을바람이 일어나는 것을 보고는 자기 고향 강동(江東) 오중의 순챗국〔蓴羹〕과 송강(松江)의 농어회〔鱸膾〕가 생각나서 말하기를 "인생은 뜻에 맞게 사는 것이 중요한데, 어찌 수천 리 타관에서 벼슬에 얽매여 명성과 작위를 구할 필요가 있겠는가." 하고는 즉시 벼슬

수령의 행차길이 장차 저물려고 하는데	令節行將晩
위의 있는 모습은 바라볼수록 더욱 아름답네	儀容望更都
이름난 누각에는 휘장에 과녁을 설치하고	名樓帷設鵠
좋은 날에는 오리 신[294]이 남으리라	勝日舃留鳧
관청의 버들은 고운 황금 같고	官柳黃金嫩
물가의 꽃은 펼친 자줏빛 융단 같으리	汀花紫罽鋪
비단 물결은 한수에 닿아 있고	縠文連漢水
상투 같은 산은 형무[295]에 우뚝하리	螺髻聳荊巫
차를 끓이니 물거품은 눈이 날리는 듯	煮茗濤飜雪
붓을 휘두르니 시구는 진주를 엮은 듯	揮毫句綴珠
은 물고기는 고운 그물에 날고	銀魚飛細縷
옥 푸성귀는 새 갈대 바구니에 캐네	瓊蔌採新蘆
널리 사랑함에 높은 의리를 공경하고	汎愛欽高義
매우 인자함은 나의 어리석음을 용서하였네	深仁恕我愚
맑은 강에 짧은 노를 멈추고	淸江停短棹
흰 편지지에 긴 수염만 꼬며 고민하네	素札枉長鬚
그림 같은 풍경 막 보고 나니	手畫看纔了
두풍[296]이 이미 나음을 느끼겠네	頭風覺已蘇

을 버리고 고향으로 돌아갔다는 고사가 있다. 《晉書 文苑列傳 張翰》

294 오리 신 : 수령을 일컫는 말이다. 앞의 주 143 '오리 신' 참고.

295 형무(荊巫) : 형산(荊山)과 무산(巫山)을 말한다. 형산은 호북성(湖北省)에 있는 산으로 옥(玉)이 나는 명산이고, 무산은 사천성(四川省) 무산현(巫山縣)에 있는 산으로, 열두 봉우리로 이루어져 있다.

296 두풍(頭風) : 머리 아픈 것이 오랫동안 치유되지 않고 수시로 발작하거나 멎는

덕성이 가까이 머무름을 알겠으니 德星知駐近
좋은 만남 저버리지 않을 것이 확실하네 良覿定非孤
경쇠처럼 몸을 굽혀 화려한 깃발 맞이하고 折磬迎華旆
강물에 임하여 해진 부들자리 펼치네 臨流展破蒲
속마음은 전혀 막히지 않았고 心肝都不隔
모습과 자취는 모두 구애됨이 없네 形跡兩無拘
멀리 이별하던 지난 가을은 그립더니 遠別前秋戀
서로 만난 이날은 즐겁구나 相逢此日娛
벼슬에 높이 올랐던 옛날을 생각하니 飛騰思夙昔
비와 이슬이 적셔 주는 은택을 함께하였지 雨露共沾濡
향기로운 계수나무 월궁의 나무에서 나누어 받으니[297] 香桂分宮樹
아름다운 음식 내주[298]에서 내려 주었네 佳餐降內廚

증상을 말한다.

297 향기로운……받으니 : 진(晉)나라 극선(郤詵)이 과거에 장원 급제한 뒤에 월계수(月桂樹) 가지를 꺾었다고 자칭했던 '월궁절계(月宮折桂)'의 고사에서 온 말로, 대과(大科)에 급제함을 뜻한다. 《晉書 郤詵列傳》 한준겸은 병술년(1586)에 과거에 급제하여 분관(分館)되기도 전에 한원(翰苑)에 선발되어 들어가서 검열(檢閱)에 제수되었다.

298 내주(內廚) : 내주방(內廚房)으로, 임금과 왕비 등의 수라를 준비하는 궁궐 주방을 이른다. 조정에서 변장(邊將)의 의론을 써 녹둔도(鹿屯島)에 진(鎭)을 설치해 경작을 하면서 방수(防戍)할 계책을 세웠는데, 호인(胡人)들이 갑자기 쳐들어와 사람들을 대부분 다 도륙하였다. 《선조실록》 21년 무자년(1588) 1월 10일 조에 "'과녹둔도전장유감(過鹿屯島戰場有感)'을 어제(御題)로 내어 칠언율(七言律) 2수(首)를 정원(政院)·옥당(玉堂)과 한림원 주서(翰林院注書) 등에게 제진(製進)하도록 명하였는데, 검열(檢閱) 한준겸(韓俊謙)이 수석을 차지하여 아다개(阿多介)를 하사하였다."라고 기록되어 있다. 아다개는 털 담요이다.

광대처럼 빼어난 재주 있는 이를 부르고　倡優徵絶技
비취처럼 이름난 미녀를 뽑았네　珠翠選名姝
청개[299]로 사흘간 유가[300]하니　青蓋遊三日
세속의 먼지가 서울 거리를 덮었네　紅塵塞九衢
밤 깊어 다니매 등불을 환히 밝히고　夜深行爛燭
서리 서늘하여 앉으매 털자리를 덮었네　霜冷坐添毹
춤추는 미녀의 허리는 눈발이 회전하듯 하고　嬌舞腰回雪
노래하는 예쁜 치아는 박이 벌어진 듯하였네　纖歌齒啓瓠
취하여 자주 옥녀[301]를 말에 태우고　醉頻馱玉女
거만하여 혹 금오[302]와 부딪쳤네　驕或觸金吾
영예와 총애는 한 시대에 지극하였고　榮寵同時極
마음과 정은 부절 조각처럼 일치하였네　心情片諾符
엉성하고 뜻만 큼은 젊은 시절에 해당하는 것이었으니　疏狂當少壯
임금이 알아줌에 도유[303]하고자 하였네　際遇擬都兪

299 청개(青蓋) : 나무통에 대나무의 살을 만들고 청초(青綃)로 덮은 다음 그 아래에 수레 휘장 셋을 만들고 용을 그려서 만든 일산 모양의 의장이다.

300 유가(遊街) : 과거에 급제한 사람이 광대들에게 풍악을 잡히고 거리를 다니면서 좌수(座首), 선배, 친척들을 찾아보던 일이다. 대개 3일 동안 하였는데, 머리에는 어사화(御賜花)를 꽂고 손에는 임금이 준 일산(日傘)을 들고 음악을 울리며 다녔다.

301 옥녀(玉女) : 화산(華山)에 있다는 선녀 이름으로, 미녀를 말한다.

302 금오(金吾) : 관명(官名)인 집금오(執金吾)의 준말로, 천자(天子)의 호위병을 말한다.

303 도유(都兪) : 도유우불(都兪吁咈)의 줄임말로, 모두 감탄사인데, 도·유는 가(可), 우·불은 부(否)의 뜻이다. 군신 간에 정사를 조화롭고 화목하게 논의하는 것을 형용한다. 《서경》〈익직(益稷)〉에 "우가 말하였다. '아, 훌륭합니다. 제이시여.

빠르게 달리는 말에 부끄럽게 말고삐 나란히 하였고　逸駕慙聯轡
밝은 조정에 외람되이 생황 부는 데 섞여 있었네[304]　明庭猥混竽
몸을 날려 한만[305]으로 올라가다가　飜身登汗漫
날개를 접고 진흙길에 떨어졌네　委翅墮泥塗
파리 날개는 고니에 매달리기 어려우니　蠅翼難攀鵠
화류마[306] 발굽은 기꺼이 둔마를 돌아보겠는가　驊蹄肯顧駑
번화함은 갑자기 지나가는 봄 같고　繁華春倏忽
환락은 잠깐 사이 꿈일세　歡樂夢須臾
재앙의 함정에 넘어짐을 마음 아파하고　禍穽傷蹉跌
제후의 문에서 우물쭈물함을 경계하였네　侯門戒囁嚅
불 탄 뒤에 오동나무를 어디에 사용하랴[307]　爨餘桐底用
발꿈치 베인 뒤에 박옥을 팔지 마오[308]　刖後玉休沽

자리에 있을 때를 삼가소서.' 제순(帝舜)이 말씀하셨다. '그 말이 옳다.'〔禹曰都帝, 愼乃在位. 帝曰俞.〕"라고 하였다.

304 생황……있었네 : 재주와 학식이 없는 사람이 자리를 차지하고 있는 것을 말한다. 제(齊)나라 선왕(宣王)이 사람들에게 생황〔竽〕을 불게 할 때 반드시 300명을 채워서 불게 하였는데, 남곽(南郭)에 사는 처사(處士)가 왕을 위하여 생황 불기를 청하니, 선왕이 기뻐하였다. 그 뒤 선왕이 죽고 민왕(湣王)이 즉위하여서 한 사람 한 사람이 부는 것을 듣기 좋아하자, 그 처사가 도망갔다는 데서 유래하였다. 《韓非子 內儲說上》

305 한만(汗漫) : 앞의 주 97 '한만(汗漫)' 참고.

306 화류마(驊騮馬) : 검은색의 갈기에 붉은색의 몸을 한 말로, 아주 좋은 말을 가리킨다.

307 불……사용하랴 : 앞의 주 199 '불……바라랴' 참고.

308 발꿈치……마오 : 앞의 주 198 '월형……없으니' 참고.

불우하게 지내다 거친 고을에 와서 落拓來荒郡
오래 머무르며 무서운 길에서 곤란을 겪었네 淹留困畏途
우물 안 개구리는 뛰어나가지 못하는데 井蛙跳未出
팔찌 위의 매는 바람 속에 누구를 부르는가 鞲隼颼誰呼
행정 문서는 항상 책상에 쌓여 있으나 簿牒常堆案
부추와 소금도 접시에 넉넉지 않네 虀鹽不滿盂
회오리바람에 범경[309]을 따라다니니 飄零隨泛梗
어슴푸레하게 뗏목을 타고 있는 것 같네 惝怳類乘桴
근심스레 농리[310]를 이웃으로 하고 悄悄隣瀧吏
쓸쓸하게 술꾼[311]에게 감사하네 寥寥謝酒徒

309 범경(泛梗) : 물에 떠내려가는 나무 인형으로, 정처 없이 떠도는 생활을 가리킨다. 소진(蘇秦)이 진(秦)나라에 가려는 맹상군(孟嘗君)을 가지 말라고 설득하기 위해 들려준 토우(土偶)와 도경(桃梗)의 우화(寓話)에 "도경이 토우에게 '너는 원래 서안의 진흙이니, 사람이 너를 빚어 인형으로 만든 것이다. 그런데 곧 8월 장마철이 되어 물이 불어 이 치수까지 잠기면 풀어져 버리고 만다.'라고 하자, 토우는 '그렇지 않다. 나는 원래 서안의 진흙이니, 흙은 다시 서안으로 돌아가면 그만이다. 너는 저 동국의 도경으로 깎고 다듬어서 만든 인형이다. 비가 내리고 치수가 넘쳐 너를 떠내려가게 하면, 너는 흘러흘러 장차 어디로 갈 것인가.' 하였다."라고 한 데서 나온 것이다. 《戰國策 齊策3》

310 농리(瀧吏) : 급류(急流) 근처에 머물러 지내면서 배의 안전 운항을 도와주는 책무를 지닌 소리(小吏)를 말한다. 한유(韓愈)가 조주(潮州)로 귀양 갈 때 물살이 매우 세찬 창락롱(昌樂瀧)이란 물을 건너며 지은 〈농리(瀧吏)〉라는 시가 있다. 여기에서 한유는 농두(瀧頭)의 아전과 문답을 나누다가 관원으로서 자신을 부끄러워하였다. 《韓昌黎集 卷6 瀧吏》

311 술꾼 : 원문 '주도(酒徒)'는 고양주도(高陽酒徒)의 준말로, 예의범절이나 격식 따위에 구애받지 않는 호방한 인물을 가리킨다. 한 고조(漢高祖) 유방(劉邦)이 역이

여울물 소리는 밤낮으로 절구 찧는 듯하고 灘聲舂日夕
구름 기운은 아침저녁으로 변하네 雲氣變朝晡
늘어선 산들이 멀리 돌아가니 簇簇山遙轉
아득한 길은 몇 구비던가 迢迢路幾紆
숲의 도깨비가 출몰함에 놀라고 林魈驚出沒
들짐승이 눈을 부릅뜸이 괴이하네 野獸怪睢盱
변경 지역이 고향 집과 멀고 境與家鄉遠
풍속이 고향의 습속과 다르네 風隨土俗殊
일휘[312]로 얽매이게 됨을 슬퍼하며 一麾悲束縛
만사를 조물주[313]에 맡겨 두었네 萬事任洪鑪
백성이 병들어 정사는 모름지기 간약하게 하고 民病治須簡
관청이 가난하여 음식은 항상 거칠었네 官貧食每麤

기(酈食其)의 면회 요청을 받고서 사람을 시켜 사절하게 하자, 역이기가 "나는 고양 출신의 술꾼이지, 유학의 글이나 떠받드는 꽉 막힌 사람이 아니다."라고 하고는 끝내 뜻을 관철했던 고사가 전한다. 《史記 酈生列傳》

312 일휘(一麾) : 한 깃대라는 뜻으로, 지방관을 의미한다. 진(晉)나라 때 완함(阮咸)이 순욱(荀勖)의 배척을 받아 시평 태수(始平太守)로 나간 일을 두고, 남조(南朝) 송(宋)의 안연지(顏延之)가 〈오군영(五君詠)〉이란 시를 지으면서 완함에 대해 "누차 천거 받았어도 내관직에는 못 들고, 한 깃대 잡고 지방관이 되어 나갔도다.〔屢薦不入官, 一麾乃出守.〕"라고 하였는데, 여기에서 온 말이다. 이 '휘(麾)' 자는 휘척(揮斥)의 뜻도 있으므로, 조정에서 배척을 받아 지방관이 되어 가는 것을 의미하기도 한다. 《文選 卷21 詠史 五君詠五首 阮始平》

313 조물주 : 원문인 '홍로(洪鑪)'는 큰 용광로로, 천지(天地) 또는 조물(造物) 등에 비유하여 쓰는 말이다. 《장자(莊子)》 〈대종사(大宗師)〉에 "지금 천지를 큰 용광로로 생각하고 조물주를 훌륭한 야금장이라고 생각한다면 어디를 가든 안 될 것이 있겠는가."라고 한 데서 유래하였다.

과조[314]를 어찌 급하게 할 필요 있으랴　科條焉用急
믿음과 사랑으로 서로 미덥게 해야 하네　信愛要相孚
벽돌을 나르느라[315] 팔뚝은 여전히 병들었고　運甓肱仍病
책을 탐독하느라 눈은 더욱 뻑뻑하겠지　耽書眼轉枯
교화는 강을 건너오는 호랑이를 막았고[316]　化遲江渡虎
아전은 고기 훔친 까마귀에 괴로워하였네[317]　吏苦肉偸烏
스스로 수고로이 채찍질한 것이 부끄러우니　自愧勞鞭扑
어찌 바지저고리[318] 칭송하기를 기약하랴　那期頌袴襦

314 과조(科條) : 법률·명령·규칙 등의 개조서(個條書)를 말한다.

315 벽돌을 나르느라 : 유사시에 대비해 평소에 부지런히 힘을 기르고 준비해야 함을 비유한 것이다. 앞의 주 267 '벽돌 옮긴 도간(陶侃)' 참고.

316 교화는……막았고 : 선정(善政)을 베풀어 그 교화가 백성은 물론이고 만물에게까지 미침을 말한 것이다. 한(漢)나라 때 유곤(劉琨)이 홍농 태수(弘農太守)로 재임할 때 인화(仁化)를 대대적으로 시행하니, 그동안 민해(民害)를 끼치던 호랑이들도 이에 감화되어 모두 새끼들을 업고서 하수(河水)를 건너가 버린 고사를 원용한 것이다. 《後漢書 劉昆列傳》

317 아전은……괴로워하였네 : 정사(政事)의 치밀함을 비유한 말이다. 한(漢)나라 때 황패(黃霸)가 영천 태수(潁川太守)로 있을 적에 민정을 사찰할 일이 있어 나이 많은 청렴한 아전을 한 명 골라 내보냈는데, 그 아전이 직무를 수행하는 가운데 길가에서 밥을 먹을 때 까마귀가 고기를 훔쳐 간 일이 있었다. 그런데 황패는 이 일을 다른 백성으로부터 이미 전해 듣고 있다가 그 아전이 사찰을 마치고 돌아오자, 위로하여 말하기를 "대단히 고통스러웠겠다. 길가에서 밥을 먹다가 까마귀에게 고기까지 빼앗겼구나." 하니, 그 아전이 크게 놀라 한 가지 일도 속이지 않고 사실대로 보고함으로써 일을 잘 조처하게 되었다는 고사에서 온 말이다. 《漢書 黃霸傳》

318 바지저고리 : 원문 '고유(袴襦)'는 고유가(袴襦歌)로, 고을 수령이 정사를 잘하는 것을 칭송하는 노랫소리이다. 후한(後漢) 때 화재를 방비하기 위하여 밤에 불을 피우는 것을 금하자 백성들이 괴롭게 여겼는데, 염범(廉范)이 촉군 태수(蜀郡太守)

배척되어도 몸은 떠나지 못하고	推擠身不去
건몰[319]되어도 입에 풀칠할 만하네	乾沒口堪餬
문에는 문자를 묻는 객이 없고	問字門無客
붓은 시를 짓는 종이 되었네	題詩筆作奴
시단에 누가 정히 으뜸인가	詞壇誰定霸
형세는 끝내 옮길 수 없네	局勢未終輸
혹 자신을 알아주는 벗을 만날 수 있다면	倘得知音遇
어찌 무릎 굽혀 달려감을 싫어하겠는가	寧嫌屈膝趨
뱁새의 가지[320] 달게 여겨 스스로 만족하니	鷦枝甘自足
붕새의 먼 길 빌어 누구에게 부지케 하겠는가	鵬路倩誰扶
씩씩한 기운으로 부질없이 칼을 튕기고[321]	壯氣空彈鋏
어리석은 마음으로 아직 그루터기를 지키네[322]	癡心尙守株

가 되어서는 불 피우는 것을 금하지 않았다. 그러자 백성들이 편하게 여겨서 "염숙도가 온 것이 어찌 이리 늦었는가. 불 피우는 것을 금하지 않으니 백성들이 편안하네. 평생토록 옷 없다가 지금은 바지가 다섯 벌이네.〔廉叔度來何暮? 不禁火, 民安作. 平生無襦今五袴.〕" 하였다. 《後漢書 廉范列傳》

319 건몰(乾沒) : 물을 말려 없애듯이 남의 재산을 마구 횡령하거나 몰수하는 것을 말한다.

320 뱁새의 가지 : 원문은 '추지(鷦枝)'로, 《장자(莊子)》 〈소요유(逍遙遊)〉에 보이는 "뱁새는 깊은 숲에 깃들어도 나뭇가지 하나에 불과하다.〔鷦鷯巢於深林, 不過一枝.〕"라는 구절에서 원용한 것이다.

321 칼을 튕기고 : 좀 더 나은 대우를 받기 원하여 자신의 불우한 처지를 호소함을 말한다. 전국 시대 제(齊)나라 풍환(馮驩)이 손잡이를 노끈〔蒯緱〕으로 감은 칼을 두드리며 맹상군(孟嘗君)에게 처우 개선을 요구했다는 고사가 있다. 그 노래에 "장협이여 돌아가야 할까 보다. 밥에 생선이 없구나.〔長鋏歸來乎, 食無魚.〕"라고 하였다. 《史記 孟嘗君列傳》

외람되이 나를 알아주는 포숙[323]의 은혜를 입었고　謬蒙知我鮑
슬프게 수레 끌채에 매인 망아지 신세를 생각하네　惻念縶轅駒
물에 빠진 이를 구하는 마음은 항상 간절하여　拯溺情常切
꺼진 불씨를 살리려는 힘이 더욱 수고롭네　噓灰力更劬
스스로 생각하기를, 공적의 효과가 없으니　自惟無績效
어찌 자문[324]에 적합하겠는가　安得協咨諏
상소를 올림에 진실로 응당 표현이 지나쳤고　敷奏誠應過
능력의 한계를 헤아림에 참으로 이미 분수를 넘었네　循涯固已踰
감사한 은혜가 비록 뼈에 사무쳤으나　感恩雖次骨
부끄러운 땀이 실로 피부를 적시네　愧汗實沾膚

322 그루터기를 지키네 : 수주대토(守株待兎)의 고사로, 구습에만 젖어 시대의 변천에 따라 변통할 줄 모름을 비유하였다. 춘추 시대 송나라의 한 농부가 밭을 갈고 있을 때 마침 토끼가 달아나다가 밭 가운데 있는 나무 그루터기에 부딪혀서 목이 부러져 죽자, 그 농부는 그때부터 일손을 놓고 그 그루터기만 지켜보며 토끼가 다시 오기를 기다렸으나 토끼는 끝내 다시 오지 않았다는 데에서 온 말이다. 《韓非子 五蠹》

323 나를 알아주는 포숙 : 포숙은 춘추 시대 제(齊)나라 관중(管仲)의 친구인 포숙아(鮑叔牙)를 말한다. 관중과 포숙아는 어려서부터 서로 친구 사이였는데, 포숙아는 관중의 어짊을 잘 알아주었지만, 관중은 워낙 빈곤하여 포숙아를 항상 속이곤 했다. 그럼에도 포숙아는 끝까지 관중을 잘 대해 주었으므로, 관중이 말하기를 "나를 낳아 준 분은 부모요, 나를 알아준 이는 포자다.〔生我者, 父母; 知我者, 鮑子也.〕"라고 했던 데서 온 말로, 전하여 '관포(管鮑)'는 아주 친한 지기지우(知己之友)에 비유된다. 《史記 管晏列傳 管仲》

324 자문(諮問) : 원문 '자추(咨諏)'는 《시경(詩經)》 〈황황자화(皇皇者華)〉에 "말을 달리며 채찍질하여 이에 두루 자문하도다.〔載馳載驅, 周爰咨諏.〕"라고 한 데서 온 말로, 왕의 사신이 사방을 두루 다니며 자문하는 것인데, 이준이 1599년(선조32)에 단양 군수가 된 것을 말한다.

추함을 꾸며도 아름답게 되기 어려우니　　餙醜難成艶
벽돌을 간다고 어찌 옥이 되겠는가　　磨甎詎作瑜
이미 시대와 맞지 않았으니[325]　　旣於時枘鑿
귀신의 비웃음을 얼마나 받았던가　　幾許鬼揶歈
괴안국[326]의 인끈을 장차 던져 버려야　　槐國將投紱
송강에서 농어[327]를 낚시할 수 있으리라　　松江可釣鱸
기수에서 목욕하며 증점[328]을 따를 것이니　　浴沂追點也
시사에서 술 마시며 상오[329]를 생각하겠는가　　飮社憶商於
만년의 절조는 소나무의 굳셈을 기약하고　　晩節松期勁
노쇠한 모습은 학의 여윔을 질투하네　　衰容鶴妬癯
흐르는 세월 헛되이 지나가니　　流光空荏苒

325 맞지 않았으니 : 원문은 '예조(枘鑿)'로, 예(枘)는 둥근 자루, 조(鑿)는 네모난 구멍을 뜻하는데, 서로 맞지 않는다는 의미이다.

326 괴안국(槐安國) : 앞의 주 217 '괴안(槐安)의 꿈' 참고.

327 송강에서 농어 : 벼슬을 버리고 고향으로 돌아가고 싶은 마음을 표현한 것으로, 앞의 주 32 '송강에는……만하네' 참고.

328 기수(沂水)에서 목욕하며 증점(曾點) : 세상사에 연연하지 않고 자연 속에서 유유자적함을 뜻한다. 하루는 자로(子路)·증점·염유(冉有)·공서화(公西華) 네 사람이 공자를 모시고 있었는데 공자가 "저마다 무엇을 하고 싶은지 그 뜻을 말해 보라."라고 하자 증점이 대답하기를 "늦은 봄날 봄옷이 지어지거든 어른 대여섯 명, 동자 예닐곱 명과 함께 기수에 목욕하고 무우(舞雩)에서 바람을 쐬고 시를 읊으면서 돌아오겠습니다."라고 하니, 공자가 감탄하면서 "나는 증점을 허여한다." 하여 그의 쇄락(灑落)한 기상을 인정하였다. 《論語 先進》

329 상오(商於) : 전국 시대 진 효공(秦孝公)을 도와 정전제(井田制)를 폐지하고 조세 제도도 고쳐 소위 형명학(刑名學)을 시행하여 부국강병(富國强兵)을 이룩한 상앙(商鞅)이 봉해진 곳으로, 높은 관직을 말한다.

고향 생각에 부질없이 서성이네	鄕思謾踟躕
자후는 허물 경계할 것을 생각하였고[330]	子厚思徵咎
한공은 허물을 부를까 두려워하였네[331]	韓公畏速辜
덧없는 영화 모쪼록 취하지 마오	浮榮須少取
청렴하게 물러남이 좋은 계책일세	廉退是良圖
변방의 말[332] 무슨 잃음을 슬퍼하랴	塞馬悲奚失

330 자후(子厚)는……생각하였고 : 자후는 당나라 유종원(柳宗元)의 자이다. 그는 굴원(屈原)의 〈이소(離騷)〉를 본떠서, 과거의 잘못된 생각을 후회하며 징계한다는 뜻의 〈징구(懲咎)〉라는 부(賦)를 지었다. 유종원은 당 순종(唐順宗) 때 잠깐 권력을 장악했던, 이른바 왕숙문(王叔文)의 당에 속해서 예부 원외랑(禮部員外郞)의 신분으로 국정에 참여하다가, 헌종(憲宗)이 즉위하면서 소주 자사(邵州刺史)를 거쳐 영주 사마(永州司馬)로 좌천되고 다시 유주 자사(柳州刺史)로 나가 그곳에서 죽었는데, 이 부는 영주 사마 때에 지은 것이다. 《신당서(新唐書)》 〈유종원열전(柳宗元列傳)〉에 "지난날의 잘못에 대해서 민망하게 여기고 가슴 아프게 생각하며 후회하는 뜻에서 스스로 경계하는 부를 지었다.〔閔悼悔念往咎, 作賦自儆.〕"라고 하고 이어서 전문(全文)을 소개하고 있다.

331 한공은……두려워하였네 : 한공은 한유(韓愈)이며, 허물을 부를까 두려워하였다는 것은 〈진학해(進學解)〉에서, "앞으로 가도 넘어지고 뒤로 가도 자빠지며, 걸핏하면 곧 허물을 얻게 된다.〔跋前疐後, 動輒得咎.〕"라고 한 것을 말하는 듯하다.

332 변방의 말 : 원문의 '새마(塞馬)'는 새옹지마(塞翁之馬)를 줄여서 말한 것으로, 인간의 화복(禍福)이 일정하지 않음을 이르는 말로 쓰인다. 국경에 사는 한 노인이 말〔馬〕을 잃고는, "이것이 도리어 복이 될는지도 모른다." 하더니, 얼마 후에 잃었던 말이 다른 준마(駿馬)를 한 마리 데리고 돌아왔다. 노인은, "이것이 도리어 화(禍)가 될는지 모른다." 하더니, 얼마 후에 그 아들이 준마를 타고 달리다가 떨어져서 다리가 부러졌다. 그는 또, "이것이 도리어 복이 될는지 아는가." 하더니, 얼마 뒤에 난리가 났는데 그의 아들이 다리 때문에 군중에 가지 않아 목숨을 보존하였다. 《淮南子 人間訓》

진흙의 거북[333]은 죽임 면하기를 바라네 泥龜庶免刳
인생은 풀잎의 이슬과 같고 人生猶草露
부귀는 갈대와 같다네 富貴等葭莩
열기에 다가가는 불나방을 보는 듯하고 赴熱看蛾燭
이름을 감춘 개백정[334]에 의탁한 듯하네 藏名借狗屠
강어귀에 바야흐로 변란이 있으니 開河方有警
해구들이 오랫동안 노략질하였네 海寇久稽誅
다만 바라기는, 풍운[335]의 보좌가 되어 但願風雲佐
다시 아득한 교외 구역 회복하기를 重恢莽蒼區
성과 해자는 험하고 견고함을 기초로 하고 城池基險固
국경은 떠돌아다니는 이를 돌아오게 하리 疆埸復流逋
알유[336]가 침범함이 없고 猰貐無侵軼
관포[337]가 넘보지 않으리 雚蒲絶覬覦

333 진흙의 거북 : 높은 관직에 있는 사람보다 산림에서 자신의 분수에 따라 사는 사람이 더 마음이 편안하다는 말이다. 앞의 주 174 '진흙에서……거북' 참고.

334 이름을 감춘 개백정 : 전국 시대의 자객(刺客) 형가(荊軻)가 연(燕)나라에 가서 축을 잘 연주하는 개백정〔狗屠〕 고점리(高漸離)와 매우 친하게 지냈다. 둘은 날마다 시장에서 술을 마시고 거나해지면 고점리는 축을 연주하고, 형가는 비분강개하며 노래를 부르며 어울렸다는 고사가 있다. 《史記 刺客列傳 荊軻》

335 풍운(風雲) : 《주역》 〈건괘(乾卦) 문언(文言)〉의 "구름은 용을 따르고 바람은 범을 좇는다.〔雲從龍, 風從虎.〕"라는 말에서 나온 것으로, 명군(明君)과 양신(良臣)의 만남을 말한다.

336 알유(猰貐) : 고대 전설에 나오는, 사람을 잡아먹는 맹수의 이름인데, 흉악한 사람을 비유하는 말로 쓰인다.

337 관포(雚蒲) : 도적들이 숨어 있는 우거진 숲으로, 도적 떼 또는 반란군을 말한

변방의 백성들은 허리에 찬 소를 풀고[338]　邊氓牛解佩
전사들은 활집에 활을 거두어들이리라　戰士韔收弧
단비가 새 못에 흘러들어　甘澍流新澤
비린내와 티끌의 옛 더러움을 씻어 내리라　腥塵洗舊汚
사람들이 예의와 겸양에 모두 흥기하고　人皆興禮讓
들판은 황무지가 다 개간되리라　野盡闢荒蕪
누각에는 둥지를 짓는 봉황이 오고　閣有來巢鳳
성에는 구멍을 뚫는 여우가 없으리라　城無透穴狐
순박한 풍속은 순우[339] 시대로 돌아가고　淳風回舜禹
바른 학문은 정자 주자를 이으리라　正學續程朱
나라는 이 때문에 인자와 현자가 많아지고　國以仁賢富
집에는 이 때문에 효도와 우애가 넉넉하리라　家因孝友腴
끝까지 만약 버선의 실[340]처럼 한다면　終令如襪線

다. 《북사(北史)》 〈수본기 하(隋本紀下)〉에 "이에 서로 우거진 숲에 모여 고슴도치 털처럼 일어난다.〔於是相聚萑蒲, 蝟毛而起.〕"라고 하였다.

338 허리에……풀고 : 한 선제(漢宣帝) 때에 공수(龔遂)가 발해 태수(渤海太守)로 부임하여 보니, 그곳 백성들 중에 도검(刀劍)을 휴대하고 다니는 자들이 많으므로, 그들에게 검을 팔아 소를 사도록 하고〔賣劍買牛〕, 도를 팔아 송아지를 사도록 하고〔賣刀買犢〕, 말하기를 "어찌하여 소를 휴대하고 송아지를 차고 다니느냐?〔何爲帶牛佩犢〕" 하고는 농사를 적극 권장하여 그곳 백성들의 생활이 부유해지고 송사(訟事)가 멈추었다는 고사가 있다. 《漢書 循吏傳 龔遂》 지방관이 농사를 권면하여 고을을 잘 다스리는 것을 비유하는 고사로 자주 인용되는데, 문풍(文風)보다는 무예를 숭상하는 풍습이 있는 국경 지역으로 부임하기 때문에 언급한 것이다.

339 순우(舜禹) : 순과 우는 상고의 성군(聖君)으로, 태평성대를 말한다.

340 버선의 실 : 원문의 '말선(襪線)'은 하찮은 재주를 이르는 말로, 《북몽쇄언(北

또한 만년을 잘 보존할 수 있으리라	亦得保桑榆
덕망을 공경하고 아울러 포부를 폈으니	欽德兼開抱
공께서 취하여 보시지 않으시겠습니까	公能取覽無

夢瑣言)》 권5 〈고측계사(高測啓事)〉에, 조정의 선비 이태하(李台瑕)가 "한팔좌(韓八座)의 기예는 마치 버선 솔기를 풀어 놓은 것과 같아 한 가닥도 긴 것이 없다.〔韓八座事藝, 如拆襪線, 無一條長.〕"라고 하니, 당시 사람들이 옳게 여겼다는 고사가 있다. 여기서는 본뜻과는 반대의 의미로 사용되었는데, 이준이 막역한 사이인 상대방에게 스스럼없이 농담조로 말한 것으로, '당신의 재주가 임금께 도움이 될 수 있다면'의 뜻이다.

도담에서 정경임의 시[341]에 차운하여
島潭 次鄭景任韻

신령한 구역 산을 독차지하고 지낸다고 들었는데	靈區聞說擅山經
고관이 여기에 함께 머무를 줄 어찌 생각했으랴	豈料軒車此共停
하늘 반쯤에 옥처럼 솟은 못 위의 섬이요	玉立半空潭上島
옛 그림을 병풍처럼 펼쳐 놓은 물가의 정자라	屛開古畫水邊亭
쇠 젓대[342] 불기를 마치자 강가 구름은 젖었고	吹殘鐵笛江雲濕
모래밭에 오래 앉아 있으니 옥 이슬 떨어지네	坐久沙汀玉露零
아전들을 지휘해 보내 나를 어지럽게 하지 마오	揮遣吏胥無溷我
소나무 가지에서 우는 학을 고요히 들을 만하다오	松梢唳鶴靜堪聽

341 정경임의 시 : 정경임은 우복 정경세(鄭經世, 1563~1633)이며, 그 시는 《우복집》 권1의 〈회포를 적다. 홍태고(洪太古)가 지은 도담(島潭)의 판상(板上)에 있는 시의 운을 쓰다〔書懷 用洪太古島潭板上韻〕〉이다.

342 쇠 젓대 : 원문 '철적(鐵笛)'은 은사(隱士)나 고사(高士)가 불던 젓대라고 전해 오는바, 주희(朱熹)의 〈철적정서(鐵笛亭序)〉에 의하면 "무이산 중의 은자인 유군은 철적을 잘 불어서, 구름을 뚫고 돌을 찢는 소리가 난다.〔武夷山中隱者劉君, 善吹鐵笛, 有穿雲裂石之聲.〕"라고 하였다. 《朱子大全 卷9》

이른 봄에 송복여[343]가 온 것을 기뻐하여 시로 사례하다

早春 喜宋福汝至 以詩爲謝

객사로 그대가 찾아오니	客舍君來日
강에는 눈이 다 녹았네	江湖雪盡時
따뜻함은 꽃망울 터지기를 재촉하고	暖催花口拆
차가움은 버들가지 늘어지도록 내버려두네	寒放柳絲垂
좋은 경치 참으로 머물러 두기 어렵고	光景眞難住
삶은 본디 한계가 있다네	人生本有涯
서로 보니 모두 백발의 늙은이	相看俱白髮
즐기지 않고 다시 무엇하리	不樂復何爲

343 송복여(宋福汝) : 송이창(宋爾昌, 1561~1627)으로, 본관은 은진(恩津)이고 자는 복여이며, 호는 정좌와(靜坐窩)이다. 송준길(宋浚吉)의 아버지이다. 선조조에 연원도 찰방(連原道察訪)과 감찰(監察)을 지냈다. 광해조에 신녕 현감(新寧縣監)으로 재임 중 서양갑(徐羊甲)의 처남이라 하여 파직되었으며, 그 뒤 벼슬을 단념하고 고향인 회덕(懷德)으로 돌아가 농사와 시주(詩酒)로 여생을 보냈다.

유거

幽居

나랏일에 일찍이 털끝만큼도 보탬이 없었으니　國事曾無補一毫
남은 생은 다만 자연에 은거하는 것이 마땅하네　餘生只合臥林皐
창에 겹쳐진 산봉우리를 맞아 좋은 손님 삼고　牕迎疊嶂爲嘉客
못에 차가운 샘을 끌어와 담백한 교제를 맺네　塘引寒泉托淡交
굶주려 차를 마시매 가난 또한 즐겁고　飢至啜茶貧亦樂
흥이 일어 붓을 휘두르매 늙을수록 더욱 호방하네　興來揮筆老猶豪
인간 세상의 비방과 명예에 내 무엇을 상관하리　世間毁譽吾何預
양웅이 부질없이 해조[344] 지은 것이 가소롭구나　可笑揚雄謾解嘲

344 해조(解嘲) : 한(漢)나라 양웅(揚雄)이 쓴 글로, 세상의 조롱을 스스로 해명한다는 뜻이다. 그가 빈한한 생활을 하며 《주역(周易)》을 모방하여 《태현경(太玄經)》을 저술하고 있을 적에 어떤 사람이 “당신의 도(道)가 아직 설익어서 이렇게 곤궁한 게 아닌가?”라고 조롱하자, 양웅이 〈해조(解嘲)〉를 지어 부귀영화를 초탈하여 담박하게 살아가려는 자신의 마음을 표현했다는 고사가 유명하다. 《漢書 揚雄傳下》

관압사로 북경 가는 배응경[345]을 전송하며

送裵應褧管押赴北京

삼 년 동안 호남과 영남에서 삼상[346]이 되었으니	三年湖嶺作參商
이 이별이 더욱 아득함을 어찌 견디랴	此別那堪更渺茫
나라에 허락한 몸 설령 근력의 고달픔 잊더라도	許國縱忘筋力苦
노쇠한 나이가 어찌 먼 여정에 합당하랴	衰年豈合道途長
날 저물자 오랑캐 피리는 양류곡[347]이 들리고	胡笳日暮聞楊柳
날씨 추워지는데 나그네 소매는 숙상구[348]가 해졌네	征袖天寒弊鷫鸘
오랜 객지 생활에 봉절[349]의 채모[350]가 낡았고	客久彩毛凋鳳節

345 배응경(裵應褧) : 1544~1602. 본관은 성주(星州), 자는 여현(汝顯) 또는 회보(晦甫), 호는 안촌(安村)이다. 정구(鄭逑), 김우옹(金宇顒) 등과 교유하였다. 1602년(선조35) 관압사(管押使)가 되어 서울로 가던 중, 이질을 앓다가 8월 16일, 대궐 근처 지전(紙廛)의 저사(邸舍)에서 졸하였다. 저서로 《안촌집(安村集)》이 있다. 관압사는 오랑캐에게 잡혔다가 우리나라로 도망쳐 온 중국인들을 중국으로 데리고 가는 사신을 말한다. 저본에 '경(褧)'이 '경(絅)'으로 잘못되어 있어 바로잡았다.

346 삼상(參商) : 삼성(參星)과 상성(商星)을 말하는데 삼성은 서쪽에, 상성은 동쪽에 있어 서로 멀리 떨어져 있기 때문에 동시에 두 별을 함께 볼 수 없으므로, 전하여 친구 간에 서로 멀리 떨어져 있어 만나지 못하는 경우를 지칭한다.

347 양류곡(楊柳曲) : 고대의 악부 가운데 하나인 〈절양류곡(折楊柳曲)〉으로, 버들가지를 꺾으면서 이별의 아쉬움을 노래한 것이다.

348 숙상구(鷫鸘裘) : 기러기와 비슷한 숙상이라는 새의 가죽으로 만든 갖옷 이름인데, 흔히 가난한 사람이 입는 옷을 뜻하는 말로 쓰인다.

349 봉절(鳳節) : 외국에 사신으로 나갈 때 지니는 부절을 가리킨다.

350 채모(彩毛) : 오채모(五彩毛)로, 다섯 가지 무늬의 봉황 깃털을 말한다.

웅건한 심장에 어장[351]의 자기를 쏘아 내네 心雄紫氣射魚腸
흰머리 천 가닥으로 어지러움을 애석해하겠는가 白頭肯惜千莖亂
붉은 충심 오직 백 번 단련하여 강해지기를 기약하네 丹悃惟期百鍊剛
오랑캐의 티끌이 영남을 미혹게 한 것 생각하니 憶着腥塵迷嶺徼
더러운 피가 갓과 옷에 묻은 것을 차마 말하랴 忍言汚衊及冠裳
고래가 독을 뿜으니 산과 시내가 어둡더니 鯨鯢噴毒山川暗
천지에 은택이 흐르니 비와 이슬이 퍼붓네 天地流恩雨露雱
누선 천 척에 해골선[352]이 나는 듯하고 樓艓千艘飛海鶻
장군의 화살 하나에 천랑성[353]이 떨어지겠네 將軍一箭落天狼
신음 소리가 변하여 칭송하는 노래가 되고 呻吟變作謳歌樂
화창한 기운이 무르녹아 가을의 풍년이 되었네 和氣融成歲事穰
끝이 없는 하늘 같은 큰 덕에 보답하고자 하나 大德欲酬天罔極
참으로 헤아리기 어려운 바다 같은 깊은 인자함일세 深仁眞似海難量
신민들이 공경히 산등성 같은 장수를 축원하니 臣民敬獻岡陵壽

351 어장(魚腸) : 춘추 시대 구야자(歐冶子)란 사람이 월왕(越王)을 위해 만든 명검의 이름이다. 구야자는 담로(湛盧), 거궐(巨闕), 승사(勝邪), 어장(魚腸), 순구(純鉤) 등 다섯 가지 명검을 만들었다고 한다.

352 해골선(海鶻船) : 중형 군선으로, 선제(船制)는 앞이 크고 뒤가 작은 것이 마치 매〔鶻〕모양 같고, 외판(外板) 위 좌·우편에 매의 두 날개 같은 부판(浮板)을 붙이고 소가죽을 성(城)의 형태로 벌려 파도가 심해도 뒤집힐 우려가 없고 가볍고 빨랐다. 또 배의 구조상 밖을 내다볼 수는 있지만 밖에서는 안을 들여다볼 수 없기 때문에 노군(櫓軍)이나 사수(射手)가 모두 몸을 숨기고 노를 저으며 활과 총을 쏠 수 있었다.

353 천랑성(天狼星) : 침략을 담당하는 별 이름으로, 적군이나 오랑캐를 의미하는 말로 쓰인다.

원근에서 기쁘게 해와 달의 빛을 우러러보네 遐邇欣瞻日月光

황제의 하사하심이 성대하여 부재[354]를 내려 주리니 帝賚便蕃隆覆載

제후의 나라가 삼가고 삼가서 천지[355]를 갖추리라 侯邦恪謹備玄黃

매우 한스러움은 한 모퉁이에 박이나 오이처럼 매여 一隅爭恨匏瓜繫

만 리에 옥백[356]을 가지고 따를 수 없음이라 萬里無從玉帛將

나라에서 일찍이 전대[357]의 선비를 추천하니 國耳早推專對士

사신 감에 지금 시를 외는 낭관을 맡겼네 使乎今屬誦詩郎

빠른 총마[358]는 조하[359] 종자들 일제히 제압하고 風驄齊鞚洮河種

354 부재(覆載) : 하늘이 덮어 주고 땅이 실어 주는 것으로, 곧 임금의 공평한 은혜를 말한다. 여기서는 이 시를 받는 대상이 관압사로 북경에 가기 때문에 명나라 황제의 은혜를 말한다.

355 천지(天地) : 원문은 '현황(玄黃)'으로, 하늘과 땅을 아울러 이르는 말이다. 《주역(周易)》 〈곤괘(坤卦)〉에 이르기를, "무릇 검고 누런 것은 하늘과 땅이 뒤섞인 것이다. 하늘은 검고 땅은 누렇다.〔夫玄黃者, 天也之雜也. 天玄而地黃.〕"라고 하였다.

356 옥백(玉帛) : 좋은 옥과 비단인데, 제후가 천자를 알현할 적에 예물로 바친다. 《춘추좌씨전》 애공(哀公) 7년 조에 "우(禹)임금이 도산(塗山)에서 제후(諸侯)를 집합시켰는데, 옥백을 가진 자가 만국(萬國)이었다."라고 하였다.

357 전대(專對) : 외국에 사신으로 나가서 독자적으로 응대(應對)를 잘하여 사명(使命)을 완수하는 것을 이르는 말로, 공자(孔子)가 이르기를 "시경 삼백 편을 줄줄 외면서도 정사를 맡기면 알지 못하고, 사방에 사명을 받들고 나가서 독자적으로 응대를 하지 못한다면 아무리 많은 것을 알고 있다 한들 또한 어디에 쓰겠는가.〔誦詩三百, 授之以政 不達, 使於四方, 不能專對, 雖多, 亦奚以爲.〕"라고 한 데서 온 말이다. 《論語 子路》

358 총마(驄馬) : 총마는 청백색의 털이 뒤섞인 말을 가리키는데, 감찰 어사가 타고 다니던 말의 별칭이다. 동한(東漢) 시대 환관들이 권력을 잡았을 때, 환전(桓典)이 시어사(侍御史)가 되어 항상 총마를 타고 다니면서 법을 집행함에 회피함이 없었다. 이 때문에 경사에서 환전을 두려워하여 이르기를, "길 가는 이들은 잠시 멈추어

구름 수레는 한만[360]의 고을을 장차 조회하겠네　雲御將朝汗漫鄉
옷이 금향로에 가까우니 향기가 하늘거리고　衣惹金爐香裊裊
귀로 천자의 말을 들으니 울림이 쟁쟁거리네　耳聞天語響鏘鏘
하늘이 낮아 한나라 궁궐에 쌍룡궐[361]이 우뚝하고　天低漢闕雙龍躍
음악 연주하매 우임금 조정에 온갖 짐승 춤추네[362]　樂奏虞庭百獸蹌
제도는 다시 주나라 법칙을 융성케 하고　制度再隆周典則
사신은 멀리 한나라 문장에 뛰어나네　詞臣遠軼漢文章
궁정의 선물 상자 오는 곳마다 거듭 통역하였고[363]　宮庭苞匭來重譯
갑제의 가종[364]은 몇 지방이나 떠들썩하게 했던가　甲第歌鐘鬧幾坊

총마 탄 어사를 피하라.〔行行且止避驄馬御史〕"라고 하였다.《後漢書 桓典傳》

359 조하(洮河) : 감숙성(甘肅省)을 흐르는 강으로, 황하의 지류이다. 흉노족의 발호를 막기 위해 이 지역에 만리장성을 쌓았다.

360 한만(汗漫) : 앞의 주 97 '한만(汗漫)' 참고.

361 쌍룡궐(雙龍闕) : 제왕 궁전의 미칭으로 쓰인 말이다.

362 음악……춤추네 : 태평성세가 도래했음을 비유한다.《서경》〈우서(虞書) 익직(益稷)〉에 "새와 짐승이 너울너울 춤을 추며 〈소소(簫韶)〉를 아홉 번 연주하자 봉황이 와서 춤을 추었다.〔鳥獸蹌蹌, 簫韶九成, 鳳凰來儀.〕", "내가 석경을 세게 치고 석경을 가볍게 치자 온갖 짐승들이 모두 따라서 춤을 추었다.〔予擊石拊石, 百獸率舞.〕"라는 내용이 보인다. 〈소소〉는 순(舜)임금의 음악 이름이다.

363 거듭 통역하였고 : 원문 '중역(重譯)'은 여러 번 통역을 거친다는 뜻으로, 우리나라에서 명나라로 사신 가는 길에 언어와 풍속이 다른 지역을 지나가므로 여러 번 통역을 거친 뒤에야 중국 군왕을 알현한다는 말이다.《한서(漢書)》〈평제기(平帝紀)〉에 "원시 원년 춘정월에 월상씨(越裳氏)가 중역을 통해 와서 백치(白雉) 한 마리와 흑치(黑雉) 두 마리를 바쳤다.〔元始元年春正月, 越裳氏重譯, 獻白雉一、黑雉二.〕"라고 하였다.

364 갑제(甲第)의 가종(歌鐘) : 갑제는 제일 좋은 주택을 말하는데, 갑·을·병의

천자의 의장 삼천이 궁궐[365] 둘러싸고	仙仗三千環象衛
신병 백만이 국경을 지키네	神兵百萬守封疆
아로새긴 누각은 편액을 걸어 지작[366]이라 쓰고	雕樓揭額題鳷鵲
신령한 못의 중심에 봉황이 목욕하네	靈沼當心浴鳳凰
이미 장쾌한 유람을 자랑함은 박망후[367]와 같고	已詑壯遊同博望
끝내 웅장한 변론이 몽장[368]을 치달리게 하네	終教雄辯騁蒙莊
더구나 성초[369]가 옥나무[370]에 매였고	星軺況復聯瓊樹

등급을 매겨서 갑에 해당한다는 말이다. 가종은 악기의 한 가지로, 노래의 박자를 조정하는 종(鐘)인데, 16개의 종을 하나의 쇠북틀에 나열하여 단다.

365 궁궐 : 저본의 '위(衛)'는 '위(魏)'의 오자로 생각된다. '상위(象魏)'는 궁궐을 뜻하는데, '상(象)'은 법상(法象)이고 '위(魏)'는 높다는 뜻으로, 옛적에 법률을 궁궐문에 높게 달았던 데에서 나온 말이다.

366 지작(鳷鵲) : 한 무제(漢武帝)가 금원(禁苑) 안에 누관(樓觀)을 짓고 지작루(鳷鵲樓)라 이름한 것을 원용하였다.

367 박망후(博望侯) : 한 무제(漢武帝) 때 박망후에 봉해진 장건(張騫)을 가리킨다. 장건은 일찍이 서역(西域)에 사신으로 나가서 모진 고생을 겪고 돌아와, 서역제국(諸國)에 한나라가 널리 알려지고 서역과의 교통 또한 크게 열리는 계기를 마련한 공으로 박망후에 봉해졌다. 《史記 將軍驃騎列傳》

368 몽장(蒙莊) : 장주(莊周)를 가리킨다. 장주가 원래 초나라 몽현(蒙縣) 출신이었기 때문에 붙여진 이름으로, 몽수(蒙叟)라고도 칭한다.

369 성초(星軺) : 성사(星槎)가 한 무제(漢武帝) 때 장건(張騫)이 사명(使命)을 받들고 서역(西域)에 갔다가 뗏목을 타고 황하(黃河)의 근원을 거슬러 올라가 은하수에 이르렀다는 전설에 의거하여 사신을 상징하듯이, 성(星)은 왕명을 받은 사신을, 초(軺)는 수레를 뜻한다.

370 옥나무 : 원문은 '경수(瓊樹)'로, 인품이 고결하여 항상 사모하는 사람을 비유하는 말로 쓰인다. 진(晉)나라 왕융(王戎)이 태위(太尉) 왕연(王衍)의 자태에 대해서 '요림 경수(瑤林瓊樹)'라는 표현을 쓴 데서 비롯되었다. 《晉書 王戎傳》

장차 놀라게 할 교묘한 말이 금낭[371]에 가득하겠네 綺語將驚滿錦囊
연나라 저자에는 예부터 강개한 이가 많으니[372] 燕市由來多感慨
시인이 어찌 이렇게 방황함을 면할 수 있으랴 詩人那免此彷徨
어진 임금의 업적은 금대[373]처럼 오래되었고 賢王事業金臺古
장사의 슬픈 마음은 역수처럼 서늘하네[374] 壯士悲懷易水涼
진나라 성의 많은 성가퀴 국경과 닿았음 보겠고 萬堞秦城看接塞
선주[375]가 천년토록 푸른 하늘에 닿았음 상상하겠네 千年仙柱想摩蒼

371 금낭(錦囊) : 시를 지어 넣는 주머니를 말한다. 당(唐)나라 시인(詩人) 이하(李賀)가 날마다 명승지(名勝地)를 다니면서 하인에게 금낭(錦囊)을 지고 따르게 하여, 시(詩)를 지을 때마다 써서 금낭에 담았다는 고사에서 나왔다. 《新唐書 文藝列傳下 李賀》

372 연나라……많으니 : 전국 시대의 자객 형가(荊軻)가 연(燕)나라 저잣거리에서 축(筑)을 잘 타는 개백정〔狗屠〕 고점리(高漸離) 등과 날마다 어울려 술을 마시고 비장한 노래를 부르면서 비분강개한 심정을 드러냈다는 고사가 있다. 《史記 刺客列傳 荊軻》

373 금대(金臺) : 연(燕)나라의 황금대(黃金臺)를 말한다. 곽외는 연나라 사람인데, 연 소왕(燕昭王)이 제(齊)나라에 대한 원수를 갚기 위하여 어진 선비를 얻고자 하니, 곽외가 말하기를, "어진 선비를 얻고자 하실진대 이 곽외로부터 시작하소서." 하므로 소왕이 역수(易水) 동남쪽에 황금대를 지어서 천하의 현사(賢士)들을 초빙했다는 고사가 전한다. 《戰國策 燕策1》

374 장사의……서늘하네 : 전국 시대 자객 형가(荊軻)가 연(燕)나라 태자 단(丹)을 위해 진왕(秦王)을 죽여서 복수를 하려고 비수를 품고 떠나던 날, 수많은 사람들이 역수 가에 이르러 그를 송별하였다. 이때 형가의 친구인 고점리(高漸離)가 현악기인 축(筑)을 타자, 형가가 이에 화답하여 "바람이 쌀쌀하게 부니 역수는 차갑도다. 장사는 한번 가면 다시 오지 않으리로다.〔風蕭蕭兮易水寒, 壯士一去兮不復還.〕"라고 노래하며 떠났는데, 그는 끝내 진왕을 죽이지 못하고 자기만 죽임을 당했다는 고사가 있다. 《史記 刺客列傳 荊軻》

떠나던 날 명성은 벽옥 한 쌍을 가벼이 여겼으나 名聲去日輕雙璧
돌아올 때 총애는 양 만 마리를 먹겠네[376] 寵遇歸時食萬羊
장독 막음에 모름지기 율무만 가져가면 되니[377] 防瘴只須齎薏苡
짐을 꾸림에 어찌 다시 옥을 갈무리하랴 行裝寧復貯琳琅
우물 안 개구리 몸을 뛰쳐 나가지 못해 부끄럽고 井蛙愧未跳身出
구름 속 고니는 날개를 나란히 하여 날기 어렵네 雲鵠難能接翼翔
다리에서 이별하며 전송을 마치니 握手橋頭相送罷
먼 숲에는 오직 석양이 걸린 것만 보이네 遠林惟見掛斜陽

375 선주(仙柱) : 신선의 기둥으로, 요동 사람 정영위(丁令威)가 도술을 배워 신선이 된 뒤, 천 년이 지나 학으로 변신하여 요동 성문 앞 화표주(華表柱)에 내려앉았다는 전설을 원용한 것이다. 《搜神後記 卷1》

376 양……먹겠네 : 당 무종(唐武宗) 때의 재상 이덕유(李德裕, 787~849)가 한번은 화복(禍福)을 잘 알아맞히는 스님을 불러 자신의 앞날을 물어보았더니, 스님은 그에게 남쪽으로 멀리 폄적되어 갔다가 머지않아 돌아올 것이라고 하였다. 이덕유의 운명에 양 1만 마리를 먹게 되어 있는데, 아직 500마리가 차지 않았다는 이유였다. 10여 일 뒤에 진무절도사(振武節度使)가 쌀과 양 400마리를 보내오자 이덕유는 매우 놀라 돌려주려고 하였으나, 스님은 이미 받은 것이어서 귀양 가면 다시는 돌아오지 못할 것이라고 하였는데, 10일 뒤에 조주(潮州)로 폄적되었다고 한다. 《古今事文類聚 後集 卷39 毛蟲部 羊 當食萬羊》 사신의 공으로 높은 벼슬에 임명됨을 말한다.

377 장독……되니 : 후한(後漢)의 명장인 복파장군(伏波將軍) 마원(馬援)이 일찍이 남방(南方)인 교지(交趾)로 정벌을 나가서 교지에 주둔하고 있을 때, 율무〔薏苡〕의 열매를 복용하여 장기(瘴氣)를 이겨 낸 경험이 있어 그곳의 율무 종자(種子)를 한 수레 싣고 왔다는 고사를 원용한 것이다. 《後漢書 馬援列傳》

북경 가는 김자징[378]을 전송하며

送金子徵赴北京

벗으로 정이 깊어 골육처럼 친한데	朋友情深骨肉親
어찌하여 노년에 이별이 잦은가	如何垂老別離頻
풍파로 이미 삼 년 동안 만나지 못하고	風波已隔三年面
운해로 떠나는 지금 만 리 먼 곳의 사람이 되었네	雲海今爲萬里人
정히 성사[379]가 북극성과 이웃함을 보리니	政見星槎隣北斗
응당 옥수가 동쪽 물가에서 생산됨에 놀라리라[380]	應驚玉樹產東濱
외로이 읊조리며 돌아올 때의 길을 예상하니	孤吟預想歸時路
버드나무는 봄비 내려 티끌 적신 것에 찡그리리라	楊柳嚬春雨浥塵

378 김자징(金子徵) : 김시헌(金時獻, 1560~1613)으로, 본관은 안동(安東), 자는 자징(子徵), 호는 애헌(艾軒)이다. 그는 어려서 등과하였으며, 역학(易學)에 밝아 일대(一代)의 명류(名流)로 이름이 났다. 임진왜란 때 그의 아버지 제갑(悌甲)이 적에게 죽임을 당하자 호남·영남 지방의 복수별장(復讐別將)이 되어 나갔다.

379 성사(星槎) : 은하수를 건너는 뗏목이란 뜻인데, 사신(使臣)의 행차를 이른다. 옛날에 어떤 사람이 바닷가에 살면서 해마다 음력 8월이 되면 어김없이 뗏목이 떠오는 것을 보고 그 뗏목에 양식을 가득 싣고 수십 일 동안 갔더니, 멀리 궁실(宮室)에는 베 짜는 아낙들이 많고 물가에는 소를 끌고 와 물을 먹이는 사내가 있었다. 그가 돌아와서 점술(占術)로 유명한 엄군평(嚴君平)에게 물어보았더니 "모년 모월 모일에 객성(客星)이 견우성(牽牛星)을 범하였다."라고 하였다. 소를 끌고 있던 사내가 견우였던 것이다. 《博物志 卷10 雜說下》

380 응당……놀라리라 : 옥수(玉樹)는 옥으로 빚은 듯 준수한 풍모를 형용한 것으로, 김자징같이 훌륭한 인재가 조선에 있음을 비유한 것이다.

한산 수령 한민망[381]에게 주다

贈韓韓山民望

영남의 늦봄에 이별함이 화났었더니　　嶺中春晚奮分襟
호서의 가을바람에 다시 만났네[382]　　湖右秋風更盍簪
티끌 세속에 골몰하여 적은 봉록을 따랐더니　　汨沒塵埃隨五斗
편지를 그사이에 보내시니 천금의 가치일세　　中間書信抵千金
맑은 시 부질없이 사람을 놀라게 하는 말이 있으나　　淸詩謾有驚人語
백수에 누가 나라에 보답하려는 마음을 어여삐 여길까　　白首誰憐報國心
서로 만나 영의 백설가[383] 연주함을 이상해 마오　　莫怪相逢彈郢雪
이전부터 인간 세상에 지음[384]이 적었다오　　向來人世少知音

381 한민망(韓民望) : 한회(韓懷, 1550～1621)로, 본관은 청주(淸州), 자는 민망(民望), 호는 태항(苔巷)이다.

382 만났네 : 원문 '합잠(盍簪)'은 만난다는 의미로, 《주역》 〈예괘(豫卦)〉에 "구사는 그로 말미암아 기뻐하는지라 크게 얻음이 있으리니, 의심하지 않으면 동지들이 모이리라.〔九四, 由豫, 大有得, 勿疑, 朋盍簪.〕"라고 하였는데, 그 주에 "합(盍)은 합(合)의 뜻이요, 잠(簪)은 빠르다는 뜻이다."라고 하였다.

383 영의 백설가(白雪歌) : 옛날 초(楚)나라의 가곡(歌曲) 이름으로, 너무도 고상해서 따라 부르기 힘든 노래를 말한다. 송옥(宋玉)의 〈대초왕문(對楚王問)〉에 "영중(郢中)에서 노래하는 나그네가 있어 맨 처음 〈하리곡(下里曲)〉, 〈파인곡(巴人曲)〉을 노래하자 국중에서 그것을 창화하는 자가 수천 명이었고,…… 〈양춘곡(陽春曲)〉, 〈백설곡(白雪曲)〉을 노래하자 국중에서 그것을 창화하는 자가 수십 명이었다.…… 그 곡조가 고상할수록 창화하는 자가 더욱 적었던 것이다."라는 말에서 유래하였다.

384 지음 : 앞의 주 161 '지음(知音)' 참고.

정한강에게 드림

呈鄭寒岡

금빛 인장과 자줏빛 인끈이 숲과 샘에 비치니	金章紫綬照林泉
겨우 도연명이 귀거래사 지은 나이[385]를 넘겼네	纔過淵明作賦年
마음의 공부는 공자 맹자를 바랐고	心上工夫希孔孟
한가한 풍격은 신선 경지에 나아갔네	閑中風格即神仙
높은 명성은 오늘날 태산북두와 나란하고	高名此日齊山斗
큰 업적은 훗날 역사서에 빛나리	大業他年耀簡編
지척 거리 정한강의 고향과 여전히 막혔으니	咫尺鄭鄉仍阻絕
이전 이별의 한이 배로 서글프네	向來離恨倍悽然

385 도연명이……나이 : 도연명은 그의 나이 41세이던 405년에 팽택 영이 되었다가 그해 11월 벼슬을 그만두고 고향으로 돌아와 그 이듬해에 〈귀거래사(歸去來辭)〉를 지었다. 이 시는 1602년(선조35)에 지은 것으로 생각되는데, 이때 이준의 나이가 43세였다.

장령 조비중[386]에게 줌 당시 비중이 공주로 귀양 가 살았다
贈趙掌令棐仲 時棐仲謫居公州

상담의 굴 대부[387]를 방문함에	來訪湘潭屈大夫
오래 머물러 역정이 멀다는 것을 잊었네	淹留忘却驛程迂
장엄한 유람은 하늘과 바다에 이어졌음이 가장 기쁘고	壯遊最喜天連海
좋은 일은 온통 호중천[388]에 들어온 듯하네	勝事渾疑地入壺
금수산 천 봉우리가 옛 나루에 선명하고	錦繡千堆明古渡
계룡산 만 겹이 신령한 도읍을 에워쌌네	鷄龍萬疊擁神都
문장이 궁핍한 근심에 손상되지 않으니	文章不被窮愁損
시가 완성됨에 글자가 진주 엮은 듯함을 사랑하네	却愛詩成字綴珠

386 조비중(趙棐仲) : 조익(趙翊, 1556~1613)으로, 본관은 풍양(豐壤), 호는 가휴(可畦)이며, 비중은 그의 자이다. 정구(鄭逑)의 문인이다. 1588년(선조21)에 문과에 급제하였다. 1602년(선조35)에 지제교 겸 춘추관 편수관으로 기축옥사(己丑獄事)에 대해 간언하여 광주 목사(光州牧使)로 좌천되었다가 공주(公州)로 유배되었다. 1607년 작질(爵秩)이 회복된 뒤로 경상도 도사(慶尙道都事), 양산 군수(梁山郡守)를 지냈다. 저서로는 《가휴집》, 《진사일기(辰巳日記)》, 《황화일기(皇華日記)》가 있다. 상주(尙州)의 속수서원(涑水書院)에 제향되었다.

387 상담(湘潭)의 굴 대부(屈大夫) : 초나라의 삼려대부(三閭大夫) 굴원(屈原)이 쫓겨나 자살한 고사를 원용한 것으로, 앞의 주 160 '상수(湘水) 가에 어떤……읊었네' 참고. 여기서는 조익이 귀양 간 것을 비유한다.

388 호중천(壺中天) : 호리병 속의 별천지라는 뜻인데, 풍광이 매우 빼어난 곳을 가리킨다. 후한(後漢)의 선인(仙人) 호공(壺公)이 시장에서 약을 팔다가 장이 파하면 문득 사람들 모르게 병 속으로 들어가곤 했는데, 우연히 다락 위에서 그것을 본 술사(術士) 비장방(費長房)이 그를 따라 병 속으로 들어가 보니 그 속에 선경(仙境)과 같은 별천지가 펼쳐져 있었다는 고사에서 온 말이다. 《後漢書 費長房列傳》

공산〔공주〕에서 조병암과 이별하며

公山 別趙屛巖

빈 뜰의 나무 그림자 앉은 자리로 옮겨 오니	空庭樹影坐來移
바람과 이슬이 쓸쓸하여 슬픔이 쉬 일어나네	風露凄凄易作悲
가까운 금강에 사니 이른 기러기 소리 듣고	住近錦江聞鴈早
차가운 객사에 자니 더디 우는 닭이 인사하네	眠寒客舍候雞遲
오구[389]가 진흙 속에 버려짐을 안타까워 마오	吳鉤莫惜泥中棄
초옥은 응당 월형을 당한 뒤에 알려지리라[390]	楚玉應從刖後知
공주 금강에서 잠시 부평초 같은 모임 이루기를	湖海暫成萍水會
꿈속의 넋은 어느 곳에서 다시 기약하랴	夢魂何處更爲期

389 오구(吳鉤) : 춘추 시대 오(吳)나라에서 생산된 명검(名劍) 이름으로, 갈고리 모양으로 휘어진 병기(兵器)이다. 춘추 시대 오(吳)나라 사람이 이를 잘 만들었기 때문에 오구라고 일컫는데, 전하여 명검을 뜻한다. 조병암이 남쪽 지방으로 내려가기 때문에 원용(援用)한 표현이다.

390 초옥은……알려지리라 : 화씨지벽(和氏之璧)에 관련된 고사로, 앞의 주 198 '월형……없으니' 참고.

금강의 배 안에서 병암의 시에 차운하여

錦江舟中 次屛巖韻

누가 아름다운 노래를 막수[391]에게 부르게 하였나	誰遣纖歌唱莫愁
자리의 신선들이 모두 풍류를 즐기네	座中仙侶揔風流
몇 가닥 노 젓는 소리에 창강은 어둑하고	數聲棹櫓滄江暝
천 그루 단풍나무 숲은 적벽의 가을일세	千樹楓林赤壁秋
영락한 이 삶은 늘 나그네가 되니	潦倒此生長作客
등림한 휴일에도 근심은 사라지지 않네	登臨暇日未銷憂
산천은 변함없는데 영웅의 눈물이	山川萬古英雄淚
서풍 부는 두약주[392]에 거듭 뿌리네	重洒西風杜若洲

391 막수(莫愁) : 옛 악부(樂府) 가운데 남조(南朝) 양 무제(梁武帝)의 〈하중지수가(河中之水歌)〉에 나오는 전설상의 미녀로, 노래를 잘 불렀다 한다. 《古樂府 卷10 河中之水歌》 여기서는 아리땁고 노래 잘 부르는 미녀를 말한 것이다.

392 두약주(杜若洲) : 두약은 풀 이름인데, 잎은 능하(菱荷)와 같고 줄기 끝에 꽃이 핀다. 《초사(楚辭)》 〈구가(九歌) 상군(湘君)〉에 이르기를 "방주에서 두약을 뜯는도다.〔採芳洲兮杜若〕"라고 하였다. 여기서는 두약이 자라는 금강의 모래톱을 가리킨다.

희암의 시에 차운하여

次希菴韻

자연에 은거한 몸이 편안하니	林野棲身穩
풍파가 발붙이기 어렵네	風波住足難
폐기한 책은 권질이 흐트러졌으니	廢書從亂帙
흐트러진 머리카락은 어찌 갓이 필요하랴	散髮豈須冠
고요함에 익숙하여 마치 참선하는 부처 같고	習靜如參佛
명성에서 도망쳤으니 벼슬로 부르지 마오	逃名莫喚官
소년 시절의 고생스럽던 일	少年辛苦事
신 매실 먹는 정도였음을 비로소 깨닫네	始覺喫梅酸

봉서정
鳳棲亭

촌 거리처럼 고요하니 억지로 관명을 붙였으나	靜如村巷强名官
사방의 푸른 산이 그림 난간을 에워쌌네	四面青山擁畵闌
단약 비결 검사할 때 학창의[393] 입고	丹訣檢時披鶴氅
녹의[394] 술동이 다 비우고 낚싯대를 수리하네	綠尊斟罷理魚竿
머물던 구름 비로소 걷히니 옥비녀[395]가 드러나고	宿雲初卷瑤簪露
지는 달이 비스듬히 잠기니 옥거울이 차갑네	落月斜沈玉鏡寒
게으름뱅이가 어찌 세상길로 달려감이 마땅하랴	慵病豈宜趨世路
하늘이 이 강가에 고상히 눕게 하였네	天教高臥此江干

393 학창의(鶴氅衣) : 학의 깃털로 만들었다고 하여 신선이나 도사가 입는 옷을 이른다. 여기에서는 희고 소매가 넓은 도포를 입은 도인의 모습이라는 뜻이다.

394 녹의(綠蟻) : 술이 익을 무렵 쌀알만 한 녹색 기포가 생기는데 그 모양이 마치 개미가 기어가는 것 같아 이를 술개미라 하고 그 술을 부의주(浮蟻酒) 또는 녹의주(綠蟻酒)라고 한다.

395 옥비녀 : 원문은 '요잠(瑤簪)'으로 마치 비녀처럼 솟아 있는 산봉우리를 형용한 말이다.

이오봉[396]에게 부침

寄李五峯

장빈[397]에서 여위어 누우매 흰 머리카락이 새로우니	漳濱羸臥白頭新
급한 해가 비탈 내려가는 수레 같음을 근심스레 보네	急景愁看下坂輪
만 리 먼 곳에 벗이 있어 수고로이 꿈에서 생각하나	萬里有人勞夢想
두 고을에서 한 해가 다 가도록 소식이 없네	兩鄕終歲隔音塵
사두[398] 초안이 끝나니 운향각[399]은 저녁이 되고	詞頭草罷芸香晩
남미주[400] 무더기 남으니 예문각은 봄일세	藍尾堆殘藝苑春

396 이오봉(李五峯) : 이호민(李好閔, 1553~1634)으로, 본관은 연안(延安), 자는 효언(孝彦), 호는 오봉・남곽(南郭)・수와(睡窩), 봉호는 연릉부원군(延陵府院君), 시호는 문희(文僖)이다. 유희춘(柳希春)의 문인이다. 1584년(선조17) 문과에 합격하였으며, 사은사(謝恩使)와 고부사(告訃使)로 두 차례 중국에 다녀왔다. 예조 판서, 양관 대제학, 좌참찬 등을 역임하였다. 남계서원(南溪書院)에 배향되었으며, 저서로 《오봉집》이 있다.

397 장빈(漳濱) : 타향에서 병에 걸려 신음하는 것을 뜻하는 말이다. 건안 칠자(建安七子) 중 한 명인 삼국 시대 위(魏)나라 유정(劉楨)의 시구 "나는 고질병에 걸려, 맑은 장수 물가에 숨어 있네.〔余嬰沈痼疾, 竄身淸漳濱.〕"에서 비롯된 것이다. 《文選 卷23 贈五官中郎將》

398 사두(詞頭) : 왕이 사신(詞臣)에게 조서를 짓게 할 때 어떤 내용으로 글을 지으라고 내려 주는 요지를 말한다.

399 운향각(芸香閣) : 서적 간행을 담당했던 교서관(校書館)의 별칭으로, 운향은 본디 서적의 좀벌레를 없애는 효과가 있어 서고(書庫)에 반드시 운초(芸草)를 비치한 데에서 유래하였다.

400 남미주(藍尾酒) : 다른 말로 남미주(婪尾酒) 또는 도소주(屠蘇酒)라고도 한

삼시[401] 명절에 거듭 멀리서 축원하노니 三始令辰申遠祝
일찍이 공훈과 업적으로 기린각[402]의 으뜸이 되기를 早將勳業冠麒麟

다. 산초와 잣 등을 넣어 만든 술로, 설날에 이 술을 마시면 사악한 기운을 물리칠 수 있다고 한다.

401 삼시(三始) : 연(年), 월(月), 일(日)이 처음으로 시작되는 때라는 뜻으로, 정월 초하루를 이른다.

402 기린각(麒麟閣) : 한 선제(漢宣帝)가 일찍이 곽광(霍光), 장안세(張安世), 소무(蘇武) 등 공신 11인의 초상을 그려서 걸게 했던 전각 이름으로, 전하여 국가에 공훈을 세워 공신에 책록(策錄)됨을 말한다.

제야에 즉흥적인 일을 운자를 불러 읊고 구성 부사에게 주다

除夜卽事 呼韻贈龜城守

반쪽의 차가운 해는 서쪽 봉우리에 걸렸고 半邊寒日掛西岑
성가퀴를 둘러싼 여러 산은 옥비녀가 드러났네 遶堞群巒露玉簪
모든 일에 다시 나그네가 된 날을 슬퍼하니 萬事更悲爲客日
일생 동안 임금께 보답하려는 마음을 누가 알리오 一生誰識報君心
허리에는 황금 인장을 풀지 않고 腰間未解黃金印
무릎에는 부질없이 녹기금[403] 연주하네 膝上空調綠綺琴
취해도 오늘 밤 술 마시는 것 사양 마오 酩酊莫辭今夜飮
근심 걱정이 날마다 찾아옴을 견딜 수 없으니 不堪憂患日侵尋

403 녹기금(綠綺琴) : 명금(名琴)의 이름으로, 사마상여(司馬相如)가 일찍이 〈옥여의부(玉如意賦)〉를 지어 양왕(梁王)에게 바치자 양왕이 기뻐하여 사마상여에게 하사했다는 명금으로, 흔히 거문고를 뜻하는 말로 쓰인다.

제천 어른 면진재[404]께서 왕림하셨다가 이별의 회포를 적었기에 제천 동헌의 시에 차운하여 사례하다

堤川丈勉進齋枉駕敍別 次堤軒韻謝之

뜬구름 같은 세상의 공명이 낮음은 싫지 않아	浮世功名不厭低
돌아갈 마음은 밤낮으로 숲속 거처에 얽혔네	歸心日夜繞林棲
늙어서 거친 고을 맡아 동어[405] 찬 것 부끄럽고	銅魚老愧淹荒郡
봄에 고향 개울에서 금빛 붕어 낚기를 생각하네	金鯽春思釣故溪
언덕 위의 온화한 바람이 비로소 버드나무에 불고	岸上和風初放柳
다리 앞의 남은 눈은 다 녹아 진흙이 되었네	橋頭殘雪盡成泥
쌍정[406]이 백 리 길 떠나매 위로하며 전송하니	雙旌百里勞相送
이별의 정자에서 말을 마치매 해가 지려 하네	話罷離亭日欲西

404 면진재(勉進齋) : 금응훈(琴應壎, 1540~1616)으로, 본관은 봉화(奉化), 자는 훈지(壎之), 호는 면진재이다. 1594년 학행으로 유성룡 등의 천거를 받아 종묘서 부봉사(宗廟署副奉事)에 제수되었다. 그 뒤 영춘 현감과 양천 현감 등을 역임하고 1601년 의흥 현감에 제수되었으나, 유성룡과 조목의 요청에 따라 사직하고 《퇴계집(退溪集)》 간행에 참여하였다.

405 동어(銅魚) : 동어부(銅魚符)의 준말로, 지방 관원을 표상하는 말이다. 수령이 차는 물고기 모양의 구리로 만든 부신(符信)이다.

406 쌍정(雙旌) : 지방관이 되어 부임하는 것을 말한다. 당나라 때 절도사(節度使)에게 쌍정(雙旌)과 쌍절(雙節)을 지급하여 정(旌)으로 포상하고 절(節)로 처벌하게 했던 데서 유래한다.

명나라에 조회하러 가는 이양오[407]를 전송하며
送李養吾朝天

풍격이 상계의 신선 같음 일찍이 어여쁘더니	風格曾憐上界仙
신선 수레[408]는 지금 오색구름[409] 가로 향하네	飆輪今向五雲邊
더운 기운은 삼차[410]의 비에 다 씻기고	炎氛盡洗三叉雨
상서로운 해 바야흐로 만 리의 하늘에 떠 있네	瑞日方中萬里天
계찰은 주나라 예악을 기쁘게 보았고[411]	季札喜看周禮樂

407 이양오(李養吾) : 이지완(李志完, 1575~1617)으로, 본관은 여주(驪州), 자는 양오(養吾), 호는 두봉(斗峯), 봉호는 여성군(驪城君), 시호는 정간(貞簡)이다. 세자시강원 필선으로, 왕세자에게 경사를 강의하였다. 광해군 초기에 승지·대사간을 지냈고, 1613년(광해군5) 동지의금부사로 계축옥사를 다스려 형조 판서에 오르고, 이어 우참찬·지경연사를 지냈다. 시문에 능하여 중국 사신 주지번(朱之蕃)이 왔을 때 이호민(李好閔)·허균(許筠) 등과 접반하였다.

408 신선 수레 : 원문의 '표륜(飆輪)'은 회오리바람을 타고 올라가는 신선의 수레로, 서왕모(西王母)가 사는 궁궐은 표거우륜(飆車羽輪)이 아니면 이르지 못한다는 이야기가 환린(桓驎)의 《서왕모전(西王母傳)》에 있다.

409 오색구름 : 원문 '오운(五雲)'은 본디 신선이 머무는 곳을 가리키는데, 전하여 여기서는 제왕의 처소를 미화하여 선경에 비유한 것이다.

410 삼차(三叉) : 요동(遼東)의 삼차하(三叉河), 즉 통진하(通眞河)와 보정하(保定河)와 호타하(滹沱河)가 합류하는 곳이다.

411 계찰은……보았고 : 춘추 시대 오(吳)나라의 어진 공자(公子) 계찰(季札)이 일찍이 사신으로 상국(上國)을 두루 유람하면서 당세의 어진 사대부들과 사귀고, 특히 노(魯)나라에 사신으로 가서는 옛 주(周)나라의 음악들을 차례로 관찰하고 탄복하여 마지않았던 데서 온 말로, 전하여 여기서는 상국에 사신으로 가서 훌륭한 예악 문물을 두루 관찰하게 됨을 의미한다. 《史記 吳太伯世家》

자장은 한나라 산천을 응당 누비고 다녔네[412] 子長應遍漢山川
새벽에 단문[413]에서 여러 신하를 평온히 따르면 穩隨百辟端門曉
바닷가에서 산호가 생산되었다[414]고 다투어 말하리라 爭道珊瑚產海堧

사신 행차 깃발이 편안히 옥하[415]로 향할 때 行旌穩向玉河秋
물이 줄어든 요양에는 여름비가 그쳤네 潦縮遼陽暑雨收
하늘의 은하수 멀리 용호의 기상이 떠 있고 霄漢逈浮龍虎氣
하늘과 땅은 길이 제왕의 고을을 둘러쌌네 乾坤長繞帝王州
여러 나라의 옥과 비단은 거듭 통역[416]을 거치고 萬邦玉帛來重譯
도성 거리의 생황 노래는 귀유가[417]를 휘감네 九陌笙歌擁貴游

412 자장은……다녔네 : 자장(子長)은 《사기》를 지은 사마천(司馬遷)의 자이다. 사마천은 천성이 유람하기를 좋아하였는데, 일찍이 남쪽으로 강수(江水), 회수(淮水)를 유람하고 회계(會稽)로 올라가서 우혈(禹穴)을 보고 구의산(九疑山)을 보았으며, 북쪽으로 문수(汶水)와 사수(泗水)를 건너 제(齊)・노(魯)를 거쳐 양(梁)・초(楚) 지방까지 두루 유람하였다. 이때 얻은 산천에 대한 지식으로 인해 명문장가가 되었다고 한다. 《史記 太史公自序》 곧 자장처럼 중국의 산천을 누비게 되리란 말이다.

413 단문(端門) : 북경 황성(皇城)의 정문인 천안문과 자금성의 정문인 오문(午門) 사이에 있는 문이다. 북경의 내성에서부터 자금성에 이르기까지 정양문(正陽門), 대청문(大淸門), 천안문(天安門), 단문(端門), 오문(午門) 등 다섯 개의 성문이 일직선 위에 놓여 있었는데, 현재는 대청문을 제외한 네 개의 성문만 남아 있다.

414 바닷가에서 산호가 생산되었다 : 바닷가는 조선을, 산호는 훌륭한 인재인 이지완을 비유한다.

415 옥하(玉河) : 명(明)나라 연경(燕京) 시내에 있었던 하천 이름으로, 일명 '금수하(金水河)'라고도 한다. 옥하 부근에 명나라에 간 우리나라 사신(使臣)이 머물렀던 옥하관(玉河館)이 있었다.

416 거듭 통역 : 앞의 주 363 '거듭 통역하였고' 참고.

훗날 정히 사신의 일에 응한다면	他日定應專使事
귀국한 뒤 명성이 동방에 우뚝하리	歸來聲價聳東陬

417 귀유가(貴游家) : 원래 관직이 없는 왕공귀족(王公貴族)을 말하는데, 전하여 현귀(顯貴)한 자를 가리키는 말로 쓰인다.

연경으로 사신 가는 사람을 전송하며

送人赴燕

중화의 덕은 성대함이 삼대를 뛰어넘었기에　中華德盛超三代
우리나라는 정성이 깊어 한 임금만을 받들었네　東服誠深戴一王
더욱이 다시 살려 준[418] 끝없는 은혜를 입었기에　再造況蒙恩罔極
세 번 부르며 만수무강을 영원히 축원하네　三呼永祝壽無疆
명나라 조정에 표문 받들매 옥나무[419] 이어지고　明庭奉表聯瓊樹
빼어난 곳에서 시를 읊으매 금낭[420] 넉넉하리라　勝地吟詩富錦囊
스스로 탄식하노니, 우물 안 개구리 뛰쳐나가지 못하고　自歎井蛙跳未出
사신 행차 떠나는 아득한 길만 멀리 바라보네　星軺遙望路茫茫

418 다시 살려 준 : 원문 '재조(再造)'는 멸망에 다다른 나라를 도와 다시 일으켜 살려 주었다는 뜻으로, 임진왜란 때 명나라 신종(神宗) 황제가 원병을 파병해 준 것을 감사하는 의미로 오랫동안 쓰인 용어이다.

419 옥나무 : 명나라 조정의 인품이 고결한 인재를 비유한다. 명나라의 훌륭한 인재들과 교류할 수 있을 것이라는 의미이다.

420 금낭(錦囊) : 시를 지어 담는 주머니이다. 앞의 주 371 '금낭(錦囊)' 참고.

박자순이 소장하고 있는 학림[421]의 그림에 쓰다

題朴子醇所藏鶴林畫

물가의 배는 배꼬리 잠겨 있고 水際舟銜尾
모래밭의 버드나무는 가지가 흔들리네 沙頭柳㔺絲
나귀는 몰아도 가지 않고 青驢驅不去
오사모는 술 취하여 이에 비스듬하네 烏帽醉仍欹
적막하게 강 마을은 멀고 寂歷江村逈
아름답게 산의 해는 지네 晴妍山日移
대나무 떨기 가에서 欲從叢竹畔
나에게 신선[422]의 자태를 더하고자 하네 添我斥仙姿

421 학림(鶴林) : 이경윤(李慶胤, 1545~1611)으로, 자는 수길(秀吉)이며, 호는 낙파(駱坡)·낙촌(駱村)·학록(鶴麓)이다. 성종(成宗)의 11자인 이성군(利城君) 이관(李慣)의 종증손이다. 서화에 능했으며, 학림수(鶴林守)에 제수되었다가 학림정(鶴林正)이 되었다.

422 신선 : 원문은 '척선(斥仙)'이다. 하동(河東) 포판(蒲坂) 사람 항만도(項曼都)가 신선술을 배운 지 십 년 만에 돌아와서 집안사람을 속이기를, "천제(天帝)를 배알하다 실수하여 쫓겨났다." 하니, 하동에서 그를 척선인(斥仙人)이라 불렀다는 데서 유래하였다. 《論衡 道虛篇》

김무회[423]가 과거에 낙방한 것을 위로하다. 당시 김무회는 서울에 있었다

慰金无悔下第 時无悔在洛

푸른 바다의 밝은 구슬이 문득 버려지게 되었으나	滄海明珠忽見遺
곤궁한 근심은 응당 떨쳐 일어날 풍모로 바꾸리라	窮愁應改奮風姿
영원[424]에서 이별하매 오늘 저녁이 마음 아프니	鴒原作別傷今夕
안탑[425]에 이름 적을 날 언제일지 물어보네	雁塔題名問幾時
집안 대대로 학문 연원은 원래 유래가 있었으니	家世淵源元有自
형제간의 유아[426]함은 정히 우열을 가리기 어렵네	弟兄儒雅政難爲
아름다움은 곡역[427] 같으니 가난이 어찌 오래 가랴	美如曲逆貧何久

423 김무회(金无悔) : 김지복(金知復, 1568~1635)으로, 본관은 영동(永同), 자는 무회(无悔) 또는 수초(守初), 호는 우연(愚淵)이다. 1612년(광해군4) 사마시에 합격, 성균관에 입학하였다. 1623년 인조반정 후 경안 찰방에 임명되었다. 1635년 사예(司藝)에 임명된 뒤 죽었다. 저서로는 《우연문집(愚淵文集)》이 있다.

424 영원(鴒原) : 척령재원(鶺鴒在原)의 준말로, 우애 있는 형제를 뜻한다. 《시경》 〈상체(常棣)〉의 "할미새가 언덕에서 호들갑 떨듯, 어려움이 있을 때는 형제가 돕는 법이라오.〔鶺鴒在原, 兄弟急難.〕"라는 말에서 나온 것이다. 여기서는 김무회와의 관계가 형제처럼 친함을 뜻한다.

425 안탑(雁塔) : 중국의 섬서성 장안현 남쪽 자은사(慈恩寺)에 있는 탑이다. 당(唐)나라 때 진사가 이 탑 위에 이름을 적었다는 고사가 있는데, 여기에서 유래하여 후대에 진사에 급제하는 것을 '안탑제명(雁塔題名)'이라고 한다.

426 형제간의 유아(儒雅) : 유아는 학문이 깊고 행실이 소탈하여 매우 고상한 풍도가 있는 사람을 칭송하는 말이다. 김지복은 형이 셋 있는데, 김지백(金知白), 김지절(金知節), 김지덕(金知德)이다.

백아의 거문고가 종자기 만남[428]을 볼 수 있으리라 會看牙琴遇子期

427 곡역(曲逆) : 한 고조(漢高祖)의 공신(功臣)으로, 곡역후(曲逆侯)에 봉해진 진평(陳平)을 가리킨다. 진평(陳平)은 양무(陽武) 사람으로, 집이 몹시 가난하여 형에게 얹혀살다가 처음에 위왕(魏王) 구(咎)를 섬겼으나 높이 등용되지 못하자 도망하여 항우(項羽)의 아래에서 도위(都尉)에 올랐다. 얼마 후 작은 허물로 인해 항우가 죽이려 하자 다시 도망하여 위무지(魏無知)의 소개로 한(漢)나라로 귀순하여 호군(護軍)에 올랐다. 나중에 진평은 한 고조를 도와 한나라가 천하를 평정하는 데 큰 공을 세워 곡역후(曲逆侯)에 봉해졌다. 《史記 陳丞相世家》《史略 卷2 西漢》

428 백아의……만남 : 앞의 주 161 '지음(知音)' 참고.

낙고초당[429]에 시를 지어 보내다

寄題洛皐草堂

천 길의 누대가 물의 북쪽 언덕에 임하였으니	千仞臺臨水北涯
노쇠하여 이 누대에서 서성이는 것은 마땅치 않네	衰年不合此棲遲
그윽한 거처를 두 강이 모이는 곳에 다시 정하니	幽居更卜雙江會
뛰어난 경치 어찌 칠택[430]의 기이함 논할 것 있으랴	勝槩寧論七澤奇
낚싯대 드리워 매양 갈매기의 경계를 침범하고	垂釣每侵鷗鳥界
찻잎 뜯어 자주 신선과 만날 기약에 달려가네	採茶頻赴羽人期
어떠하면 함께 외로운 정자 아래에 배 띄우고	何緣共泛孤亭下
가랑비 내릴 때 텅 빈 바다에서 잘 수 있을까	睡到空溟細雨時

429 낙고초당(洛皐草堂) : 안동의 선비 이이송(李爾松, 1598~1665)이 낙향하여 청성산 상류에 지은 초당이다. 이이송의 본관은 진보(眞寶), 자는 수옹(壽翁), 호는 개곡(開谷)이며, 저서로는 《개곡문집》 4권이 있다.

430 칠택(七澤) : 옛날 초나라에 있었다고 전하는 일곱 곳의 거대한 소택(沼澤)을 가리킨다. 사마상여(司馬相如)의 〈자허부(子虛賦)〉의 대략에 "신은 초나라에 일곱 소택이 있다고 들었는데, 일찍이 그중 하나만 보았고 나머지는 보지 못했습니다. 신이 본 것은 다만 그중에 아주 작은 것인데 운몽택이라 하더이다.〔臣聞楚有七澤, 嘗見其一 未覩其餘也. 臣之所見, 蓋特其小小者耳, 名曰: 雲夢.〕"라고 하였다. 《史記 司馬相如列傳》

달밤에 입으로 읊다

月夜口占

한밤중 옥 같은 이슬은 넓게 퍼져 흐르는 듯한데	中宵玉露浩如流
눈 같은 달이 영롱하여 빛을 거둘 수 없네	雪月玲瓏光不收
자신의 광풍제월[431]처를 알고자 한다면	欲識自家光霽處
시험 삼아 마음의 찌꺼기가 깨끗해질 때 구해 보라	試從查滓淨時求

431 광풍제월(光風霽月) : 청랑(淸朗)한 기상과 인품을 비유한다. 송나라 때 황정견(黃庭堅)의 《산곡집(山谷集)》 권1의 〈염계시(濂溪詩)〉 병서(幷序)에 "용릉 주무숙은 인품이 매우 높아서 흉중이 씻은 듯함이 마치 광풍제월과 같다.〔舂陵周茂叔, 人品甚高, 胸中灑落, 如光風霽月.〕"라고 한 말에서 유래한다.

우곡[432]의 시에 차운하여

次愚谷韻

담박한 물과 같은 사귐이 얼마나 오래되었던가	淡水交何久
양춘가[433]에 화답하기 더욱 어렵네	陽春和更難
외로운 나의 마음은 북극성에 매달렸으나[434]	孤懷懸北極
뭇사람들의 바람은 동산[435]에 은거하기를 부탁하네	衆望屬東山
게으름과 졸렬함이 참으로 서로 의지하니	懶拙眞相藉
청빈함은 본래 편안히 여긴 바일세	淸貧本所安
서로 떨어져도 소식이 끊이게 하지 마오	離違莫教闊
머리카락이 날로 흰머리 더해 간다네	鬢髮日添斑

432 우곡(愚谷) : 정경세(鄭經世, 1563~1633)를 가리킨다. 그는 1603년 상주(尙州) 우곡에 계정(溪亭)을 짓고 독서에 몰두했다. 정경세의 원시는 문집에 보이지 않는다.

433 양춘가(陽春歌) : 초(楚)나라의 수도 영에서 불리던 노래로, 〈백설가(白雪歌)〉와 함께 격조 높고 뛰어난 곡조로 알려졌다. 앞의 주 383 '영의 백설가(白雪歌)' 참고. 여기서는 정경세의 시가 매우 뛰어났다는 뜻으로 쓴 말이다.

434 북극성에 매달렸으나 : 뭇 별들이 향하는 북극성은 임금을 비유한다. 이준의 마음은 임금을 위해 큰일을 하고자 한다는 뜻이다.

435 동산(東山) : 진(晉)나라 사안(謝安, 320~385)의 집안은 당대의 명문거족이었는데, 처음에 좌저작랑(佐著作郎)을 지내다가 병이 들어 관직을 그만두고 회계(會稽)의 동산(東山)에 은거하여 조정에서 여러 번 불러도 나아가지 않았다는 데서 은거지를 뜻하는 말로 쓰인다. 《晉書 謝安列傳》

초봄에 병석에서 일어나 일을 쓰다

初春病起書事

우연히 많은 병 때문에 산속 집으로 돌아왔더니	偶因多病返山扃
정양(靜養)하는 중에 비로소 한 해가 바뀜에 놀랐네	靜裏初驚歲序更
모습은 언 거북이 추위에 정히 움츠린 듯하고	形似凍龜寒政縮
기운은 봄풀이 따뜻함에 장차 싹트려는 듯하네	氣同春草暖將萌
잿물을 마셔[436] 공명에 대한 생각을 씻고자 했더니	飮灰欲洗功名念
피를 마셔 다시 수석과 같은 맹약[437]을 찾고자 하네	歃血重尋水石盟
작은 시내로 걸어 나가니 바람과 해가 아름다운데	步出小溪風日美
무성한 숲의 나무들이 모두 나를 맞이하네	依依林木摠相迎

436 잿물을 마셔 : 허물을 고쳐 마음을 새롭게 바꾼다는 의미이다. 중국 남조(南朝) 제(齊)나라 고제(高帝)의 고리(故吏)인 축경수(竺景秀)가 죄를 짓고 구금되어 있었는데, 고제에게 "만약 제가 새롭게 될 수 있는 길을 허락해 주신다면 칼을 삼켜 창자를 깎아 내고 잿물을 마셔 위를 씻어 내겠습니다.〔若許某自新, 必呑刀刮腸, 飮灰洗胃.〕"라고 말하여 풀려났다는 고사에서 유래하였다.《南史 荀伯玉列傳》

437 수석(水石)과 같은 맹약 : 수석은 산하(山河)의 다른 말로, 산하대려(山河帶礪)의 뜻이며, 공신의 은공을 영원히 잊지 않겠다는 맹약을 이른다. 한(漢)나라 고조(高祖)가 천하를 통일한 뒤에 공신들에게 작위와 봉지(封地)를 정해 주고 맹세하기를 "황하(黃河)의 물이 띠처럼 마르고 태산이 숫돌만큼 닳아도 나라와 함께 길이 보전하며 후손에게까지 미칠 것이다.〔使黃河如帶, 泰山若礪, 國以永存, 爰及苗裔.〕"라고 하였다.《漢書 高惠高后文功臣表 第4》

부질없이 짓다
漫成

길게 노래하며 나무를 두드리니 뜻은 아득하고	長歌擊木意悠悠
칡 신에 베옷 입고 머리는 싸지 않았네	葛屨麻衣不裹頭
난파[438]의 옛날 학사라고 말하지 마오	莫道鑾坡舊學士
나의 명성이 끝내 내 몸의 원수라오	我名終是我身仇

438 난파(鑾坡) : 금란파(金鑾坡)의 약칭으로, 당(唐)나라 덕종(德宗) 때 학사원(學士院)을 금란전(金鑾殿) 곁 금란파(金鑾坡) 위로 옮겼으므로 한림원(翰林院)을 난파라 하는데, 우리나라에서는 예문관(藝文館)을 말한다.

한가히 지내며
閑居

하늘을 집으로 삼고 달을 등불 삼아	太虛爲室月爲燈
황권[439] 속의 사람을 벗으로 삼네	黃卷中人作友朋
이 사이에서 읊조리니 빼어난 운치가 많으니	嘯咏此間多勝致
생계가 얼음처럼 차가우나 근심하지 않는다네	不愁活計冷如氷

439 황권(黃卷) : 책을 가리킨다. 옛날에 좀이 슬지 않도록 황벽(黃蘗)나무의 즙을 짜서 서책에 발랐던 데에서 유래하였다.

서재에서 생활하며 일을 적어 정경임에게 부치다

齋居書事 寄鄭景任

작은 난간에 하루종일 재계하듯 단정히 앉았으니 小軒終日坐如齊
양쪽 귀밑털은 쓸쓸히 세월을 재촉하네 雙鬢蕭然歲月催
풀숲 길은 사람의 자취 이른 적 결코 없고 草逕斷無人跡到
대숲은 새소리가 때때로 들려오네 竹林時有鳥聲來
젊어서 도를 배움은 끝내 폄하하기 어려우나 少而學道終難貶
늙어서 명성을 이루지 못함은 더욱 슬퍼할 만하네 老不成名更可哀
끝없는 이 마음을 누구와 함께 말하랴 耿耿此懷誰共語
물의 서쪽 모퉁이로 머리를 돌리지 못하네 不堪回首水西隈

노자가 "다스림의 도는 청정(淸淨)함을 귀하게 여긴다."[440] 라고 하였는데, 마음을 다스리고 병을 치료하는 방법에도 가장 유익하니 다만 다스림의 도에만 숭상할 만한 것이 아니다. 드디어 적어서 스스로 성찰하다

老子曰 治道貴淸淨 最有益於治心養病之方 不但治道爲可尙 遂書以自省

이 마음 항상 외물의 사특함이 공격할까 근심하여	此心常患外邪攻
망상 가운데서 얼마나 현주를 찾았던가[441]	幾許求珠罔象中
이십 년 전부터 오랜 병을 견디다가	二十年前依舊病
오천언[442] 안에서 새로운 공효를 얻었네	五千言裏得新功

440 다스림의……여긴다 : 노자의 《도덕경(道德經)》에는 이 말이 없다. 다만 《사기(史記)》 〈조상국세가(曹相國世家)〉에, 한(漢)나라 조참(曹參)이 제국(齊國)에 상(相)이 되어 가서 여러 학자를 모아 놓고 정치하는 방법을 물은즉, 노자(老子)의 학(學)을 하는 개공(蓋公)이란 노인이, "다스림의 도는 청정(淸淨)함을 귀하게 여기면 백성들이 저절로 안정되오.〔治道貴淸靜, 而民自定.〕"라고 하니, 조참이 곧 그를 정당(正堂)에 모시고 스승으로 섬겼다는 내용이 있다. 이 말을 한 개공이 노자의 학문을 하는 사람이기에 이준이 노자의 말로 착각한 듯하다.

441 망상(罔象)……찾았던가 : 망상은 상망(象罔)으로, 《장자(莊子)》 〈천지(天地)〉에 "황제(黃帝)가 적수(赤水)의 북쪽을 유람하고 곤륜산(崑崙山)에 올라가 남쪽을 바라보다가 돌아오는 길에 현주(玄珠)를 분실하자, 상망(象罔)을 보내어 찾아오게 하였다."라고 하였는데, 그 주에 "상망은, 현상(現象)이 있는 듯하나 실제로는 없는 것이다. 그러므로 이것은 무심(無心)한 경지를 뜻한다." 하였다.

442 오천언(五千言) : 노자(老子)의 《도덕경(道德經)》을 가리킨다. 노자의 《도덕경》이 오천자〔五千言〕로 되어 있는 데서 비롯하였다. 《열선전(列仙傳)》에 의하면 노자(老子)가 일찍이 서쪽으로 떠날 때를 당하여 함곡관 영(函谷關令) 윤희(尹喜)

진흙을 다 없애니 신령스럽게 연못이 깨끗하고　泥沙盡去靈淵淨
티끌을 막 닦아 내니 실로 거울이 텅 비었네　塵翳纔磨實鏡空
오묘한 비결은 어찌 오직 치도에만 도움이 되랴　妙訣豈惟資治道
한 몸도 건강케 하니 이로움이 끝이 없다네　一身康濟利無窮

가 함곡관 위에 자기(紫氣)가 서려 있는 것을 관측했는데, 이윽고 과연 노자가 푸른 소〔青牛〕를 타고 그곳을 지나가므로 윤희가 그에게 부탁하여 《도덕경》 오천언(五千言)을 받았다는 고사가 있다.

파주의 길에서

坡州路上

손으로 지함[443]을 받들고 연경으로 향하니	手捧芝函向王京
새벽에 출발하여 말을 타고 남성을 나갔네	淩晨騎馬出南城
평소 주나라 관람[444]할 바람을 넉넉히 보상하니	剩償平日觀周願
노년에 나라를 떠나는 마음 다함이 없네	不盡衰年去國情
비 온 뒤 아름다운 숲은 송별하는 자리를 에워쌌고	雨後芳林圍祖席
봄 깊어 돌아가는 기러기는 사신 행차 깃발 인도하네	春深歸鴈導行旌
강과 산은 이르는 곳마다 위로하는 듯	江山到底如相慰
짐짓 밝은 광경이 눈에 선명히 들어오네	故遣晴光入眼明

443 지함(芝函) : 지함옥검(芝函玉檢)의 준말로, 옥새(玉璽)가 찍힌 영지(靈芝)와 옥으로 꾸민 함인데, 국서(國書)를 뜻한다.

444 주나라 관람 : 원문 '관주(觀周)'는 춘추 시대 오(吳)나라 공자(公子) 계찰(季札)이 노(魯)나라에 사신(使臣)으로 가서 옛 주(周)나라의 음악(音樂)을 차례로 감상하고는 매우 감탄하면서 품평을 한 데서 온 말로, 전하여 상국(上國)을 관광(觀光)하는 것을 의미한다. 《春秋左氏傳 襄公29年》

임진강에서 느낌이 있어 임진년(1592, 선조25)에 명나라 병사가 이곳에서 패하였다

臨津有感 壬辰王師敗績于此

배꼬리에 동풍이 쉬지 않고 불어오고	船尾東風吹不休
차가운 조수는 쓸쓸히 모래톱에 밀려오네	寒潮蕭瑟上汀洲
누가 만 섬의 임진강 물을 가져다	誰將萬斛臨津水
천년토록 나라에 욕이 될 부끄러움을 다 씻을까	盡洗千年辱國羞
어부의 노래는 석양에 적벽과 이어졌고	漁唱夕陽連赤壁
역참의 노정은 내일 황주로 향하겠지	驛程明日向黃州
슬프고 처량한 지난 일 어찌 물을 필요 있으랴	悲涼往事何須問
객지에서 새로운 근심으로 쉬 머리가 희어지네	客裏新愁易白頭

방목리에서 홍군서와 유별[445]하며 상사의 시에 차운하여
方木里 留別洪君瑞 次上使韻

거울 속 훈업을 좇던 모습은 노쇠함 탄식스러운데	鏡中勳業歎衰遲
분수 밖의 은혜와 영예는 성대한 시대에 입었네	分外恩榮荷盛時
천 리 먼 해성[446]에서 함께 나그네가 되었고	千里海城同作客
십 년간 티끌세상에서 몇 번이나 이별하였던가	十年塵世幾多岐
파관[447]에서 꽃 꺾으며 늦봄에 이별하였고	折花坡館春深別
요양에서 달을 대하니 한 해가 저묾에 슬프네	對月遼陽歲暮悲
기러기 다 돌아가고 편지마저 끊기고 나면	旅鴈盡回書信斷
이국땅에서 어떻게 그리운 마음을 위로하리오	異鄕何以慰相思

445 유별(留別) : 떠나는 사람이 머무는 사람과 작별하는 것을 말한다. 1604년(선조37) 봄에 세자책봉주청사(世子冊封奏請使) 이정구(李廷龜, 1564~1635)의 서장관이 되어 중국에 가면서 지은 시인 듯하다.

446 해성(海城) : 만주 요령성(遼寧省) 해성현(海城縣)이다.

447 파관(坡館) : 동파관(東坡館)으로, 고양에서 임진강 건너 지역인 동파에 있는 역관이다.

송경[448]에서 파주노상 시에 차운하여

松京 次坡州路上韻

동풍 맞으며 말 한 필로 송경을 지나가니	東風匹馬過松京
지는 해는 아득히 옛 성에 걸렸네	斜日蒼茫掛古城
곡령[449]은 이미 왕패의 기상이 잠겼으나	鵠嶺已鎖王霸氣
낙타교[450]는 아직도 고금의 정을 띠고 있네	駝橋猶帶古今情
슬픈 샘이 졸졸 흐르니 거문고 소리 듣는 듯하고	悲泉咽咽聞琴筑
늙은 나무 무성하니 깃발인 듯 생각되네	老樹依依想旆旌
오백 년 이래로 흥망성쇠하던 곳에	五百年來興廢地
치란과 혼명이 얼마나 많았던가	幾多治亂與昏明

448 송경(松京) : 개성(開城)을 가리킨다. 송악산(松岳山) 밑에 있는 고려의 서울이란 뜻으로, 조선조 때 불렸던 이름이다.

449 곡령(鵠嶺) : 고려(高麗)의 고도(古都) 개성(開城)의 진산(鎭山)인 송악산(松嶽山)의 옛 이름이다.

450 낙타교(駱駝橋) : 개성 동남쪽에 있는 다리 이름으로, 탁타교(槖駝橋)라고도 한다. 942년 거란이 사신들과 낙타 50마리를 보내왔는데, 태조(太祖)는 거란이 발해(渤海)와 동맹을 맺고 있다가 발해를 멸망시켰으므로 친선 관계를 맺을 수 없다 하여 사신들을 귀양 보내고 낙타들은 이 다리 아래 매어 두어 모두 굶어 죽게 하였다. 《新增東國輿地勝覽 卷4 開城府上》

송경에서 느낌이 있어

松京有感

반역한 놈이 교만하고 음란하여 매우 곤궁하였더니 逆竪驕淫甚有窮
하늘이 고려 태조를 낳아 백성 곤궁함 구제하였네 天生麗祖濟民窮
여론이 위태로운 즈음에 이미 추대하니 輿情已戴危疑際
빛나는 업적을 지고[451] 가운데 이윽고 이루었네 赫業俄成指顧中
송악에 도읍을 정하여 연익[452]을 남겨 주고 松岳定都貽燕翼
충성스런 신하들이 왕을 따르며 큰 공업을 도왔네 藎臣隨蹕贊鴻功
조계박압[453]함에 사람들의 도모는 씩씩하였고 操鷄搏鴨人謀壯
봉황이 춤추고 교룡이 오름에 지세가 웅장하였네 舞鳳騰蛟地勢雄

451 지고(指顧) : 손가락으로 가리키고 고개를 돌려 돌아본다는 의미로, 지휘함을 의미한다.

452 연익(燕翼) : 조상이 자손을 위해 세운 계책이나 교훈을 통해 편안하게 됨을 말한다. 《시경》〈문왕유성(文王有聲)〉에서 주(周)나라 문왕(文王)에 대해 "후손에게 계책을 남겨 두어 공경하는 아들을 편안케 하셨다.〔詒厥孫謀, 以燕翼子.〕"라고 한 데서 유래하였다.

453 조계박압(操鷄搏鴨) : 신라가 망하고 고려가 흥한다는 뜻이다. 저잣거리에서 이인(異人)이 고경(古鏡)을 팔고 있기에 당(唐)나라 상인 왕창근(王昌瑾)이 구입해서 보니 그 거울에 글이 새겨져 있었는데, 그중에 "먼저 닭을 잡고 뒤에 오리를 잡는다.〔先操雞後搏鴨〕"라는 말이 있었다고 한다. 이 말은 먼저 계림을 장악한 뒤에 영토를 압록강까지 넓힌다는 뜻으로, 고려의 왕건이 신라를 멸하고 새 왕조를 세우는 것을 예언한 것이라고 한다. 《조선사략(朝鮮史略)》 권4와 《어정전당시(御定全唐詩)》 권875 〈고려경문(高麗鏡文)〉에 이 내용이 실려 있다.

복도가 둘러싸서 대궐과 이어졌고 複道周遭連禁闥

상서로운 구름이 아득히 발 걸린 창에 비치네 祥雲縹緲映簾櫳

큰 규모는 삼한과 나란함을 부끄러워하고 規模恥與三韓竝

예악 제작은 백대의 융성함 뒤따르기를 기약했네 制作期追百代隆

후원의 생황 노래는 아침저녁으로 시끄럽고 後苑笙歌喧日夕

동쪽 연못의 배는 봄바람에 띄웠네 東池船舫泛春風

성광[454]의 여러 대 동안 시대의 태평함이 오래 갔고 成光累葉時平久

강현[455]의 중흥기에 무공의 매서움이 풍성하였네 康顯中興武烈豐

공수[456]하여 의젓하게 건극전[457]에 임하고 拱手儼臨乾極殿

만세 외치며[458] 나란히 수창궁에 절하네 呼嵩齊拜壽昌宮

454 성광(成光) : 고려 제6대 왕 성종(成宗)과 고려 제4대 왕 광종(光宗)을 말한다. 성종(재위 981~997)은 내치·외교에 많은 치적을 남겼다. 내치 중에서는 관제 개혁을 들 수 있고 유교를 국가의 지도 원리로 삼아 중앙집권적 봉건 제도를 확립했다. 요나라 군대가 침입하자 서희를 요군의 진영에 보내서 외교 담판으로 물러가게 했다. 광종(재위 949~975)은 태조의 넷째 아들이며 정종의 친동생이다. 노비안검법과 과거제를 실시하는 등 개혁 정책을 통해 많은 치적을 쌓았다.

455 강현(康顯) : 고려 제22대 왕 강종(康宗)과 고려 제8대 왕 현종(顯宗)을 말한다. 강종(재위 1211~1213)은 1197년 최충헌에게 쫓겨 강화도로 갔다. 소환된 후 희종을 폐한 최충헌에게 옹립되어 왕위에 올랐다. 현종(재위 1009~1031)은 거란 성종의 침입에 참패하였으나 끝내 친조를 하지 않고, 6성 요구도 거절하였다. 다시 거란의 장군 소배압이 침입하자, 강감찬 장군이 이를 섬멸하여 물리쳤다. 이후 거란과의 우호 관계를 회복하고 기민(飢民) 구제에 힘썼으며 불교와 유교의 발전을 도모하였다. 대장경의 제작에도 착수, 6천 권의 대부분을 완성하게 하였다.

456 공수(拱手) : 왼손을 오른손 위에 포개어 두 손을 마주 잡아 가슴까지 올려 공경(恭敬)의 뜻을 나타내는 예(禮)를 말한다.

457 건극전(乾極殿) : 왕의 자리〔乾極〕가 있는 전각, 즉 궁전을 말한다.

바야흐로 통치의 단서가 무궁하기를 기약했더니	方期統緖垂無極
가득 참은 끝맺음 잘하기 어려울 줄 어찌 알았으랴	豈料盈成鮮有終
공민왕[459]이 하루아침에 보기[460]를 받들매	恭愍一朝承寶器
조정의 온갖 유희가 임금의 마음을 미혹시켰네	宮庭百戲惑宸衷
요사한 승려 악을 쌓으니 여우나 쥐새끼와 진배없고	妖髡稔惡眞狐鼠
긴 혀가 흉악함을 다하니 여융보다 참혹하였네[461]	長舌窮凶慘女戎
팔관회[462]를 거행하니 어리석음의 소굴을 이루었고	齋設八關癡作窟

458 만세 외치며 : 원문은 '호숭(呼嵩)'으로, 한 무제(漢武帝)가 숭산(嵩山)에 올랐더니, 신하들이 말하기를 "산이 만세를 부르는 소리가 세 번 들린다."라고 하였다. 뒷날 나라에 큰 의식이 있을 때 황제나 임금의 만수무강을 축수(祝壽)하기 위해 신하나 백성들이 만세 또는 천세(千歲)를 외치던 일을 가리키게 되었다. 《漢書 武帝紀》

459 공민왕(恭愍王) : 고려 제31대 왕(재위 1351~1374)으로, 이름은 전(顓), 초명은 기(祺), 몽골식 이름은 빠이앤티무르〔伯顔帖木兒〕, 호는 이재(怡齋)·익당(益堂)이며, 충숙왕의 둘째 아들이다. 원나라 배척 운동을 통해 몽골풍, 몽골 연호·관제를 폐지했다. 쌍성총관부를 폐지하고 영토를 회복했다. 신돈(辛旽)을 등용하여 개혁 정치를 펼쳤으나, 왕비인 노국 대장공주(魯國大長公主)가 죽은 뒤 실의에 빠져, 모든 국사를 신돈에게 맡기고 불사(佛事)에만 전심하다가 끝내 망하였다.

460 보기(寶器) : 국새(國璽)를 뜻하며, 임금의 자리에 올랐음을 말한다.

461 요사한……참혹하였네 : 요사한 승려는 신돈(辛旽, ?~1371)이다. 여융(女戎)은 '여화(女禍)'를 뜻하는데, 군주가 총애하는 여자로 인해 국사(國事)가 무너지는 것을 뜻한다. 신돈이 정사를 농단함이 여인에 빠져 정사를 망치는 것보다 심하였다는 뜻이다.

462 팔관회(八關會) : 고려 시대에 국가 차원에서 거행된 불교 행사로, 매년 행해졌다. 팔관회 의식이 이루어지는 곳은 사방에 향등을 달고 2개의 채붕(綵棚)을 세워 장엄하게 장식하는 등 불교와 민속적 요소가 합치되어 있었다. 이로 인해 유학자들, 특히 고려 말 성리학을 수용한 사대부들은 조정에서 팔관회를 거행하는 것에 대해 불만을 가지고 있었다.

만석을 산처럼 쌓으니 재앙의 무더기가 되었네	岡堆萬石禍成叢
이로부터 도적들이 바야흐로 안에서 시끄러우니	從玆寇孽方訌內
마침내 탕 임금의 정벌[463] 비로소 동쪽으로 향했네	遂致湯征始面東
비단 같은 호수와 산은 전쟁의 기운이 모였고	錦繡湖山兵氣合
옥 같은 누각들은 억겁의 재에 사라졌네	瓊瑤樓閣刦灰空
방탕한 왕은 예로부터 나라를 잃은 경우 많았는데	逸王自古多亡國
용렬한 제후는 어찌하여 자신을 반성함에 어두웠나	庸辟如何昧省躬
옥새는 이미 성덕이 있는 데로 돌아갈 줄 알았으니	玉璽已知歸聖德
철원[464]이 미친 아이 돕는 것은 이로움이 없었네	鐵圓無益助狂童
당당한 의로운 군사들이 비로소 깃발을 들자마자	堂堂義旅纔旌旆
잗다란 조정의 신하들 마치 어리석음을 깨우친 듯	瑣瑣庭臣若發蒙
불이 사나워 곤륜산에 옥과 돌이 불타고[465]	火烈崑岡焚玉石

463 탕 임금의 정벌 : 은(殷)나라 성탕(成湯)이 폭군인 하(夏)나라 걸(桀)을 정벌한 것으로, 고려 우왕(禑王) 14년(1388) 5월경에 명(明)나라를 치려고 압록강 하류의 위화도(威化島)에 출진(出陣)하였을 때, 우군도통수(右軍都統帥) 이성계(李成桂)가 장마와 역질(疫疾)을 이유로 왕명과 최영(崔瑩)의 진군 명령을 거부하고 군사를 돌려, 평양·개성으로 진군하여 최영을 유배하고, 왕을 강화(江華)로 내쫓은 다음 우왕의 아들 창왕(昌王)을 즉위시킴으로써 조선 왕조의 건국 기반을 닦았다.

464 철원(鐵圓) : 강원도 철원(鐵原)의 옛 명칭이다. 궁예(弓裔)가 군사를 일으켜 고구려의 옛 땅을 침략해 차지하고 송악군(松嶽郡)에서 여기로 와서 도읍을 정하고, 궁실을 지어 더할 수 없이 사치스럽게 하였으며, 나라 이름을 태봉(泰封)이라고 하였다. 고려 태조가 즉위하게 되어서는 수도를 송악으로 옮기고, 철원을 동주(東州)로 고쳤다. 《新增東國輿地勝覽 卷47 鐵原都護府》 고려 개국의 근거지였기에 끝까지 고려에 충성을 다했음을 말한다.

465 곤륜산에……불타고 : 착한 사람이나 악한 사람이 다 같이 재앙을 당함을 비유한 말로, 《서경(書經)》 〈윤정(胤征)〉에 "곤강에 불이 나면 옥이나 돌이 모두 다 타

전원이 거칠어져 가시덤불에 금과 동이 묻혔네	園荒荊棘沒金銅
여러 왕릉의 까마귀들은 석양에 시끄럽고	諸陵烏鳥斜陽噪
늙은 나무의 안개 속 꽃은 지는 달빛을 에워싸네	古樹煙花落月籠
비석이 부서지니 전주[466]를 찾을 곳이 없고	碑廢無從尋篆籒
승려가 사라지니 어느 곳에서 원통[467]을 증명할까	僧殘何處證圓通
흥망은 본래 사람의 일로 말미암거늘	興衰自是由人事
성쇠를 누가 하늘에 달렸다고 하는가	成毁誰云繫昊穹
설령 현명하고 재주 있는 이가 많이 태어났더라도	縱有賢才生濟濟
대세가 바쁘게 떠나감을 어찌하리오	其如大勢去怱怱
문장에는 한산자[468]가 더 이상 없고	文章無復韓山子
절의에는 부질없이 포은공[469]을 생각하네	節義空思圃隱公

버린다.〔火炎崑岡, 玉石俱焚.〕"라고 하였다. 곤강(崑岡)은 곤륜산(崑崙山)으로, 옥이 많이 생산되는 곳이다.

466 전주(篆籒) : 서체(書體)의 한 가지인 대전(大篆)을 말한다. 주 선왕(周宣王)의 태사(太史) 주(籒)가 지었다 한다.

467 원통(圓通) : 불교 용어인데, 치우치지〔偏倚〕 않고 장애(障碍)가 없음을 이르는 말로, 즉 법성(法性)을 깨달음을 의미한다.

468 한산자(韓山子) : 한산군(韓山君)에 봉해진 이색(李穡, 1328~1396)으로, 본관은 한산(韓山), 자는 영숙(穎叔), 호는 목은, 시호는 문정(文靖)이다. 원나라에 가서 과거에 급제하고 귀국하여 우대언(右代言)과 대사성(大司成) 등의 벼슬을 지냈다. 삼은(三隱) 중 한 사람으로, 문하에 권근(權近)과 변계량(卞季良) 등을 배출하여 학문에 큰 발자취를 남겼다. 문집에는 《목은시고(牧隱詩藁)》·《목은문고(牧隱文藁)》가 있다.

469 포은공(圃隱公) : 정몽주(鄭夢周, 1337~1392)로, 본관은 연일(延日), 자는 달가(達可), 호는 포은(圃隱), 시호는 문충(文忠)이다. 정몽주는 특히, 당시 성리학(性理學) 진작에 힘을 쏟아 이색(李穡)은 그를 '동방의 이학(理學)'이라고 하였다.

지나가는 나그네 오늘 아침에 말에서 내리니	過客今朝來下馬
옛 도읍의 남은 자취가 사라져 버렸네[470]	故都遺跡去如鴻
지팡이 짚고 용이 일어난 곳을 찾아가니	一筇探了興龍地
모든 일이 아득히 사슴 꿈을 꾼[471] 늙은이 같네	萬事茫然夢鹿翁
마땅히 은나라 폐허를 가져다 경계로 삼고	宜取殷墟爲鑑戒
모름지기 하늘의 도를 더욱 공경해야 하리	須將天道益欽崇
이 액운에 이르러 진사[472]를 만났고	徂玆厄運遭辰巳
잠시 요사한 기운이 무지개[473]가 되게 하였네	暫使妖氛作螮蝀

고려조의 충신으로, 선죽교(善竹橋)에서 조영규(趙英珪)에게 피살당했다. 사후 관작(官爵)이 추증되고, 1517년(중종12)에는 태학생(太學生)들의 상서(上書)로 문묘에 배향되었다.

470 사라져 버렸네 : 원문은 '거여홍(去如鴻)'으로, 겨울 철새인 큰기러기가 돌아가서 없어진 것처럼 고려의 옛 유적이 하나도 남아 있지 않음을 말한다.

471 사슴 꿈을 꾼 : 득실의 무상함을 비유한다. 옛날에 정(鄭)나라 사람이 땔나무를 하러 갔다가 사슴을 잡고서 남이 볼까 봐 깊은 구덩이에 감춰 두고 파초(芭蕉)잎으로 덮어 놓고는 좋아하다가, 이윽고 그 사슴 감춰 둔 곳을 잊어버리자 꿈이라 여기고 길을 가면서 계속 그 사실을 혼자 중얼거렸다. 곁에서 그 말을 들은 자가 마침내 그의 말대로 그곳을 찾아가 사슴을 취하여 집에 돌아가서 아내에게 "아까 땔나무하던 사람은 꿈에 사슴을 얻고도 그곳을 알지 못했고, 내가 지금 그 사슴을 얻었으니, 저 사람은 참으로 꿈을 꾼 사람일 뿐이다.〔向薪者夢得鹿而不知其處, 吾今得之, 彼直眞夢者矣.〕"라고 했다는 데서 유래하였다. 《列子 周穆王》

472 진사(辰巳) : 현인(賢人)의 죽음을 의미한다. 후한(後漢) 때의 경학자(經學者)인 정현(鄭玄)이 어느 날 공자(孔子)가 나타나 "일어나라, 일어나라, 금년의 태세는 진에 있고, 내년의 태세는 사에 있다.〔起, 起, 今年歲在辰, 來年歲在巳.〕"라고 일러 주는 꿈을 꾸고 나서, 참서(讖書)로 맞추어 보고는 스스로 자기의 수명이 다했음을 알았는데, 이윽고 병이 깊어져서 죽었다는 고사에서 온 말이다. 《後漢書 鄭玄列傳》

473 무지개 : 무지개〔螮蝀〕는 음양의 기운이 부당하게 어울려 생기는 것이므로 천

다행이 우리 왕의 마음이 공경하고 삼감에 힘입어 幸賴我王心翼翼
서울의 기운이 성대함을 기쁘게 보았네 喜看京國氣菍菍
게으름과 부지런함 혹 끝내 같아지기 어려우리니 怠勤或恐終難一
거친 시를 엮어서 사총[474]께 바치네 欲綴荒詩獻四聰

지의 음기(淫氣)를 표상한다. 《시경》 〈체동(蝃蝀)〉에 "무지개가 동쪽에 있으니, 감히 이를 가리킬 수가 없네.〔蝃蝀在東, 莫之敢指.〕"라고 하였다.

474 사총(四聰) : 임금이 널리 사방 백성들의 소리를 밝게 들어 가림이 없게 함을 이르는바, 임금을 뜻한다. 《서경》 〈순전(舜典)〉에 "사악에게 물어 사방의 문을 열어 놓고 사방의 눈을 밝히고 사방의 귀를 통하게 하셨다.〔詢于四岳, 闢四門, 明四目, 達四聰.〕"라는 내용이 보이는데, 주자는 《집전(集傳)》에서 "사방의 문을 열어 천하의 현준을 오게 하고, 사방의 보고 들음을 넓혀 천하의 막히고 가려진 것을 터놓은 것이다.〔開四方之門, 以來天下之賢俊; 廣四方之視聽, 以決天下之壅蔽.〕"라고 주하였다.

황해 감사, 황주 목사와 유별하며 월사의 시[475]에 차운하다

留別海伯黃牧 次月沙韻

화려한 누각으로 맑은 자리 옮기니	繡閣移淸坐
금 술동이로 멀리 떠나는 이 위로하네	金樽慰遠行
등불 매달고 얘기하며 긴 밤을 보내고	懸燈消永夜
빗장 던지고 만류하며[476] 깊은 정을 보였네	投轄見深情
사공의 저택[477]에 손은 흩어지고	客散司空第
광무성[478]에 봄은 깊네	春深廣武城

475 월사(月沙)의 시 : 월사는 이정구(李廷龜, 1564~1635)로, 본관은 연안(延安), 자는 성징(聖徵), 호는 월사·보만당(保晩堂)·응암(凝菴), 시호는 문충(文忠)이다. 문장에 아주 능했으며, 조선 중기 4대 문장가 가운데 한 사람이다. 저서로 《월사집》이 있고, 편저로 《서연강의(書筵講義)》, 《대학강의(大學講義)》 등이 있다. 원시는 《월사집》 권4 갑진조천록 상(甲辰朝天錄上)의 〈광원루취석구점 증정몽여순사(廣遠樓醉席口占 贈鄭夢與巡使)〉이다.

476 빗장 던지고 만류하며 : 원문의 '투할(投轄)'을 풀이한 것인데, 찾아온 손님의 수레바퀴 빗장을 우물에 던져 손님을 돌아가지 못하게 만류하는 정성을 말한다. 한나라 때 진준(陳遵)은 술 마시기를 좋아하여 매양 술 마시는 일이 있을 때면 빈객이 집에 가득했는데, 문을 닫고 수레바퀴의 빗장을 가져다가 우물에 던져 손님을 가지 못하게 하였다. 《漢書 遊俠傳 陳遵》

477 사공의 저택 : 당(唐)나라 사공(司空) 벼슬을 지낸 배도(裴度)가 은퇴하고 나서 낙양(洛陽) 근교에다 마련한 별장 녹야당(綠野堂)을 말한다. 이곳에서 그는 백거이(白居易), 유우석(劉禹錫) 등과 함께 밤낮으로 시와 술을 즐기면서 인간 세상의 일을 잊고 만년을 보내었다. 《新唐書 裴度列傳》

돌아올 기약 응당 멀지 않았으니　　歸期應未遠
이별의 눈물 어찌 흘릴 필요 있으랴　　別淚底須傾

478 광무성(廣武城) : 봄이 거의 다 가고 초여름이 임박했음을 뜻한다. 왕유(王維)의 시 〈한식사상작(寒食汜上作)〉에 "광무성 가에서 저물어 가는 봄을 만나니, 문양 가는 길손의 눈물이 수건을 적시네.〔廣武城邊逢暮春, 汶陽歸客淚沾巾.〕"라고 하였다. 《王右丞集 卷14》

용만〔의주〕 배 위에서 즉흥적으로 짓다
龍灣舟上卽事

압록강 봄물에 채색 닻줄 천천히 끌며	綵纜徐牽鴨水春
수령이 술을 가져와 아름다운 손을 위로하네	使君携酒慰佳賓
물결빛은 깨끗이 유리 거울을 쏟아 낸 듯하고	波光淨瀉琉璃鏡
풀빛은 평평하게 비취 자리를 펼쳐 놓은 듯하네	草色平鋪翡翠茵
친근하게 앉아 청량하게 비단 거문고 연주하고	狎坐泠泠調錦瑟
음식 이바지함에 조각조각 은빛 비늘 떨어지네	供廚片片落銀鱗
도리어 싫어함은, 만나고 흩어짐이 운우 같아[479]	却嫌聚散如雲雨
내일 아침 서북으로 이별하는 한이 새로운 것일세	西北明朝別恨新

479 흩어짐이 운우 같아 : 벗과 이별함을 뜻한다. 두보의 〈유주후엄육시어부도선하협(渝州候嚴六侍御不到先下峽)〉에 "알지 못했구나, 운우처럼 흩어져 장단구 시를 허비할 줄을.〔不知雲雨散, 虛費短長吟.〕"이라고 한 데서 유래하였다.

의주 부윤의 증별시에 차운하여

次義州尹贈別韻

봄 석 달이 눈 깜짝할 사이에 다 지나가니 過盡三春一瞥間
갈림길에 이르러 어찌 그리도 기쁜 얼굴이 적은가 臨岐何乃少歡顔
뗏목[480] 타고 나는 정히 은하수를 떠가고 乘槎我正浮銀漢
부절 잡은 공은 지금 옥관에 머물렀네 持節公今滯玉關
마음은 저녁 구름을 쫓아 고향으로 돌아가고 心逐暮雲歸故國
눈물은 찬비에 섞여 텅 빈 물굽이에 뿌리네 淚和寒雨灑空灣
번거롭지만 그대 다시 오랑캐 평정할 계책에 힘써 煩君更勉平戎策
서쪽 오랑캐가 옥환[481]을 바치게 하고자 하네 要使西人獻玉環

480 뗏목 : 사신 행차를 말한다. 앞의 주 193 '신령한 뗏목' 참고.

481 옥환(玉環) : 은혜를 갚는 것을 비유하는 말로 사용된다. 한(漢)나라 때 양보(楊寶)가 일찍이 부상당한 노란 참새를 구해 주었는데, 후에 그 노란 참새가 갑자기 노란 옷을 입은 소년으로 변하여 옥환(玉環)을 보답으로 주었다는 고사에서 유래하였다. 《續齊諧記》

압록강을 건너면서 즉흥적으로 짓다
渡鴨江卽事

수레 소리 시끄러이 물가에 둘러 있고	車盖喧闐匝水涯
이별 잔치 노래와 춤에 이름난 미녀 안고 있네	離筵歌舞擁名花
동한의 지맥은 강에 닿아 끝나고	東韓地脈臨江盡
중국의 산형은 언덕 너머에 많네	中國山形隔岸多
높이 올라 바라보매 풍경이 빼어남에 문득 놀라고	登眺忽驚風景勝
말 달림에 감히 갈림길이 먼 것을 한탄하랴	驅馳敢恨路岐賒
읊조리며 말을 타고 저녁에 요동성 아래로 향하니	吟鞭晩向遼城下
송골산[482] 꼭대기에 해가 지려 하네	松鶻岑頭日欲斜

482 송골산(松鶻山) : 압록강 너머 구련성(九連城)에 위치한 산이다. 사신 일행이 구련성을 지나갈 때 이 산을 보게 되는 까닭에 사행 기록 속에 관련 시문이 많이 남아 전한다.

세포에서 말을 쉬게 하고
細浦歇馬

떠오른 붉은 해는 불꽃을 일으키는 위엄이니	曈曈赤日煽炎威
작은 일산 효과 없고 부채도 힘 못 쓰네	小傘無功扇力微
시내 밑의 샘물 마셔 바짝 마른 폐를 적시고	澗底吸泉濡渴肺
모래벌에 지팡이 꽂고 나그네의 옷을 걸었네	沙頭植杖掛征衣
오늘 아침 여관에서 황량 밥[483]을 먹으니	今朝逆旅黃粱飯
어느 날 전원에서 흰 대나무 삽짝을 닫을까	何日田園白竹扉
여윈 결마에 억지로 채찍질하며 갈 길을 재촉하니	强策羸駃催上道
저녁 바람이 불어와 비가 부슬부슬 내리네	晩風吹送雨霏霏

483 황량 밥 : 《침중기(枕中記)》에 의하면, 노생(盧生)이 한단(邯鄲)에서 도사인 여옹(呂翁)의 베개를 얻어 베고 잠을 자는 동안 장가들어 자식 손자 낳고 별별 부귀영화를 다 누리면서 나이 80세가 되도록 살았는데, 막상 잠에서 깨어 보니 아까 주인이 찌던 황량 밥〔黃粱飯〕이 아직 익지 않았다고 한다. 일반적으로 부귀공명이 덧없음을 뜻하지만, 여기서는 덧없는 부귀공명을 추구한다는 뜻이다.

월사의 과연산관[484] 시에 차운하여

次月沙過連山關韻

근궁[485]에서 처음 이 연성[486]을 알았는데　芹宮初識李延城
이십 년 만에 다시 만나도 아직 옛정 그대로일세　卄載重逢尙舊情
훌륭한 국량은 산하의 간기[487] 모였고　偉器山河凝間氣
맑은 풍도는 이하[488]에서 훌륭한 이름 생각하네　淸風夷夏想高名
시가 이루어지매 항상 문사가 풍부함에 감복하고　詩成每服詞源富
바둑이 끝나매 다투어 판세에 이겼다고 과장하네　棊罷爭誇局勢贏
만 리 먼 곳을 함께 유람함에 좋은 일이 많으니　萬里同遊多勝事
이전의 높은 벼슬은 한 가닥 털처럼 가볍네　向來軒冕一毫輕

484 과연산관 : 원제목은 《월사집》 권4 갑진조천록 상(甲辰朝天錄上)의 〈과연산관 억구구점(過連山關 憶舊口占)〉이다. 《창석집》에는 한 수가 실려 있으나, 《월사집》에는 차운시가 두 수 실려 있다. 연산관(連山關)은 중국 요령성 요양현(遼陽縣)과 봉황시 접경에 있었던 역참으로, 과거 동팔참(東八站) 중의 하나다. 이전에는 '아골관(鴉鶻關)'이라 부르기도 하였다.

485 근궁(芹宮) : 본디 제후의 학궁(學宮)인 반궁(泮宮)을 말하는데, 여기서는 성균관을 가리킨다. 《시경》 〈반수(泮水)〉에 "즐거운 반수에서 잠깐 그 미나리를 캐노라.〔思樂泮水, 薄采其芹.〕"라고 한 데서 온 말이다.

486 이 연성(李延城) : 월사 이정구를 가리킨다. 그의 본관이 연안(延安)이므로 이렇게 부른 것이다.

487 간기(間氣) : 세상에 드문 영걸의 기운을 뜻한다. 맹자가 "오백 년 만에 반드시 왕자가 태어나는데 그사이에 반드시 세상에 이름난 인물이 있다.〔五百年必有王者興, 其間必有名世者.〕"라고 한 데서 온 말이다. 《孟子 公孫丑下》

488 이하(夷夏) : 중국과 주변의 나라인 조선을 말한다.

월사의 과왕상묘[489] 시에 차운하여

次月沙過王祥墓韻

소나무 상수리나무로 거친 언덕이 어둑한데　松櫟暗荒原
연산은 저물녘에 비가 오려 하네　連山雨氣昏
가련하구나, 한 줌의 흙이　可憐一抔土
상장군인 줄을 누가 알리오　誰識上將軍
섬돌에는 왕손초[490]가 뒤덮였고　砌覆王孫草
비석에는 학사의 문장이 어지럽네　碑漫學士文

489 과왕상묘 : 《월사집》 권4 갑진조천록 상(甲辰朝天錄上)에 실려 있다. 왕상묘는 요동의 봉황성(鳳凰城)에서 서북쪽으로 195리 되는 곳에 있는 청석령(青石嶺) 고개에 있다. 조익(趙翊)의 《가휴집(可畦集)》 권9 황화일기(皇華日記) 기해 9월 조의 원주에 의하면, "표기장군(驃騎將軍) 왕상(王祥)인데, 원나라 추부(樞副)로 있으면서 명나라에 귀순하여 태조문황(太祖文皇)을 두루 섬겼으며 여러 번 전쟁에 참여하여 공이 있었다. 이 때문에 관작을 높이고 봉지를 더하였으며 세상을 떠난 뒤에는 특별히 장지를 허락하였다. 묫자리 곁에는 담장을 두르고 돌을 세워 문을 만들어 4개가 같은 묘역에 있는데, 동쪽을 상석으로 여겼기에 표기장군이 가장 아래이다. 담장 밖에는 석마(石馬)와 석양(石羊)을 설치하고 또 돌기둥을 세워 황제의 제문을 아름답게 새겼다. 오른쪽에는 공적을 기록하여 덕을 기리는 거대한 비석인 풍비(豐碑)를 세웠으니, 천순(天順) 5년(1461, 세조7)에 세운 것으로 한림 편수(翰林編修) 번인(樊仁)이 지은 것이다."라고 하였다.

490 왕손초(王孫草) : 왕손의 풀이라는 뜻으로, 먼 곳으로 떠나 돌아오지 않는 사람을 사모하는 고사로 사용되는 말이다. 한(漢)나라 회남왕(淮南王) 유안(劉安)이 〈초은사(招隱士)〉에서 "왕손은 출유(出遊)하여 돌아오지 않건만, 봄풀은 돋아나서 무성하구나.〔王孫遊兮不歸, 春草生兮萋萋.〕"라고 한 데서 유래하였다.

아득한 백 년의 일　　茫然百年事

거위와 학만 석양[491]에 울어 대네　　鵝鶴噪斜曛

491 석양 : 저본의 '훈(矄)'은 '훈(曛)'의 오자로 생각되어 수정하였다.

요동의 백탑사에 거주하는 승려에게 주다
遼東白塔寺 贈居僧

범왕[492]에 황금 불상[493]을 진설하고	丈六黃金設梵王
깃발들이 성대하게 텅 빈 당에 나부끼네	旛幢旎旎颺虛堂
탑은 천 년 된 화표주[494]에 임하였고	塔臨華表千年柱
문은 유마의 십홀방[495]을 닫았네	門閉維摩十笏房

492 범왕(梵王) : 불교 호법신(護法神) 중 하나로, 대범천왕(大梵天王)·대범왕(大梵王)이라고도 한다. 대범천은 불교의 색계(色界) 초선천(初禪天)의 제3천(第三天)에 해당한다. 여기서는 범왕궁(梵王宮)의 줄임말로, 불교 사찰을 뜻한다.

493 불상 : 원문은 '장륙(丈六)'으로, 부처를 이르는 말이다. 《후한서》에 "서방에 신이 있으니 부처라고 이름하는데, 그 형상을 보면 신장이 1장 6척에 황금색을 띠고 있다.〔西方有神, 名曰佛, 其形丈六尺而黃金色.〕"라고 한 데서 유래하였다. 《後漢書 西域傳 天竺》

494 화표주(華表柱) : 옛날에 교량이나 궁전, 성문이나 묘소 앞에 장식용으로 세우던 거대한 돌기둥을 말하는데, 요동(遼東) 사람 정영위(丁令威)가 학이 되어 날아와서 앉았던 곳이다. 한(漢)나라 때 요동 사람 정영위가 영허산(靈虛山)에서 도를 닦아 신선이 되었다. 그 뒤에 학이 되어 요동에 돌아와 화표주에 앉아 시를 지었는데, 그 시에, "새여 새여 정영위 새여, 집 떠난 지 천년 만에 오늘에야 돌아왔네. 성곽은 의구한데 사람들은 아니로세, 어찌 신선 아니 배워 무덤이 총총하뇨." 하였다. 《搜神後記》

495 유마(維摩)의 십홀방(十笏房) : 유마는 석가모니의 속제자(俗弟子)인 유마힐거사(維摩詰居士)를 가리키고, 십홀방은 홀(笏), 즉 수판(手板) 10개를 용납할 정도의 방을 말한 것으로, 아주 작은 방을 가리킨다. 《수당가화(隋唐嘉話)》에 의하면 "유마거사의 석실은 수판을 가지고 종횡으로 헤아린 결과 십 홀을 용납할 정도였다.〔有維摩居士石室, 以手板縱橫量之, 得十笏.〕"라고 하였다.

자리 건너 차 연기는 맑게 하늘거리고	隔座茶煙淸裊裊
처마를 스치는 솔 그림자는 무성하게 푸르르네	拂簷松影鬱蒼蒼
지나가다 우연히 고승과 이야기하니	經過偶與高僧話
서쪽 사신 행차 길이 아득히 멂을 잊었네	忘却西征路渺茫

요동성의 교련장에서 열병식을 관람하며
遼城教場觀閱兵

장사들이 우림[496]에서 구름처럼 나와　壯士如雲出羽林
고함 지르매 이미 오랑캐의 마음을 두렵게 하네　喑嗚已慴虜人心
시위에 붉은 깃 화살 당기니 유성이 지나는 듯하고　弦抨赤羽流星過
깃발에 창룡이 펄럭이니 해를 가려 그늘지네　旗拂蒼龍塞日陰
누가 알리오, 백 년 동안 국경의 척후가 조용한 것이　誰識百年邊候靜
중국 조정의 깊은 계책이 아님이 없음을　莫非中國廟謨深
보잘것없는 놈들이 우리나라를 엿본다고 들었으니　傳聞小醜窺東域
용맹한 군사[497]를 빌려 바다를 진압하길 바라네　願借貔貅鎭海潯

496 우림(羽林) : 우림은 천자(天子)의 숙위(宿衛)를 맡아보던 금위군(禁衛軍)의 이름이다. 무제 때 농서(隴西) 등 육군(六郡)에서 양갓집 자제를 뽑아 건장궁(建章宮)을 숙위하게 하였는데, 이를 건장영기(建章營騎)라 불렀고, 뒤에 이름을 우림기(羽林騎)라 바꾼 것에서 유래하였다.

497 용맹한 군사 : 원문의 '비휴(貔貅)'는 호랑이와 비슷한 맹수로, 용맹한 전사를 비유하는 말로 쓰인다.

월사의 요양기사[498] 시에 차운하여

次月沙遼陽記事韻

동쪽으로 바라보니 산과 내가 막혔고	東望山川隔
서쪽으로 오니 많은 시간이 흘렀네	西來日月多
소반의 밥은 비려서 쉬 물리고	盤飧腥易飫
옷의 이는 가려워 자주 긁네	衣蝨癢頻爬
의자에서 내려오니 가난 귀신이 부르고[499]	下榻招貧鬼
오동 안석에 기대니 잠 귀신이 몰려오네	憑梧困睡魔
맑은 시가 다행히 나를 위로하니	淸詩幸見慰
기쁜 마음으로 고향집에 돌아감이 마땅하리라	喜意當還家

498 요양기사 : 《월사집》 권4 갑진조천록 상(甲辰朝天錄上)에 실려 있다.

499 의자에서……부르고 : 가난하고 검소하게 삶을 말한다. 후한 영제(後漢靈帝) 말년에 관녕(管寧)이 난리를 피해서 요동(遼東)으로 건너간 뒤에, 초당을 짓고 은거하면서 항상 검은 사모(紗帽)를 쓰고 나무 의자에 앉아 검소하게 생활하였는데, 진(晉)나라 황보밀(皇甫謐)이 지은 《고사전(高士傳)》 〈관녕(管寧)〉에 "관녕이 항상 하나의 나무 의자 위에 앉아서 50여 년의 세월을 보냈는데, 그동안 한 번도 다리를 뻗지 않고서 무릎을 꿇고 앉아 있었으므로 의자 위에 무릎이 닿은 곳 모두 닳아서 구멍이 뚫렸다.〔管寧常坐一木榻, 積五十餘年, 未嘗箕股, 其榻上當膝處皆穿.〕"라는 내용이 나온다.

요동에서 일을 적다
遼東記事

서남쪽은 바다를 띠고 왼쪽은 강을 둘렀으니	西南帶海左襟江
요충지를 장악하여 큰 나라를 지키네	控扼要衝衛大邦
제도는 호원[500]을 답습하여 질박하고 간략함이 많으나	制襲胡元多朴略
풍속은 성인의 교화를 받아 순박하다고 일컬어지네	俗經神化號淳厖
강역[501]은 처음 동한에서 나누어졌고	幅員始自東韓割
문덕은 일찍이 북쪽 오랑캐를 투항케 했네[502]	文德曾投北虜降
둘러싼 도랑과 밭두둑은 많은 고을로 나뉘고	繚繞溝塍分萬井
들쑥날쑥한 버드나무는 많은 징검다리에 그늘지네	參差楡柳蔭千矼
이름난 말은 용맹하게 용과 뛰어오르기를 다투고	名騶矯矯龍爭躍
용감한 병사는 씩씩하게 솥을 들 만하네[503]	猛士桓桓鼎可扛

500 호원(胡元) : 원(元)나라에 대한 비칭(卑稱)으로, 원나라 시조(始祖)가 북호(北胡) 출신이므로 낮추어 말한 것이다.

501 강역(疆域) : 원문 '폭원(幅員)'은 넓이와 둘레라는 뜻으로, 관할 지역을 말한다.

502 문덕은……했네 : 문덕은 고구려 장수 을지문덕(乙支文德)이다. 영양왕 22년(611) 2월에 수 양제(隋煬帝)가 고구려를 치라는 조서를 내리고, 23년(612) 1월에 1백13만 대군을 이끌고 고구려를 정벌하러 왔는데, 그해 7월 을지문덕 장군에게 살수(薩水)에서 크게 패하여 처음 요동(遼東)에 왔을 때의 30만 5천 명 대군 중에서 2천7백 명만 살아 돌아갔다. 《三國史記 卷20 高句麗本紀8 嬰陽王》

503 솥을 들 만하네 : 힘이 매우 센 것을 말하는데, 《사기(史記)》 〈항우본기(項羽本紀)〉에서 "항우는 힘이 세어서 세 발 달린 솥을 두 손으로 들 만하였다.〔力能扛鼎〕"라고 하였다. 저본에는 '정가강(鼎可杠)'으로 되어 있는데, '강(杠)'은 '강(扛)'의

펄럭이는 채색 깃발은 화려한 문에 나부끼고　旎旎綵幡飄繡闥
자욱한 향기 안개는 비단 창을 적시네　濛濛香霧濕紗窓
고관 수레 붐비니 휘장은 옷깃처럼 많고　軒車雜沓帷成衽
퉁소와 북 소리 시끄러우니 술은 동이에 가득하네　簫鼓轟鍧酒滿缸
선인장[504]이 구름에 닿으니 옥탑이 모인 듯하고　仙掌軼雲攢玉塔
수주[505]가 밤에 비치니 은빛 등잔이 늘어선 듯하네　隋珠照夜列銀釭
가족 이끌고 바다에 배 띄우니[506] 그 사람 어디 있는가　携家浮海人何在
학으로 변하여 시를 지으니[507] 시어가 난잡하랴　化鶴題詩語近哤
팔방으로 관람할 것 많음을 도리어 탐내노니　八境却貪觀覽富

오자로 생각되어 수정하였다.

504 선인장(仙人掌) : 한 무제(漢武帝)가 건장궁(建章宮)에 20장(丈) 높이의 승로반(承露盤)을 만들고, 그 위에 금동(金銅)으로 신선의 손바닥 모양을 만들어 천상(天上)의 이슬을 받게 한 것이다. 자시(子時)에 내리는 이슬을 받아 옥가루와 섞어 먹으면 장생불사한다고 전해진다.

505 수주(隋珠) : 수후(隋侯)의 구슬이란 뜻으로서, 더없이 귀한 보배를 말한다. 《회남자(淮南子)》 〈남명훈(覽冥訓)〉에, 수(隋)는 주(周)나라 때 한수(漢水) 동쪽의 나라인데, 수후가 큰 뱀이 상해 끊어진 것을 보고 약을 발라 주었더니, 뒤에 뱀이 강 속에서 큰 구슬을 물고 나와 은덕을 갚았다고 한다.

506 가족……띄우니 : 삼국 시대 위(魏)나라의 관녕이 황건적(黃巾賊)의 난을 피하여 요동(遼東)으로 옮겨 갔는데, 그곳에서 따르는 사람이 많아 한 고을을 이룰 정도였고, 이들에게 시서(詩書)를 강론하여 교화(敎化)를 이루었다. 그는 여러 차례 천거를 받았으나 벼슬길에 나아가지 않았으며, 문제(文帝)가 즉위하여 조서(詔書)로 부르자 가족을 거느리고 바다에 배를 띄워 고향으로 돌아가 끝내 벼슬길에 나아가지 않았다는 고사가 있다. 《三國志 魏書 管寧傳》

507 학으로……지으니 : 정영위(丁令威)의 고사로, 앞의 주 494 '화표주(華表柱)' 참고.

훌륭한 유람에 곳에 따라 신 한 쌍[508]을 남기리　　勝遊隨處舃留雙

508 신 한 쌍 : 왕교(王喬)의 고사로, 앞의 주 143 '오리 신' 참고.

천산[509] 조월사에 들러 송봉 상인에게 드림

過千山祖越寺贈松峯上人

정람[510]이 구름 밖으로 솟았으니	精藍出雲表
상쾌한 마음으로 한번 올라 보네	快意一登臨
그윽한 시냇물은 패옥 소리 울리는 듯하고	幽澗鳴瑤佩
층층의 산봉우리는 옥비녀 꽂은 듯하네	層巒揷玉簪
풍진세상의 지나가는 나그네를 머무르게 하고	風塵淹過客
경치와 물색은 기림[511]을 포함하였네	景物屬祇林
평온히 송정에 나아가 이야기하니	穩就松亭話
돌아갈 길은 이미 석양이 어둑하네	歸程已夕陰

509 천산(千山) : 중국 만주 요양(遼陽)에 있는 산의 이름으로, 천산산맥(千山山脈)의 일부이다.

510 정람(精藍) : 정사가람(精舍伽藍)의 줄임말로, 불교 사찰을 말한다.

511 기림(祇林) : 기수급고독원(祇樹給孤獨園) 혹은 기원정사(祇園精舍)라고도 하는데, 사찰을 가리킨다. 인도 코살라국의 기타 태자(祇陀太子)가 사위성(舍衛城) 남쪽에 기림(祇林)이라는 숲을 소유하고 있었는데, 수달(須達)이라는 부호가 석가모니를 위하여 이 숲을 매입하여 절을 짓고자 하였다. 기타 태자는 숲을 모두 금으로 덮으면 팔겠다며 거절하였으나 수달이 정말로 금을 가져와 깔기 시작했다. 이에 감동한 태자가 숲을 넘겨주었고, 수달이 부처에게 바치자 이곳에 기원정사를 지었다고 한다.

정회이[512]와 이별하며 당시에 진주사로 연경에 갔는데 일을 마치고 동쪽으로 돌아오다가 우가장[513]에서 만났다

別鄭晦爾 時以陳奏使赴京 竣事東還 相遇於牛家莊

서울 입구에서 지난 가을 이별하고	京口前秋別
소식을 오래도록 듣지 못했네	音書久未聞
높은 하늘이 응당 나를 위로하여	高天應慰我
이곳에서 그대를 만날 수 있었네	此地得逢君
나그네 길에는 봄풀[514]과 이어졌고	客路連春草
돌아가는 마음은 저녁 구름[515]으로 달려가네	歸心趣暮雲
역정에서 한 동이 술은	郵亭一樽酒
가득 따라도 취하지 않네	滿酌不成醺

512 정회이(鄭晦爾) : 정각(鄭殼)으로, 본관은 초계(草溪)이다. 《국역 월사집》 제16권 〈권응록 상(倦應錄上)〉에 수록된 〈강원 감사(江原監司)로 부임하는 정회이를 보내며〉의 원주(原註)에 "종영(宗榮)의 아들이다. 팔계가 옛날에 치사(致仕)하고 돌아가서 원주(原州)의 집에서 노년을 보내고 죽어 그곳에 묻혔다. 지금 회이가 관찰사로 고향에 가서 성묘(省墓)를 하게 되었기 때문에 이렇게 말한 것이다."라는 기록이 있다.

513 우가장(牛家莊) : 조선 사행 경로에 있던 역(驛)으로, 해주위(海州衛) 서남쪽 60리에 있었다.

514 봄풀 : 떠난 사람에 대한 그리움을 상징하는 표현으로, 한(漢)나라 유안(劉安)의 〈초은사(招隱士)〉에 "왕손이 떠나가 돌아오지 않음이여, 봄풀은 자라서 무성하도다.〔王孫遊兮不歸, 春草生兮萋萋.〕"라고 한 데서 유래한다. 《古今事文類聚 卷33 雜著 招隱士》

515 저녁 구름 : 벗을 간절히 그리워하는 마음을 뜻한다. 앞의 주 72 '벗을 그리워하며' 참고.

고평[516] 도중에

高平途中

아득한 연산[517] 밖	渺渺燕山外
멀고 먼 학야[518] 가일세	迢迢鶴野邊
어둑하게 구름이 공기와 뒤섞여	蒼然雲積氣
바라보니 바다가 하늘과 맞닿은 듯하네	望若海連天
아득히 먼지는 눈을 어지럽게 하고	漠漠塵迷眼
쓸쓸히 풀은 어깨를 덮네	蕭蕭草沒肩
고향은 아득히 어디쯤인가	家鄉杳何許
고개를 돌리니 한 줄기 눈물 흐르네	回首一潸然

516 고평(高平) : 요령성(遼寧省) 반금(盤錦)에 있는 현(縣)이다.

517 연산(燕山) : 중국 하북성(河北省) 계현(薊縣) 동남에 있는데, 뒤에 이곳에 연산부(燕山府)·연경로(燕京路) 등을 두었다. 원나라 때에는 연경(燕京)에 도읍을 정하였으니 곧 원의 수도였던 연경을 말한다.

518 학야(鶴野) : 요동(遼東)을 가리킨다. 한(漢)나라 때 요동의 정령위(丁令威)란 사람이 일찍이 영허산(靈虛山)에 들어가 신선술을 배우고서 뒤에 학(鶴)으로 변하여 고향 요동에 돌아와 성문(城門)의 화표주(華表柱)에 앉았다는 고사에서 온 말이다. 《搜神後記》

광녕[519]에서 일을 적음

廣寧記事

웅장한 번진은 굽어 십삼산[520]을 압도하니	雄藩俯壓十三山
험준한 형세는 어찌 백이관[521]을 논하랴	形勝寧論百二關
황하 물이 넘실대니 깊어 측량할 수 없고	河水溶溶深莫測
연대[522]가 우뚝하니 아득하여 오르기 어렵네	烟臺矗矗杳難攀
백년토록 운중[523]의 도적은 보지 못했고	百年不見雲中寇

519 광녕(廣寧) : 지금의 요령성 북진(北鎭)으로, 조선 사행이 심양을 지나 산해관으로 향할 때 거쳐 가는 곳이다.

520 십삼산(十三山) : 요동성 광녕(廣寧)과 소릉하(小凌河) 사이에 있는 산으로, 우리나라 사신이 연경에 갈 때 경유하던 역(驛) 중 하나가 십삼산보(十三山堡)에 있다. 이 산의 산봉우리가 13개이므로 이런 이름이 붙었다고 한다. 80리 떨어진 곳에 금주(錦州) 소릉하역(小凌河驛)이 있다. 《讀史方輿紀要 卷37》

521 백이관(百二關) : 백이 산하(百二山河)와 같은 말로, 산천의 형세가 아주 험고한 것을 뜻한다. 《사기》 권8 〈고조본기(高祖本紀)〉에 이르기를 "진(秦)나라는 지형이 아주 험고한 나라로, 지키기는 쉽고 공격하기는 어려운바, 다른 나라와 비교할 때 똑같이 100만의 군사가 있으면 200만의 군사가 있는 것이나 마찬가지이다."라고 하였다.

522 연대(烟臺) : 횃불이나 연기 혹은 포(砲)를 이용하여 정치·군사적으로 급한 소식을 전하던 통신 수단이다. 기능 면에서 봉수대(烽燧臺)와 차이가 없으나, 연대는 주로 구릉이나 해변 지역에, 봉수대는 산 정상에 설치하였다.

523 운중(雲中) : 지금의 내몽고(內蒙古) 지역의 동북쪽에 있었던 옛 군(郡)의 이름으로, 전국 시대 때 조(趙)나라에 속했고, 진(秦)나라 때 군을 두었다. 후대에는 일반적으로 변방의 오랑캐를 뜻하는 말로 쓰였다.

만 리에서 해외의 오랑캐가 조회하러 오네　萬里來朝海外蠻
동쪽 나라의 보잘것없는 신하가 하개[524]에 끼여　東土小臣充下价
장엄한 유람 가는 곳마다 근심스런 얼굴 펴게 하네　壯遊隨處破愁顔

524 하개(下价) : 서장관(書狀官)을 말한다.

여러 아들 꿈을 꾸고 깨어나서 심회를 적다

夢諸兒 覺而書懷

이별한 뒤 하늘의 달이 다섯 번이나 차고 기우니	別來天月五盈虧
너희 어미 마음이 늙을수록 더욱 슬픔을 깨닫겠네	轉覺慈情老更悲
연산에서 고향을 바라보니 몸은 만 리 밖이요	燕塞望鄉身萬里
역정에서 며칠 밤 세 아이 꿈을 꾸었네	驛亭連夜夢三兒
외로이 읊조리며 부질없이 옷깃 가득히 눈물 뿌리니	孤吟漫灑盈襟淚
만나면 응당 가득한 흰 머리카락에 놀라리라	相見應驚滿鬢絲
묵묵히 푸른 하늘 향해 거듭 송축하노니	默向蒼天申頌祝
온 집안이 평안하여 추위와 굶주림 면하길	一家安穩免寒飢

정사인 월사의 고우[525] 시에 차운하다. 여덟 수

次正使月沙苦雨韻 八首

헝클어진 귀밑털에 서리가 막 내리는데　蓬鬢霜初落
매실 익을 무렵[526]의 비가 다시 장맛비가 되었네　梅天雨更霪
언덕과 들판이 늪지가 되고　丘原成澤國
관로의 작은 웅덩이[527]는 사라졌네　關路滅蹄涔
혹 은하수가 터진 것이 아닌가　無乃天河決
도리어 태산이 잠길까 걱정일세　飜愁泰岳沈
나그네의 심회와 여윈 병으로　羈懷與羸病
외로운 베개를 짝하여 길게 신음하네　孤枕伴長吟

흔들리는 표주박을 하루 종일 보고　飜瓢看竟日
쏟아지는 폭포 소리를 밤새도록 듣네　懸溜聽終宵

525 고우(苦雨) : 《월사집》 권4 갑진조천록 상(甲辰朝天錄上)에 실려 있다. 원주에 "6월 14일에 산해관에 도착했는데, 며칠간 큰비가 내려 17일간 머물렀다.〔六月十四日, 到山海關, 大雨連日, 留十七日.〕"라고 하였다.

526 매실 익을 무렵 : 매실이 익을 무렵인 음력 6월에서 7월 초순을 말하는데, 이 기간 동안에 내리는 장맛비를 매우(梅雨)라고 한다. 또 이 무렵에는 공기가 음습하여 곰팡이가 쉽게 슬기 때문에 이때 내리는 비를 매우(黴雨)라고도 부른다.

527 작은 웅덩이 : 원문 '제잠(蹄涔)'의 원뜻은 소 발자국에 고인 빗물로, 용량이나 부피가 얼마 되지 않는 것을 비유하는 말로 쓰인다. 제잠(蹏涔)이라고도 한다. 《회남자(淮南子)》 〈범론훈(氾論訓)〉에 "소 발자국에 고인 빗물에는 큰 물고기가 살 수 없다.〔夫牛蹏之涔, 不能生鱣鮪.〕"라는 말에서 유래하였다.

먼 길에 진흙은 더욱 미끄럽고　長路泥添滑
앞 시내에 물결은 더욱 높네　前川浪益高
헤엄치는 물고기는 깊은 아궁이에 모이고[528]　游魚聚深竈
부평초는 긴 나뭇가지에 걸렸네　浮苴掛長條
답답하여 몸이 묶인 듯하니　鬱鬱身如鎖
쓸쓸히 머리를 몇 번이나 긁었던가　寥寥首幾搔

산해관에서 여름 장맛비를 만났으니　關中逢暑雨
괴로운 더위[529]를 벗어날 계책이 없네　無計脫煩歊
머리에는 흰 눈을 재촉하고　白促頭邊雪
얼굴에는 붉은 윤기 메말랐네　紅凋面上潮
길 가는 사람은 두건이 다 처졌고[530]　行人巾盡墊
농가에는 보리가 응당 떠내려갔을 것일세　農舍麥應漂
바라건대 하늘을 공경하는 실상을 지극히 하여　願盡敬天實
재앙이 다 사라지기를 기약하세　災殃期盡消

요동과 심양으로 떠돌아다니는 곳　遼瀋羈遊地
안개와 구름으로 더위 기운이 찌는 듯하네　烟雲暑氣蒸

528 헤엄치는……모이고 : 비가 많이 내려서 아궁이가 물에 잠긴 것을 표현한 것이다.

529 더위 : 저본의 '고(敲)'는 '효(歊)'의 오자로 생각되어 수정하였다.

530 두건이 다 처졌고 : 원문 '점(墊)'은 빗물에 젖어 한쪽 모서리가 접혀 처진다는 뜻이다. 《후한서》 〈곽태전(郭太傳)〉에 "곽태의 자는 임종(林宗)인데 명망이 매우 높았다. 일찍이 밖에 나갔다 비를 만나 두건의 한쪽이 내려앉았는데, 당시 사람들이 일부러 두건의 한 모서리를 꺾어 '임종건(林宗巾)'이라 여겼다."라는 고사가 있다.

하늘이 흐리니 땅강아지와 개미들이 이동하고	天陰移螻蟻
땅은 장기가 있어 모기와 파리가 많네	地瘴足蚊蠅
저녁 비가 잠깐 사이 정강이까지 내리고	暮雨俄垂脚
밤잠에 잠시 팔을 굽혀 베었네	宵眠乍曲肱
무슨 까닭으로 조금 비 그친 틈을 타고	何緣乘小霽
바다를 바라보며 누각[531]에 함께 기대었나	望海閣同憑
낮에도 어둑함이 늘 밤 같아서	晝闇長如夜
텅 빈 당에서 베 이불을 끌어안네	虛堂擁布衾
유두[532]는 아름다운 명절에 해당하니	流頭當令節
머리를 긁적이며 홀로 슬프게 읊조리네	搔首獨悲吟
구름 기운이 흩어졌다 모임을 보고	雲氣看開闔
시냇물 흐름이 깊고 얕음을 묻네	溪流問淺深
언제쯤 장맛비의 재앙이 끝나고	何時陰沴盡
벽락[533]의 태양이 임할까	碧落大陽臨
쇠방울 떨어지는 소리 질리도록 들으니	厭聽金鈴落
시간[534]이 더디 감을 근심스레 알겠네	愁知玉漏長

531 누각 : 망해정(望海亭)으로, 산해관 남쪽으로 20리 지점에 있다.

532 유두(流頭) : 명절의 하나인 음력 6월 15일을 가리키는데, 옛날 풍속에 이날은 일가나 친지들끼리 서로 어울려 물 맑은 계곡에 가서 머리를 감고 몸을 씻어서 액(厄)을 떨쳐 버리고, 유두면(流頭麪), 밀전병 등의 음식을 만들어 먹고 노닐었다고 한다.

533 벽락(碧落) : 도교(道敎)의 용어로, 푸른 하늘을 뜻한다.

534 시간 : 원문 '옥루(玉漏)'는 옥으로 만든 물시계인데, 시간을 뜻한다.

못이 어두워지자 개구리 울음소리 어지럽고　池昏蛙亂聒
옷이 젖으니 사향 향기가 사라지네　衣濕麝消香
새벽을 알리지만 창은 완전히 어둡고　報曙牕全暗
가을이 되기 전이지만 자리는 잠시 서늘하네　先秋簟乍涼
인하여 생각하노라, 궁궐[535]에서 숙직할 때　仍思青瑣直
달 보며 긴 복도 거닐었던 것을　看月步長廊

적막한 사신의 객관　寂寞羈臣館
쓸쓸히 생활할 계책이 곤궁하네　蕭條活計貧
주머니 속의 돈은 떨어지고　金錢囊裏盡
거울 속의 흰 귀밑털은 새롭네　霜鬢鏡中新
여러 날 동안 푸른 바다에 지체되어 있으니　積日淹青海
언제나 자금성의 황제를 배알할까　何時覲紫宸
인간 세상에서 바야흐로 길을 잃었고　世間方失路
강가에서 또 나루를 헤매네　河上又迷津

나쁜 기운이 여름 끝부터 시작하여　氛陰自夏季
괴이한 장맛비가 추분까지 이어지네　怪雨涉秋分
넓고 넓게 물결은 하늘로 치솟고　浩浩排空浪
아득히 구름은 해를 가렸네　茫茫蔽日雲
세월은 화살처럼 빠르고　流光如箭疾

535 궁궐 : 원문은 '청쇄(青瑣)'로, 한(漢)나라 궁전의 문을 청색으로 칠한 데서 유래하였다.

마음은 실처럼 어지럽네	心事劇絲紛
비 오고 개는 것이 어찌 운수가 아니랴	潦霽寧非數
벼슬과 은둔을 그대에게 묻고자 하네	行藏欲問君

노봉구를 지나면서 말 위에서 입으로 읊조리다
過蘆峯口 馬上口占

무령현[536]을 아침에 출발하여 노봉에 이르니	撫寧朝發至蘆峯
백성과 만물이 화락하고 농사는 풍년이네	民物熙熙歲事豐
나무는 시냇물의 위아래로 그늘을 드리우고	樹木成陰溪上下
사람 사는 집은 언덕의 동서쪽을 끼고 있네	人家夾住岸西東
문 앞에는 세금 독촉하는 아전이 보이지 않고	門前不見催科吏
거리에는 격양가[537] 부르는 노인을 자주 만나네	街上頻逢擊壤翁
문득 사람들에게 풍속을 묻고자 하였으나	便欲從人問風俗
만나도 말이 통하지 않는 것이 한스럽네	相看恨不語音通

536 무령현(撫寧縣) : 중국 하북성(河北省)에 속한 현으로, 산해관(山海關)의 서쪽에 있다.

537 격양가(擊壤歌) : 태평성대를 노래한 민요이다. 요(堯)임금이 50년 동안 정치를 펴면서, 천하가 잘 다스려지는지, 백성들이 임금을 떠받드는지 알 수가 없었다. 이에 복장을 평범하게 하고 강구에 나가 보니 90세의 한 노인이 격양가(擊壤歌)를 부르기를 "해가 뜨면 나가서 일하고 해가 지면 들어와 쉰다. 우물을 파서 물을 마시고 밭을 갈아 곡식을 먹으니 제왕의 힘이 나에게 무슨 상관 있겠는가.〔日出而作, 日入而息. 鑿井而飮, 耕田而食, 帝力於我何有哉?〕"라고 하였다. 이에 요임금이 기뻐하였다고 한다. 《列子 仲尼》

이제묘[538]에 들러서

過夷齊廟

날 듯한 맑은 사당은 텅 빈 물굽이에 의지하고　翼然淸廟倚空灣
남긴 초상은 변함없이 패환을 엄숙히 차고 있네　遺像依依肅珮環
땅을 피해 북해에 거주함[539]을 사양하지 않으니　避地不辭居北海
인을 구함에 어찌 서산에서 굶어죽음을 원망하랴[540]　求仁寧怨餓西山
한 몸이 은과 주가 바뀔 때에 벽립[541]하였더니　一身壁立商周際

538 이제묘(夷齊廟) : 백이와 숙제를 모신 사당으로, 영평성(永平城) 서쪽에 있는 난하(灤河)에서 10리쯤 떨어진 곳에 있는데, 지금의 하북성 노룡현(盧龍縣) 지역이다.

539 북해에 거주함 : 천하가 맑아지기를 기다리며 깨끗한 지조를 지키는 것을 말한다. 《맹자》 〈만장 하(萬章下)〉에 "백이는……주(紂)의 때를 당하여 북해(北海) 가에 거처하면서 천하가 맑아지기를 기다렸다. 그러므로 백이의 풍도를 들은 자들은, 탐욕스러운 사람은 청렴해지고 나약한 사람은 뜻을 세우게 된다."라고 하였다.

540 인을……원망하랴 : 《논어》 〈술이(述而)〉에 자공(子貢)이 공자에게 백이와 숙제가 후회(後悔)하였을지를 묻자, 공자가 "인(仁)을 구하여 인(仁)을 얻었으니, 다시 어찌 후회(後悔)하였겠는가.〔求仁而得仁, 又何怨?〕"라고 대답하였다. 서산(西山)은 수양산(首陽山)으로, 백이(伯夷)와 숙제(叔齊)는 주(周)나라 무왕(武王)이 은나라를 정벌하는 것을 만류하였는데, 주나라가 천하를 통일하자 주나라 왕조에서 벼슬하는 것을 부끄러워하여 수양산에 은둔하며 고사리를 캐 먹다가 마침내 굶어 죽었다.

541 벽립(壁立) : 벽립만인(壁立萬仞)의 줄임말이다. 만 길의 절벽이 온갖 풍상(風霜)에도 변하지 않고 의연하게 서 있다는 뜻으로, 험난한 세파(世波)에도 조금도 흔들리지 않는 의연한 기상을 이른다. 주희(朱熹)가 증자(曾子)에 대해, 도통(道統)을 지키고 전수한 점을 높이 평가하면서 이 표현을 사용하였다. 《朱子語類 卷93 孔孟周程張子》

만고토록 이름이 우주 사이에 남았네 萬古名留宇宙間
공자는 현이라 일컫고 맹자는 성이라 일컬으니[542] 夫子稱賢孟稱聖
맑은 풍도는 다만 염완[543]에 그칠 뿐만이 아닐세 淸風非但止廉頑

542 공자는……일컬으니 : 《논어》 〈술이(述而)〉에서 자공(子貢)이 공자에게 "백이와 숙제는 어떤 사람입니까?"라고 묻자 공자가 "옛날의 현인(賢人)이시다.〔古之賢人也〕"라고 대답하였고, 《맹자》 〈만장 하(萬章下)〉에서 맹자가 말하기를 "백이는 성인으로서 맑은 분이다.〔伯夷聖之淸者也〕"라고 하였다.

543 염완(廉頑) : 염완입나(廉頑立懦)의 준말로, 탐욕스러운 사람은 청렴해지고 나약한 사람은 뜻을 세우게 된다는 뜻이다. 앞의 주 539 '북해에 거주함' 참고.

풍윤[544]의 빗속에서 심회를 써서 월사와 태천[545] 두 사신의 안하에 드림

豐潤雨中書懷 呈月沙苔泉兩使案下

동관에서 비에 막힌 지 보름이 넘었는데	阻雨東關半月逾
풍윤에서 또 며칠을 지냈던가	豐中又閱幾朝晡
잠시 은은한 우렛소리 그친 것을 들었는데	乍聞隱隱雷車息
문득 번쩍이는 번개가 몰려오네	旋被煌煌電策驅
밤 걸상에서 달그림자 사라짐을 몇 번 근심했던가	夜榻幾愁蟾滅影
아침 처마에 제비가 새끼와 이별함을 이미 보았네	朝簷已見燕分雛
정처없이 떠돌아다님은 실로 부경[546] 같으나	飄零實是同浮梗
머물러 지체함은 원래 수주[547]를 배운 것이 아니네	留滯元非學守株

544 풍윤(豐潤) : 순천부(順天府) 계주(薊州)의 현(縣) 이름으로, 지금의 요령성 풍윤현이다.

545 태천(苔泉) : 민인백(閔仁伯, 1552~1626)으로, 본관은 여흥(驪興), 자는 백춘(伯春), 호는 태천(苔泉), 시호는 경정(景靖)이다. 성혼(成渾)의 문인으로, 1584년 별시 문과에 장원하여 성균관 전적을 지냈다. 기축옥사 때의 공으로 1598년 여양군(驪陽君)에 봉해졌다. 1604년(선조37) 주청부사로 명나라에 다녀온 뒤 안변 부사, 한성부 좌윤을 지내고 지중추부사가 되었다. 저서로 《태천집》이 있다.

546 부경(浮梗) : 정처 없이 떠도는 것을 뜻한다. 원문 '경(梗)'은 단경(斷梗) 또는 도경(桃梗)으로, 복숭아나무로 만든 인형인데, 《전국책(戰國策)》 〈제책(齊策)〉의 "토우(土偶)가 도경에게 말하기를 '지금 그대는 동국(東國)의 도경으로, 나무를 깎아서 사람 꼴을 만든 것이다. 그런데 비가 내려 치수(淄水)가 불어 그대를 떠내려 보내니, 그대는 표표히 떠서 장차 어디로 가려는가.' 하였다."라는 데서 유래하였다.

음식이 쌓인 소반에는 비린내가 코를 찌르고　飣餖堆盤腥擁鼻
모기와 등에가 방으로 들어오니 온몸이 가렵네　蚊虻入戶癢渾軀
책에 가득한 천 편의 시율로 시름을 달래고　遣懷滿卷千篇律
승관도[548] 한 폭 그림으로 날을 보내네　度日陞官一幅圖
여관에서 몇 번이나 땔나무와 식량[549] 근심했던가　旅館幾廻憂桂玉
두유[550]는 아직도 사방의 뜻[551]을 저버리지 않았네　杜遊猶不負桑弧

547 수주(守株) : 수주대토(守株待兔)의 줄임말로, 한 군데에 집착하여 변통할 줄 모른다는 뜻이다. 송(宋)나라 사람이 밭을 갈다가 밭 가운데 있는 그루터기에 토끼가 부딪쳐 목이 부러져 죽는 광경을 보고서, 쟁기를 버리고 그루터기만 지키면서 다시 토끼를 얻기 바랐으나, 결국 다시 얻지 못하고 마침내 사람들의 웃음거리가 되었다는 데서 유래하였다. 《韓非子 五蠹》

548 승관도(陞官圖) : 당나라 이합(李郃)이 만든 주사위 놀이의 일종인데, 우리나라에도 이와 비슷한 놀이가 있으니 종경도(從卿圖), 승경도(陞卿圖), 승정도(陞政圖), 종정도(從政圖)라고도 한다. 길이 1.5미터, 너비 1미터쯤 되는 종이에 3백여 개의 칸을 그린 다음 벼슬자리 이름을 써넣고, 윤목(輪木)을 굴려서 나온 수에 따라 말을 쓰는 놀이이다. 승진을 거듭하여 최고의 벼슬에 오른 뒤 은퇴하면 놀이는 끝난다. 이 놀이는 수많은 관직의 등급과 상호 관계를 놀이를 통해 익히며, 벼슬에 오르겠다는 포부를 키워 준다. 《논어》 〈양화(陽貨)〉에 공자가 "배부르게 먹고는 하루가 다 지나도록 마음을 쓰는 곳이 하나도 없다면 곤란한 일이다. 장기나 바둑이 있지 않은가. 그것이라도 하는 것이 그만두는 것보다는 나을 것이다.〔飽食終日, 無所用心, 難矣哉. 不有博奕者乎? 爲之猶賢乎已.〕"라고 하였는데, 마음 쓰는 곳이 없는 것보다는 놀이라도 하며 지내는 것이 낫다는 뜻이다.

549 땔나무와 식량 : 원문의 '계옥(桂玉)'은 계수나무 땔나무와 옥으로 지은 밥이라는 뜻으로, 물자가 부족하여 생활하기 곤란할 때 사용하는 말이다. 앞의 주 173 '계옥(桂玉)' 참고.

550 두유(杜遊) : 당(唐)나라 시인 두보(杜甫)의 〈장유(壯遊)〉라는 작품에서 "지금도 한(恨)이 남아 있으니, 부상(扶桑) 끝까지 가 보지 못한 것이라네.〔到今有遺恨, 不得窮扶桑.〕"라고 한 데서 나온 말로, 장쾌한 유람을 뜻한다.

학교[552]에서는 이에 벗들과 만나던 것을 기억하니 序庠仍憶朋簪盍
굳은 우정[553]의 깊은 정으로 마음이 부절처럼 맞았네 膠漆深情片諾符
시문은 오래도록 당시 동료들의 추앙을 받았고 詞藻久爲時輩仰
풍류는 참으로 적선[554]이란 이름으로 일컬어졌네 風流眞稱謫仙呼
하늘을 날아오르는 붕새 날개를 좇아가고 騫騰逐奮冲霄翼
신령하고 빼어난 한혈마를 놀라 바라보았네 神俊驚看汗血駒
문장의 전형은 위대한 솜씨를 필요로 했고 文翰權衡須大手

551 사방의 뜻 : 원문 '상호(桑弧)'는 뽕나무로 만든 활인데, 고대에 사내아이가 태어나면 뽕나무로 만든 활〔桑弧〕에 쑥대로 만든 화살〔蓬矢〕을 메워서 천지 사방에 쏘아, 장차 천하에 원대한 일을 할 것임을 기대하였던 데서 유래한 말로, 남자는 원대한 포부를 지녀 천하를 두루 다녀야 함을 뜻한다. 《禮記 內則》

552 학교 : 원문 '서상(序庠)'은 지방의 교육 기관을 말하는데, 《예기》 〈학기(學記)〉에, "고대의 교육은 가(家)에 숙(塾)이 있고, 당(黨)에 상(庠)이 있으며, 술(術)에 서(序)가 있고, 국(國)에 학(學)이 있다.〔古之教者, 家有塾、黨有庠、術有序、國有學.〕"라고 한 데서 유래하였다. 여기서 '가(家)'는 실상 25가(家)인 '여(閭)'를 말하는 것이며, '당(黨)'은 500가(家), '술(術)'은 1만 2500가(家), '국(國)'은 국도(國都)를 의미하는 것이다. 술(術)은 주(州)의 옛 글자라는 설이 있다.

553 굳은 우정 : 원문 '교칠(膠漆)'은 아교와 옻칠인데, 아교로 붙이면 떨어지지 않고 옻으로 칠하면 역시 떨어지지 않으므로 돈독하고 굳은 우정을 '교칠지교(膠漆之交)'라고 한다. 후한(後漢) 때 진중(陳重)과 뇌의(雷義)는 우의가 매우 두터웠는데, 세상 사람들이 "아교와 칠을 두고 견고하다 하지만 뇌의와 진중의 사귐만은 못하리라.〔膠漆自謂堅, 不如雷與陳.〕"라고 한 데서 유래하였다. 《後漢書 獨行 陳重雷義傳》

554 적선(謫仙) : 인간 세상에 귀양 온 신선이란 뜻으로, 문재(文才)가 뛰어난 사람을 일컫는 말인데, 이백이 처음 장안(長安)에 들어갔을 때 하지장(賀知章)이 그를 처음 만나 그의 문장을 보고는 감탄하여 말하기를 "그대는 적선인(謫仙人)이로다."라고 한 데서 온 말이다. 저본에는 '상(謪)'으로 되어 있으나, '적(謫)'의 오자로 생각되어 수정하였다.

묘당의 계책은 통달한 선비의 도움 받았네　廟堂籌策籍通儒
해마다 사신 가는 것 비록 수고스럽지만　頻年奉使雖勞止
전대[555]함은 공이 아니면 누가 할 수 있으랴　專對非公孰可乎
제문에서 일찍이 비파[556] 연주 스스로 부끄러웠으니　自愧齊門曾鼓瑟
도리어 동곽에서 함부로 생황 부는 것[557]과 같았네　還同東郭濫吹竽
십 년 동안 벼슬살이에 승진과 침체가 달랐고　十年官路升沈別
며칠간의 전쟁에 괴로움과 즐거움이 달랐네　幾日兵戈苦樂殊
강위에서 그리는 마음 꿈속에서 수고로웠더니[558]　江渭相思勞夢寐
유청[559]에서 지금 함께 험한 산을 지나네　幽青今共涉崎嶇
태천은 청유막[560]의 참모가 되어　苔泉況貳青油幕

555 전대(專對) : 외국에 사신으로 나가서 독자적으로 응대(應對)를 잘하여 사명(使命)을 완수하는 것을 이르는 말로, 앞의 주 357 '전대(專對)' 참고.

556 제문에서 일찍이 비파 : 그 시대에 유용한 재능을 지니지 못했음을 의미한다. 한유(韓愈)의 〈답진상서(答陳商書)〉에 의하면, 제왕(齊王)은 본디 피리〔竽〕를 좋아하는데, 제나라에 벼슬을 구하는 자가 있어 '비파를 가지고〔操瑟〕' 가서 제왕의 문에 3년 동안이나 서 있었지만 들어갈 수가 없었다고 한 데서 온 말이다.

557 함부로……것 : 원문 '남취(濫吹)'는 능력도 없는 사람이 자리를 차지하고 있는 것을 비유하는 말이다. 앞의 주 304 '생황……있었네' 참고.

558 강위(江渭)에서……수고로웠더니 : 강위는 양자강(楊子江)과 위수(渭水)로, 대개 벗을 그리워하는 마음을 뜻한다. 앞의 주 72 '벗을 그리워하며' 참고.

559 유청(幽青) : 유주(幽州)와 청주(青州)의 병칭으로, 중국의 동북 지역인 요동을 말한다. 고대 중국에서는 통치를 위해 전국을 아홉 개 지역으로 나누었는데, 동남은 양주(楊州), 정남은 형주(荊州), 하남은 예주(豫州), 정동은 청주(青州), 하동은 연주(兗州), 정서는 옹주(雍州), 동북은 유주(幽州), 하내는 기주(冀州), 정북은 병주(幷州)이다. 《周禮 夏官 職方氏》《呂覽 有始》

560 청유막(青油幕) : 청유(青油)라는 기름을 바른 데서 온 것으로, 대장군의 막사

초로[561]를 때때로 백옥 술병에서 기울였네　椒露時傾白玉壺
나그네 봇짐엔 다만 장독을 막는 약[562]만 들었고　行橐只齎防瘴藥
웅심은 관문을 통과하는 수(繻)를 버리고자 하네[563]　雄心欲棄度關繻
공의 문채가 한 쌍의 벽옥 같음을 어여삐 여기고　憐公文采聯雙璧
나의 명성이 일 수[564]에 해당함을 생각하네　念我聲名抵一銖
서리가 머리카락에 붙으니 늙음에 놀라고　霜着鬢毛驚潦倒
허리는 허리띠 눈금이 바뀌니 여위었음을 알겠네　腰移帶眼覺淸癯
먼 여정에 이르는 곳마다 새매 깃발[565] 이어졌고　長程到處旟連隼

즉 군사 참모부를 가리킨다. 이때 태천(苔泉) 민인백이 월사 이정구의 부사(副使) 역할을 수행하고 있었기 때문에 그렇게 말한 것이다.

561 초로(椒露) : 좋은 술을 비유한다.

562 장독을 막는 약 : 율무를 말하는데, 앞의 주 377 '장독……되니' 참고.

563 웅심은……하네 : 수(繻)는 비단을 둘로 나눠서 만든 증명서, 즉 통행 증명서이다. 한나라 종군(終軍)이 일찍이 미천했을 때 한번은 걸어서 관문(關門)을 지나는데, 관리(關吏)가 그에게 수(繻)를 주었다. 종군이 이게 무엇이냐고 묻자 관리가 말하기를, "부신으로 되돌려받기 위해서이다."라고 하였다. 그러자 종군이 말하기를, "대장부가 서쪽으로 나가 노닐거든 끝내 부신을 되돌려주러 돌아오지 않을 것이다.〔大丈夫西遊 終不復傳還〕" 하고, 그 수(繻)를 버리고 떠났다. 그 후 마침내 알자(謁者)가 되어 군국(郡國)을 순행하기 위해 부절(符節)을 갖고 다시 동쪽으로 관문을 나가려 하자, 관리가 종군을 알아보고 말하기를, "이 사자가 바로 전번에 수(繻)를 버린 사람이다.〔此使者乃前棄繻生也〕"라고 했던 데서 온 말로, 전하여 남아의 장대한 기백을 뜻한다.

564 수(銖) : 무게의 단위로, 일 수(一銖)는 일 냥(一兩)의 24분의 1이다. 보잘것없는 양을 말한다.

565 새매 깃발 : 고대에 주군(州郡)의 장관(將官)이 사용하던 새매를 그린 깃발인 '준여(隼旟)'를 말하는데, 전하여 일반적으로 지방관을 비유한다. 여기서는 사신을 뜻한다.

후관[566]에서 읊조릴 때 오리 신[567] 접대하네　候館吟時履接鳧
분주하게 다니며 다만 신하 직분 다하길 기약하고　鞅掌但期臣職盡
말을 치달리며 세월이 지나는 것을 아까워하지 않네　驅馳不惜歲年徂
올 때 봄빛은 강 버들을 재촉하더니　來時春色催江柳
이날 가을 소리는 우물가 오동나무를 흔드네　此日秋聲撼井梧
상국에 아직까지 옥과 비단 바치지 못했는데　上國尙稽將玉帛
어느 겨를에 옛 동산의 순채국 농어회[568] 기억하랴　故園何暇憶蓴鱸
산과 강이 아득하니 하늘과 땅도 크며　山河渺渺乾坤大
말을 타고 멀리 가니 길도 아득하네　鞍馬遙遙道路紆
가슴은 비록 예악 본 것을 웅대하게 여기더라도　胸海縱雄觀禮樂
문장은 감히 왕로[569]와 나란하다고 말하겠는가　文章敢道側王盧
손안의 봉황 부절은 깃대 장식이 막 떨어지는데　手中鳳節旄初落
상자 안의 용천검[570]은 기운이 아직 거치네　匣裏龍泉氣尙麤
오랜 객지 생활에 자못 현지 풍속을 알 수 있었으니　久客頗能諳土俗
머무르고 감에 어찌 진흙길에 곤란함을 한스러워하리　停行寧恨困泥途
시대가 태평하니 관포[571]의 변란이 일어나지 않고　時平不起萑蒲變

566 후관(候館) : 사신을 접대하는 역관(驛館)이다.

567 오리 신 : 일반적으로 수령을 일컫는다. 앞의 주 143 '오리 신' 참고.

568 옛 동산의 순채국 농어회 : 벼슬을 버리고 고향으로 돌아가고 싶은 마음을 표현한 것으로, 앞의 주 32 '송강에는……만하네' 참고.

569 왕로(王盧) : 초당(初唐) 시대 문장가의 사걸(四傑)로 일컬어졌던 양형(楊炯)·왕발(王勃)·노조린(盧照鄰)·낙빈왕(駱賓王)을 줄여 왕발과 노조린만 말한 것이다.

570 용천검(龍泉劍) : 보검 이름이다. 앞의 주 185 '용광(龍光)' 참고.

571 관포(萑蒲) : 도적 떼 또는 반란군을 말한다. 앞의 주 337 '관포(萑蒲)' 참고.

고을이 부유하니 조세의 미납을 자주 탕감하였네	邑富頻蠲賦稅逋
서울로 가는 길 느긋하고 가깝다고 들었는데	路去京師聞逌近
이 고을은 기내에서 가장 웅장하고 비옥하네	縣於畿輔最雄腴
북으로 자한[572] 끝까지 가니 황하가 참호가 되고	北窮紫寒河成塹
남으로 청제[573]를 바라보니 바다가 외성이 되었네	南望青齊海當郛
개 짖고 닭 우는 소리 사방에 이어졌고	狗吠鷄鳴連四境
용이 서리고 호랑이가 웅크린 형세가 삼도를 에워쌌네	龍蟠虎踞擁三都
별자리는 기미[574]의 분야로 아름다운 기운이 엉겼고	星分箕尾凝佳氣
산은 공동[575]에 가까워 별천지라 불리네	山近崆峒號別區
비단 휘장에 향기 날리니 묵은 안개가 자욱하고	錦幔香飄濃宿霧
비단 창에 해가 뜨니 엉긴 연유에 비치네	紗窓日出照凝酥
뛰어난 말은 삼천 필 가운데서 꿈틀대고	駃騠夭矯三千匹
부인의 수레[576]는 열두 거리에 더욱 많네	油壁彌漫十二衢
꽃이 둘러싼 기생집에는 월녀[577]가 모였고	花匝娼樓攢越女

572 자한(紫寒) : 북두성(北斗星)의 북쪽에 있는 성좌(星座)인 자미원(紫微垣)과 달 속의 선궁(仙宮)인 광한궁(廣寒宮)으로, 둘 다 선계(仙界)를 가리킨다. 여기서는 명나라 궁궐을 말한다.

573 청제(青齊) : 청(青)은 중국 고대 구획인 구주(九州) 중 하나로서 산동성(山東省) 요동(遼東) 등지를 말하고, 제(齊)는 전국 시대의 국명으로서 역시 산동성의 익도현(益都縣) 부근을 말한다.

574 기미(箕尾) : 28수(宿)에서 동쪽 별자리인 기수(箕宿)와 미수(尾宿)에 해당하는 중국의 유연(幽燕) 지역, 즉 요동 일대를 가리킨다.

575 공동(崆峒) : 산 이름인데, 지금의 감숙성(甘肅省) 평량시(平涼市) 서쪽에 있다.

576 부인의 수레 : 원문 '유벽(油壁)'은 옛날에 부녀자들이 타던 유벽향거(油壁香車)의 약칭인데, 수레의 휘장에 기름을 칠해서 꾸몄기 때문에 이렇게 일컬었다고 한다.

우렛소리 울리는 부잣집에는 오유[578]가 시끄럽네 雷轟甲第鬧吳歈
비단 깃발에 수놓으니 봄이 한창 무르익었고 綵旛剪繡春將闌
좋은 술[579]에 흐르는 놀은 바다처럼 마르지 않았네 綠醑流霞海不枯
새벽의 호각과 저녁의 종은 관문[580]에 두루 미치고 曉角昏鐘通玉塞
오는 소와 가는 말은 성곽 거리에 가득하네 來牛去馬隘闉闍
오랑캐 원나라의 남은 풍속 존재함이 오히려 한스럽고 胡元尙恨存餘習
성왕 시대에도 옛 더러움 답습함이 아직 부끄럽네 聖代還慚襲舊汚
경전 훈석하는 시대는 모두 낙건[581]을 배척하였고 經訓世皆排洛建
투구 쓰고 방울 단 이는 힘써 손오[582]를 숭상하였네 兜鈴人務尙孫吳
최마 초상 즐비해도 닭고기 국을 먹으며[583] 衰麻比比餤鷄臛

577 월녀(越女) : 춘추 시대 월(越)나라에 특히 미인이 많았기 때문에, 서시(西施)를 비롯한 모든 월나라의 미인을 범칭하는 말로 쓰인다.

578 오유(吳歈) : 춘추 시대 오(吳)나라의 노래이니, 좌사(左思)의 〈오도부(吳都賦)〉에 "형초(荊楚)의 요염한 춤, 오월(吳越)의 고운 노래〔荊艶楚舞 吳歈越音〕"라고 한 예가 있다. 여기서는 아름다운 노래를 뜻한다.

579 좋은 술 : 원문 '녹서(綠醑)'는 녹의주(綠蟻酒)로, 표면에 녹색 거품이 개미처럼 떠 있는 맛있는 술을 가리킨다. 앞의 주 394 '녹의(綠蟻)' 참고.

580 관문 : 원문 '옥새(玉塞)'는 한대(漢代)에 감숙성(甘肅省) 돈황(敦煌)에 있던 옥문관새(玉門關塞)의 약칭으로, 전하여 변새(邊塞)를 가리킨다.

581 낙건(洛建) : 낙양(洛陽)과 건양(建陽)을 가리키는데, 낙양은 송(宋)나라 때 정호(程顥)와 정이(程頤)가 살던 곳이고, 건양은 주희(朱熹)가 살던 곳으로, 전의(轉意)하여 정주학(程朱學)을 일컫는 말이 되었다.

582 손오(孫吳) : 춘추(春秋) 시대 손무(孫武)와 전국(戰國) 시대 오기(吳起)인데, 모두 고대의 병가(兵家)이다. 손무는 《병법(兵法)》 13편을 저술하고 오기는 《오자(吳子)》 48편을 지었다.

583 최마……먹으며 : 상중에 닭고기 국을 먹을 정도로 예의도덕이 사라졌음을 뜻

진흙 소상 집집마다 두고 무당을 섬기네　泥塑家家事覡巫
상조[584]는 쓸쓸하니 열부를 노래하고　桑操寥寥歌烈婦
뇌물[585]에 골몰하니 탐욕스런 사내 있네　苞苴汩汩有貪夫
강역은 혹 오랑캐의 경계로 편입되었고　封疆或入蠻夷界
성시에는 석가와 노자의 무리들이 많이 사네　城市多居釋老徒
궁실은 사치를 다투어 수초 무늬 기둥을 꾸미고　宮室競奢迷藻梲
의상은 제도를 넘어 밝은 구슬을 덧달았네　衣裳踰制絡明珠
알선함은 다만 조정의 기강 바르게 됨에 달렸으니　斡旋只在朝綱正
풍속 변화는 모름지기 성인 교화의 미더움 따라야 하네　俗易須從聖化孚
땅은 직방[586]에 실렸으니 기주[587]의 경계로 삼았고　地載職方爲冀境

한다. 《소학(小學)》 〈가언(嘉言) 광명륜(廣明倫)〉에 호남(湖南)의 초왕(楚王) 마희성(馬希聲)이 그 아버지 무목왕(武穆王)을 장사 지내는 날에도 닭고기 국〔鷄臛〕을 먹자, 그 관속인 반기(潘起)가 그를 기롱하여 "옛날에 완적(阮籍)이 상중에 삶은 돼지를 먹었으니, 어느 시대인들 현인이 없겠는가?"라고 했다는 고사가 있다.

584 상조(桑操) : 뽕잎 따는 부인의 정조를 말한다. 《열녀전(列女傳)》 권5 〈절의전(節義傳) 노추결부(魯秋潔婦)〉에 따르면, 춘추 전국(春秋戰國) 시대 노(魯)나라 사람 추호자(秋胡子)가 장가든 지 5일 만에 벼슬하러 집을 나가 큰 벼슬을 하여 돌아오는 도중 뽕 따는 미녀를 보고 수레에서 내려 황금을 주며 유혹하매, 그 미녀가 누에 쳐 군색하지 않으니 필요 없다며 돌아보지 않고 가 버렸다. 집에 와 보니 그 미녀가 자기 아내였는데, 유혹하던 남자가 자기 남편임을 알고 물에 빠져 죽었다는 고사가 있다.

585 뇌물 : 원문 '포저(苞苴)'는 물건을 싸는 것과 물건 밑에 까는 것이라는 뜻으로, 뇌물로 보내는 물건을 이르던 말이다.

586 직방(職方) : 지리(地理)에 관한 기록이다. 고대 주(周)나라 하관(夏官)에 속해 있던 관명(官名)으로, 천하 구주(九州)의 지도(地圖)와 공물(貢物)을 관장하였

정치는 화락함[588]에 이르니 요의 정치[589]라 생각하네 治臻熙皞想堯兪
남은 백성들 다행히 수레와 문자의 통일[590]을 만나 遺民幸値車書混
지극한 은택이 바야흐로 우로의 적셔 줌을 입었네 至澤方涵雨露濡
우두커니 황제의 계책이 보불[591]로 돌아감을 보니 佇見皇猷歸黼黻
어찌 정치의 효과가 포로[592]처럼 빠르지 않겠는가 豈無治效速蒲蘆

다. 《周禮 夏官司馬 職方氏》

587 기주(冀州) : 중국 고대 구주(九州)의 하나로, 요(堯)임금과 순(舜)임금이 도읍으로 삼은 곳이다.

588 화락함 : 원문의 '희호(熙皞)'는 희희호호(熙熙皞皞)의 준말로, 모든 백성들이 화락하게 지내는 모습을 가리킨다.

589 요의 정치 : 요(堯)임금이 신하들과 정사(政事)를 토론할 때 기탄없이 의견을 개진하게 하였던 것을 말한다. '유(兪)'는 '도유우불(都兪吁咈)'의 준말이다. '도(都)'는 탄미하는 말〔歎美之辭〕이고, '유(兪)'는 응낙하는 말〔應許之辭〕이며, '우(吁)'는 그렇지 않음을 탄식하는 말〔歎其不然之辭〕이고, '불(咈)'은 매우 그렇지 않다고 여기는 말〔甚不然之之辭〕이다. 일반적으로 밝은 임금과 신하가 서로 뜻이 맞아 정사를 토론하는 것을 뜻한다. 《書經集傳 堯典》

590 수레와 문자의 통일 : 《중용(中庸)》의 '거동궤 서동문(車同軌書同文)'에서 유래한 것으로, 천하가 통일되었음을 뜻한다.

591 보불(黼黻) : 옛날 임금들의 대례복(大禮服)에 놓은 수를 말한다. '보(黼)'는 도끼 모양의 흑백색, '불(黻)'은 '아(亞)' 자 모양의 흑청색 수를 놓은 것인데, 여기서는 찬란한 업적을 의미한다.

592 포로(蒲蘆) : 부들과 갈대를 이르는데, 이들은 본디 잘 나고 잘 자라므로, 정사(政事)의 효과가 빠름을 비유한다. 노 애공(魯哀公)이 정사를 물으매 공자(孔子)가 이르기를 "인도는 정사에 빠르고 지도는 나무에 빠른데, 대체로 정사란 나무보다 더 잘 자라는 포로와 같은 것입니다.〔人道敏政, 地道敏樹, 夫政也者, 蒲蘆也.〕"라고 한 데서 온 말로, 훌륭한 임금이 정사를 하면 그만큼 정사가 빨리 행해짐을 의미하는 말이다. 《中庸章句 第20章》

삼한 또한 어진 은택이 미침을 힘입었으니	三韓亦賴仁恩暨
만세토록 공물을 수송함에 허물이 없어야 하리라	萬世無愆土貢輸
왕래함에 아울러 위자[593]를 풍부하게 하였고	來往兼敎豐委積
원근에서 모두 왕의 길로 나오기를 바라네	邇遐皆願出王途
붓을 들어 서정록을 간략히 초안하니	揮毫略草西征錄
혹 선생의 화운시를 받을 수 있을는지요	倘荷先生和贈無

593 위자(委積) : 곡식, 땔나무, 꼴 등 각종 세입 가운데 1년간의 국용(國用)을 제외한 나머지를 비축해 두었다가 휼민(恤民)·양로(養老)하거나 빈객(賓客) 또는 여행자 등에게 지급한 것인데, 소규모의 것을 위(委)라 하고 좀 더 규모가 큰 것을 자(積)라고 하였다. 《周禮 地官司徒 遺人》

통사 임춘발[594]을 전송하며

逘林通事春發

초가을 보름날 밤	孟秋三五夜
중국 가는 사천 리 여정이라	中國四千程
아득한 집은 어디에 있는가	邈矣家何在
의연한 달은 정이 있구나	依然月有情
어찌 객이 되는 날을 견딜 수 있으랴	那堪爲客日
다시 여기서 그대가 떠남을 전송하네	復此送君行
장마 뒤에 진흙이 바야흐로 미끄러우니	潦後泥方滑
말을 달림을 삼가 가벼이 여기지 마시게	驅馳愼勿輕

594 임춘발(林春發) : ?~? 1568년(선조1) 역과에 급제하였다. 임진왜란이 일어나자 공조 판서 한응인(韓應寅, 1554~1614)의 통역을 맡아 명나라에 조속한 참전을 촉구하는 일을 도왔고, 선조의 어전 통사로 활약하였다. 그 공으로 공신록에도 이름을 올렸다.

통주 여관에서 심회를 적어 정사 부사의 대하에 올리다
通州旅館書懷 上正副兩使臺下

어제 낮에는 이른 꾀꼬리 소리 들었더니	昨日聞早鶯
오늘 밤에는 차가운 쓰르라미 소리 듣네	今宵聽寒螿
계절의 변화가 번갈아 재촉하니	時序迭相催
사람의 일이 어찌 일정할 수 있으랴	人事安可常
근력은 점점 쇠약해지고	筋力漸衰謝
머리카락은 날로 희어지네	鬢髮日滄浪
가을의 심회가 절로 쓸쓸하니	秋懷自憀慄
나그네는 고향을 생각하네	客子思故鄉
서글프게 명아주 평상에 앉으니	悄然坐藜床
온갖 생각이 마음을 어지럽히네	百念攪中腸
턱을 괴고 잠깐 졸았더니	支頤成小睡
꿈속의 넋이 동강[595]에 이르렀네	夢魂到東岡
늙은 아내 문을 나와 맞이하는데	老妻出門迎
기쁨의 눈물이 눈동자에 글썽이려 하였네	喜淚欲盈眶
음식을 손수 스스로 이바지하니	飣餖手自供

595 동강(東岡) : 동쪽의 산 언덕이라는 뜻으로, 벼슬에 나가지 않고 은둔하는 곳을 뜻하는 말로 쓰인다. 《후한서(後漢書)》 〈주섭열전(周燮列傳)〉에, "선세(先世) 이후로 국가에 대한 공로와 임금의 은총으로 대를 이어 왔는데, 어찌하여 그대 혼자 동강(東岡)의 언덕만을 지키려고 하는가?"라고 한 데서 유래하였다.

맛있는 음식[596]이 쟁반 가득 향기로웠네	滫瀡滿盤香
큰형님은 여전히 탈이 없고	伯氏尙無恙
여러 아이들 또한 곁에 있었네	諸兒亦在傍
은근히 이별했던 동안을 말하니	殷勤敍契闊
떠들썩하게 온 집에 웃음소리 났었네	哄然笑滿堂
서로 손잡고 정자를 거니니	相携步亭臺
소나무 대나무가 울창하게 줄을 지었네	松竹鬱成行
오이와 토란은 서쪽 밭두둑에서 익고	苽芋熟西疇
금빛 국화는 한창 향기로웠네	金菊政芬芳
꽃을 따서 맑은 술동이에 띄우고	掇花泛清樽
물을 움켜 먼지 묻은 옷을 씻었네	弄水濯塵裳
부모 형제가 기쁘게 단란하니	骨肉喜團圓
지극한 즐거움 어찌 다함이 있으랴	至樂那渠央
오랑캐의 한 줄기 젓대 소리는	羌兒一聲笛
정다운 얘기를 어찌 그리 바쁘게 끊는가	良晤何太忙
깨어나니 아직도 여관인데	覺來猶逆旅
지는 달이 집의 대들보를 비추네	落月照屋樑
서풍이 뜰의 나무에 불어오니	西風入庭樹
베개와 잠자리가 이미 서늘하네	枕席已凄涼
물과 토질은 내 본성에 익숙한 것이 아니어서	水土性非習
양생 또한 합당하지 않네	將息亦乖當

596 맛있는 음식 : 원문의 '수수(滫瀡)'는 고대 요리법의 일종인데, 녹말을 음식물에 섞어 부드럽고 걸쭉하게 만든 음식으로, 맛있는 음식을 뜻한다.

질병은 괴롭게도 침범하지만 疾病苦侵淩
시름겨운 얼굴은 괴이하게도 꼿꼿하였네 愁容怪昂藏
옛날 젊은 시절을 생각하니 憶昔小少時
웅장한 뜻은 사방을 경영하려는 데 있었네 壯志在四方
어찌하여 십 년 사이에 如何十載間
시사가 극도로 어지러웠던가 時事極搶攘
굶주림과 추위로 뜻이 사라졌고 飢寒志慮耗
근심과 걱정으로 정신이 상하였네 憂患神精傷
벼슬의 바다[597]에서 부침하니 浮沈宦海上
득실이 모두 양을 잃었네[598] 得失俱亡羊
어느덧 늙은이가 되었으니 居然成老大
일찍이 세운 계획 아득한 데로 떨어졌네 夙計墮渺茫
어찌 알았으랴, 가죽나무처럼 쓸모없는 재목이 那知樗散材
외람되이 왕명을 받들 줄을 猥此王命將
임무는 무거운데 재주는 미치지 못하여 任重才不逮
잘못이 과연 밝게 드러났네 愆咎果昭彰

597 벼슬의 바다 : 원문은 '환해(宦海)'로, 벼슬길의 험난함을 바다의 풍파에 비유한 말이다. 당나라 때 안진경(顔眞卿)이 18, 19세쯤 되었을 적에 한 도사(道士)가 그의 집에 들러 북산군(北山君)이라 자칭하면서 그에게 이르기를 "자네가 청간하다는 이름이 이미 금대에 기록되어 있어, 장차 속세를 초탈하여 올라가서 선관이 될 것이니, 스스로 명환의 바다〔名宦之海〕에 빠져서는 안 되네."라고 했다는 데서 온 말이다. 《太平廣記》

598 양을 잃었네 : 도망친 양을 잡으려고 좇아가다가 '갈림길 속에 또 갈림길이 있어서〔岐路之中, 又有岐焉.〕' 끝내는 양을 잃어버리고 말았다는 망양지탄(亡羊之歎)의 고사를 원용한 것으로, 본연을 잃고 헤매는 것을 비유한 말이다. 《列子 說符》

은혜로운 견책으로 다만 파직에 그쳤으니	恩譴只罷官
성왕의 덕은 바다처럼 헤아리기 어렵네	聖德海難量
분수를 헤아리면 편안히 여길 바를 충실히 하겠고	揆分實所安
부끄러움을 모르면 형벌의 더럽힘을 받겠네	却慙浼刑章
바라건대, 마음과 힘을 다하여	庶幾竭心力
충성스런 마음 받들어 명광[599]에 아뢰어	捧丹報明光
저궁[600]의 지위와 명칭을 바르게 하고	位號正儲宮
소양[601]의 광채를 빛나게 하리라	光彩燦少陽
그런 뒤라야 몸이 빠져나와	然後得抽身
상주의 낡은 집으로 돌아갈 수 있으리니	商山歸弊庄
구름과 물이 있는 곳에서 여유롭게 생활하며	優游雲水地
명성과 이익을 구하는 곳에서 벗어나리라	脫略名利場
이 계획이 어긋날까 두려워	此計恐參差
시를 지어 잊지 않고자 하네	題詩要不忘

599 명광(明光) : 한(漢)나라 때 궁전인 명광전(明光殿)으로, 여기서는 명(明)나라 궁전을 뜻한다

600 저궁(儲宮) : 동궁(東宮)과 같은 말로, 당시 태자였던 광해군을 뜻한다.

601 소양(少陽) : 동쪽을 뜻하는 말로, 여기서는 조선을 의미한다. 《예기(禮記)》〈제통(祭統)〉 주(註)에, "동교(東郊)는 소양이니 제후(諸侯)를 상징한다." 하였고, 소(疏)에 "천자(天子)는 태양(太陽)이기 때문에 남이고 제후는 소양이기 때문에 동이다." 하였다.

부사 태천께 드림

呈副使苔泉

일찍이 공훈과 업적으로 능연각[602]에 그려졌더니	曾將勳業畫凌煙
손수 지함[603]을 받들고 다시 연경으로 가네	手捧芝函再赴燕
눈은 삼천[604]의 새로운 예악을 보고	眼見三千新禮樂
몸은 백이[605]의 옛 산천을 가네	身行百二舊山川
기이한 이야기 쏟아지니 봄바람이 자리에 생기고[606]	奇談翕習風生座

602 능연각(凌煙閣) : 당나라 서안부(西安府) 성안의 서내태극전(西內太極殿) 동쪽에 있는데, 당 태종이 천하를 안정시킨 뒤 공신(功臣)을 표창하기 위해 정관(貞觀) 17년(643)에 장손무기(長孫無忌)·두여회(杜如晦)·위징(魏徵)·방현령(房玄齡) 등 훈신(勳臣) 24명의 초상화를 그려서 여기에 걸어 놓게 하였다. 《新唐書 太宗皇帝本紀》

603 지함(芝函) : 인니(印泥)를 지니(芝泥)라 하므로, 지함(芝函)은 인이 찍힌 옥함, 즉 국서(國書)를 넣은 함을 말한다.

604 삼천(三千) : 곡례삼천(曲禮三千)의 줄임말로, 예(禮)의 많은 조목을 뜻한다. 《예기(禮記)》 〈예기(禮器)〉에, "경례가 삼백 가지이고 곡례가 삼천 가지나 되지만 그 극치는 하나이다.〔故經禮三百曲禮三千, 其致一也.〕"라고 하였다. 예에 있어서 강령이 되는 것을 경례라 하고, 그 강령을 실천하기 위하여 필요한 절목(節目)에 관한 것을 곡례라 한다.

605 백이(百二) : 백이산하(百二山河) 혹은 백이관산(百二關山)의 준말로, 2만 명의 병력이 백만 대군을 막을 수 있는 험한 지세(地勢)를 가리키는데, 옛날 진(秦)나라 땅이 험고(險固)하여 2만 명으로 제후의 백만 군대를 막을 수 있다〔秦得百二焉〕는 말에서 유래하였다. 《史記 高祖本紀》

606 봄바람이 자리에 생기고 : 봄바람처럼 온화한 인품을 의미한다. 송(宋)나라 때 주광정(朱光庭)이 정호(程顥)를 찾아뵙고 돌아와 사람들에게 말하기를 "나는 봄바

호방한 기운 어긋나니 흰머리 정수리에 가득하네　豪氣蹉跎雪滿顚
어찌하면 운영[607]의 수천 장 종이를 얻어　安得雲英數千紙
그대에게 기행문을 휘갈겨 달라고 부탁할까　付君揮灑紀行篇

람 속에서 한 달을 앉아 있었다.〔某在春風中坐了一箇月〕"라고 한 데서 원용한 말이다. 《近思錄 卷14》

607 운영(雲英) : 운모(雲母)라는 광약의 별칭이다. 운모의 가루를 뿌려 혼합해 만든 종이를 '운모지(雲母紙)' 또는 '운모입지(雲母入紙)'라고 한다.

천추사[608] 한지인에게 드림

贈千秋使韓志仁

옛날에 풍도를 듣고 마음으로 이미 감복했더니	夙昔聞風意已降
옥하에서 매우 다행스럽게 발걸음을 나란히 하였네	玉河何幸步連跫
진경[609]에 여섯이 있는데 한씨가 하나에 해당하며	晉卿有六韓居一
한나라 호걸[610]은 셋인데 한신은 짝할 이 드물었네	漢傑稱三信少雙
금문에서 석고를 밟으니[611] 구름이 신에 가득하고	踏鼓禁門雲滿屨
선관에서 시비를 찾으니[612] 술이 단지에 가득 찼네	尋碑仙觀酒盈缸

608 천추사(千秋使) : 천추절(千秋節)을 축하하러 가는 사신이다. 본디 당 현종(唐玄宗)의 탄일(誕日)을 축하하려고 당시의 신하들이 표(表)를 올렸는데, 그 뒤로 이날을 칭하여 천추절로 삼는 것이다. 원래는 황제의 탄일이었는데, 뒤에 황태자의 생신을 일컫게 되었다. 황제의 탄일은 만성절(萬聖節)이라 하며, 만성절을 축하하러 가는 사신을 성절사라 한다.

609 진경(晉卿) : 춘추 시대 진(晉)나라의 육경으로, 범씨(范氏)・중항씨(中行氏)・지씨(智氏)・한씨(韓氏)・조씨(趙氏)・위씨(魏氏)를 말한다.

610 한나라 호걸 : 유방(劉邦)이 천하를 통일하는 데 큰 공을 세운 한삼걸(漢三傑)로, 한신(韓信)・장량(張良)・소하(蕭何)를 말한다.

611 금문에서 석고(石鼓)를 밟으니 : 석고는 주나라 선왕(宣王) 때에 사주(史籒)가 선왕의 공덕을 칭송하는 글을 지어서 새겨 놓은 돌인데, 그 모양이 북과 비슷하다 하여 석고라 한 것이다. 처음에 주나라의 도성 뒷산 기양현(岐陽縣)에 세웠는데, 당나라 때 정여경(鄭餘慶)이 섬서성 진창산(陳倉山)에 흩어져 있던 것을 봉상현(鳳翔縣)에 있는 공자묘(孔子廟)로 옮겼다가 다시 북경의 국자감(國子監)으로 이전했다. 이 사실을 읊은 한유의 〈석고가(石鼓歌)〉가 유명하다.

612 선관에서 시비를 찾으니 : 선관은 중국 산동 지역 등주(登州)에 위치한 봉래각

예로부터 사방으로 유람하는 것은 사내의 뜻이니 從來弧矢男兒志
승경(勝景) 기록은 웅건한 문장[613]에 의지해야 하리 記勝須憑筆似杠

(蓬萊閣)을 말하며, 비는 소식(蘇軾)이 지은 해시시(海市詩)의 시비(詩碑)를 말한다.

613 웅건한 문장 : 원문 '필사강(筆似杠)'은 '긴 장대 같은 큰 붓〔巨筆如長杠〕'이라고 하여 웅장한 문장을 상징한다. 구양수(歐陽脩)는 〈여산고(廬山高)〉 시에서 "장부의 장절(壯節)치고 그대만 한 이 적으니, 아! 내가 그걸 말하려 한다면 긴 장대 같은 큰 붓을 어떻게 얻을 것인가.〔丈夫壯節似君少, 嗟我欲說安得巨筆如長杠.〕"라고 하였다.

월사의 구일옥하관소작[614] 시에 차운하여

次月沙九日玉河館小酌韻

푸른 하늘의 기러기는 누구를 위해 바삐 가나	碧天鴻鴈爲誰忙
편지를 한양에 부칠 방법이 없네	書札無因寄漢陽
중구절에 몸이 고국을 떠난 것 견디지 못해	九日不堪身去國
술 한 단지로 애오라지 취한 것을 고향으로 여기네	一樽聊以醉爲鄕
옥하가 아득하니 임금 은혜의 물결 넓고	玉河浩浩恩波闊
사막 요새 아득하니 나그네 길이 머네	沙塞迢迢客路長
나그네 길에 정의가 소중함을 더욱 알았기에	羈旅益知情義重
억지로 시를 지어 잊지 않고자 하네	强題詩句要無忘

614 구일옥하관소작 : 원제목은 《월사집》 권5 갑진조천록 하(甲辰朝天錄下)의 〈중양절에 객관에서 간소한 술자리를 가졌는데 느낌이 있어 입으로 불러서 읊어 좌중에 바치고 아울러 일행들에게 보이다〔九日在館中小酌 有感口占呈席上 兼示一行諸人〕〉이다.

이별의 마음을 적다

識別

흰 이슬은 맑은 밤에 불어나고　白露滋淸夜
누런 국화는 늦가을에 비치네　黃花照暮秋
흐르는 세월 저문 것에 놀라지만　流光驚晼晚
먼 길 가는 나그네 오히려 지체하여 머무르네　遠客尙淹留
서늘한 그림자 드리운 구름은 변방에 닿아 있고　冷影雲連塞
차가운 울음 우는 기러기는 근심을 띠고 있네　寒聲鴈帶愁
이때에 그대 홀로 떠나니　此時君獨去
말없이 오구[615]를 주네　無語贈吳鉤

한번 연나라 조나라의 나그네[616]가 되니　一爲燕趙客
이미 국화 피는 가을이 되었네　已及菊花秋
고국으로 그대가 먼저 떠나니　故國君先去
타향에는 나 홀로 남았네　他鄕我獨留

615 오구(吳鉤) : 갈고리 모양으로 휘어진 병기(兵器)로, 춘추 시대 오(吳)나라 사람이 이를 잘 만들었다. 여기서는 이별의 선물이라는 의미인데, 두보(杜甫)의 〈후출새(後出塞)〉에 "소년이 이별할 때 내게 준 것이 있어, 웃음 머금고 오구를 바라보노라.〔少年別有贈, 含笑看吳鉤.〕"라고 하였다. 《杜少陵詩集 卷4》

616 연나라 조나라의 나그네 : 중국으로 가는 사신을 뜻한다. 연나라, 조나라는 지금의 하북성(河北省) 북부와 산서성(山西省) 서부 지역으로, 중국 사행길에 거치는 지역이다.

바람과 모래가 먼 시야를 가리고 風沙迷遠望
젓대 소리와 북소리가 변방의 근심을 일으키네 笳鼓起邊愁
돌아갈 때의 여정이 아득하니 迢遞歸時路
차가운 하늘에 달은 몇 번이나 기울까 寒空月幾鉤

석고[617]

石鼓

겁화[618]가 한번 곤명지에서 일어나니 劫火一起昆明池
땅은 늙고 하늘은 황폐하여 언덕과 골짜기 사라졌네 地老天荒陵谷湮
구정은 물에 잠기고 동적[619]은 신선이 되었으니 九鼎沈水銅狄仙
관석과 화균[620]이야 물을 것이 있으랴 況問關石與和鈞
덩그러니 석고 열 개만 오직 완벽할 뿐이니 塊然十鼓獨完璧
꾸짖어 지킴에 정히 응당 귀신을 번거롭게 했으리 呵護定應煩鬼神
사물이 감추어지고 나타남은 그 운수가 있으니 物之伏見有其數
거친 들에서 오래도록 묻혀 있는 것은 마땅치 않네 未宜荒野長沈淪

617 석고(石鼓) : 앞의 주 611 '금문에서 석고(石鼓)를 밟으니' 참고.

618 겁화(劫火) : 불가(佛家)의 용어로, 재앙을 뜻한다. 앞의 주 124 '겁화(劫火)가 곤명지(昆明池)에 나타나니' 참고.

619 동적(銅狄) : 구리로 주조한 인형인데, 태평성대를 말한다. 후한(後漢) 때 사람으로 신선술(神仙術)을 배웠던 계자훈(薊子訓)이 장안(長安) 동쪽 패성(霸城)에서 한 노인과 동적을 어루만지며 "이것을 만들 때 보았는데 벌써 5백 년이 되었다."라고 했다는 고사가 전한다. 《後漢書 薊子訓傳》

620 관석(關石)과 화균(和鈞) : '관(關)'은 통하다, '화(和)'는 고르다는 뜻이며, '석(石)'과 '균(鈞)'은 모두 중량의 단위로 120근을 석이라 하고 30근을 균이라 한다. 옛날 정치에는 도(度), 양(量), 형(衡)을 중요시하여 표본이 되는 저울, 자, 되 등을 잘 보관하고 이것을 법도의 기본으로 삼았기 때문에 통일되고 균평(均平)한 정치·사회적인 제도를 뜻하는 말로 쓰인다. 《서경(書經)》 〈오자지가(五子之歌)〉에 나오는 말이다.

교룡이 하룻저녁에 바람과 구름을 몰고 오니 蛟龍一夕驅風雲
편안히 두어 안정되게 함이 지금껏 몇 년이던가 安置妥帖今幾春
글자 형태는 예서도 아니고 과두문[621]도 아닌데 字體非隷非科斗
비바람에 씻기고 마모되어도 오히려 닳지 않았네 雨洗風磨猶不磷
문장은 거공[622] 시와 비슷한데 文辭彷彿車攻詩
찬술한 것은 당시 어떤 사람의 손에서 나왔는가 撰述當年出何人
기이한 법식이 예스럽고 질박하여 정반[623] 같으니 奇模古質似鼎盤
성난 고래가 돌을 긁은 것에 어찌 비교하랴 怒蜺抉石安足倫
주나라 시대의 물건임을 분명히 알겠으니 分明認是周家物
쓰다듬으며 나도 모르게 자주 감탄하였네 摩挲不覺感歎頻
천구와 완염[624]은 나라의 보물이지만 天球琬琰國之寶

621 과두문(蝌蚪文) : 황제(黃帝) 때 창힐(倉頡)이 지었다고 하는 고대 문자로, 글자의 모양이 마치 올챙이같이 생겨 획의 머리 부분은 굵고 끝부분은 가는 글씨를 말한다.

622 거공(車攻) : 《시경》 〈소아(小雅)〉의 편명으로, 주나라 선왕(宣王)이 국가의 제도와 정치를 정비하고 사냥으로 군사들을 훈련시킨 것을 칭송한 시이다.

623 정반(鼎盤) : 공자의 선조 사당에 있는 솥 공정(孔鼎)과 은(殷)나라 탕 임금의 목욕통 탕반(湯盤) 같은 것을 말하는데, 옛사람들은 이런 기물에 공을 기록하거나 좌우명(座右銘)을 새겨 두고서 항시 이를 보면서 자신을 검속하였다.

624 천구(天球)와 완염(琬琰) : 천구는 옛날 옹주(雍州)에서 공물(貢物)로 바쳤던 구슬로서, 하늘과 같은 색깔을 지녔다고 하며, 완염은 미옥(美玉)으로, 여기에 문자를 써서 기록을 남기기도 했다. 《서경》 〈고명(顧命)〉에 주(周)나라 성왕(成王)이 죽을 때, 생전에 간직하고 있던 보옥과 기물을 진열해 놓았는데 "옥을 오중으로 하며 보물을 진열하니, 적도와 대훈과 홍벽과 완염은 서서에 있고, 대옥과 이옥과 천구와 하도는 동서에 있다.〔越玉五重, 陳寶, 赤刀大訓弘璧琬琰, 在西序, 大玉夷玉天球河圖, 在東序.〕"라고 하였다.

옛 기물이라 아득하여 찾을 방법이 없네	古器邈矣尋無因
이 석고는 홀로 다행스럽게 신령함을 모으니	此鼓獨幸鍾靈異
앉아서 천년을 보낸 것이 마치 열흘 같네	坐閱千秋如浹旬
사람이 살면서 어찌 너처럼 장수할 수 있을까	人生安得如汝壽
동파의 시[625]는 나에게 거듭 읊조리게 하네	坡詩令我重吟呻

625 동파의 시 : 소식(蘇軾)이 석고에 대해 읊은 시로, 《소동파집(蘇東坡集)》 권2 〈봉상팔관(鳳翔八觀)〉 시의 첫째 수이다. 원래 제목은 〈석고가(石鼓歌)〉인데, 한유(韓愈)의 〈석고가(石鼓歌)〉가 있기 때문에 일반적으로 〈후석고가(後石鼓歌)〉라 칭한다. 모두 《고문진보전집》에 수록되어 있다.

삼충사[626]

三忠祠

충의로는 문산과 악왕	忠義文山與岳王
한나라의 제갈량이 나란히 훌륭한 이름 전하였네	漢家諸葛竝流芳
영웅이 한번 죽는 것은 어찌 운수가 아니랴만	英雄一死寧非數
왕실이 끝내 망한 것이 가장 마음 아프네	王室終亡最可傷
큰 명성만 부질없이 빛나게 남아 있으니	空有大名留赫赫
누가 지난 일을 푸른 하늘에 따지랴	誰將往事問蒼蒼
평소 역사를 마주할 때 주르륵 흐른 눈물	平生對史泠然淚
오늘 황폐한 사당을 방문하여 석양에 흩뿌리네	今過荒祠灑夕陽

626 삼충사(三忠祠) : 중국 촉한(蜀漢)의 재상 제갈량(諸葛亮), 남송(南宋) 초기의 무장(武將) 악비(岳飛), 남송 말기의 충신 문천상(文天祥)의 위패를 모신 사당이다.

조천궁에서 성절 습의[627]를 보고 진퇴격[628]을 사용하다

朝天宮觀聖節習儀 用進退格

삼청전[629]에 종소리 처음 울리는데 三淸殿裏鐘初動
오색구름 사이에 달은 기울지 않았네 五彩雲頭月未傾
많은 관료들 어지러운 패옥 소리 울리고 濟濟衣冠鳴雜佩
환한 등불 밝은 별처럼 빛나네 煌煌燈燭燦明星
퉁소 소리 봉황을 인도하니 선액[630]으로 오고 簫音引鳳來仙掖
나무 그림자 용처럼 자금성을 둘러쌌네 樹影如龍匝禁城
모든 사람의 머리가 일시에 가지런히 땅에 닿으매 萬首一時齊至地
만세[631] 소리 자금성 뜰에 들리네 山呼聲徹紫宸庭

627 성절(聖節) 습의(習儀) : 성절은 중국 황제의 생일이며, 습의는 의전 행사를 미리 연습하는 것이다.

628 진퇴격(進退格) : 율시(律詩)에서 압운(押韻)하는 하나의 격식이다. 진퇴운(進退韻)이라고도 한다. 한 수의 시에 두 개의 서로 가까운 운부(韻部)로써 격구(隔句)로 번갈아 압운하는 것이다. 일진일퇴(一進一退)하기 때문에 붙여진 이름이다.

629 삼청전(三淸殿) : 삼청은 도교에서 말하는 상청(上淸)·태청(太淸)·옥청(玉淸) 등의 별〔星辰〕을 받드는 곳으로, 여기서는 조천궁을 비유한 것이다.

630 선액(仙掖) : 신선의 겨드랑이라는 뜻으로, 당나라 때 문하성(門下省)과 중서성(中書省)이 궁중의 좌우에 있었기 때문에 두 관청을 선액이라고 하였다.

631 만세 : 원문은 '산호(山呼)'로, '산호만세(山呼萬歲)' 혹은 '숭호만세(嵩呼萬歲)'와 같은 말이다. 한 무제(漢武帝)가 숭산(嵩山)에 올라갔을 때, 어디선가 만세 소리가 세 번 들려왔다는 고사에서 가져온 말이다. 《漢書 武帝紀》

천단[632]

天壇

대궐 모서리는 삼진[633] 밖에 닿았고　　闕角三辰表
대궐 안[634]은 한 길로 통하네　　壼中一路通
맑은 노닒은 한만[635]과 이웃하고　　淸遊隣汗漫
넓은 기상은 공동[636]과 이어졌네　　灝氣接崆峒
왕검[637]에서 단결[638]을 찾고　　王檢尋丹訣

632 천단(天壇) : 명(明)·청(淸) 때 황제가 하늘에 제사 지내던 단이다. 북경성 정양문(正陽門) 밖의 남교(南郊)에 있으며, 본디 원구(圜丘)라 하던 것을 명 세종(明世宗) 때에 이 이름으로 고쳤고, 청 또한 그대로 이었다. 그 만듦새는 하늘을 상징하여 둥근 모양의 3층을 이루어 밑은 넓고 위로 갈수록 좁아지며, 백석(白石)과 푸른 유리로 쌓았다.

633 삼진(三辰) : 해, 달, 별을 말한다.

634 대궐 안 : 저본에는 '호리병 호(壺)'로 되어 있으나 '대궐 안길 곤(壼)'의 오자로 생각되어 바로잡았다.

635 한만(汗漫) : 앞의 주 97 '한만(汗漫)' 참고.

636 공동(崆峒) : 감숙성(甘肅省)에 있는 공동산(崆峒山)을 말한다. 황제(黃帝) 때의 신선인 광성자(廣成子)가 살던 곳으로, 신선이 사는 세상의 대명사로 쓰인다. 《장자》 〈재유(在宥)〉에, 황제가 천자의 자리에 오른 지 19년 만에 천하가 잘 다스려져 명령이 천하에 행해졌는데, 도인 광성자가 공동산 위에 있다는 말을 듣고는 가서 그를 만나 도의 본체를 물어보았다는 내용이 있다.

637 왕검(王檢) : 도가류 서적의 한 가지인 《자일왕검(雌一王檢)》으로, 당(唐)나라 단성식(段成式)의 《유양잡조(酉陽雜俎)》에 보인다.

638 단결(丹訣) : 옛날에 도사(道士)들이 이른바 이것을 먹으면 장생불사(長生不

요단[639]에서 하늘에 제사 드리네　　瑤壇禮上穹
운거[640]는 해질녘에 돌아오고　　雲車回落日
옥고리 패옥은 서풍에 울리네　　環佩響西風

死)한다고 했던 단약(丹藥)인 자금단(紫金丹)을 만드는 비결로, 신선술을 말한다.

639 요단(瑤壇) : 좋은 옥으로 만든 대(臺)로, 신선이 사는 곳을 뜻하는데, 여기서는 천단을 말한다.

640 운거(雲車) : 전설상의 신선이 타는 수레인데, 신선은 구름을 수레로 삼기 때문에 이렇게 칭하는 것이다. 또한 오색(五色)의 구름으로 된 수레라 하여 오운거(五雲車)라고도 한다.

황성을 나서며
出皇城

옥하[641]의 늦가을에 군복을 경계하니 玉河秋杪戒征袍
맑은 서리가 남아서 머리에 가득하네 贏得清霜滿鬢毛
포구에서 나오니 점점 붉은 나무가 가까이 보이고 出浦漸看紅樹近
머리를 돌리니 다시 자금성이 높은 줄 알겠네 回頭更覺紫宸高
황제의 은혜 바다 같아 오랫동안 머뭇거렸더니 皇恩似海躊躇久
돌아갈 마음 사람 재촉하여 수고로이 산 넘고 물 건너네 歸興催人跋涉勞
저물녘 통주 강가에서 묵으니 暮向通州江上宿
베개 곁은 쓸쓸하고 차가운 물결 소리 들리네 枕邊蕭瑟聽寒濤

641 옥하(玉河) : 명(明)나라 연경(燕京) 시내에 있었던 하천 이름으로, 일명 '금수하(金水河)'라고도 한다. 참고로 옥하 부근에 명나라에 간 우리나라 사신(使臣)이 머물렀던 옥하관(玉河館)이 있었다.

월사 · 태천 · 양록[642] · 지봉과 함께 노하[643]에 배 띄우고 술이 얼큰하여 입으로 읊다

同月沙苔泉陽麓芝峯泛潞河酒半口占

달그림자[644] 곱고 이슬 맞은 국화는 선명하니	桂影娟娟露菊鮮
늦가을 풍경이 정히 매우 어여쁘네	九秋風景政堪憐
서로 하늘 끝에서 귀국 생각하는 나그네와 만나	相携天末思歸客
함께 강남의 술 파는 배에 오르네	同上江南賣酒船
한 떼의 기러기는 텅 빈 난간 밖에서 소리 내고	一陣鴈聲虛檻外
모든 집의 등불은 큰 강에 그림자 지네	萬家燈影大河邊
인간 세상의 이런 모임 참으로 다시 하기 어려우니	人間此會眞難再
멋진 일은 모름지기 고육의 전함[645]에 의지해야 하리	勝事須憑顧陸傳

642 양록(陽麓) : 누구인지 알 수 없다.

643 노하(潞河) : 현재의 통주구(通州區)를 흐르는 강으로, 각종 사행 기록에는 통주강(通州江), 외하(外河) 등으로 기록되어 있다. 이의현(李宜顯)의 《경자연행잡지(庚子燕行雜識)》에 "통주강은 일명 '노하'라고 하고, 시속에서는 또 '외하'라고 부른다.〔通州江一名潞河, 俗又呼爲外河.〕"라는 구절이 보인다.

644 달그림자 : 원문의 '계영(桂影)'은 달 속에 계수나무가 있다는 전설에서 온 말로, 달빛을 가리킨다.

645 고육(顧陸)의 전함 : 고육은 동진(東晉)의 화가 고개지(顧愷之)와 남조(南朝) 시대 송(宋)나라의 화가 육탐미(陸探微)의 병칭이다. 타국에서 만나 함께 즐기는 멋진 일을 그림으로 그려 전한다는 뜻이다.

관중의 조이기·이정·국벽 세 선비에게 주다
贈關中趙以旂 以旌 國璧三秀才

호방한 기상은 성검[646]을 에워쌌으나	豪氣纒星劍
흐르는 세월은 비탈을 내려오는 수레 같네	流光下阪輪
오랫동안 부절을 잡은 사신이 되었기에	久爲持節使
인하여 누각에 기댄[647] 사람을 보았네	仍見倚樓人
벌열로 집안의 명성이 오래되었고	閥閱家聲遠
시서로 대대로 생업이 가난하였네	詩書世業貧
풍토가 다르다고 말하지 마오	莫言風土異
한 번 봄에 뜻이 서로 친하였으니	一挹意相親

646 성검(星劍) : 두성(斗星)과 우성(牛星)까지 검기가 뻗치는 보검으로, 웅대한 기상이나 충정을 비유한다. 앞의 주 185 '용광(龍光)' 참고.

647 누각에 기댄 : 원문의 '의루(倚樓)'는 당(唐)나라 무종(武宗) 때의 시인인 조하(趙嘏, 806~853)의 별칭이다. 그가 지은 시 〈조추(早秋)〉에 "성긴 별 몇 점 아래 기러기는 변방에 비껴 날고 긴 젓대 한 가락에 사람은 누각에 기대 있네.〔殘星幾點雁橫塞, 長笛一聲人倚樓.〕"라는 구절이 있는데, 두목(杜牧)이 일찍이 이 구절을 매우 좋아하여 조하를 '조의루(趙倚樓)'라 불렀다. 《全唐詩話 摭言》 이후로 동행 중에 조씨 성을 가진 사람이 있으면 '의루'라고 칭하였다.

관중의 일곱 동자에게 주다 왕방보・지즉현・장온수・왕가모・동준・조국번・웅몽정

贈關中七童子 王邦輔 遲卽顯 張蘊粹 王嘉謨 董焌 趙國藩 熊夢禎

관중 길에서 수레를 몰아 驅車關路上
학궁의 곁으로 와서 묵었네 來舍學宮傍
세상의 먼지 묻은 눈을 잠시 닦고 暫刮風塵眼
옥설 같은 젊은이들을 놀라며 보네 驚看玉雪郎
북명에는 곤[648]이 날개 돋으려 하고 滄溟鯤欲羽
보갑에는 칼날이 비로소 서릿발같이 되었네[649] 寶匣刃初霜
다시 권면하노니, 수행의 힘으로 更勉修行力
학업이 거칠어지게 하지 마시게 無教術業荒

648 곤(鯤) : 북명(北溟)에 길이가 몇천 리인지 알 수 없는 큰 물고기가 있는데 그 이름이 곤(鯤)이다. 이 곤이 변화하여 새가 되는데, 그 이름이 붕(鵬)이다. 이 새가 남명(南溟)으로 옮겨 가려면 물 위를 3천 리나 치고 달리다가 날아올라 6개월 동안 9만 리를 날아가 쉬게 된다.《莊子 逍遙遊》 여기에서는 재능이 탁월하고 뜻이 고원(高遠)함을 비유한 것이다.

649 칼날이……되었네 : 갈고 닦은 기량을 펼쳐 나랏일에 힘쓸 때가 되었음을 말한다. 당(唐)나라 가도(賈島)의 시에 "십 년 동안 간 한 자루 칼, 서릿발 같은 칼날 아직 써 보지 못했네. 오늘날 이 칼을 그대에게 주노니, 누가 불평할 일 있는가.〔十年磨一劍, 霜刃未曾試. 今日把贈君, 誰有不平事?〕"라고 한 데서 원용하였다.《長江集 卷1 劍客》

월사가 광녕에서 달밤에 지은 시[650]에 차운하여
次月沙廣寧月夜韻

어두운 구름 어두운 그늘 걷히고	氛翳捲重陰
산들바람 뜰 문에 시원하네	微風灑庭戶
흰 달은 맑은 빛 흩어지고	雪月散淸輝
맑은 기운 하늘에 닿았네	灝氣接穹宇
용광[651]에는 비추지 않는 곳이 없고	容光無不照
텅 빈 방에는 점점 흰 빛이 생겨나네[652]	虛室漸生白
맑은 이슬[653]에는 흰 진액이 흐르고	沆瀣流素液

650 광녕(廣寧)에서……시 : 광녕(廣寧)은 지금의 요령성 북진(北鎭)으로, 조선 사행이 심양을 지나 산해관으로 향할 때 거쳐 가는 곳이다. 시의 원제목은 《월사집》 권5 갑진조천록 하(甲辰朝天錄下)의 〈어젯밤 술 취해 일어나서 문을 열어 보니 눈에 비친 달빛이 뜰에 가득하기에 뜻 가는 대로 입으로 불러서 읊었다〔昨夜醉起開戶 雪月滿庭 口占散語〕〉이다.

651 용광(容光) : 《맹자》 〈진심 상(盡心上)〉에 "해와 달은 밝음 덩어리라, 빛을 받아들일 만한 곳은 반드시 모두 비춰 준다.〔日月有明, 容光必照焉.〕"라고 하였다. 즉 해와 달은 지극히 밝아서 아주 그윽한 곳까지 다 비출 수 있음을 의미하는데, 여기서는 임금의 은혜가 두루 널리 입혀진 것을 비유한 말이다.

652 텅……생겨나네 : 《장자(莊子)》 〈인간세(人間世)〉에 "빈 방 안에는 흰 빛이 생기고 거기에는 좋은 징조가 깃든다.〔虛室生白, 吉祥止止.〕"라고 하였다. 즉 마음이 청허하여 욕심이 없으면 도심(道心)이 절로 생겨난다는 의미이다.

653 맑은 이슬 : 원문 '항해(沆瀣)'는 깊은 밤중에 내리는 이슬인데, 도가(道家)에서는 이것을 수명(修命)의 약으로 먹는다. 《열선전(列仙傳)》에 "봄철에는 조하(朝霞)를, 여름철에는 항해를 복식(服食)한다."라고 하였다.

밝은 은하수는 그 달빛을 돕네	明河助其色
잠 깨어 홀로 안석에 기대어	寤言獨憑几
낭랑히 외로운 시를 읊네	朗然發孤咏
맑은 하늘에서 마음의 본체를 보니	澄空見本體
나의 본성을 깨달을 수 있네	可以喩吾性
삼가 생각건데, 오직 천년의 마음은	恭惟千載心
밝기가 얼음 병처럼 깨끗하네	瑩若氷壺潔
허령한 마음이 온갖 이치를 갖추고 있으니	虛靈具萬理
깨끗이 벗어나 외물이 하나도 없네	脫灑無一物
조용히 앉으니 남은 흥취 있어	默坐有餘趣
인하여 술동이의 술을 따르네	仍酌樽中酒
적막하게 시간은 밤이 깊어	寂寥時夜闌
엄중한 성에는 도두[654] 소리 울리네	嚴城響刀斗

654 도두(刀斗) : 구리로 만든 말〔斗〕 모양의 자루가 달린 그릇이다. 군중에서 낮에는 밥 짓는 그릇으로 쓰고, 밤에는 두드려 야경의 신호로 삼았다. 조두(刁斗)라고도 한다.

조형경[655] 시에 화답하되 첩운[656]하다

和吊荊卿疊韻

열사는 간담이 몸보다 큰 경우가 있으니	烈士有膽大於軀
성패 때문에 장대한 계획을 멈추지 않네	不以成敗沮壯圖
손의 추수〔검〕는 담로[657]를 매단 듯하고	手中秋水懸湛盧
절의의 협객에는 또한 진생[658]이 함께 있었네	節俠亦有秦生俱
슬픈 노래로 강개[659]하며 연나라 수도에서 나오니	悲歌慷慨出燕都
햇빛은 참담하고 파도 소리 울리네	日色慘慘波嗚嗚
지도 다 펼쳐 검이 드러남에 기상이 더욱 굳세니	圖窮劍露氣益麤
만승의 임금이 다급하여 장차 어디로 달아날까	萬乘倉卒將焉逋
애석하게도 웅대한 마음이 중도에 저지되어	雄心可惜委半途

655 조형경(吊荊卿) : '형경을 조문하다'란 뜻으로, 형경(荊卿)은 제(齊)나라 형가(荊軻)이다. 연(燕)나라의 객경(客卿)이 된 후 연나라 태자 단(丹)을 위해 번어기(樊於期)의 머리와 연나라 곡창지대 독항(督亢)의 비밀 군사지도를 가지고 진(秦)나라로 가서 진왕(秦王)을 척살(刺殺)하려다가 실패하여 죽었다. 《史記 刺客列傳》

656 첩운(疊韻) : 시를 읊을 때 전운(前韻)을 다시 쓰는 것을 말한다.

657 담로(湛盧) : 춘추 시대 월(越)나라 사람인 구야자(歐冶子)가 만든 명검이다.

658 진생(秦生) : 진무양(秦舞陽)으로, 형가가 진에 들어갈 때 지도(地圖)를 갖고 따르던 젊은 협사이다.

659 슬픈 노래로 강개 : 자객 형가(荊軻)가 진시황(秦始皇)을 죽이기 위해 역수(易水)를 건널 때, 고점리(高漸離)가 축(筑)을 타자 이에 화답하여 불렀다는 노래로, "바람이 쌀쌀하게 부니 역수는 차갑도다. 장사는 한번 가면 다시 오지 않으리로다.〔風蕭蕭兮易水寒, 壯士一去兮不復還.〕"라는 내용이다.

간과 뇌가 끝내 진나라 사람에게 도려졌네　肝腦竟被秦人刳
얕은 계획[660] 원망 돋움을 세상은 혹 비난하지만　輕謀挑怨世或誅
나는 이 사람을 위해 다시 한번 탄식하네　我爲斯人還一吁
진시황은 그 당시 호랑이처럼 울부짖으니　嬴秦當日虎哮噑
여섯 나라는 연이어 항복한 종이 되었네　六國相繼爲降奴
약한 연나라 외로운 병아리 같음 누차 탄식했으나　弱燕絫息如孤雛
항복[661] 외에 무엇을 할 수 있었으랴　除非銜璧何爲乎
연나라가 망하고 망하지 않음 자신 때문이 아니니　燕亡不亡非以吾
장사가 결정함에 어찌 주저함 있으랴　壯志決矣寧踟躕
입이 있으나 혀만 놀린 소진[662]을 배우지 않았고　有口不學掉舌蘇
무릎이 있으나 신원연[663]의 달려감을 본받지 않았네　有膝不效新垣趨

660 얕은 계획 : 태자 단(丹)이 자객을 보내어 막강한 진나라의 왕을 살해하겠다는 얕은 계획을 세우고도, 주도면밀한 준비 없이 조급한 마음으로 진무양(秦舞陽)과 같이 무식하고 어린 애송이를 먼저 보내려고까지 한 일을 비판한 말이다. 형가가 함께 가기로 한 사람을 기다리느라고 출발을 조금 지체하자, 태자 단이 진무양을 먼저 보내자고 말하였다. 그러자 형가가 화를 내며 "저 아이가 어떻게 이렇게 큰일을 해낼 수 있겠습니까." 하고 곧장 출발하였는데, 진나라 궁궐에 들어가서 진왕을 살해하려 할 때에 진무양이 겁에 질려 사색이 되는 바람에 진왕을 살해하려던 계획이 차질을 빚어 실패로 끝나고 말았다. 《史記 刺客列傳 荊軻》

661 항복 : 원문 '함벽(銜璧)'은 면박함벽(面縛銜璧)의 준말인데, 전쟁에 패한 쪽 사람이 자진해서 손을 뒤로 묶은 채 벽옥(璧玉)을 입에 물고서 폐백으로 바친다는 뜻으로서, 항복을 의미한다.

662 소진(蘇秦) : 전국(戰國) 시대 때 사람으로, 합종책(合從策)으로 6국의 재상을 겸하기까지 하였지만 뒤에 합종이 와해되자 패퇴하여 죽임을 당하였다. 《史記 蘇秦列傳》

663 신원연(新垣衍) : 전국 시대 위(魏)나라 장군 신원연으로, 제(齊)나라의 고사

마침내 검 한 자루를 가지고 잠시 동안 상쾌하였으니 終將一劍快須臾
일은 비록 성공하지 못했으나 또한 씩씩한 사내로다 事雖未成亦壯夫
자신을 알아주는 이를 위해 심간을 다하고자 했고 心肝欲爲知己輸
죽은 뒤에 명성을 팔려고 한 것 때문은 아닐세 聲價非緣身後沽
그대 보지 못하였나, 박랑사의 철추[664]가 우활한 계책 아니니
君不見博浪鐵椎計非迂
의로운 기상이 그 또한 이 사람의 무리임을 義氣其亦斯人徒

(高士)인 노중련(魯仲連)처럼 절의를 지키지 못한 사람이다. 노중련이 조(趙)나라에 가 있을 때 진(秦)나라 군대가 조나라의 수도인 한단(邯鄲)을 포위하였는데, 이때 위(魏)나라가 장군 신원연을 보내 진나라 임금을 황제로 섬기면 포위를 풀 것이라고 하였다. 이에 노중련이 "진나라가 방자하게 황제를 칭한다면 나는 동해를 밟고 빠져 죽겠다." 하니, 진나라 장군이 이 말을 듣고 군사를 50리 뒤로 물렸다고 한다. 《史記 魯仲連列傳》

664 박랑사(博浪沙)의 철추(鐵椎) : 전국 시대 장량(張良)의 선조는 한(韓)나라 사람이었는데 진(秦)나라가 한나라를 멸망시키자, 장량이 가산을 털어 자객을 사서 진왕(秦王)을 암살할 계획을 세웠다. 진왕이 순행할 때 박랑사(博浪沙)라는 곳에 이르자, 자객과 함께 진왕의 수레에 철추(鐵椎)를 내리쳤는데 부거(副車)에 잘못 맞아 실패하였고, 장량은 결국 성명을 바꾸고 달아났다. 《史記 留侯世家》

월사의 조행대무중[665] 시에 차운하여
次月沙早行大霧中韻

햇살이 푸른 벼랑에 비치니 구화[666]처럼 빛나고	日射蒼屛耀九華
그림 그리니 온통 먹물은 까마귀가 뒤집는 듯하네	畫圖渾似墨翻鴉
갑자기 흰 안개가 수풀 골짜기를 꾸미니	俄然白霧粧林壑
문득 심지 않은 꽃들이 산에 질펀하네	旋作漫山不種花

665 조행대무중 : 《월사집》 권5 갑진조천록 하(甲辰朝天錄下)에 나온다. 원시는 운이 다른 두 수로 되어 있는데, 첫째 시를 차운하였다.

666 구화(九華) : 호중구화석(壺中九華石)으로, 화려하고 기이한 돌을 말한다. 소식의 〈호중구화시서(壺中九華詩序)〉에 "호구(湖口) 사람 이정신(李正臣)이 이석(異石)을 가졌는데 아홉 봉우리가 영롱 완전(宛轉)하여 창령(窓櫺)과 같았다. 그래서 나는 1백 금(金)으로 그것을 사서 구지석(仇池石)과 짝을 지으려 했는데 남쪽으로 옮기게 되어 미처 뜻을 이루지 못하고 이름을 호중구화라 함과 동시에 시로써 기록한다."라고 하였다.

차운하여[667] 조월사와 용천사[668]의 스님에게 주다
次寄祖越龍泉寺上人

옛날 노을 낀 만 길 봉우리를 올랐었는데	昔踏煙霞萬仞岑
성근 종소리 아직 기림[669]에서 나옴을 기억하네	疏鐘猶記出祇林
다시 와서 부들방석 깔고 이야기하고자 하지만	重來欲作蒲團話
눈 덮인 돌길 하늘에 닿았으니 어느 곳에서 찾을까	雪磴連天何處尋

667 차운하여 : 원시는 《월사집》 권5 갑진조천록 하(甲辰朝天錄下) 〈천산(千山)을 바라보노라니 내가 다시 찾아가겠다고 했던 운납(雲衲)과의 약속이 생각났다. 그래서 서글픈 마음에 바야흐로 절구 한 수를 읊고 있던 차에 홀연 그 운납이 보낸 시편이 왔으니, 실로 그가 나의 마음을 안 셈이다. 이에 보고 한번 웃으라는 뜻에서 이 시를 적어서 보냄과 아울러 보내온 시에 차운하였다〔望千山, 憶與雲衲有再訪之約. 悵然方占一絶, 瓊章忽墮, 實獲我心, 仍書奉粲. 竝次來韻.〕〉이다. 원시는 운이 다른 두 수로 되어 있는데, 첫째 시를 차운하였다.

668 조월사와 용천사 : 신의주 건너편 중국의 만주 요령성(遼寧省) 안동현(安東縣)에 있던 구련성(九連城)을 가리키는데, 진강성(鎭江城) 남쪽 60리의 천산(千山)에 있는 절이다. 조월(祖越), 용천(龍泉) 외에도 향암(香巖), 중회(中會), 대안(大安) 등 세 절이 더 있다.

669 기림(祇林) : 앞의 주 511 '기림(祇林)' 참고.

수산령에서 집에서 보낸 편지를 받고

首山嶺 得家書

하늘 끝에서 보낸 편지 부침[670]이 쉬우니	天涯書札易浮沈
그리워하는 나그네 마음 절로 금하기 어렵네	耿耿羈懷不自禁
새벽 여관에서 이불 껴안고 짧은 꿈에 찾아가고	曉館擁衾尋短夢
가을 하늘 달을 보며 외로운 읊조림에 괴로웠네	秋空望月惱孤吟
그리움이 깊어 하루가 삼 년 같고	戀深一日同三歲
기쁨이 지극하니 편지 두 통이 만금 같았네	喜極雙緘敵萬金
술 몇 잔을 다 기울이매 미친 듯한 흥이 일어	倒盡數杯狂興發
나도 모르게 수산령을 날 듯이 지났네	不知飛過首山岑

670 부친(浮沈) : 서신이 제대로 전달되지 않는 것을 말한다. 자(字)가 홍교(洪喬)인 진(晉)나라 은선(殷羨)이 예장군(豫章郡)의 태수(太守)로 있다가 임기를 마치고 떠날 적에, 사람들이 100여 통의 편지를 모아 경성에 전달해 달라고 청하였는데, 석두(石頭)까지 와서 모조리 물속에 던져 놓고는 "가라앉을 놈은 가라앉고 떠오를 놈은 떠올라라. 내가 우편 배달부 노릇을 할 수는 없다.〔沈者自沈, 浮者自浮. 殷洪喬不能作致書郵.〕"라고 말했다는 고사에서 나온 것이다. 《世說新語 任誕》

월사의 동지야숙낭자산[671] 시에 차운하여

次月沙冬至夜宿狼子山韻

흐르는 세월 뉘엿뉘엿 동지가 되니　流光苒苒逢冬至
행색이 쓸쓸하게 추위를 지나네　行色涼涼度歲寒
객사의 외로운 이불에서 읊조림이 정히 괴로운데　客舍孤衾吟正苦
누구 집의 말술에 흥이 장차 무르익으려 하는가　誰家斗酒興將闌
변방의 젓대 소리 밤새도록 들림을 부질없이 슬퍼하고
空悲塞笛終宵聽
동산의 매화 섣달을 끼고 보기 어렵네　難辨園梅帶臘看
돌아갈 꿈은 나도 모르게 몸이 만 리 밖에서　歸夢不知身萬里
몇 번이나 자금성에서 날아갔던가　幾回飛趁紫宸班

671 동지야숙낭자산 : 《월사집》 권5 갑진조천록 하(甲辰朝天錄下)에 나온다.

동짓날 청석령[672] 도중에서

至日在靑石途中

좋은 절기가 바로 일양이 회복됨[673]을 만나니	良辰政値一陽回
돌아갈 마음이 북을 향해 재촉함을 더욱 깨닫네	更覺歸心向北催
부절 한 쌍으로 변방[674]에 지체됨 함께 슬퍼하니	雙節共憐淹玉塞
구천[675]에 금 술잔 바칠 길이 없어서일세	九天無路薦金杯
청석의 높은 산은 눈 덮인 곳 많고	山高靑石多逢雪
황사가 밀려오는 땅은 매화 보이지 않네	地入黃沙不見梅
나그네 휴식하고 관문 닫는다[676]는 옛일을 들었는데	息旅閉關聞古事
어떻게 하루 종일 모래바람을 달려왔나	如何終日走風埃

672 청석령(靑石嶺) : 요동의 봉황성(鳳凰城)에서 서북쪽으로 195리 되는 곳에 있는 고개로, 푸른 돌이 많아 청석령이라 칭한다고 한다.

673 일양이 회복됨 : 동짓날을 말한다. 동지는 〈지뢰복괘(地雷復卦)〉에 해당되는데, 순음(純陰)의 달인 10월을 지나 동지가 되면 밑에서 일양(一陽)이 시생(始生)하는 지뢰복괘가 되기 때문이다.

674 변방 : 원문 '옥새(玉塞)'는 한대(漢代)에 감숙성(甘肅省) 돈황(敦煌)에 있던 옥문관새(玉門關塞)의 약칭으로, 전하여 변새(邊塞)를 가리킨다.

675 구천(九天) : 하늘의 가장 높은 곳을 말하는데, 흔히 황제나 대궐을 뜻하는 말로도 쓰인다. 여기서는 중국 조정을 가리킨다.

676 나그네……닫는다 : 동짓날을 의미한다. 《주역》〈복괘(復卦) 상(象)〉에 "선왕이 보고서 동짓날에 관문을 닫아 장사치와 나그네가 다니지 못하게 하며, 임금은 사방을 시찰하지 않는다.〔先王, 以, 至日閉關, 商旅不行, 后不省方.〕"라고 한 것을 원용하였다.

월사의 과두령[677] 시에 차운하여

次月沙過斗嶺韻

옹북하의 급한 물결에 땅이 갈라지고	拆地瓮河急
두령의 높은 봉우리 하늘에 닿았네	參天斗嶺高
정신이 두려워 머리털이 곤두서고	竦神仍豎髮
발을 디딤에 털끝이라도 어긋날까 두렵네	着足恐差毫
도로는 가는 곳마다 험준하고	道路行行險
인생은 일마다 수고롭네	人生事事勞
어떻게 하면 고향으로 돌아가	何當歸故社
달아나 숨은 듯 자취를 감출까	斂迹似藏逃

677 과두령(過斗嶺) : 원제목은 《월사집》 권5 갑진조천록 하(甲辰朝天錄下)의 〈두령을 넘는데 얼음과 눈이 길을 막아 넘어져 굴러떨어지는 것을 겨우 면하다〔過斗嶺氷雪塞途 僅免顚墮〕〉이다. 두령은 우리나라 사신이 중국을 왕래할 때 지나가던 요동(遼東)의 산봉우리로, 그곳에 흐르는 강이 두령하(斗嶺河)인데 일명 옹북하(甕北河)라고도 한다.

용천[678]에서 수세관 김자정과 이별하며

龍川 別收稅官金子定

갈림길에서 시 짓는 손을 만났는데	相逢詞客路岐中
자줏빛 말이 압록강 바람에 차갑게 우네	紫馬寒嘶鴨水風
이름난 벼슬아치는 근래에 좌천됨이 많으니	名宦近來多左降
맑은 조정에 누가 다시 외로운 충신을 기억할까	淸朝誰復記孤忠
오랑캐 땅 밖의 여러 산에는 눈이 내리고	群山雨雪胡天外
한나라 경계 동쪽 외진 변방에는 봉화 연기 피네	絶塞烽煙漢界東
나그네 신세 이별의 한이 괴로움을 더욱 잘 아니	羈旅益知離恨苦
마주함에 눈물이 가슴 적심을 견디지 못하겠네	不堪相對涕霑胸

678 용천(龍川) : 중국과의 경계 지역인 압록강 하류에 있는 강 이름이다.

안주 목사로 부임하는 권중명[679]을 전송하며

送權仲明赴任安州

가는 길이 서쪽으로 큰 바다 모퉁이와 이어지니	征路西連大海隈
갈림길을 만나 어찌 거듭 머뭇거림 피할 수 있으랴	臨岐寧免重徘徊
중흥한 뒤에 빼어난 절개 있는 이 없었으나	中興以後無奇節
좌천된 지금 훌륭한 재주 가진 이 있네	左降如今有雋才
차가운 기운 멀리 모래 변경에 뒤섞이고	朔氣迥從沙塞合
조수 소리는 차갑게 돌 성을 에워싸네	潮聲寒擁石城來
정직한 이 신명이 보호함을 잘 알지만	極知正直神明護
오히려 서로 만나니 한스러움 가눌 수 없네	猶自相看恨未裁

679 권중명(權仲明) : 권반(權盼, 1564~?)으로, 본관은 안동(安東), 자는 중명(仲明), 호는 폐호(閉戶)이다. 윤국형(尹國馨)의 문하에서 수학하였으며, 그의 사위가 되었다. 교하 현감(交河縣監), 호조 좌랑, 충청도 관찰사를 역임하였는데, 충청도 관찰사로 있으면서는 이원익(李元翼)이 경기도에 시행한 대동선혜(大同宣惠)의 정책을 본받아 한 도(道)의 전세(田稅)와 부역을 공평히 하려 하였으나 성사시키지는 못하였다. 그 뒤 내직으로 옮겨 형조 판서를 지냈다. 서화(書畫)에 능하였다.

공주 목사를 방문했으나 만나지 못하여
訪公州牧伯不遇

일찍이 영남루에서 잠시 인사[680]한 것을 생각하니	憶曾傾蓋嶺南樓
당시의 문채가 벽유[681]에 비쳤었지	文彩當時照碧油
쇠 피리는 양류곡의 쇠잔한 소리 들려오고	鐵笛聽殘楊柳曲
서풍이 불어 숙상구[682]를 뚫고 왔네	金風吹徹鷫鸘裘
이별의 근심 갑작스레 지금은 천 리 먼 곳이 되니	離愁忽忽今千里
가는 세월이 아득히 또 한 해가 되었네	邁景悠悠又一秋
해 저문 금강의 가랑비 속에서	日暮錦江疏雨裏
외로이 목란배에 의지함을 견딜 수 없네	不堪孤倚木蘭舟

680 인사 : 원문 '경개(傾蓋)'는 경개여구(傾蓋如舊)의 준말로, 길가에서 처음 만나 수레 덮개를 기울이고 잠깐 이야기하는 사이에 오랜 벗처럼 여기게 된다는 말로, 처음 만났음에도 의기투합하여 지기(知己)로 받아들이는 것을 가리킨다. 《사기》〈추양열전(鄒陽列傳)〉에 "속어에 '백발이 되도록 오래 사귀어도 처음 사귄 듯하고, 수레를 멈추고 잠깐 만났어도 오래 사귄 듯하다.'라고 하였으니, 그 까닭은 무엇인가. 서로를 아느냐 모르느냐에 달려 있다.〔諺曰, 白頭如新, 傾蓋如故, 何則, 知與不知也.〕"라고 하였다.

681 벽유(碧油) : 기름 먹인 포(布)로 만든 청록색의 군막인 벽유당(碧油幢)의 준말이다. 전하여 재상 대신(宰相大臣)의 막부, 또는 장수의 막부를 가리키기도 한다.

682 숙상구(鷫鸘裘) : 한(漢)나라 사마상여(司馬相如)가 입었던 숙상(鷫鸘)이란 새의 깃털과 가죽으로 만든 갖옷 이름인데, 전하여 일반 갖옷을 가리킨다.

창석집

제 2 권

詩 시

시 詩

환아정[1]이 중수되매 권화보[2]가 시를 지어 달라고 요청하기에 시판의 운자를 사용하여
換鵝亭重修 權和甫索題 用板上韻

정자의 완성을 기뻐하며 정사를 읊조리던 해에	燕喜亭成賦政年
일대의 빼어난 풍류 누가 견줄 수 있었으랴	風流一代問誰肩
사또는 평소 왕자유[3]의 지취가 있었고	使君雅有王猷趣

1 환아정(換鵝亭) : 현 경상남도 산청군 산청읍에 있었던 정자이다. 1395년(태조4) 산청 현감인 심린(沈潾)이 산음현의 객사 서쪽에 건립하였다. 환아정이라는 이름은 권반(權攀, 1419~1472)이 중국 왕희지의 고사를 인용하여 작명하였고 글씨는 당대 최고의 명필로 알려진 한석봉(韓石奉)이 썼다. 1597년(선조30) 정유재란 때 왜군에 의해 정자가 소실되었는데, 산음 현감 권순(權淳)이 새로 짓고 송시열(宋時烈)이 기문을 썼다. 1950년 3월 10일 화재로 불타 버렸다.

2 권화보(權和甫) : 권순(權淳, 1564~?)으로, 본관은 안동(安東), 자는 화보이다. 1589년(선조22) 증광시(增廣試)에 합격하였다. 거주지는 한성이다.

3 왕자유(王子猷) : 왕희지의 아들 왕휘지(王徽之)로, 자유는 그의 자이다. 왕휘지는 대나무를 좋아하여, 좋은 대나무를 기르는 집이 있으면 그곳에 가서 주인은 아랑곳하지 않고 대나무를 감상하며 시를 읊었다고 한다. 또한 남의 빈집에서 살면서 대나무를 많이 심어 기르며, "어찌 하루인들 차군(此君)이 없이 살 수 있겠는가."라고

빈객들도 인하여 현명한 일소[4]로 초대했네　　賓客仍招逸少賢
아관이 근래 천령의 눈에 묻혔더니　　鵝館近含天嶺雪
묵지[5]는 오래도록 월계의 노을을 이끌었네　　墨池長惹越溪煙
목란배와 비단 비파는 당시의 일이기에　　蘭舟錦瑟當時事
묵은 자취가 지금은 이미 아득하네　　陳迹如今已杳然

하였다고 한다. 또 어느 달밤에는 혼자 술을 마시다 친구인 대규(戴逵)가 보고 싶어 즉시 배를 띄워 만나러 갔다. 집 앞까지 갔으나 흥이 식자 뱃머리를 돌렸다. 옆 사람이 이유를 묻자 그는 "흥을 타고 왔으니 흥이 다하면 돌아가는 것이 맞지 않은가?"라고 하였다. 《世說新語 任誕》

4 일소(逸少) : 진(晉)나라 서예가 왕희지(王羲之, 321~379)를 말한다. 일소(逸少)는 그의 자이다. 관직이 우군장군(右軍將軍)이었으므로 '왕 우군(王右軍)'이라고 부르기도 한다. 해서, 행서, 초서를 전아(典雅)하게 잘 썼다. 왕희지가 본래 거위를 매우 좋아했는데, 산음현(山陰縣)의 한 도사가 거위를 많이 기르고 있었으므로, 왕희지가 한번 가서 구경을 하고는 매우 만족하여 거위를 사려고 하였다. 이에 도사가 《도덕경(道德經)》을 써 주면 거위를 많이 주겠다고 하자, 왕희지가 흔쾌히 써 주고 그 거위들을 조롱에 담아 왔다는 우군환아(右軍換鵝)의 고사가 전한다. 《晉書 王羲之列傳》

5 묵지(墨池) : 붓을 빤 못이라는 뜻으로, 절강성(浙江省) 영가 고현(永嘉故縣)의 적곡산(積穀山) 기슭에 있다. 진(晉)의 왕희지(王羲之)가 영가 태수로 있을 때 늘 이 못가에 가서 글씨를 익혔는데, 이 때문에 못의 물이 온통 검었다 한다. 그래서 후인들이 서가(書家)에 대한 예찬의 용어로 사용한다.

합천 수령 여성우[6]에게 드림

贈陜守呂聖遇

강양[7]의 편지 한 자도 보지 못했는데	不見江陽一字書
홍류동의 봄일은 요즘 어떠한가	紅流春事近何如
이별한 뒤 백설가[8]는 그 소리 이해하기 어려웠고	別來白雪聲難理
병든 가운데 청운의 꿈은 흥이 절로 성글어지네	病裏青雲興自疎
군수[9]는 해마다 갈림길에서 헤어지는 객이요	五馬年年歧路客
쌍룡[10]은 밤마다 북두와 견우 사이에 비치네	雙龍夜夜斗牛墟

6 여성우(呂聖遇) : 여대로(呂大老)로, 본관은 성산(星山), 호는 감호(鑑湖)이며, 성우는 그의 자이다.

7 강양(江陽) : 경상남도 합천군의 옛 이름이다.

8 백설가(白雪歌) : 옛날 초(楚)나라의 가곡(歌曲) 이름으로, 너무도 고상해서 따라 부르기 힘든 노래를 말한다. 송옥(宋玉)의 〈대초왕문(對楚王問)〉에 "영중(郢中)에서 노래하는 나그네가 있어 맨 처음 〈하리곡(下里曲)〉, 〈파인곡(巴人曲)〉을 노래하자 국중에서 그것을 창화하는 자가 수천 명이었고,…… 〈양춘곡(陽春曲)〉, 〈백설곡(白雪曲)〉을 노래하자 국중에서 그것을 창화하는 자가 수십 명이었다.…… 그 곡조가 고상할수록 창화하는 자가 더욱 적었던 것이다."라는 말에서 유래하였다.

9 군수 : 원문 '오마(五馬)'는 한(漢)나라 때 태수(太守)가 다섯 필의 말이 끄는 수레를 타고 부임하였던 데에서 유래하여 지방 수령을 뜻한다.

10 쌍룡 : 여성우의 기상을 비유한 것이다. 진(晉)나라 때 장화(張華)가 북두(北斗)와 견우(牽牛) 사이에 자기(紫氣)가 쏘아 비추는 것을 보고, 그 자기의 출처인 예장(豫章)의 풍성현(豐城縣)으로 뇌환(雷煥)을 부임하게 하여, 그로 하여금 풍성의 옛 옥사(獄舍) 터를 발굴하여 용천(龍泉), 태아(太阿) 두 보검을 얻었는데, 나중에 이 검이 두 용으로 변했다는 고사가 있으므로 '쌍룡(雙龍)'이라 한 것이다. 《晉書 張華列傳》

그리움에 머리가 온통 세었음 괴이타 마오　　相思莫怪頭渾白
옛 친구 지금은 몇이나 남았는가　　故舊如今有幾餘

일본으로 들어가는 회답사[11]를 전송하며

送回答使入日本

사신이 동쪽으로 박망후의 뗏목[12]을 타고 가니	使者東乘博望槎
옥경[13]으로 머리 돌리매 마음이 어떠할까	玉京回首意如何
바다 성의 쌓인 눈은 봄이 되어 다 녹고	海城積雪春來盡
고갯길의 뜬구름은 해가 저물 때 많겠네	嶺徼浮雲日暮多

11 회답사(回答使) : 교린(交隣) 관계에 있는 나라에서 사신을 통해 국서를 보내왔을 때 그에 회답하는 국서를 전하기 위해 파견하는 사신을 이른다. 《선조수정실록》 39년(1606) 12월 1일에 회답사 여우길(呂祐吉)·경섬(慶暹), 서장관(書狀官) 정호관(丁好寬) 등을 일본에 파견하였다.

12 박망후(博望侯)의 뗏목 : 박망후는 한(漢)나라 시대 서역(西域)의 통로를 개척하는 등 해외 원정의 공적을 세운 장건(張騫, 기원전 164~기원전 114)을 지칭한다. 한 무제(漢武帝) 때 장건(張騫)이 사명(使命)을 받들고 서역(西域)으로 가던 길에 뗏목을 타고 황하(黃河)의 근원을 한없이 거슬러 올라가다가 한 성시(城市)에 이르렀는데, 한 여인은 방 안에서 베를 짜고 한 남자는 소를 끌고 은하(銀河)의 물을 먹이고 있었다. 그들에게 "여기가 어디인가?"라고 묻자, 그 여인이 지기석(支機石) 하나를 장건에게 주면서 "성도(成都)의 엄군평(嚴君平)에게 가서 물어보시오."라고 하였다. 장건이 돌아와서 엄군평을 찾아가 지기석을 보이자, 엄군평이 말하기를 "이것은 직녀의 지기석이다. 아무 연월일에 객성(客星)이 견우성과 직녀성을 범했는데, 지금 헤아려 보니 그때가 바로 이 사람이 은하에 당도한 때였도다."라고 하였다는 전설이 전한다. 후에 이를 '박망사(博望槎)' 또는 '성사(星槎)', '선사(仙槎)'라 하여 사신이나 사행(使行)을 비유하는 전거가 되었는데, 이를 차용하여 한 말이다. 《博物志》

13 옥경(玉京) : 백옥경(白玉京)으로, 천상(天上)의 중심에 천존(天尊)이 산다는 옥경산(玉京山)을 말하는데, 황금과 백옥(白玉)으로 꾸민 궁궐들이 있다 하여, 후에 경도(京都)를 뜻하는 말로 쓰이게 되었다. 《枕中書》

탕의 덕은 본디 갈백[14] 포용하기를 기약했고	湯德本期包葛伯
한의 도모 장가[15]에 사신 보냄 잘못이 아니었네	漢謀非誤使牂牁
웃으며 얘기하매 세속 티끌을 다 녹여 없애니	笑談銷得風塵了
기린각의 공신과 비교해도 누가 이보다 나으랴	麟閣功名較孰過

-위는 정사 여우길(呂祐吉)[16]에게 드린 것이다.-

풍격이 삼엄하여 옥순이 늘어선 듯하니	風格森然玉筍行
충성과 신의를 다른 나라에 떨칠 것을 일찍 알았네	早知忠信動殊方
드넓은 동쪽 바다 비단 돛 높이 거니	錦帆高掛東溟闊
서릿발 같은 칼날 아직 북두성 빛 머금었네	霜劍猶含北斗光
예로부터 오랑캐 막는 데 좋은 계책 없기에	從古禦戎無上策
지금 사신 행차에 중랑이 있었네	祗今奉使有中郎
부상의 큰 누에고치는 항아리 같다[17] 들었으니	扶桑大繭聞如甕

14 갈백(葛伯) : 갈(葛) 땅의 제후를 말한다. 갈백이 자기 선조에게도 제사를 지내지 않으므로, 탕(湯) 임금이 그를 도와서 제사를 지내게 하기 위해 박(亳) 땅의 민중을 거느리고 갈백의 들에 가서 농사를 지어 주게 하였다고 한다. 《孟子 滕文公下》

15 장가(牂牁) : 중국 서남쪽 먼 곳의 오랑캐 나라 이름이다. 한 무제(漢武帝) 원정(元鼎) 6년에 서남쪽의 오랑캐를 정벌하여 장가군(牂牁郡)으로 삼을 때 야랑후(夜郎侯)가 항복하니, 천자가 옥인수(玉印綬)를 하사하였다.

16 여우길(呂祐吉) : 1567~1632. 본관은 함양(咸陽), 자는 상부(尙夫), 호는 치계(稚溪) 또는 치계(痴溪)이다. 1596년에 사신의 일행으로 명나라에 다녀왔다. 임진왜란이 끝난 다음 전쟁을 마무리 짓는 사신으로 일본에 내왕하면서 포로의 쇄환 등에 공이 많았으며, 그 뒤 1614년(광해군6)에 또다시 진위사(陳慰使)로서 명나라에 다녀왔다. 탁월한 외교가로서 전란 이후의 처리를 담당하였을 뿐만 아니라 지방관으로서도 선정을 베풀었다.

수습하여 돌아와 순임금 옷자락 기우시게　收拾歸來補舜裳

-위는 부사 경섬(慶暹)에게 드린 것이다.-

비바람 하늘에서 부르짖고 떠나는 기러기 우니　風雨號空旅雁鳴
이별의 근심 어찌 귀밑머리 희어짐을 막으리오　別愁那禁鬢毛生
한나라 궁실의 총마[18]는 명신이 나옴이오　漢庭驄馬名臣出
바다의 누선은 사신의 행차일세　瀛海樓船使者行
만 리의 봄빛 하늘 위에 앉은 듯하고　萬里春光天上坐
삼산의 옥빛 기운 거울 속에 선명하겠네　三山縹氣鏡中明
상호[19]는 본래 남아의 일이니　桑弧自是男兒事
훗날 역사서에 성명이 빛나리라　靑史他年照姓名

17 부상(扶桑)의……같다 : 부상은 동방에 있는 나라로, 일본을 비유한 말이다. 옛날 제남(濟南)에 원객(園客)이란 선인(仙人)이 있어 항상 오색의 향초(香草)를 심고 가꾸었는데, 10여 년이 지난 어느 날 갑자기 오색 나방이 날아와 앉기에 원객이 베〔布〕를 깔아 주었더니 나방이 그 위에 누에를 낳았다. 그러자 한 여인이 와서 그 누에에 향초를 먹여 길러 고치 120개를 얻었는바 크기가 항아리만 해서 고치 하나마다 켜서 실을 뽑는 데 6, 7일씩이나 걸렸다. 고치를 다 켜고는 그 여인이 원객과 함께 신선이 되어 갔다는 고사가 있다. 《述異記》

18 총마(驄馬) : 청백색의 털이 뒤섞인 말로, 대간의 관직에 있는 사람이 타던 말이다. 한나라 때 환전(桓典)이 시어사(侍御史)에 제수되어 당시에 국정을 농단하던 환관(宦官)들을 조금도 꺼리지 않고 탄핵하였는데, 항상 총마를 타고 다녔으므로 사람들이 모두 "총마를 탄 어사는 피해 가라."라고 하였다. 《後漢書 桓典列傳》

19 상호(桑弧) : 뽕나무로 만든 활인데, 남아는 태어나면서 천하를 경영하려는 큰 포부를 가져야 한다는 뜻이다. 《예기》 〈사의(射儀)〉에 "남자가 태어나면 뽕나무 활과 쑥대 화살 여섯 개로 천지와 사방을 쏘니, 천지와 사방은 남자가 일할 곳이기 때문이다.〔男子生, 桑弧蓬矢六, 以射天地四方, 天地四方者, 男子之所有事也.〕"라고 하였다.

-위는 서장관(書狀官) 정호관(丁好寬)[20]에게 드린 것이다.-

20 정호관(丁好寬) : 1568~1618. 본관은 압해(押海), 자는 희율(希栗), 호는 금역(琴易)이다. 1602년(선조35) 별시 문과에 을과로 급제하고, 1607년 회답사 여우길(呂祐吉) 일행의 일본 사행에 서장관으로 다녀왔다. 1613년(광해군5) 사헌부 지평으로 있으면서 영창대군을 죄주자는 주장을 맨 처음 한 인물로 알려져 있다.

병중에 회포를 적다
病中書懷

병이 침범하고 노년이 가까우니	疾病侵凌近暮年
곤액 때문에 하늘을 원망할 수 있으랴	肯將窮阨怨蒼天
본래 장로는 송곳 감출 땅도 없어야 하기에	本無丈老藏錐地
비로소 농부에게 차조 심을 밭을 샀네	始買山翁種秫田
차 솥과 약 자르는 줄은 새로운 삶의 계책이요	茶鼎藥鑢新活計
솔바람과 여라에 비친 달은 옛 인연일세	松風蘿月舊因緣
곁의 사람은 행장[21]의 일을 묻지 마오	傍人莫問行藏事
내 신세는 지금 선정에 들어 있다오	身世如今入定禪

21 행장(行藏) : 용사행장(用舍行藏)의 준말로, 자신의 도를 펼 수 있느냐 없느냐에 따라 거취를 결정하여 조정에 나아가기도 하고 은퇴하기도 한다는 말이다. 《논어》 〈술이(述而)〉에 공자가 "조정에서 나를 써 주면 나아가서 나의 도를 펼치고, 조정에서 나를 버리면 물러나 나의 도를 마음속에 간직한다.〔用之則行, 舍之則藏.〕"라고 한 말에서 나왔다.

시냇가에서
溪上

시냇가에 아침 되니 기후가 서늘한데	溪上朝來氣候涼
아이들이 새 서리가 내렸다고 말하네	兒童報道着新霜
기거함에 얽매임 없음이 절로 기쁘고	興居自幸無拘束
누워서 산골 노인 밤[22] 복용하는 처방을 시험하네	臥試山翁服栗方

22 밤〔栗〕: 하나의 밤송이에 밤톨이 세 개가 들어 있는 경우 가운데 납작한 것을 율설(栗楔)이라 하는데, 이것은 신기(腎氣)가 허(虛)해서 허리와 다리에 힘이 없는 것을 치료하는 효능이 있다.

우곡을 따라 계서를 거슬러 가다가 헤엄치는 물고기와 돌아가는 새가 각각 그 제자리를 얻음을 보니 주옹[23]의 유식[24]이 자유자재로움과 흡사한 것이 있어 마침내 느낌이 있어 읊다

從愚谷沿洄溪澨 見游魚歸鳥各得其所 有似乎主翁之遊息自由者 遂感而賦之

새는 깊은 숲에 있고 물고기는 물에 있으니	鳥在深林魚在水
달통한 사람의 고상한 아취가 그것과 일치하네	達人高致與同歸
점액[25]하며 삼급에 오르기를 기꺼이 구하랴	肯求點額登三級
스스로 은거하는 몸 일지[26]에 정착함 만족하네	自足棲身着一枝

23 주옹(主翁) : 주인옹(主人翁)의 준말로, 몸의 주인인 마음을 의인화한 것이다. 당(唐)나라 때 서암(瑞巖)이란 승려가 매일 자문자답(自問自答)하기를, "주인옹아! 깨어 있느냐?" "깨어 있노라." 하였다 한다. 《心經 卷1》

24 유식(遊息) : 쉴 때도 학문에 뜻을 두는 것을 말하는데, 문맥상 같이 생활하였다는 뜻으로 쓰이고 있다. 유식은 《예기》 〈학기(學記)〉에 나오는 말로, 피곤하여 쉬는 것이 '식(息)'이고 한가하게 노니는 것이 '유(遊)'인데, 이는 늘 학문에 대한 생각을 품고 있는 '장(藏)'과 방치하지 않고 늘 익히는 '수(修)'를 합쳐 부르는 장수(藏修)와 대비되는 말이기도 하다.

25 점액(點額) : 이마를 석벽(石壁)에 부딪친다는 뜻이다. 용문(龍門)은 황하 상류의 물이 급격히 쏟아져 내리는 여울목으로, 세 계단〔三級〕으로 되어 있는데 물고기가 그 폭포수를 뛰어오르면 용이 되고 실패하면 이마를 석벽에 부딪쳐 다치고 돌아온다는 전설이 있다. 《水經註 河水4》 물고기가 용문에 오르려는 욕심 없이 여유롭게 사는 것을 말한다.

26 일지(一枝) : 붕새처럼 하늘을 날아 구만리 장천을 날아가기보다는 나뭇가지 하

호량[27]은 즐거움을 알지 못한다고 누가 말했던가	誰道濠梁不知樂
도리어 바닷가 늙은이와 함께 기심[28]을 잊었네	還從海叟共忘機
구만에 나 또한 띠집을 경영하니	九巒我亦營茅棟
한 해가 저물 때 물가 언덕에서 함께 어울리세	歲暮相隨一水涯

나에 만족함을 말한다.

27 호량(濠梁) : 호수(濠水) 위의 다리를 말한 것으로, 장자(莊子)와 그의 친구 혜자(惠子)가 일찍이 호수의 다리 위에서 노닐 때, 장자가 말하기를, "피라미가 나와서 조용히 노니, 이것이 물고기의 즐거움일세.〔鯈魚出游從容, 是魚樂也.〕" 하자, 혜자가 말하기를, "자네는 물고기가 아닌데 물고기의 즐거움을 어떻게 알겠는가.〔子非魚, 安知魚之樂也?〕" 하며 서로 대자연에 도취하여 흥겹게 이야기를 나누며 놀았던 데서 온 말이다. 《莊子 秋水》

28 기심(機心) : 교사(巧詐)한 마음을 말한다. 《열자》에, 바닷가에 살던 어떤 사람이 매일 바닷가로 나가서 갈매기와 놀다 보니, 갈매기도 사람을 피하지 않았는데, 하루는 그의 아버지가 갈매기를 완상하고 싶다 하므로, 이튿날 바닷가로 나가 보니, 갈매기들이 사람의 교사한 마음을 알아채고는 공중에서 빙빙 돌기만 하고 내려오지 않았다고 한다. 이것은 갈매기를 잡겠다는 기심(機心)이 있었기 때문이다. 전일에는 기심을 잊었기〔忘機〕 때문에 갈매기와 친할 수 있었던 것이다. 《列子 黃帝》

벼슬을 그만두고 고향으로 돌아가는 명부[29] 이수지[30]를 전송하며

送李明府綏之解官還鄕

해자에서 사슴 얻음[31]이 허무함을 깨닫고　　隍中得鹿覺來虛
새장 안에 솔개 없으니 잘못이 더욱 줄어드네　　籠裏無鷳累更踈
길 가는 모습은 정히 여름이 끝나는 때이고　　行色政當三夏盡
칭송 소리는 두루 일 년 남짓 넘쳐 났네　　頌聲旁溢一朞餘
하늘가로 쫓겨난 객엔 닭이 사면령을 반포하고[32]　　天涯逐客鷄頒赦

29 명부(明府) : 지방관에 대한 경칭이다.

30 이수지(李綏之) : 이수록(李綏祿, 1564~1620)으로, 본관은 전주, 자는 수지, 호는 동고(東皐)이다. 세종대왕의 6대손이다. 1586년(선조19)에 별시 문과에 급제하였고, 병조 좌랑, 홍문관 수찬, 교리, 응교, 광주 목사(廣州牧使), 상주 목사(尙州牧使), 여주 목사(驪州牧使) 등을 역임하였다. 사후에 아들 이경여로 인하여 영의정에 추증되었다.

31 해자(垓子)에서 사슴 얻음 : 인생의 시비득실이 꿈속의 일과 같이 허무함을 비유한 말이다. 정(鄭)나라의 어떤 사람이 땔나무를 하다가 사슴을 잡았는데, 누가 훔쳐 갈까 싶어 물 없는 해자〔隍〕 속에 숨겨 놓았다. 그러나 곧 그 장소를 잊어서 찾지 못하자 꿈을 꾼 것이라 생각하고는 혼자 중얼거리며 길을 가는데, 우연히 그 말을 들은 사람이 그곳으로 가서 사슴을 찾아내어 집으로 가지고 가 버렸다. 그러고는 아내에게 "그 사람이 사슴 잡는 꿈을 꾸었으나 어디 있는지 알지 못하였는데, 이제 내가 사슴을 얻었으니, 그는 참으로 꿈을 꾼 사람일세." 하니, 아내가 "어쩌면 당신이 그 나무꾼이 사슴을 잡은 꿈을 꾼 것인지도 모르지요." 하였다. 《列子 周穆王》

32 닭이 사면령을 반포하고 : 옛날에 사면령을 반포할 적에 황금으로 만든 닭 모양 장대를 세우고서 거기에다 포고문을 걸어서 반포하였다.

바닷가로 간 사람엔 기러기가 편지를 가져오네　海上行人雁帶書
북당에서 기쁘게 모시매 봄기운 자리에 가득하리니 歡侍北堂春滿座
잠시의 영고성쇠를 어찌 탄식하리오　暫時榮落肯欷歔

-당시 성지(成之)는 사면되어 돌아왔고, 퇴지(退之)는 일본에서 돌아왔다.-

입조하는 김시견[33]을 전송하며

送金時見入朝

십 년간 명리를 좇던 꿈이 이미 성글어져	十載名場夢已疎
낙동강 가에 새로 몇 칸의 오두막을 지었네	洛濱新構數椽廬
푸른 바다에 남겨진 보물 많다고 말하지 마오	莫言滄海多遺寶
지금 맑은 조정에 추천서 있음이 기쁘네	今喜淸朝有薦書
늙은 몸 수레 끌어도 오히려 천리마인 줄 알겠으니	垂老服車猶識驥
한밤중 검 두드림이 어찌 물고기 반찬 때문이랴[34]	中宵彈劍豈因魚
동갑 중에 일찍이 취향이 같은 벗이 있어	同庚有客曾同調
이별한 뒤에도 잊지 않고 안부를 알리네	別後無忘報起居

33 김시견(金時見) : 누구인지 알 수 없다.

34 검……때문이랴 : 더 나은 대우를 받기 원한 것이 아니라 자신의 포부를 펼치려는 것이라는 뜻이다. 전국 시대 제(齊)나라 풍환(馮驩)이 일찍이 제나라 맹상군(孟嘗君)의 문객(門客)이 되었는데, 맹상군이 후하게 대우하지 않고 좌우로부터 천시를 받자, 풍환이 불만을 품고 손으로 칼을 두드리며〔彈鋏〕 노래하기를, "긴 칼아, 돌아가야겠다. 먹자 해도 생선이 없구나. 긴 칼아, 돌아가야겠다. 밖엘 나가려 해도 수레가 없구나.〔長鋏歸來乎! 食無魚; 長鋏歸來乎! 出無車.〕"라고 하니, 맹상군이 좌우에 명하여 풍환의 요구를 들어주게 하였다는 고사가 있다. 《史記 孟嘗君列傳》

임오년 과거 시험 합격자 모임[35]의 시축에 쓰다

題壬午榜會軸

거리낌 없는 모습 거나한 술기운에 의지하니	跌宕形骸倚半酣
같은 해의 소과 합격자[36]가 기쁘게 함께 참석하였네	一時蓮榜喜同參
아름다운 시절은 정히 단풍이 비단 같을 때이고	佳辰政値楓如錦
비 갠 경물은 달이 못에 가득함이 아름답네	霽景仍憐月滿潭
낙사의 음식은 겨우 다섯 가지를 넘겼으나	洛社盤羞纔過五
상옹의 그림에는 도리어 세 사람이 더 있네[37]	商翁圖畫却添三
관대[38]에서 오늘밤 별의 모습 점치고는	觀臺此夜占星象

35 임오년……모임 : 임오년은 선조 15년인 1582년으로, 창석이 생원시에 합격한 해이다. 합격자 모임은 북계계(北溪契)인데, 조익(趙翊, 1556~1613)의 《가휴집(可畦集)》 권5 〈제북계계축(題北溪契軸)〉에 창석이 지은 이 시의 첫째 수가 덧붙여 기록되어 있다. 《가휴집》 권6 〈연보〉에 의하면 정미년(1607, 선조40) 8월에 〈제북계계축〉을 지었다고 되어 있으며, 그 주에 의하면 계원(契員)은 조익, 김정목(金庭睦), 신한룡(辛翰龍), 정이홍(鄭而弘), 정경세(鄭經世), 이준(李埈), 장세철(張世哲) 등 7명이며, 계회도(契會圖)를 만들어 그 위에는 화상(畫像)을 나열하고 그 아래에는 관작과 성명을 썼다고 하였다.

36 소과 합격자 : 원문은 '연방(蓮榜)'으로, 옛날 대과(大科)인 문과에 급제한 자에게는 월계화(月桂花)를 하사하고 소과인 사마시에 합격한 자에게는 연꽃을 하사하였으므로 문과 급제를 계방(桂榜), 사마시 합격을 연방(蓮榜)이라 한 데서 유래하였다.

37 상옹의……있네 : 계회도(契會圖)에는 상산사호보다 세 사람이 더 많은 7명이 그려졌음을 말한다.

38 관대(觀臺) : 관상감(觀象監)으로, 조선 시대에 예조(禮曹)에 속하여 천문(天文), 지리(地理), 역수(曆數), 기상(氣象), 각루(刻漏) 따위를 맡아보던 관아이다.

응당 현인들이 영남에 모였다고 보고하리라　應報賢人聚嶺南

다섯 노인 함께 살며 낙동강 가에서 노니니　五老居同洛上游
덕성이 인하여 두 오두[39]에게 모였네　德星仍聚兩遨頭
같은 해의 소과 합격자들 아무 탈 없어　一時蓮榜人無恙
천년 전 난정의 계사를 닦을 수 있네[40]　千載蘭亭禊可修
시야의 산과 시내는 어찌 그리 여유로운가　望裏溪山何醞藉
좌중의 담소하는 이는 모두 풍류를 아네　坐中談笑盡風流
해마다 훈지[41]의 모임 쇠퇴하지 않아　年年不替塤篪會
좋은 일은 채색 붓에 의지하여 남겨두어야 하네　勝事須憑彩筆留

39 오두(遨頭) : 고을 수령 또는 수령이 들놀이 하는 것을 말한다. 당(唐)나라 때 성도(成都)의 풍속에 매년 4월 19일마다 완화계(浣花溪) 가에서 연유(宴游)하면서 이날을 완화일(浣花日)이라 일컬었는데, 이날은 특히 그 지방 태수(太守)가 출유(出遊)하여 두보(杜甫)의 초당(草堂)에서 오두연(遨頭宴)을 베풀었던 데서 온 말이다. 당시에 정경세는 대구 부사(大丘府使)였고, 장세철은 선산 부사(善山府使)였다.

40 난정의……있네 : 진(晉)나라 왕희지(王羲之) 등 명사 42인이 상사일(上巳日)에 회계산(會稽山)의 난정에 모여서 귀신에게 빌어 재앙을 쫓는 계사(禊事)를 행하고 술을 마시며 시를 지은 일이 있는데, 왕희지가 지은 〈난정기(蘭亭記)〉에 그 내용이 상세히 나와 있다. 한(漢)나라 이전에는 음력 3월 상순(上旬)의 사일(巳日)을 상사(上巳)라고 하였는데, 위진(魏晉) 시대 이후로는 사일에 관계없이 3월 3일을 상사라고 하였다.

41 훈지(塤篪) : 훈지(壎篪)와 같은 말로, '훈'은 질로 만든 나팔이고, '지'는 대로 만든 저이다. 이 두 악기는 소리가 서로 잘 어울린다. 《시경》 〈하인사(何人斯)〉에 "형은 질나발을 불고 아우는 젓대를 분다.〔伯氏吹壎, 仲氏吹篪.〕"라고 하여 형제애가 매우 좋음을 표현하였다. 여기서는 동년에 합격한 사람들이 형제처럼 친밀함을 뜻한다.

팔월 팔일에 돌아가신 어머니 생신이다

八月八日 先妣生日

중추 초파일에　　中秋初八日
두 아들이 서쪽 물가에 있네　　二子在西涯
서리와 이슬[42]에 새로운 느낌이 더해지고　　霜露添新感
더위와 추위 몇 번이나 지났던가　　炎涼閱幾時
다함이 없는 은혜 갚지 못하고　　未酬恩罔極
부질없이 늙기만 기약한 듯함을 탄식하네　　空歎老如期
이로부터 오직 서로 힘써　　自此惟相勖
충성에 효도를 옮겨야 하리　　於忠孝可移

42 서리와 이슬 : 돌아가신 부모를 그리워하는 마음을 의미한다. 《예기》 〈제의(祭義)〉에 "서리와 이슬이 내리거든 군자는 이것을 밟고 반드시 서글픈 마음이 있기 마련이니, 그 추움을 말함이 아니다. 봄에 비와 이슬이 적셔 주거든 군자는 이것을 밟고 반드시 놀라는 마음이 있어 장차 부모를 뵈올 듯이 여긴다.〔霜露旣降, 君子履之, 必有悽愴之心, 非其寒之謂也. 春雨露旣濡, 君子履之, 必有怵惕之心, 如將見之.〕"라고 한 데서 유래하였다.

우곡에게 부치다

寄愚谷

고아한 선비 우수 북쪽 모퉁이에 그윽히 사니	高士幽棲水北隈
뭇 봉우리 깊숙한 데 옥 병풍이 둘렀네	群巒窈窕玉屛廻
이끼 낀 뜰은 응당 시선을 위해 청소하고	苔庭應爲詩仙掃
차조술은 인하여 명절날에 개봉하네	秫酒仍從節日開
산고개 지난 가을 그림자 굽은 난간으로 오고	度嶺秋陰來曲檻
하늘을 적신 못 그림자는 외로운 대를 품었네	浸天潭影抱孤臺
생각하매 도리어 낙엽 지는 가을 만남이 한스러우니	相思却恨逢搖落
서글피 서봉을 바라보매 마음을 가눌 수 없네	悵望西峯意未裁

명나라에 조회 가는 정자부[43]를 전송하며

送鄭子孚朝天

우뚝 솟은 쌍대궐이 구름 하늘로 들어가는데	岧嶢雙闕入雲霄
일찍이 원란[44]을 좇아 이른 아침에 알현하였네	曾逐鵷鸞趁早朝
지난 일은 이미 세속의 꿈을 따라 멀어졌고	往事已隨塵夢隔
이별의 길은 지금 옥경을 가리키며 멀어지네	別程今指玉京遙
낭성[45]이 밤에 떨어져 요사한 기운 고요하고	狼星夜落妖氛靜
압록강 가을이 평화로우니 장기가 사라지네	鴨水秋平瘴霧消
안온하게 궁궐에서 광악[46] 소리 들으리니	穩向紫宸聞廣樂
씩씩한 노닒 훗날 누구와 비교해도 넉넉하리라	壯遊他日較誰饒

43 정자부(鄭子孚) : 정사신(鄭士信, 1558~1619)으로, 본관은 청주(淸州), 자는 자부(子孚)·숙부(叔孚), 호는 매창(梅窓)·신곡(神谷)이다. 1582년(선조15) 식년문과에 급제한 뒤, 예조 정랑, 수찬, 밀양 부사 겸 경상도·중도 방어사 등을 역임하였다. 저서로 《매창집》이 있다.

44 원란(鵷鸞) : 봉황의 일종인 원추(鵷雛)와 난조(鸞鳥)로, 조정의 반열에 서 있는 백관을 가리키는 말이다.

45 낭성(狼星) : 천랑성(天狼星)을 말하는데 청백색으로 빛나는 모습이 푸르스름한 늑대 눈을 닮았다고 하여 이렇게 부른다. 병란(兵亂)을 상징한다.

46 광악(廣樂) : 균천광악(鈞天廣樂)의 준말로, 천상(天上)의 음악을 가리킨다. 균천은 상제(上帝)가 사는 곳이고 광악은 광대(廣大)한 음악이다. 조 간자(趙簡子)가 병이 들어 오랫동안 깨어나지 못하다가 7일 만에 침상에서 일어나 대부들에게 말하기를 "내가 상제가 있는 곳에 갔는데, 매우 즐거웠다. 백신(百神)들과 균천에서 놀았는데, 광악을 아홉 번 연주하자 온갖 춤을 추었고 삼대(三代)의 음악과 달리 그 소리가 마음을 동요하였다."라고 하였다. 《史記 扁鵲列傳》

밤에 이야기하며 홍위부[47]에게 주다
夜話贈洪偉夫

성균관에서 서로 어울린 지 몇 년이 지났던가	芹泮相隨閱幾霜
조정의 반열에 또 나란히 갈 줄 어찌 알았으랴	豈知鵷鷺又聯行
재궁[48]으로 호가하니 천향이 젖었고	齋宮扈駕天香濕
오금[49]에서 등불 거니 밤 시간이 길구나	鰲禁懸燈夜漏長
옛정을 폄에 항상 간담을 드러나게 하였고	叙舊每敎肝膽露
돌아가길 생각함에 도리어 머리털 검은 것 한스럽네	思歸却恨髩毛蒼
풍진세상에 함께 이야기할 사람 적으니	風塵可與言人少
만난 자리에서 이별 고함이 바쁨을 허락지 마오	莫許逢場告別忙

47 홍위부(洪偉夫) : 홍위(洪瑋, 1559~1624)로, 본관은 남양(南陽)이고 자는 위부(偉夫)이며, 호는 서담(西潭)이다. 유성룡(柳成龍)의 문인이다. 선조 때 지평, 예조 좌랑, 성균관 전적, 정언, 지평 등 요직을 역임하면서 직언(直言)으로 시사를 바로잡았다. 광해군 때 정치가 어지러워지자 관직에서 물러나 후생 교육에 힘썼다. 인조반정 후에 다시 벼슬길에 나아가 병조 정랑, 예천 군수 등 내외직을 역임하였다. 저서로는 《서담집(西潭集)》이 있다.

48 재궁(齋宮) : 왕실의 무덤을 수호하기 위하여 세운 사찰의 안에 있는, 재(齋)를 드리는 곳을 말한다.

49 오금(鼇禁) : 한림원(翰林院)의 별칭으로, 예문관(藝文館)을 말한다.

동산 숲의 잔치 모임에 달빛이 매우 맑기에 시 한 수를 지어 기록하다

園林燕集 月色淸甚 賦一詩識之

너울너울 관개[50]들이 동산 숲에 모이니	聯翩冠蓋會園林
여러 분들의 옛정 깊음이 매우 감사하네	多謝諸公舊意深
바람과 안개를 차지하여 모임의 술잔 기울이고	爲占風煙傾社酒
함께 서리와 눈에 놀라 아침 비녀 점검하네	共驚霜雪點朝簪
국화는 아직 황금 꽃술 남았음이 기쁘니	寒花尙喜留金蕊
흩어진 물방울 누가 옥 거문고 연주하게 한 것인가	散水誰敎按玉琴
밝은 달 또한 내가 객 사랑하는 줄 아니	明月亦知人愛客
맑은 달빛에 조각구름 침범함을 허락지 마오	淸光不許片雲侵

50 관개(冠蓋) : 관원의 관복과 수레를 가리키는데, 일반적으로 관원의 행차를 말한다.

영가동루 시에 차운하여

次永嘉東樓韻

공무 서류 앞에 쌓이니 역량이 감당치 못해	案牘堆前力不任
십 년 만에 묵은 자취 다시 찾음이 부끄럽네	十年陳迹愧重尋
기댄 베개에 꿈에서 돌아오니 세월이 바뀌었고	夢回欹枕星霜換
차가운 서재에 병든 몸 일으키니 눈이 깊이 쌓였네	病起寒齋雨雪深
늙어 가는 날에 온갖 느낌 억누르지 못하고	百感未禁垂老日
일생 동안 은혜에 보답할 마음 다하기 어렵네	一生難了報恩心
취하자 인하여 동루에 올라 바라보니	醉來仍上東樓望
잊지 못하는 외로운 충성 북극성이 임하네	耿耿孤忠北極臨

경광사에서 취하여 오경암[51]과 이별하며

鏡光寺 醉別吳敬菴

서로 간에 안부를 물을 길 없었으니	兩地無從問暖涼
두 귀밑털이 가을 서리로 바뀜을 견딜 수 있으랴	可堪雙鬢易秋霜
풍진세상에서 삼 년간 얼굴을 보지 못하여	風塵不見三年面
술동이 가지고 다시 작은 선방[52]을 찾았네	樽酒重尋十笏房
물결이 출렁이는 낙수의 가을 그림자요	洛水秋陰波淼淼
빗줄기 세차게 내리는 학산의 차가운 풍경일세	鶴山寒色雨蒼蒼
서로 만나매 오래 머무름을 이상히 여기지 마오	相逢莫怪留連久
헤어진 뒤 만날 기약 다시 아득하기 때문이오	別後佳期更渺茫

51 오경암(吳敬菴) : 오여발(吳汝撥, 1579~1625)로, 본관은 고창(高敞), 경암은 호이다. 1603년(선조36) 문과에 급제하였다. 여러 대간직을 두루 거치면서 올곧다는 명성이 조야에 진동했으나 이 때문에 꺼림을 받아 요직(要職)에 진출하지 못하고 외직을 전전하다 1625년(인조3) 창원 부사(昌原府使)로 졸하였다. 저술로 《경암집》이 있다.

52 작은 선방(禪房) : 원문은 '십홀방(十笏房)'인데, 홀(笏) 즉 수판(手板) 10개를 용납할 정도의 방이므로 아주 작은 방을 가리킨다. 《수당가화(隋唐嘉話)》에 의하면 "유마거사의 석실은 수판을 가지고 종횡으로 헤아린 결과 십 홀을 용납할 정도였다.〔有維摩居士石室, 以手板縱橫量之, 得十笏.〕"라고 하였다.

부림정 시에 차운하여

次浮林亭韻

대하의 서쪽에 띠집 한 칸을 지었으니	一間茅楝大河西
자취가 어찌 호계[53]를 나간 적이 있으랴	蹤迹何曾出虎溪
이곳에서 두 늙은이가 되고자 하니	欲向此中成二皓
혹 은거하여 살 남은 땅을 허용해 줄는지	倘容餘地着幽棲

53 호계(虎溪) : 여산(廬山)의 동림사(東林寺) 앞에 있는 개울 이름이다. 진(晉)나라 때 혜원법사(慧遠法師)가 동림사에 있으면서, 평소에 여기를 지나기만 하면 호랑이가 울어서 손님을 전송할 때는 호계를 지나가지 않았다. 하루는 도연명(陶淵明) · 육수정(陸修靜)과 함께 이야기를 하다가 자신도 모르는 사이에 호계를 넘게 되었고, 호랑이가 울자 세 사람이 크게 웃고 헤어졌다는 고사가 있다.

배를 타고 병산을 지나며 서애 선생의 유적을 방문하다
舟過屛山 訪先生遺迹

낙동강 물이 맑게 출렁이고	洛水淸溶溶
병산은 푸른빛이 우거졌네	屛山翠葱葱
맑은 기운이 위대한 이에게 모였으니	淑氣鍾偉人
공은 생전에 퇴계를 계승하였네	公生繼退翁
이 땅에 남긴 감상이 있어	此地有遺賞
좁은 터에 유궁[54]을 지었네	一畝着儒宮
지팡이에 짚신 신고 때때로 왕래하신 곳이니	杖屨時往來
선비들[55]도 종유하였네	衿佩亦相從
선생은 돌아가신 지 이미 오래되었으나	先生歿已久
숲과 골짜기는 맑은 바람을 띠고 있네	林壑帶淸風
나는 지난 자취를 거슬러 가서	我來遡往蹟
아름다운 계수나무 떨기에 배를 묶었네	維舟芳桂叢

54 유궁(儒宮) : 향교와 서원 같은 교육기관을 말하는데, 여기서는 병산서원(屛山書院)을 가리킨다. 유성룡(柳成龍, 1542~1607)의 학문과 업적을 기리기 위해 설립한 서원이다. 안동시 하회면에 있으며, 1614년(광해군6)에 존덕사를 세워 유성룡의 위패를 모셨다가, 1629년(인조7)에 그의 아들 유진(柳袗, 1582~1635)의 위패를 아울러 봉안하였다. 1862년(철종13)에 조정에서 '병산서원'이란 이름을 하사했다.

55 선비들 : 원문 '금패(衿佩)'는 옷깃과 패옥으로, 공부하는 선비를 가리킨다. 《시경》 〈자금(子衿)〉에 "푸르디푸른 그대의 옷깃이여, 길이 생각하는 내 마음이로다.…… 푸르디푸른 그대의 패옥이여, 길이 생각하는 내 그리움이로다.〔靑靑子衿, 悠悠我心.……靑靑子佩, 悠悠我思.〕"라고 한 데서 유래하였다.

모범이 되는 모습 날로 멀어짐을 탄식하니　典刑嗟日逖
갱장의 사모함[56] 어찌 다함이 있으랴　羹墻慕何窮
사당을 세워 제사[57] 드리니　立祠供吉蠲
성대한 일을 한 여러 분에게 하례하네　盛事賀諸公

56 갱장(羹墻)의 사모함 : 돌아가신 스승을 우러러 사모하는 마음을 뜻한다. 《후한서(後漢書)》 〈이고전(李固傳)〉의 "순(舜)이 요(堯)를 사모하여, 앉아 있을 적에는 요임금을 담에서 뵙는 듯하고, 밥 먹을 적에는 요임금을 국에서 뵙는 듯했다."에서 인용한 것이다.

57 제사 : 원문 '길견(吉蠲)'은 길일(吉日)을 택하여 정결하게 제계(齊戒)하여 제사하는 것이다. 《시경》 〈천보(天保)〉에 "길일을 잡아 정결히 술밥을 지어 이것을 효성으로 제향하네.〔吉蠲爲饎, 是用孝享.〕"라고 한 데서 유래하였다.

명원루[58] 시에 차운하여

次明遠樓韻

사신이 멀리 안동에서 돌아오니	使臣遙自永嘉回
객지의 회포를 잠시 풀기에 좋네	客裏襟懷好暫開
난간에 기대니 맑은 빛이 못물에서 나오고	倚檻晴光陂水出
발을 걷으니 옥색 기운이 현산에서 오네	鉤簾縹氣峴山來
계절의 화려함 눈에 들어오니 자주 붓 휘두르고	年華入眼頻揮翰
시사가 마음에 걸리니 다시 술잔을 잡네	時事關心更把杯
외로운 밤 위태로운 누각에서 오래도록 서글퍼하니	獨夜危樓怊悵久
북두성은 나의 이 서성임을 알리라	北辰知我此徘徊

58 명원루(明遠樓) : 경상북도 영천(永川)에 있는 누각 이름인데, 서거정의 《사가집(四佳集)》 권3 〈명원루기(明遠樓記)〉에 의하면 그 고을 태수(太守)의 말을 빌려 "영천의 영은 본디 두 물의 뜻을 취한 것이니, 대개 두 물은 원래 모자산에서 발원하여 중간에 두 갈래로 나뉘어 꺾여서 남쪽으로 흐르다가 이 고을 앞에 이르러서 다시 하나로 합쳐지기 때문에 이렇게 호칭한 것이라 한다.〔永取二水之義, 蓋二水發源於母子山, 分二派折而南流, 抵郡前合爲一, 所以爲號也.〕"라고 하였다.

금성으로 부임하는 우곡을 전송하며

送愚谷赴任錦城

거울 속의 흰 머리털은 양쪽 모두 쇠하였으니	鏡中華髮兩衰遲
단란한 만남 몇 번이나 가질 수 있을까	能得團圓幾許時
가는 길은 넓은 서쪽 바다를 돌아서 가니	征路迤從西海闊
해진 갖옷 어찌 부는 북풍을 견딜 수 있으랴	弊裘何耐北風吹
모쪼록 갈림길에서 이별을 상심하지 마오	不須岐路傷離合
다만 우리 마음 험한 데서도 변치 않길 바라네	但願襟期保險夷
공보[59]는 예로부터 악목[60]에서 나왔으니	公輔古來由岳牧
응당 신선 신발[61] 거친 외지에 지체되지 않으리	未應仙舃滯荒陲

59 공보(公輔) : 천자(天子)를 보좌하는 삼공(三公) 즉 태사(太師)·태부(太傅)·태보(太保)와 사보(四輔) 즉 전의(前疑)·후승(後丞)·좌보(左輔)·우필(右弼)을 일컫는데, 전하여 재상과 같은 벼슬을 이른다.

60 악목(岳牧) : 사악(四岳)과 십이목(十二牧)을 합쳐서 줄인 말인데, 요순 시대에 이들이 정무와 지방 각국의 제후를 나누어 관장하였다고 한다. 후대에는 지방관을 뜻하는 말로 널리 쓰이게 되었다. 《書經 周官》

61 신선(神仙) 신발 : 후한(後漢) 명제(明帝) 때 선인(仙人) 왕교(王喬)가 신술(神術)이 있었던바, 그가 일찍이 섭현 영(葉縣令)으로 있으면서 매월 삭망(朔望) 때마다 거기(車騎)도 없이 머나먼 길을 와서 조회에 참예하므로, 임금이 그를 괴이하게 여겨 그 내막을 알아보게 하였다. 그 결과, 그가 올 때마다 오리 두 마리가 동남쪽에서 날아오므로, 그물을 쳐서 오리를 잡고 보니 바로 왕교의 신이었다는 고사에서 온 말로, 전하여 지방관을 의미한다.

응고 김광엽[62]에 대한 만시

挽金應敎 光燁

큰 꿈속에서 화서[63]에 가신 줄도 모르고	不知大夢赴華胥
풍편에 편지 보내 안부를 물었네	尺牘因風問起居
무덤에선 문득 묵은 풀 무성한 것 보고	金阜忽看迷宿草
옥당에선 부질없이 많은 책 교정하던 일 생각하네	玉堂空憶校群書
백 년 만의 빼어난 기운 지금은 모두 없어지니	百年間氣今都盡
한 세대의 맑은 선비 또 몇이나 남았는가	一世淸流又幾餘
황천에서 원통함으로 응당 답답하리니	泉裡有寃應鬱結
백발의 어머니가 문에 기대 기다림이 가련쿠나	可憐鶴髮倚門閭

62 김광엽(金光燁) : 1561~1610. 본관은 순천(順天), 자는 이회(而晦), 호는 죽일헌(竹日軒)이다.

63 화서(華胥) : 황제(黃帝)가 낮잠을 자다가 꿈속에서 보았다는 이상국가(理想國家)의 이름이다. 황제가 이 나라를 여행하면서 무위자연(無爲自然)의 이상적인 정치가 실현되는 꿈을 꾸고는 깨달음이 있어 천하에 크게 덕화(德化)를 펼쳤다는 전설이 전한다. 《列子 黃帝》 여기서는 김광엽이 세상을 떠난 것을 비유한다.

전물지의 모정에서 우곡과 이별하였는데, 당시 우곡은 금성으로 가고 나는 서울로 갔다

全勿之茅亭別愚谷 時愚谷赴錦城 吾赴洛

티끌세상에 두 다리 붙이고 살다가	兩脚黃塵裏
외로운 정자 푸른 물 남쪽에 있네	孤亭綠水陰
한가한 이나 바쁜 이나 함께 술잔 잡고	閑忙同把酒
남쪽과 북쪽으로 각각 이별하네	南北各分襟
땅이 머니 나그네 마음 괴롭고	地遠羈心苦
하늘이 차니 북방의 날씨가 심하네	天寒朔氣深
관문이나 강도 응당 막지 못하리니	關河應未礙
꿈속의 넋은 멀리서 서로 찾으리라	魂夢遠相尋

호남 안찰사로 떠나는 홍덕공[64]을 전송하며

送洪德公按湖南

한정신최[65]가 사유[66]의 안찰사가 되었는데	韓鄭申崔按四維
친구가 지금 또 감사가 되었네	故人今又作監司
만약 우리 고을에 인재가 적다고 말한다면	若言吾黨人才少
어떻게 관찰사 부절을 동시에 잡을 수 있으랴	那得同時使節持
관직의 경중으로 내외를 나누지 말고	莫把重輕分內外

64 홍덕공(洪德公) : 홍경신(洪慶臣, 1557~1623)으로, 본관은 남양(南陽), 자는 덕공, 호는 녹문(鹿門)이다. 1589년(선조22) 사마 양시에 합격하였으며, 내수사 별제로 재직 중이던 1594년 별시 문과에 급제하였다. 부제학, 우승지, 대사성, 부평 부사(富平府使) 등을 두루 역임한 뒤, 1621년 좌승지, 첨지중추부사에 이르렀다.

65 한정신최(韓鄭申崔) : '한(韓)'은 한준겸(韓浚謙, 1557~1627)으로, 본관은 청주(淸州), 자는 익지(益之), 호는 유천(柳川), 시호는 문익(文翼)이다. 1607년 평안 감사에 임명되었다. '정(鄭)'은 정경세(鄭經世, 1563~1633)로, 본관은 진주(晉州), 자는 경임(景任), 호는 하거(河渠)・승성자(乘成子)・석중도인(石潈道人)・송록(松麓)・우복(愚伏), 시호는 문장(文莊)이다. 1610년(광해군2) 10월에 외직을 청하여 나주 목사에 임명되었으며, 12월에는 다시 전라 감사에 임명되었다. '신(申)'은 신식(申湜, 1551~1623)으로, 본관은 고령(高靈), 자는 숙지(叔止), 호는 용졸재(用拙齋)이다. 신숙주(申叔舟)의 5대손이며, 이황의 문인이다. 1610년(광해군2) 9월 6일 강원도 관찰사에 임명되었다. '최(崔)'는 최관(崔瓘, 1563~1630)으로, 본관은 강화(江華), 자는 영중(瑩仲), 호는 미옹(迷翁)이다. 1608년(광해군 즉위년) 8월 25일에 경상 감사로 부임하였다.

66 사유(四維) : 사방의 간방(間方)으로, 역(易)에서 서북쪽인 건괘(乾卦), 서남쪽인 곤괘(坤卦), 동북쪽인 간괘(艮卦), 동남쪽인 손괘(巽卦)를 가리킨다.

다만 처음부터 끝까지 안위를 책임져야 하리　　但須終始任安危
번다함 없애고 폐단 구제함에 응당 여유가 많으리니 剸煩濟弊應多暇
화극[67]이 어찌 묘한 경지에 드는 시에 방해되리　　畫戟何妨入妙詩

-익지(益之), 경임(景任), 숙지(叔止), 영중(瑩仲)이다.-

67 화극(畫戟) : 아로새긴 창을 가리키는 것으로, 소주 자사(蘇州刺史)를 지낸 위응물(韋應物)의 시 〈군재우중여제문사연집(郡齋雨中與諸文士燕集)〉에 "호위병에겐 아로새긴 창이 늘어섰고, 연침에는 맑은 향기가 어리었네.〔兵衛森畫戟, 宴寢凝淸香.〕"라고 한 데서 온 말로, 전하여 지방관의 한가로운 생활을 의미한다.

공원[68]계축에 쓰다

題貢院契軸

문예의 운수가 하은주 삼대로 돌아와　　文運回三代
빼어난 인재를 사방에서 천거하네　　英才貢四方
벽규[69]는 저녁의 고운 빛에 솟아오르고　　壁奎騰夕彩
난새와 봉황은 조양[70]에 모이네　　鸞鳳集朝陽
옆으로 앉음[71]은 군왕이 성스럽기 때문이고　　側席君王聖
재목을 선택함은 목수가 훌륭해서일세　　掄材匠石良
풍류를 그림으로 전함은　　風流傳繪事
아름다운 성명을 남기기 위함일세　　留取姓名香

68 공원(貢院) : 선비를 과시(科試)하는 장소를 말하는데, 당(唐)나라 때에 진사방(進士榜)의 첫머리에는 반드시 담묵으로 '예부공원(禮部貢院)' 네 글자를 썼던 데서 과거(科擧)에 급제함을 뜻한다.

69 벽규(璧奎) : 벽성(璧星)과 규성(奎星)의 합칭으로, 이 두 별은 모두 문장을 담당한다.

70 조양(朝陽) : 아침 해가 뜨는 동산으로, 오동나무가 이곳에서 자라 봉황새가 산다고 한다.

71 옆으로 앉음 : 겸손한 마음으로 현자를 기다리는 것을 뜻한다. 《후한서(後漢書)》 〈장제기(章帝紀)〉에 "짐은 곧은 선비를 기다리느라 옆으로 앉아 소식을 듣고 있소.〔朕思遲直士, 側席異聞.〕"라는 말이 나오는데, 이현(李賢)은 주(注)에서, "옆으로 앉는 것은 똑바로 앉지 않는 것을 말하며 현량한 인재를 기다림을 뜻한다.〔側席, 謂不正坐, 所以待賢良也.〕"라고 설명하였다.

영중 안찰사로 떠나는 오봉[72]을 전송하며

送五峯按嶺中

아득히 가는 깃발 남쪽 물가를 가리키는데	悠悠征旆指南涯
큰 고개에 동풍 부니 눈이 아직 날리네	大嶺東風雪尙飛
애석하게도 춘명[73]에서 전송한 뒤에	可惜春明相送後
성에 가득한 거마 중에 친구는 적겠지	滿城車馬故人稀

72 오봉(五峯) : 이호민(李好閔, 1553~1634)으로, 본관은 연안(延安), 자는 효언(孝彦), 호는 오봉, 시호는 문희(文僖)이다. 1579년(선조12)에 진사가 되고, 1584년에 별시 문과에 을과로 급제하였다. 임진왜란 때 이조 좌랑(吏曹佐郎)으로 선조를 호종하였고, 대제학, 예조 판서를 거쳐 벼슬이 좌찬성에 이르렀으며, 호성공신(扈聖功臣) 2등으로 연릉군(延陵君)에 봉해졌다. 뒤에 대광보국숭록대부(大匡輔國崇祿大夫)에 오르고 부원군(府院君)에 진봉되었다. 청백리(淸白吏)에 녹선되고 시문에 모두 뛰어났다. 저서로 《오봉집》이 있다.

73 춘명(春明) : 옛날 장안(長安)의 성문인 춘명문(春明門)을 말하는데, 일반적으로 대궐 또는 도성을 가리킨다.

호남 안찰사로 떠나는 정경임을 전송하며

送鄭景任按湖南

쓸쓸한 서울 어귀에 삽짝문 닫았으나	寂寥京口掩柴扉
시사가 마음에 걸려 머리털이 쉬 희어지네	時事關心鬢易絲
애석하게도 장기의 재해가 타 버린 것 같은 곳으로	可惜瘴災如火地
일 년 만에 거듭 정 감사를 전송하네	一年重送鄭監司

영중 안찰사로 떠나는 윤가회[74]를 전송하며

送尹可晦按嶺中

늙어서 임금의 은혜 적셔 줌을 매우 입어 白頭偏荷主恩霑
절월[75] 가지고 지금 영남으로 향하네 節鉞今臨大嶺南
고명을 살펴보니 제일로 추대되고 按察名高推第一
늦봄에 이별하니 삼짇날이 지났네 別離春晚過重三
위엄 있는 풍도는 문득 산하의 장엄함을 보는 듯 威風忽見山河壯
은덕과 혜택은 온통 비와 이슬로 적셔 주는 듯하네 德澤渾將雨露涵
나 또한 부절을 빌려 푸른 바다로 간다면 我亦乞符滄海去
혹 빈막에서 짝하여 고담함을 허락할는지요 倘容賓幕件高談

74 윤가회(尹可晦) : 윤방(尹昉)으로, 본관은 해평(海平), 자는 가회(可晦), 호는 치천(稚川), 시호는 문익(文翼)이다. 1601년(선조34)에 동지사로, 1608년에 사은사로, 1615년(광해군7)에 다시 사은사로 명나라를 다녀왔다.

75 절월(節鉞) : 안찰사가 가지고 가는 부절(符節)이란 깃발과 부월(斧鉞)이란 도끼이다. 부월은 생살여탈권(生殺與奪權)을 상징한다.

전주 부윤 정광적[76]에게 부침

寄鄭全州 光績

지난해 궁궐[77]에서 오리 신[78] 나란히 하였는데 昔年靑鎖履聯鳧
즐기는 것이 세상과 다름을 어여삐 여겼었네 嗜好曾憐與世殊
벼슬 그만두고 번구[79]에서 차조 농사 익숙터니 官罷慣耕樊口秫
집이 가난하여 지금 제남[80]의 부절을 찼네 家貧今佩濟南符

76 정광적(鄭光績) : 1551~1637. 본관은 하동(河東), 자는 경훈(景勛), 호는 남파(南坡)·서간(西澗)이다. 전주부윤에 제수된 시기는 명확하지 않다. 1611년(광해군 3) 7월 전주 부윤으로 있던 정광적의 파직을 요구한 상소가 실록에 기록된 것으로 보아, 1609년 봄에서 1611년 여름 이전에 전주 부윤으로 부임한 듯하다.《光海君日記 3年 7月 29日》

77 궁궐 : 원문 '청쇄(靑鎖)'는 '청쇄(靑瑣)'와 같은 말로, 궁궐의 창문을 꾸미는 청색의 연결된 꽃무늬인데, 후대에 궁궐의 범칭으로 쓰이게 되었다.

78 오리 신 : 지방관을 뜻한다. 앞의 주 61 '신선(神仙) 신발' 참고. 여기서는 지방관의 신분으로 함께 대궐에서 임금께 문후하였음을 뜻한다.

79 번구(樊口) :《여지기승(輿志紀勝)》에서 "번계 동쪽을 번구라고 하는데 이곳에서 양자강으로 들어간다.〔樊溪東爲樊口, 入於江.〕"라고 하였다. 당(唐)나라 때 사람인 원결(元結)이 벼슬을 그만두고 은거한 곳이다. 원결은 숙종(肅宗) 때 도성으로 부르자 시의(時議) 3편을 올렸고, 대종(代宗) 때 도주 자사(道州刺史)가 되어 어진 정사를 폈으나, 부모가 늙은 까닭으로 벼슬을 버리고 번계 가〔樊上〕로 돌아가 책을 벗 삼고 살았다.《唐書 元結傳》

80 제남(濟南) : 중국 산동성에 있던 지역의 이름으로, 명사(名士)가 많은 곳이다. 두보의 〈배이북해연역하정(陪李北海宴歷下亭)〉에, "해우에 이 정자가 예스럽고 제남에는 명사가 많다네.〔海右此亭古, 濟南名士多.〕" 하였다. 여기에서는 전주를 비유하여 말한 것이다.

맑은 이름은 만년에 오직 공이 계시어	淸名末路惟公在
교제의 정은 평소에 보잘것없는 나를 허여하셨네	交誼平生許我無
쇠하고 병든 몸 근래 장포[81]를 찾아 누웠으니	衰病近尋漳浦臥
두 고을에서 서로 바라보매 달도 함께 외롭네	兩鄕相望月同孤

81 장포(漳浦) : 병으로 쓸쓸히 지내는 곳을 말한다. 삼국 시대 건안칠자(建安七子)의 한 사람으로 일컬어졌던 유정(劉楨)은 늘 병을 앓고 있어 장포(漳浦)에 살면서 누워 지냈다. 조비(曹丕)에게 보낸 시 가운데 "내가 고질병에 한번 걸려들어, 장수 물가에 몸을 숨겼노라.〔余嬰沈痼疾, 竄身漳濱.〕"라는 구절이 있다. 《文選 贈五官中郎將》

양 어사[82]의 대하에 올리다. 임금의 명에 따라 지음
上楊御史臺下 應製

청구에 지난날 참창[83]이 비쳤을 때	青丘昔日照欃槍
위엄 있는 봉새가 윤음 물고 옥경[84]에서 내려왔네	威鳳銜綸下玉京
황제의 덕은 원래 하늘과 땅처럼 크고	帝德由來天地大
순수한 충의[85]는 본래 해 별과 함께 밝았네	精忠自與日星明

82 양 어사(楊御史) : 중국 명(明)나라의 장수인 양호(楊鎬, ?~1629)로, 호는 창서(滄嶼)이고, 하남(河南) 귀덕부(歸德府) 상구현(商丘縣) 사람이며, 1580년에 진사가 되었다. 1597년 6월에 흠차경리조선군무(欽差經理朝鮮軍務) 도찰원우첨도어사(都察院右僉都御史)로 나와 평양에 머물렀다가 9월에 경성에 이르렀으며, 12월에 울산(蔚山)에 내려갔다가 이듬해 2월에 경성에 돌아온 뒤 6월에 탄핵을 받고 돌아갔다. 1598년(선조31)에 명(明)나라의 찬획 주사(贊畫主事)인 정응태(丁應泰)가 경리(經理) 양호(楊鎬)의 죄상 20가지를 황제에게 보고하였다. 그 내용은 울산 전투의 패배, 그 패배의 피해 상황 은폐 축소, 경리 자리의 뇌물 매직(賣職), 가등청정과의 비밀 강화 등이었다. 우리나라에서 주문(奏文)을 올려 양호를 변호하니, 정응태가 또다시 황제에게 '조선이 일본을 끌어들여서 요동을 침범하려 했다.'라는 등의 무고를 하므로 사신을 보내어 변무(辨誣)하였다. 《국역 선조수정실록 31년 9월 1일》

83 참창(欃槍) : 혜성인 천참성(天欃星)과 천창성(天槍星)으로, 병란(兵亂)을 예고하는 요성(妖星)이라 하여 불길한 징조로 여겼다. 여기서는 임진왜란의 발발을 말한다. 《漢書 文帝紀 注》《說苑 辨物》

84 옥경(玉京) : 백옥경(白玉京)의 준말로, 도교(道教)에서 말하는 천제(天帝)의 거소(居所)인데, 보통 황제의 도성을 가리킨다.

85 순수한 충의 : 원문은 '정충(精忠)'으로, 티 없이 순결한 충성심이란 뜻이다. 옛날 송 고종(宋高宗)이 충신인 악비(岳飛)에게 '정충악비(精忠岳飛)'라는 네 글자를 친히 써서 깃발에 달게 한 뒤로부터 자신을 돌아보지 않는 순수한 충의를 표현할 때

백년의 간기[86]는 산천이 길러 주었고　百年間氣山河毓
칠척의 하찮은 몸 초개처럼 가벼이 여겼네　七尺微軀草芥輕
왜적의 소굴을 깊이 공격하러 몸소 갑옷 입었고　深擣賊巢躬被甲
군량미를 멀리 수송하여 양식 걱정[87]을 구제했네　遠輸軍餉濟呼庚
창을 휘두르는 살기가 삼한에서 그치고　揮戈殺氣三韓歇
나팔 부는[88] 위풍이 만 리에 생겼네　吹角威風萬里生
이로부터 조선이 보호막에 의지하여　從此鷄林憑堡障
제해[89]가 맑은 물결에 힘입기를 영원히 기대했네　永期鯷海賴澄淸

흔히 쓰이게 되었다.

86 간기(間氣) : 예로부터 영웅 위인들은 위로 성상(星象)의 정기(精氣)에 응하여 천지간의 특수한 기(氣)를 받아서 태어나되, 세대를 격하여〔間世〕 어쩌다가 나온다는 데서 온 말이다. 맹자가 "오백 년 만에 반드시 왕자(王者)가 태어나는데 그 사이에 반드시 세상에 이름난 인물이 있다.〔五百年必有王者興, 其間有名世者.〕" 하였다. 《孟子 公孫丑上》

87 양식 걱정 : 원문의 '호경(呼庚)'은 호경계(呼庚癸)의 줄임말로, 양식이 떨어져 굶는 것을 가리키는 말이다. 춘추 시대에 오(吳)의 신숙의(申叔儀)가 군량미를 요청하자 공손유산씨(公孫有山氏)가 "좋은 곡식은 없어도 거친 곡식은 있으니, 만약 수산(首山)에 올라가 '경계여!' 하고 외치면〔呼庚癸〕 바로 가져다주겠다." 하고 대답하였다. 경(庚)은 오행으로 볼 때 서방(西方)이므로 곡식을 주관하고, 계(癸)는 북방(北方)이므로 물을 주관하기 때문에 양식과 음료를 뜻하는 은어(隱語)로 사용한 것이다. 《春秋左氏傳 哀公 13年》

88 나팔 부는 : 원문은 '취각(吹角)'으로, 나라에서 급한 일이 있을 때 나팔〔角〕을 불어서 군사들을 지정한 장소에 모으던 일이다. 여기서는 양호가 군사를 진두지휘함을 말한다.

89 제해(鯷海) : 제(鯷)는 고대에 동해(東海) 바다 가운데에 있었던 종족의 이름이다. 《한서(漢書)》 〈지리지 하(地理志下)〉에, "회계(會稽)의 바다 바깥에 동제인(東鯷人)이 살고 있는데, 20여 개의 나라로 나누어져 있다."라고 하였는데, 우리나라를

종묘의 종들이 가시덤불에 묻히게 함을 면하니 免教鍾簴埋荊棘
곳곳마다 호장[90]으로 깃발을 바라보았네 幾處壺漿望旆旌
작은 문채가 자개 비단 이룰 줄[91] 어찌 알았으랴 萋斐豈知成貝錦
번유[92]가 장성 잃음이 애석하도다 藩維可惜失長城
멀리 변방 길로 수레 돌아가던 날 迢迢關路回車日
서글피 도읍 사람들 옷소매 붙잡는 마음이었네 慘慘都人把袂情
역사서에 어찌 다만 위대한 업적만 적으랴 汗簡豈惟書偉績
사람의 입에 지금 이미 어짊을 칭송하는 소리 나네 口碑今已頌賢聲
은하수 말미암아 맑은 모습 바라볼 수 없으니 未由霄漢瞻清範
도리어 단청을 빌려 본래 정성 초상화로 묘사하네 却借丹青寫素誠
벽에 가득한 영웅의 기상 찬바람 부는 듯 滿壁英飆吹凜冽
사람에게 비추는 부절의 문채 우뚝한 산 보는 듯 照人符采看崢嶸
장수함은 남산처럼 오래가길 매양 빌었으니 脩齡每祝南山壽

가리킨다.

90 호장(壺漿) : 병에 담은 주장(酒漿)을 가리킨 것으로, 《맹자》 〈양혜왕 하(梁惠王下)〉에 "대그릇 밥과 병에 담은 주장으로 왕사를 맞이했다.〔簞食壺漿, 以迎王師.〕"라고 하였다. 흔히 백성들이 자기들을 옹호해 주는 군대를 환영하고 위로해 주는 데에 비유한 말이다.

91 작은……줄 : 원문 '처비(萋斐)'는 남을 중상모략하는 말을 가리킨다. 《시경》 〈항백(巷伯)〉의 "조금 문채가 있는 것으로, 이 자개 무늬 비단을 이루네. 저 남을 참소하는 자여, 또한 너무 심하도다.〔萋兮斐兮, 成是貝錦. 彼譖人者, 亦已太甚.〕"에서 나온 말로, 여공(女工)이 색실을 한 올 한 올 모아 조개 무늬의 비단을 짜듯 작은 허물을 모아 큰 죄를 얽는 것을 의미한다. 여기서는 양호가 탄핵 당한 일을 말한다.

92 번유(藩維) : 나라의 울타리라는 뜻으로 변방을 말하는데, 여기서는 조선을 가리킨다.

온 세상에서 누가 태산북두의 명성과 다투랴 擧世誰爭北斗名
뼈에 사무치도록 잊지 못하는 은혜는 바다 같으니 入骨不忘恩似海
초상화 어루만지매 어찌 갓끈 적시는 눈물 금하랴 撫圖那禁涕沾纓
오래도록 초택에서 충분[93]으로 머물렀다고 들었고 久聞草澤淹忠憤
지금 조정에서 노성한 그대 기억함을 알겠네 今見朝廷記老成
한 지역의 기강이 서리가 숙살하는 듯하여 一路憲綱霜雪肅
변방 백성들 안정되어 모두 경작하러 돌아갔네 邊民按堵盡歸耕

93 충분(忠憤) : 충의(忠義)로 인하여 일어나는 분한 마음이다.

명나라로 조회 가는 상서 이이원[94]을 전송하며

送李尙書 而遠 朝天

덧없는 삶 모이고 흩어짐 헤아리기 매우 어려우니 浮生聚散苦難料

일찍이 원홍[95]을 따라 푸른 하늘에 올랐지 曾逐鵷鴻上碧霄

형비[96] 한 구역에서 병든 몸을 거두었기에 衡泌一區收病骨

산천 만 리 먼 곳에 맑은 의표 멀어졌네 山河萬里隔淸標

옥관에 밤 고요하니 호성[97]이 떨어지고 玉關夜靜胡星落

94 이이원(李而遠) : 이상의(李尙毅, 1560～1624)로, 본관은 여주(驪州), 자는 이원, 호는 소릉(少陵)·오호(五湖)·서산(西山)·파릉(巴陵), 시호는 익헌(益獻)이다. 임진왜란 때 광해군을 호종한 공로로 위성 공신(衛聖功臣)이 되고 여흥부원군(驪興府院君)에 봉해졌으며, 벼슬은 좌찬성(左贊成)에 이르렀다. 이 시는 이상의가 1611년(광해군3) 가을에 동지사 겸 세자면복주청사(冬至使兼世子冕服奏請使)의 정사로 명나라에 갈 때 지어 준 작품이다.

95 원홍(鵷鴻) : 원추새와 기러기이다. 이 새들은 날아갈 때 순서가 있으므로 조정의 반열에 비유한다. 송나라 소식(蘇軾)의 시 〈답방직자유(答方直子由)〉에 "듣건대 원홍이 대각에 가득하니, 백사장에 백구까지 망라하지 않겠지.〔聞道鵷鴻滿臺閣, 網羅應不到沙鷗.〕"라고 하였다.

96 형비(衡泌) : 현자가 은거하는 곳을 말한다. 《시경(詩經)》 〈형문(衡門)〉에 이르기를, "누추한 집 그 아래 쉬고 노닐 수 있으며, 졸졸 흐르는 냇물에서 굶주림을 잊고 즐길 수 있도다.〔衡門之下, 可以棲遲; 泌之洋洋, 可以樂飢.〕"라고 한 데서 유래하였다.

97 호성(胡星) : 묘성(昴星)인데, 고대의 호인(胡人)에 비유하였다. 이 별이 환하게 빛나면, 홍수가 지고 호병(胡兵)이 전쟁을 일으킨다고 한다. 반면 이 별이 떨어지면, 오랑캐 장수가 죽는다고 한다. 《史記 天官書》

칠수[98]에 가을 맑으니 장독 안개 사라지네 　漆水秋晴瘴霧消
인하여 옛 유람을 생각하매 꿈 같으리니 　仍憶舊遊如夢寐
오운[99]의 어느 곳이 적란교[100]인가 　五雲何處赤欄橋

98 칠수(漆水) : 왕조를 세운 터전을 가리킨다. 주나라가 처음으로 터전을 잡은 곳으로 서융(西戎)에 가까운 빈(豳) 땅에 있었다. 《시경》 〈면(綿)〉에 "면면히 이어진 오이 덩굴이여, 주나라에 사람들이 처음으로 산 것은, 저수와 칠수에 터전을 잡으면서부터이다.〔綿綿瓜瓞, 民之初生, 自土沮漆.〕"라고 하였는데, 그 주에 "오이 덩굴이 처음에는 짧다가 나중에는 퍼지므로, 주나라 왕실이 처음에 칠저(漆沮)에서 미약하게 살다가 문왕 때에 이르러 커진 것을 비유한 것이다."라고 한 데서 유래하였다.

99 오운(五雲) : 다섯 가지 빛깔을 내는 상서로운 구름으로, 흔히 임금이 있는 곳을 가리키는 말로 쓰인다.

100 적란교(赤欄橋) : 남송(南宋) 때 합비(合肥)에 있었던 다리 이름으로, 문인들이 꿈속에서도 잊지 못하는 곳이다. 남송의 저명한 사인(詞人) 강기(姜夔)의 시 〈송범중눌왕합비시삼수(送範仲訥往合肥詩三首)〉에 "나의 집은 붉은 난간 다리 곁에 있는데, 이웃 마을에서 방문해 주어 적막하지 않다네.〔我家曾住赤欄橋, 隣里相過不寂寥.〕"라고 했는데, 이 시로 인해 이름이 붙여졌다고 한다.

명나라로 조회 가는 참판 이윤경[101]을 전송하며

送李參判 潤卿 朝天

신선 같은 지봉의 풍도 세속의 시끄러움을 벗어나 芝仙風度出塵囂
세 번이나 산들바람 타고 자소[102]에 올랐네 三御冷風上紫霄
불바다에 구리 기둥[103] 같은 시구를 두루 전하니 火海遍傳銅柱句
명나라 조정에서 옥린 같은 표상 일찍이 알았네 天朝曾識玉麟標

101 이윤경(李潤卿) : 이수광(李睟光, 1563~1628)으로, 본관은 전주(全州), 자는 윤경(潤卿), 호는 지봉(芝峯), 시호는 문간(文簡)이다. 이조 판서를 지냈으며, 사신으로 여러 차례 명나라에 다녀오면서 천주교 지식과 서양 문물을 소개하여 실학 발전의 선구자가 되었다. 저서로 《지봉유설(芝峯類說)》, 《채신잡록(采薪雜錄)》 등이 있다.

102 자소(紫霄) : 신선이 산다고 하는 아주 높이 있는 하늘인 구소(九霄)의 하나로, 여기서는 중국을 가리킨다. 이수광은 1590년(선조23)에는 성절사(聖節使) 서장관으로, 1597년에는 명(明)나라 황실의 황극전(皇極殿), 중극전(中極殿), 건극전(建極殿) 등의 소실(燒失)을 위문하는 진위사(陳慰使)로, 1611년(광해군3) 가을에는 명(明)나라 조정에 왕세자의 면복(冕服)을 내려 주기를 청하기 위해 동지사 겸 주청사(冬至使兼奏請使)의 부사(副使)로 명나라에 갔다.

103 불바다에 구리 기둥 : 불바다의 원문은 '화해(火海)'로, 유구국이 남방에 있어 그 주위 바다의 온도가 높기 때문에 이렇게 말한 것이다. 유구국은 오늘날 일본의 오키나와에 세워진 왕조이다. 지봉이 1611년(광해군3) 가을에 명나라에 갔을 때 연경(燕京)에서 유구국(琉球國) 사신 채견(蔡堅)과 마성기(馬成驥)를 만나 유구 사신에게 지어 준 근체시(近體詩) 14수, 유구 사신이 화답한 시 2수, 유구 사신에게 사례하여 지어 준 시 1수, 그리고 그들과 문답(問答)한 내용 등을 기록한 《유구사신증답록(琉球使臣贈答錄)》이 있다. 구리 기둥의 원문은 '동주(銅柱)'로, 웅건한 시를 비유한다.

외로운 충성은 곤궁한 곳에서 더욱 징험하고　孤忠愈向窮途驗
빼어난 풍경은 천지[104]를 따라 자주 사라지네　邁景頻隨逆旅消
스스로 불쌍히 여김은 병이 많아 장포[105]에 누워　多病自憐漳浦臥
술 한잔으로 강 다리에서 전송하지 못함일세　一杯孤負送河橋

104 천지(天地) : 원문은 '역려(逆旅)'로, 이백(李白)의 〈춘야연도리원서(春夜宴桃李園序)〉에, "천지는 만물의 여관이요, 광음은 백대의 과객이다.〔夫天地者, 萬物之逆旅; 光陰者, 百代之過客.〕"라고 한 데서 유래하였다.

105 장포(漳浦) : 병으로 쓸쓸히 지내는 곳을 말한다. 앞의 주 81 '장포(漳浦)' 참고.

동호에 배를 정박했는데 문장의 대가인 오봉[106]이 뒤늦게 이별시를 보내왔기에 차운하여 사례하다

舟泊東湖 五峯詞伯追寄別章 次韻謝之

홀로 강 누각에 기대니 뜻이 아득한데	獨憑江閣意茫然
수염을 비벼 끊어도 시 한 편 읊조리지 못하네	撚斷吟髭沒一篇
관각[107]에서 본래 봉황을 꾸미는 솜씨 아니었으니	館閣本非修鳳手
강호에서 고기 잡는 배를 새로 수리하네	江湖新理釣魚船
백년토록 나라에 보답함에 장차 갈 곳 없고	百年報國將無地
온갖 일 마음 아프게 하니 하늘에 묻고자 하네	萬事傷心欲問天
멀리서 생각건대 수옹은 도리어 잠이 적으니	遙想睡翁還少睡
한양의 한밤에 두견새 우는 소리 듣겠지	洛陽中夜聽啼鵑

-공이 수옹이라 자호하였다.-

106 오봉(五峯) : 이호민(李好閔, 1553~1634)으로, 본관은 연안(延安), 자는 효언(孝彦), 호는 오봉·남곽(南郭)·수와(睡窩), 봉호는 연릉부원군(延陵府院君), 시호는 문희(文僖)이다. 유희춘(柳希春)의 문인이다. 1584년(선조17) 문과에 합격하였으며, 사은사(謝恩使)와 고부사(告訃使)로 두 차례 중국에 다녀왔다. 예조 판서, 양관 대제학, 좌참찬 등을 역임하였다. 남계서원(南溪書院)에 배향되었으며, 저서로 《오봉집》이 있다.

107 관각(館閣) : 문사를 맡은 관청으로, 홍문관, 예문관, 보문각, 춘추관, 성균관 등의 총칭이다.

이경현이 황국·백국 화분 둘을 보낸 것에 사례하며

謝李景賢送黃白菊二盆

만년에 전원으로 돌아온 날	晼晩歸田日
농사 배우려는 마음 어긋났네	蹉跎學圃心
가을 국화[108] 화분 둘을 보내 오니	寒花來兩本
텅 빈 누각 홀로 술 마시는 이와 짝이 되었네	虛閣伴孤斟
향기에 눈이 생겨남이 도리어 괴이하고	却怪香生雪
꽃술에 황금 맺힘이 매우 어여쁘네	偏憐蕊綴金
정히 이 몸이 쇠락한 뒤	政當搖落後
그윽한 마음 위로해 줌에 매우 감사하네	深謝慰幽襟

108 가을 국화 : 원문의 '한화(寒花)'는 늦가을이나 겨울 등 추운 계절에 피는 꽃이라는 뜻으로, 보통 국화를 가리킨다.

존중 김구에게 주다

贈金存中 思

임금 은혜 보답할 길 없어 산림으로 돌아오니	報恩無計返丘林
온갖 일이 지금 와선 백발만 비녀에 가득하네	萬事如今雪滿簪
초나라 나그네는 흰 벽옥을 팔 생각 없었으니	楚客無心沽白璧
신선의 비방을 어찌 황금으로 바꿀 수 있으랴[109]	仙方那得化黃金
텅 빈 산의 지는 잎은 가을 끝남을 슬퍼하고	空山落木悲秋盡
양벽[110]의 찬 등불은 깊은 밤에 비추리라	羊壁寒燈照夜深
헤어진 뒤의 언론은 매우 들을 만할 것이니	言論別來堪可聽
서로 만나면 세한의 마음[111]에 위로가 될 것일세	相逢足慰歲寒心

109 초나라……있으랴 : 초나라 나그네는 조정에서 쫓겨난 굴원(屈原)을 말하는데, 여기서는 김존중을 말한다. 김존중이 조정에서 쫓겨났으나 벼슬에 연연하지 않음을 비유한 것이다.

110 양벽(羊壁) : 충북 영동군 황간면(黃澗面) 원촌리 일대에 있는 명승지 '한천팔경(寒泉八景)'의 하나인 산양벽(山羊壁)을 말한다. 그 밖의 한천팔경은 월류봉(月留峯), 화헌악(花獻岳), 용연동(龍淵洞), 청학굴(靑鶴窟), 법존암(法尊巖), 사군봉(使君峯), 냉천정(冷泉亭)이다.

111 세한(歲寒)의 마음 : 앞으로도 우의(友誼)를 지켜 주기를 부탁한다는 말이다. 공자가 일찍이 "날씨가 추워진 뒤에야 소나무와 측백나무가 뒤늦게 시듦을 알 수 있다.〔歲寒然後, 知松柏之後彫也.〕"라고 하여 혼란한 세상이나 곤궁한 때를 당해야 군자의 변치 않는 마음을 볼 수 있음을 비유하였는데, 주자가 이를 원용하여 자신의 시 〈서암으로 들어가는 길에 안집과 충보 두 형에게 절구를 올리다〔入瑞巖道間絶句呈彦集充父二兄〕〉에서 "세한의 마음 서로 어기지 마세.〔歲寒心事不相違〕"라고 하였는데, 이를 원용한 것이다.

황회보가 방문한 것에 감사하며

謝黃會甫來訪

합포[112]에 야광주 나오는 것을 놀라 보았으니	合浦驚看出夜光
어찌 다만 명성의 빛남이 우리 고을에만 무거우리	豈惟聲采重吾鄕
먼지 날리는 한양에서 봄 깊어 이별했더니	風塵京洛春深別
눈 내리는 상주에 계절이 바삐 가네	雨雪商山歲序忙
소매 안에는 아직 세상을 근심하는 책문 남았고	袖裏猶殘憂世策
주머니 속에 신선 배우는 비방을 시험하지 않았네	囊中未試學仙方
사립문으로 왕림하시매 어찌 감회가 없으리	柴門枉顧寧無意
만년에 계합하여 함께 화양으로 들어가길 기약하네	晩契同期入華陽

-공이 화산(華山) 아래 살았다.-

112 합포(合浦) : 옛날 경상도 회원현(會原縣)의 치소(治所)로, 지금의 경남 마산(馬山)에 있던 포구의 이름이다. 고려 원종(元宗) 때에는 일본 정벌의 발진 기지(發進基地)가 되었고, 조선 시대에는 경상우도 병마절도사(慶尙右道兵馬節度使)의 본영이 되었다.

산창에서 눈을 읊어 우곡에게 부치다

山窓詠雪寄愚谷

겨우내 칩거하며 왕래가 끊겼는데 蟄藏冬日斷經過
계절이 구렁에 들어가는 뱀[113] 같음을 놀라며 보네 時序驚看赴壑蛇
골짜기의 검은 구름 이윽고 먹물 흩뿌린 듯하더니 峽裡黝雲俄潑墨
창문 사이의 흰빛이 이미 사창에 비치네 窓間皓色已侵紗
추위의 위엄은 뜰의 매화 피도록 두지 않고 寒威不放庭梅綻
남은 습기는 문득 밭의 보리 싹을 재촉하네 餘潤旋催隴麥芽
높은 곳은 계단을 덮어 자취는 쉬 없어지고 高沒階除蹤易滅
차가움이 옷소매에 스며 팔짱을 껴야 하네 冷黏衣袖手堪叉
문득 섣달에 비로소 서설(瑞雪)이 내리니 却從窮臘初呈瑞
새벽달에게 화려함을 질투하려는 것인 듯하네 似向殘蟾欲妬華
가난한 집에 보옥은 무슨 까닭으로 쌓였으며 貧屋那緣堆寶璧
차가운 가지 기이한 꽃 맺힘은 누가 허여하였나[114] 寒枝誰許綴奇花
하늘거리는 무녀 삼 천 명이 아름답고 輕盈舞女三千艶
아득히 높은 누각 십이월이 여유롭네 縹緲飛樓十二賒

113 구렁에 들어가는 뱀 : 원문은 '부학사(赴壑蛇)'로, 구렁에 들어가는 뱀을 끌어당겨도 다시 나오게 할 수 없는 것과 마찬가지로, 가는 세월은 되돌릴 수 없다는 말이다. 소식(蘇軾)의 〈수세(守歲)〉에 "다해 가는 한 해를 알고자 할진댄, 골짜기 들어가는 뱀과 같아라. 긴 비늘 반이 이미 들어가 없으니, 가는 뜻을 그 누가 막을 수 있으랴.〔欲知垂盡歲, 有似赴壑蛇. 脩鱗半已沒, 去意誰能遮?〕" 하였다.

114 가난한……허여하였나 : 보옥과 기이한 꽃은 모두 눈〔雪〕을 뜻한다.

상계는 이때를 틈타 부귀를 자랑하고	上界乘時驕富貴
하방은 이로부터 사치를 맘껏 하네	下方從此藉豪奢
양원[115]에서 부를 지음에 자주 붓을 불었고	梁園作賦頻呵筆
강가 누각에서 매화 찾아 즐겨 차를 마셨네	江閣尋梅好啜茶
초모[116]로 바람 거스르며 변방 나감을 보고	貂帽遡風看出塞
곡포[117] 햇살 받으며 관아로 달려감을 상상하네	鵠袍映日想趍衙
외로운 배에 홀로 낚시하니 어부의 도롱이 젖었고	孤舟獨釣漁蓑濕
평야에 무리 지어 달리니 사냥하는 기마가 시끄럽네	平野群馳獵騎譁
흰 용과 거세게 싸워 비늘이 떨어지고	鏖戰白龍鱗錯落
태을연주[118]에 올라타니 머리털이 헝클어졌네	乘流太乙髮鬖髿

115 양원(梁園) : 서한(西漢)의 양 효왕(梁孝王)이 세운 동원(東園)으로, 지금의 하남성(河南省) 개봉시(開封市) 동남쪽에 있었다. 양 효왕이 빈객들을 초빙하여 놀았는데, 당시의 명사들인 사마상여(司馬相如)와 매승(枚乘), 추양(鄒陽) 등이 그들이다. 하루는 동산에 있다가 큰 눈이 내리자 사마상여에게 부(賦)를 짓게 하니, 〈백설부(白雪賦)〉를 지었다. 《史記 梁孝王世家》

116 초모(貂帽) : 털이 붙은 담비 가죽으로 만든 모자를 이른다.

117 곡포(鵠袍) : 옛날에 과거(科擧) 응시생들이 입었던 백포(白袍)를 달리 이른 말이다.

118 태을연주(太乙蓮舟) : 천신(天神)인 태을진인(太乙眞人)의 연잎 배를 말한다. 송대(宋代)의 명화가(名畫家) 이공린(李公麟)이 일찍이 〈태을진인연엽도(太乙眞人蓮葉圖)〉를 그렸는데, 그 내용은 대략 태을진인이 하나의 큰 연잎 위에 누운 채로 서책을 펼쳐 들고 읽으며 물외(物外)에서 초연하게 노니는 모습이었다. 한구(韓駒)가 이 그림에 제(題)한 〈제이백시화태을진인도(題李伯時畫太乙眞人圖)〉에 의하면 "태을진인이 연잎 배를 탔는데, 두건 벗고 머리털 내놓아 찬바람에 날리네. 가벼운 바람을 돛으로 삼고 물결을 노로 삼아, 누워서 '옥' 자를 보며 중류에 둥둥 떠 있구나.〔太乙眞人蓮葉舟, 脫巾露髮寒颼颼. 輕風爲帆浪爲楫, 臥看玉字浮中流.〕"라고 하였

외로운 충신은 그늘진 움집에서 담요를 씹었는데[119] 孤忠陰窖氈堪嚙
훌륭한 잔치 하는 화려한 집엔 북을 한창 두드리네 勝宴華堂鼓正撾
모임 끝난 요지에서 옥패를 주며 會罷瑤池遺玉佩
은하수로 돌아감에 신령한 뗏목[120] 띄우게 하네 使回銀漢泛仙槎
거리의 빠른 말은 근심이 어찌 핍박하랴 街頭快馬愁何逼
언덕 위의 절름발이 노새는 흥이 다시 더하네 岸上蹇驢興更加
동곽에 문을 닫으니 사람은 보이지 않고 東郭閉門人不見

다. 《宋詩紀事 卷33 韓駒》

119 외로운……씹었는데 : 한(漢)나라의 충신인 소무(蘇武)는 무제(武帝) 때 흉노(匈奴)에 사신으로 갔다가 흉노의 선우(單于)로부터 항복하라는 회유와 협박을 받고도 끝내 굴하지 않았는데, 선우가 마침내 소무를 큰 움〔大窖〕 속에 가두고 음식을 주지 못하게 하자, 때마침 눈이 온지라 소무는 눈 위에 누워서 눈과 전모(氈帽)를 씹어 먹고 목숨을 부지하면서도 끝까지 절개를 지켰다 한다. 《漢書 蘇武傳》 정경세가 기유년(1609, 광해군1)에 동지사(冬至使)로 연경(燕京)에 갔기 때문에 이 고사를 인용한 것이다.

120 신령한 뗏목 : 한(漢)나라 시대 서역(西域)의 통로를 개척하는 등 해외 원정의 공적을 세운 장건(張騫, 기원전 164~기원전 114)이 사명(使命)을 받들고 서역(西域)으로 가던 길에 뗏목을 타고 황하(黃河)의 근원을 한없이 거슬러 올라가다가 한 성시(城市)에 이르렀는데, 한 여인은 방 안에서 베를 짜고 한 남자는 소를 끌고 은하(銀河)의 물을 먹이고 있었다. 그들에게 "여기가 어디인가?"라고 묻자, 그 여인이 지기석(支機石) 하나를 장건에게 주면서 "성도(成都)의 엄군평(嚴君平)에게 가서 물어보시오."라고 하였다. 장건이 돌아와서 엄군평을 찾아가 지기석을 보이자, 엄군평이 말하기를 "이것은 직녀의 지기석이다. 아무 연월일에 객성(客星)이 견우성과 직녀성을 범했는데, 지금 헤아려 보니 그때가 바로 이 사람이 은하에 당도한 때였도다."라고 하였다는 전설이 전한다. 후에 이를 '박망사(博望槎)' 또는 '성사(星槎)', '선사(仙槎)'라 하여 사신이나 사행(使行)을 비유하는 전거가 되었는데, 이를 차용하여 한 말이다. 《博物志》

남쪽 들판에 길을 찾으니 바다처럼 끝이 없네 南荒覓路海無涯
이미 밤 정경을 맑은 대낮처럼 보이게 하고 已欺夜景爲淸晝
다시 아침 해를 채색 노을처럼 반짝이게 하였네 更遣朝陽絢彩霞
자취 감춘 황충이 경내 피하길[121] 미리 기약하고 滅迹預期蝗避境
웅크린 백로가 모래벌에 선 것을 어찌 분별하랴[122] 聯拳那辨鷺依沙
강호가 아득한데 오직 기러기 소리만 들리고 江湖漠漠惟聞雁
수목이 어둑한데 까마귀 보이지 않네 樹木昏昏不見鴉
압록강 공격한 혼란한 소리에 공로 가장 컸으나[123] 擊鴨混聲功最偉
누더기 옷[124]으로 추위 견디니 절의 더욱 아름답네 懸鶉忍凍節逾姱

121 황충(蝗蟲)이 경내 피하길 : 선정(善政)을 행하는 지방 장관을 볼 수 없게 되었다는 말이다. 《구당서(舊唐書)》 〈요숭열전(姚崇列傳)〉에 "옛날 훌륭한 수재(守宰)가 다스리면 황충이 그 경내를 피해서 다른 곳으로 간다.〔古之良守, 蝗蟲避境.〕"라는 말이 나온다. 또 후진(後晉) 고조(高祖) 천복(天福) 4년(939)에 수장 영(壽長令) 조뢰(趙賚)에게 조서를 내려 임기 외에 3년을 더 유임하게 하였는데, 그 이유는 "황충이 경내를 피했기 때문이다.〔飛蝗避境〕"라는 내용이 《책부원귀(冊府元龜)》 권701 〈포이(褒異)〉에 나온다.

122 웅크린……분별하랴 : 백로와 눈이 모두 흰색이라 분별할 수 없음을 말한다.

123 압록강……컸으나 : 압록강은 우리나라 국경을 비유하는 말로 임진왜란이 일어났을 때, 정경세가 동지 몇 명과 더불어 촌병(村兵)을 불러 모은 다음, 고을 사람인 김광복(金光輻), 김사종(金嗣宗)을 영장(領將)으로 삼고는 매복을 설치해 왜적을 베거나 사로잡는 등 공이 있었다. 조정에서는 선생이 창의(倡義)하여 왜적을 토벌한 것을 가상히 여겨 특별히 예조 좌랑에 제수하였다. 아마 이 일을 말하는 것인 듯한데 자세하지 않다. 《愚伏集 別集 卷4 年譜1》

124 누더기 옷 : 원문 '현순(懸鶉)'은 너덜너덜 기운 누더기 옷으로, 메추리가 털이 얼룩지고 꽁지에 깃이 없으므로 이렇게 비유한 것이다. 《순자(荀子)》 〈대략(大略)〉의 "자하가 가난하여 입은 옷이 마치 매달린 메추리 같았다.〔子夏貧, 衣若縣鶉.〕"라는 구절에서 유래하였다.

농사를 점쳐 풍년을 기원함에 비록 함께 기뻤으나 占時願稔雖同喜
한 해 다가도록 옷이 없음에 오히려 탄식하네 卒歲無衣尙起嗟
모름지기 땅속으로 장독을 몰아내어 須向地中驅瘴癘
온통 천하로 하여금 상마[125]를 즐거워하게 하라 渾敎宇內樂桑麻
구덩이를 평평히 메우니 기울어짐 없고 平塡坑坎無傾側
티끌 먼지 깨끗이 덮으니 티 한 점 없네 淨覆塵埃欠點瑕
늙은이의 어리석은 말이 어찌 본받을 것 있으랴 老子癡言寧有效
그윽한 서재의 좋은 경치는 다만 자랑하겠네 幽齋佳賞只須誇
쇠 피리 가지고 개운하게 달밤에 불고자 하고 欲携鐵笛晴吹月
쇠 화로 끼고 조용히 모래에서 정금을 뽑아내네 思擁金爐靜煉砂
넓은 기운은 세속의 잡념 사라지게 하고 灝氣潛消塵土念
신선 같은 유람은 그림 속으로 들어가는 듯하네 仙遊如入畫圖家
축하 잔치에서 임금[126]을 배종하는 꿈 끊어지자 賀庭夢斷陪軒陛
텅 빈 장막에서 치아가 전율하는[127] 시를 지었네 虛幌吟成戰齒牙
파창이 감히 영설 날리기를 기약할 수 있으랴[128] 巴唱敢期飛郢雪

125 상마(桑麻) : 뽕나무와 삼으로, 누에 치고 길쌈함을 말한다.

126 임금 : 원문 '헌폐(軒陛)'는 높은 섬돌, 즉 임금의 궁궐을 말한다.

127 치아가 전율하는 : 빼어난 자품을 타고나 마음이 매우 고요하였다는 말이다. 당나라 백거이(白居易)의 〈제이시랑문(祭李侍郎文)〉에 "치아가 서로 삐걱거리고, 파란이 사방에서 일어났는데, 공은 유독 어떤 사람이었나. 마음이 지수와도 같았다오.〔齒牙相軋, 波瀾四起. 公獨何人? 心如止水.〕"라고 한 것을 원용하였다. 1602년(선조35)에 헌부(憲府)가 파직하고 서용하지 말라고 계청하자, 정경세는 온 가족을 거느리고 우복산장(愚伏山庄)으로 들어갔으며, 이때부터 세상일에는 뜻이 없어 문을 걸어 잠그고 조용히 거처하면서 성현(聖賢)들의 글을 가져다가 더욱더 깊이 침잠하고 강구하여 침식을 잊을 정도로 몰두하였다.

그대의 시는 천파[129]를 토해 내려 하였네　君詩要見吐天葩
산음[130]의 병든 객은 나막신 빠짐이 방해되니　山陰病客妨穽屐
낙하 선생[131]이 혹 수레를 타고 오실는지　洛下先生倘命車
지척 거리의 율촌[132]은 바라보이는 곳인데　咫尺栗村相望處
늙은 소나무 긴 대나무가 저녁놀에 가렸네　老松脩竹暝煙遮

128 파창이……있으랴 : 파창(巴唱)은 초(楚)나라의 민간에서 유행하던 〈파인곡(巴人曲)〉이라는 비천한 노래를 말하고, 영설(郢雪)은 영 땅에서 노래하는 나그네가 부르던 〈백설곡〈白雪曲)〉이라는 고아(高雅)한 가곡을 말한다. 송옥(宋玉)의 〈대초왕문(對楚王問)〉에 "영중(郢中)에서 노래하는 나그네가 있어 맨 처음 〈하리곡(下里曲)〉, 〈파인곡(巴人曲)〉을 노래하자 국중에서 그것을 창화하는 자가 수천 명이었고,……〈양춘곡(陽春曲)〉, 〈백설곡(白雪曲)〉을 노래하자 국중에서 그것을 창화하는 자가 수십 명이었다.……그 곡조가 고상할수록 창화하는 자가 더욱 적었던 것이다."라는 말에서 유래하였다. 여기서는 이준의 작품이 보잘것없어 정경세의 훌륭한 작품에 화답할 수 없다는 뜻이다.

129 천파(天葩) : 천연의 아름다운 꽃이란 뜻으로, 아름다운 시문(詩文)을 비유한다.

130 산음(山陰) : 회계산(會稽山)의 북쪽에 있는 지명인데, 진(晉)나라 왕휘지(王徽之)가 살던 곳이다. 어느 겨울날 밤에 눈이 펑펑 내리자, 흥에 겨운 나머지 멀리 섬계(剡溪)에 살고 있는 친구 대규(戴逵)가 보고 싶어 밤새 배를 저어 그의 집 문 앞까지 찾아갔다. 그런데 정작 집 안으로 들어가지 않고 다시 발길을 돌려 되돌아왔다. 그 이유를 물어보니 "내 본디 흥이 나서 갔다가 흥이 다하여 돌아온 것이다.〔吾本乘興而行, 興盡而返.〕"라고 하였다 한다.《世說新語 任誕》 여기서는 눈이 내리는 아름다운 정경을 보니 왕휘지처럼 정경세를 만나러 가고 싶은 흥취가 일어났다는 말이다.

131 낙하 선생 : 우복을 비유한다. 주자의 〈수야의 영설 시에 차운하다〔次秀野詠雪韻〕〉 3수 중 세 번째 시에 "산음의 손은 모름지기 흥취를 탔을 것이나, 낙하 선생은 집에 누웠으리라 생각되네.〔山陰客子須乘興, 洛下先生想臥家.〕"라는 데서 원용하였다.

132 율촌(栗村) : 정경세(鄭經世)가 거처하던 경상북도 상주시 청리면(靑里面) 율리(栗里)를 가리킨다.

전정원[133]의 수연 자리에서

全淨遠壽席

덕 있는 집안 남은 경사가 대대로 현자에게 모이니	德門餘慶世鍾賢
지금 주인장을 위해 수연 자리 베풀었네	今爲阿郎設喜筵
몸은 복성[134]이 되어 한 구역을 다스렸고	身作福星監一境
정성은 애일[135]에 깊어 천년 살 것을 빌었네	誠深愛日祝千年
운오[136] 소리 아득하게 한 쌍의 봉황 소리 들리고	雲璈縹緲聞雙鳳

133 전정원(全淨遠) : 전식(全湜, 1563~1642)으로, 본관은 옥천(沃川)이고, 자는 정원, 호는 사서(沙西), 시호는 충간(忠簡)이다. 유성룡(柳成龍), 장현광(張顯光)의 문인이다. 광해군의 실정으로 벼슬을 단념하고 정경세(鄭經世), 이준(李埈) 등과 산수를 유람하여 세칭 상사(商社)의 삼로(三老)라 일컬어졌다. 상주 백옥동서원(白玉洞書院)에 제향되었다.

134 복성(福星) : 희망과 행복을 주는 사람이란 뜻으로, 한 지방을 맡아 다스리는 직책을 말한다. 《산당사고(山堂肆考)》 〈신직(臣職) 전운사(轉運使)〉에 이르기를, "철종(哲宗)이 선우신(鮮于侁)을 동경전운사(東京轉運使)로 삼자, 사마광(司馬光)이 말하기를, '복성이 내려가게 되었다. 어찌하면 선우신과 같은 사람 100명을 얻어서 천하에 배치할 수 있겠는가.' 하였다."라고 하였다. 전식의 나이 52세 때인 1614년(광해군6) 8월, 전라도 도사(全羅道都事)가 된 것을 말한다.

135 애일(愛日) : 날을 아낀다는 것으로, 부모가 살아 계시는 동안에 효도를 다하고자 하는 마음이다. 한(漢)나라 양웅(揚雄)의 《법언(法言)》 〈효지(孝至)〉에 "이 세상에서 오래 가질 수 없는 것은 어버이를 모실 수 있는 시간이다. 그래서 효자는 어버이를 봉양할 수 있는 동안에 날을 아낀다.〔不可得而久者, 事親之謂也. 孝子愛日.〕"라고 한 데서 나온 말이다. 그러나 전식의 나이 57세 때인 1619년(광해군11) 12월, 모친상을 당하고, 이듬해인 1620년 1월, 부친상을 당하였다.

136 운오(雲璈) : 쇠로 만든 악기(樂器) 이름이다.

붉은 패옥 영롱하게 여러 신선이 모였네　霞珮玲瓏會列仙
즐거운 일은 다만 모름지기 밤낮을 이어야 하니　樂事直須連日夕
달빛은 물과 같고 술은 샘과 같네　月光如水酒如泉

북창에 우연히 적다

北窓偶書

온갖 일 구름과 함께 사라지니	百事與雲頹
이 몸은 학처럼 지쳤네	一身同鶴倦
벌거벗은 몸으로 북창에서 바람 쐬니[137]	裸體北窓風
경영할 것도 없고 또 연연할 것도 없네	無營亦無戀

137 북창에서 바람 쐬니 : 팽택(彭澤)에서 벼슬하다가 귀거래한 진(晉)나라 도연명(陶淵明)은 일찍이 팽택 현령이 된 지 겨우 80여 일 만에 벼슬을 버리고 고향인 율리(栗里)로 돌아갔다. 그가 지은 〈여자엄등소(與子儼等疏)〉에 "오뉴월 중에 북창 아래에 누워 있으면 서늘한 바람이 이따금씩 스쳐 지나가곤 하는데, 그럴 때면 내가 복희 시대의 사람이 아닌가 하는 생각이 들기도 한다.〔五六月中, 北窓下臥, 遇涼風暫至, 自謂是羲皇上人.〕"라고 하였는데, 평화로운 태고 시대처럼 아무런 욕심 없이 한가롭게 생활하는 것을 말한다.

수계[138]하는 자리에서 즉흥적으로 짓다
禊席卽事

텅 빈 당의 가을 기운에 노을은 더욱 맑은데 虛堂秋氣靄餘淸
술과 사람의 마음을 다 쏟아 내지 못했네 酒與人心不盡傾
해 저물어 돌아가고자 하나 시내에 빗줄기 급하니 日暮欲歸溪雨急
하느님은 응당 이별의 정을 아신 것이리라 天公應解別離情

138 수계(修禊) : 음력 3월 3일에 모여서 1년 동안 몸에 밴 부정을 냇물에 흘려보내는 풍속에서 유래하였으나, 후대에는 삼짓날에만 한정하지 않고 수계라 하였다.

작은 못에서 입으로 읊다

小池口占

차가운 시냇물을 모아 웅덩이를 만드니	貯得寒流作一泓
산봉우리가 텅 빈 못에 비침이 깨끗하고 어여쁘네	淨憐山翠倒空明
속세에서 부질없이 고달픈 삶의 계책에 허비하다가	風塵枉費勞生計
수석에서 이제 죽을 때까지의 맹세를 찾았네	水石今尋抵死盟
어수선하여 몇 번이나 두 귀 더럽혀짐 혐의하였나	擾擾幾嫌雙耳溷
맑고 깨끗하여 마음이 맑음을 늘 사랑했네	泠泠長愛一心淸
지금부터 고요한 경계에서 담박한 교제 맺으니	自從靜界交成淡
인간 세상에서 벗을 찾지 않으리	不向人間覓友生

지천에서 노닐며

遊智川

하패[139] 차고 너울너울 날 듯이 경쾌하게　霞佩翩翩快若飛
지천의 봄날에 아름다운 꽃 감상하네　智川春日賞芳菲
샘물이 여울의 돌에 울리니 요금의 가는 소리인 듯　泉鳴瀨石瑤琴細
산이 높은 대를 껴안으니 보배 장벽이 에워싼 듯　山抱高臺寶障圍
돌을 쓸고 꽃 그림자 옮겨 가는 곳에 앉고　拂石坐來花影轉
광주리 가지고 살찐 삽주나물을 캐네　携筐採取朮苗肥
어떡하면 바위 곁에 살 곳을 빌려　何緣借得巖邊住
소나무 노송나무 그늘에서 낮에도 삽짝을 닫을까　松檜陰中晝掩扉

139 하패(霞佩) : 신선이 차는 패옥을 말하는데, 전하여 패옥을 고상하게 이르는 말이다.

백운암[140] 흰구름 낀 산수가 마음에 흡족함이 모두 꿈속에서 본 바였기에 괴이하여 적다

白雲菴 白雲山水恰恰 皆夢中所見 怪而識之

세상의 온갖 일은 모두 이전에 정해졌는데	世間萬事皆前定
사람들은 절로 아득히 경영할 뜻을 붙이네	人自悠悠着意營
단풍 든 나무와 흰 구름 있는 바위 아래 길은	紅樹白雲巖下路
분명히 지난날 밤 꿈속에 갔었던 곳일세	分明前夜夢中行

소백산이 높아 붉은 구름은 끊어지고	小白山高切絳雲
몇 줄기 맑은 경쇠 소리만 달밤에 들리네	數聲淸磬月中聞
노승은 부처에게 예배하며 다른 잡념 없기에	老僧頂佛無他念
삼십 년 동안 문을 나서지 않았네	三十年來不出門

소백산 높은 곳 작은 동천에	小白山高小洞天
잠시 올라 바라봄도 좋은 인연일세	暫時登眺亦良緣
가을 구름 밖에는 부용꽃 만 송이인 듯	芙蓉萬朶秋雲外
석양빛 가에는 비단 수천 무더기인 듯	錦繡千堆夕照邊
명월협이 깊으니 짝 잃은 학 소리 들리고	明月峽深聞寡鶴
백련대가 깨끗하니 여러 신선이 모이네	白蓮臺淨會群仙

140 백운암(白雲菴) : 경상북도 안동시 풍산읍 청량산(淸凉山) 아래에 있었던 암자로, 지금은 전하지 않는다.

이틀간 머무르며 돌아갈 것 잊었으니　淹留兩日忘歸去
고요한 맛은 지금부터 참선으로 시험하고자 하네　靜味從今欲試禪

백림[141]에서 우연히 읊조리다

柏林偶吟

옛 사당을 멀리 낙동강 빈 터에 버려두고도	舊社遙抛洛水堧
가을 바람에 돌아갈 꿈은 단지 여전하네	秋風歸夢只依然
고을의 문서 처리에는 일찍이 여가 없었더니	郡中案牘曾無暇
골짝의 안개 노을에는 도리어 인연이 있네	洞裏煙霞却有緣
병든 날이 많아 임금 총애에 보답 못 하고	君寵未酬多病日
큰 흉년[142]에 관리의 재주 시험하기 어려웠네	吏才難試大侵年
평소 몸을 보존할 계책을 끝까지 도모했으니	平生晝盡資身策
첫째는 적막한 곳으로 돌아가 농사짓는 것일세	第一歸耕寂寞邊

텅 빈 산에 비바람 불어 침상을 뒤흔드니	空山風雨撼書床
여윈 몸이 가을 맞아 서늘함을 견딜 수 없네	瘦骨逢秋不禁涼
푸른 적삼[143]으로 흰머리 속인다 말하지 마오	莫謂青衫欺白髮

141 백림(柏林) : 사헌부(司憲府)의 별칭이다. 사헌부는 옛날 어사부(御史府)였는데, 전한(前漢) 때 어사부에 잣나무 숲〔柏林〕이 있었기 때문에 생긴 이름이다.

142 큰 흉년 : 원문은 '대침년(大侵年)'으로, 다섯 가지 곡식이 흉년 든 해를 말한다. 참고로 한 가지 곡식이 흉년 든 해를 겸년(歉年), 두 가지 곡식이 흉년 든 해를 기년(饑年), 세 가지 곡식이 흉년 든 해를 근년(饉年), 네 가지 곡식이 흉년 든 해를 황년(荒年)이라 한다. 그리고 다섯 가지 곡식이 다 풍년 든 해를 유년(有年)이라 한다.

143 푸른 적삼 : 원문은 '청삼(青衫)'으로, 품계가 낮은 관원의 복장을 가리킨다. 보통 실의에 빠진 하급 관리의 심정을 비유할 때 많이 쓰는데, 당나라 백거이(白居易)

임금의 은혜와 백성의 고통 둘 다 잊기 어렵다네 主恩民病兩難忘

가 강주(江州)의 사마(司馬)로 좌천되었을 때 지은 〈비파인(琵琶引)〉에 "좌석에서 제일 많이 운 사람이 누구인고, 강주 사마 푸른 적삼 눈물 젖어 축축하네.〔座中泣下誰最多? 江州司馬青衫濕.〕"라는 구절에서 연유한 것이다. 《白香山詩集 卷12》

향사 방회[144]의 여러 분에게 부침

寄鄕社榜會諸公

높은 누각에 부는 바람은 자리에 생겨나고	高閣風生座
텅 빈 뜰에 내리는 비는 이끼를 씻네	空庭雨洗苔
신구 방방(放榜)에 붙은 소과 합격자[145]들이	靑蓮新舊榜
백주를 얕고 깊은 잔에 따르네[146]	白酒淺深杯
별자리 모양은 전날 밤에 움직이고	星象前宵動
구름 그늘은 오늘 밤에 열렸네	雲陰此夕開
좋은 놀이가 공경할 만하니	英遊堪謖足
문서를 보내 재촉하지 마오	莫遣簿書催
옛 시사는 푸른 돌에 의지하였더니	舊社依蒼石
초가을에 푸른 이끼로 덮였네	新秋掩綠苔

144 방회(榜會) : 같은 해, 같은 과거 시험에 입격한 사람들끼리 모이는 회합을 말한다. 이준이 입격한 1582년(선조15)인 임오년 회시(會試)의 합격자 모임을 말하는 듯하다.

145 소과 합격자 : 원문은 '청연(靑蓮)'으로, 옛날 대과(大科)인 문과에 급제한 자에게는 월계화(月桂花)를 하사하고, 소과인 사마시에 합격한 자에게는 연꽃을 하사하였으므로 문과 급제를 계방(桂榜), 사마시 합격을 연방(蓮榜)이라 한 데서 유래하였다.

146 백주를……따르네 : 당(唐)나라 때 진사 급제자(進士及第者)를 방방(放榜)하고 나서는 곡강정(曲江亭)에서 그들에게 큰 주연(酒宴)을 베풀었던 데서 온 말로, 즉 과거 급제자를 위한 잔치를 의미한다.

말단 관직은 그만둘 만하고	一官堪解紱
온갖 일은 술 마시기 좋구나	萬事好含杯
문서 더미로 미간이 자주 찌푸려지더니	簿領眉頻蹙
바람과 노을에 눈이 잠시 뜨이네	風煙眼暫開
돌아갈 근심 원래 없는데	歸愁元不禁
누가 피리 소리로 떠날 것을 재촉하나	誰遣笛聲催

백동[147]의 초정에 적다

題白洞草亭

푸른 산은 채색 그림[148]을 펼친 듯하고	青山開罨畫
옥빛 기운은 띠풀을 적시네	縹氣濕荊茅
경물은 그윽하여 사랑할 만하고	景物幽堪戀
공명은 늙어서 내버림이 마땅하네	功名老合抛
뜬구름에서 덧없는 세상의 일을 보고	浮雲看世事
담박한 물로 마음의 벗을 삼네	淡水作心交
늙은 태수가 찾은 곳에서	老守相尋處
변함없이 옛 거처를 생각하네	依然憶舊巢

147 백동(白洞) : 경상북도 영주시 풍기읍 희야골〔白洞〕을 말한다.

148 채색 그림 : 원문은 '엄화(罨畫)'로, 산수(山水)의 뛰어난 경치를 말한다.

청심루[149]에서 사또 권신지[150]에게 주다

淸心樓 贈權使君申之

외로운 배 한 자 나아가고 다시 여덟 자 물러나니	孤舟進尺退還尋
여강 가는 도중에 흰 머리 비녀에 가득하네	路半驪江雪滿簪
만사에 어려움이 많다고 감히 사양하랴	萬事敢辭多亂日
일생 동안 임금 은혜 보답할 마음 다하기 어렵네	一生難了報恩心
갈대는 쓸쓸하게 가을 빛에 빠져들고	蒹葭寂歷迷秋色
가랑비는 부슬부슬 저녁 그림자를 감싸네	煙雨空濛鎖暮陰
손을 머무르게 하는 주인의 뜻에 매우 감사하나	多荷主人留客意
차가운 해가 쉬 서쪽으로 저무는 것이 괴롭네	苦言寒日易西沈

149 청심루(淸心樓) : 경기도 여주(驪州)의 객관(客館) 북쪽에 있던 누각이다. 고려 시대에 세운 것으로 주변의 경관이 아름다워 고려 시대의 주열(朱悅)·이곡(李穀)·이색(李穡)·한수(韓脩)·정몽주(鄭夢周)·이숭인(李崇仁) 등을 위시하여 조선 시대의 서거정(徐居正)·최숙정(崔淑精)·김종직(金宗直)·신용개(申用漑) 등 수많은 문인 학사들이 시를 지어 그 아름다움을 노래하였다 《新增東國輿地勝覽 卷7 驪州牧》

150 권신지(權申之) : 권경우(權慶祐, 1547~1616)로, 본관은 안동(安東), 자는 신지이다. 1585년(선조18) 별시 문과에 을과로 급제하여 정언, 헌납, 장령을 역임하였다. 1616년(광해군8)에 통정대부(通政大夫)로서 동지사가 되어 배를 타고 명나라로 가던 도중에 노환으로 죽었다.

은계[151]로 좌천되어 가는 심자순[152]을 전송하며

送沈子順左遷銀溪

옛 친구들 영해[153]로 가는 것을 자주 보니	故舊頻看嶺海行
봄빛은 이별하는 마음으로 나를 괴롭게 하네	春光惱我別離情
역참에서 누가 쌍룡검의 기운[154]을 알리오	郵亭誰識雙龍氣
사액[155]에서 헛되이 말 두 마리의 이름[156]만 일컫네	詞掖空稱二馬名

151 은계(銀溪) : 역(驛) 이름으로, 지금의 강원도 회양군(淮陽郡) 하북면(下北面) 은계리(銀溪里)에 있었던바, 조선 시대 은계도(銀溪道)의 중심이 되었다.

152 심자순(沈子順) : 심집(沈諿, 1569~1644)으로, 본관은 청송(青松), 자는 자순(子順), 호는 남애(南崖), 시호는 효간(孝簡)이다. 인조반정 뒤에 도승지, 안변 부사, 형조 판서, 공조 판서를 역임하였으며, 1644년(인조22)에 아들 심동귀(沈東龜)가 심기원(沈器遠)의 모반 사건에 연좌되어 유배되자 지병이 악화되어 죽었다.

153 영해(嶺海) : 본래 중국에서 오령(五嶺)의 남쪽, 근해(近海)의 변지(邊地)로 대표적인 유배지를 가리키는데, 여기서는 심집이 좌천되어 가는 은계역을 가리킨다.

154 쌍룡검(雙龍劍)의 기운 : 쌍룡검은 전설 속의 보검인 용천검(龍泉劍)과 태아검(太阿劍)의 기운으로, 재능이 뛰어난 사람을 비유한다. 진(晉)나라 때 오(吳) 땅에 자색 기운이 하늘의 우수(牛宿)와 두수(斗宿) 사이로 뻗치는 것을 보고 장화(張華)가 뇌환(雷煥)을 풍성현(豐城縣)의 현령으로 보내 용천검(龍泉劍)과 태아검(太阿劍)을 얻은 다음 하나씩 나누어 가졌다 한다. 《晉書 張華傳》

155 사액(詞掖) : 한림원(翰林院) 등 문장을 관장하는 관서(官署)를 뜻한다.

156 말……이름 : 당 태종(唐太宗)이 탔던 여섯 마리 준마 가운데 하나인 권모과(拳毛騧)와 곽자의(郭子儀)가 탔던 사자화(師子花)를 말하는데, 훌륭한 인재를 비유한다. 두보의 시 〈녹사 위풍의 집에서 조 장군이 그린 말 그림을 구경하며〔韋諷錄事宅觀曹將軍畫馬圖〕〉에 "옛날에는 태종이 권모과를 탔고 근래에는 곽자의 집안에 사자화가 있었네. 지금 새로 그린 그림에 두 필의 말이 있으니, 다시금 식자들이 오

남을 복돋우는 곧은 풍도는 우주에 남아 있고　嘘起直風留宇宙
본래의 심사는 신명이 증명하네　本來心事證神明
매우 잘 알겠노니, 가는 곳마다 강산이 지켜 주어　極知到底江山護
오히려 갈림길에서도 마음에 불평하지 않음을　猶自臨岐意不平

래도록 찬탄하게 하네.〔昔日太宗拳毛騧, 近時郭家. 今之新圖有二馬, 復令識者久歎嗟.〕"라고 하였다.

연제(練祭)[157] 저녁에 내주(內廚)에서 술을 보내 주었는데 대개 제사의 남은 음식이었기에 울면서 적다

練夕 自內宣酒 蓋祭餘也 泣而識之

정호의 용수레 아득히 부여잡기 어려워[158]	鼎湖龍馭杳難攀
죽지 못한 외로운 신은 머리털이 희어졌네	未死孤臣鬢髮斑
상복 색은 흰색에서 이미 변함을 문득 보고	服色忽看縗已變
슬픈 정은 제사 음식 새로 나누어 줌에 더욱 느끼네	哀情益感餕新頒
성대한 임금 은혜의 물결이 넓게 흘렀기에	汪汪流出恩波闊
떨어지는 눈물 피눈물로 바뀌어 흐르네	滴滴飜成血淚潸
어느 곳 요지에서 광악 소리 들리나[159]	何處瑤池聞廣樂

157 연제(練祭) : 상을 당한 지 1년 만에 지내는 제사인 소상(小祥)을 말한다. 1608년(선조41) 2월 1일 선조(宣祖)가 세상을 떠나고, 이듬해의 소상을 말한다.

158 정호(鼎湖)의……어려워 : 선조가 세상을 떠난 것에 대해 슬퍼한다는 뜻이다. 정호는 형산(荊山)에 있는 지명이고, 용어(龍馭)는 천자가 타는 수레인데 임금이 죽은 것을 뜻하는 말로 쓰인다. 옛날에 황제가 형산(荊山)의 정호(鼎湖)에서 솥〔鼎〕을 주조하고는 신선이 되어 용을 타고 하늘로 올라가자, 신하와 후궁 가운데 황제를 따라서 올라간 자가 70여 명이었으며, 미처 용의 몸에 올라타지 못한 자들은 용의 수염을 잡고 올라갔는데, 수염이 끊어져서 황제가 가지고 있던 활과 함께 떨어졌다. 이에 사람들이 활과 용의 수염을 잡고 통곡하고는 이를 가지고 교산에 장사 지냈다. 《史記 封禪書》

159 어느 곳……들리나 : 요지(瑤池)는 곤륜산(崑崙山)에 있다는 선경(仙境)으로, 서왕모(西王母)가 사는 곳인데, 서왕모가 이곳에서 신선들을 모아서 잔치를 하였다고 한다. 광악(廣樂)은 균천광악(鈞天廣樂)의 준말로, 신선들이 사는 하늘나라의 음악을 말한다. 선조가 세상을 떠나 신선 세계에서 잔치를 즐기며 잘 지냄을 뜻한다.

채색 구름 사이를 응시할 수 없네　　不堪凝望綵雲間

지난날 대궐에서 처음 한 번 뵌 것을 기억하니　　憶昨雲霄始一攀
반랑[160]은 당시 작변을 쓰기도 전에 머리 세었네　　潘郎時未弁承斑
횡경[161]하던 내각에는 천향이 젖어들고　　橫經內閣天香濕
시초[162]하던 서쪽 문엔 어주(御酒) 나누어 주셨네　　視草西扉御醞頒
자부[163]에 이로부터 신선 수레 멀어지니　　紫府自從仙馭逈
흰 상복에 부질없이 눈물 자국만 남았네　　素衣空有淚痕潸
꿈속의 넋이 나도 모르게 오래된 교산[164]에서　　夢魂不識喬山古
때때로 지척 사이에서 용안을 마주하네　　時對龍顏咫尺間

160 반랑(潘郎) : 반랑은 진(晉)나라 반악(潘岳)을 말하는데, 그는 32세 때부터 흰 머리가 나기 시작했다고 한다. 《문선(文選)》 〈추흥부서(秋興賦序)〉에 "나는 나이 서른둘에 흰 머리가 보이기 시작했다.〔余春秋三十有二, 始見二毛.〕"라고 하였다. 여기서는 이준 자신을 일컫는 말로, 나이 32세가 되던 선조 24년(1591) 가을에 별과에 합격하여 승문원 권지정자(承文院權知正字)가 된 것을 말한다.

161 횡경(橫經) : 경적(經籍)을 가로로 죽 펴 놓는다는 말로, 보통은 수업 또는 독서를 의미한다.

162 시초(視草) : 옛날 문장을 관장한 신하가 임금의 조서나 유시(諭示)를 수정하던 것을 말한다. 이준이 승문원 권지정자로 있었기 때문에 이 말을 한 것이다.

163 자부(紫府) : 도가(道家)에서 전해지는 전설 속에 나오는 천상(天上)의 선부(仙府)인데, 여기서는 궁궐을 말한다.

164 교산(喬山) : 옛날에 황제(黃帝)를 장사 지낸 곳인데, 지금의 섬서성(陝西省) 지역에 있다. 전하여 임금을 장사 지내는 곳을 뜻하는 말로 쓰인다.

대궐에서 숙직하면서 밤에 앉아 상주 목사[165]에게 답하다. 당시 문례관[166]으로 장차 관서로 가려고 하였다

禁直夜坐 答尙牧城主 時以問禮官將向關西

옛 동산 돌아가길 생각하지 않은 날 없었으나	故園無日不思歸
거울 속 공명을 추구한 모습은 머리털 이미 세었네	鏡裏勳名鬢已絲
남쪽 새재에서 옴에 일찍이 험한 고개 올랐더니	鳥嶺南來曾躡險
서쪽으로 용만〔의주〕을 바라봄에 또 갈림길 많구나	龍灣西望又多岐
강선[167]이 보낸 등 심지는 타서 다하려 하는데	降仙一穗燒將盡
눈을 읊조린 세 편은 화답함이 더디네	詠雪三篇和得遲
멀리서 생각건대, 북계는 봄이 저물려 하니	遙想北溪春欲晩
매화는 막 떨어지고 버들은 춤추듯 드리웠으리	梅花初落柳僛垂

165 상주 목사 : 김정목(金庭睦, 1560～1612)으로, 본관은 언양(彦陽), 자는 이경(而敬)이며, 1583년(선조16)에 문과 급제하였다. 호조 정랑, 헌납 등을 역임하고 1607년(선조40)에 상주 목사로 부임하였으나 1609년 5월에 상사(上司)가 예로 대접하지 않음으로 인하여 글을 올려 인퇴(引退)하였다.

166 문례관(問禮官) : 칙사를 만나서 조선 국왕이 칙서(勅書)를 맞이하는 의식이나 복장 등에 대해 조율하는 임무를 맡은 관원이다. 《연보》에 의하면, 이준은 1609년(광해군1) 성균관 직강에 제수되었는데, 명나라 조사(詔使)가 왔기에 문례관 제술관으로 차출되었으나 병 때문에 체직되었고, 4월에 홍문관 수찬에 임명되었다.

167 강선(降仙) : 상주 목사를 비유한 말이다.

상주 목사가 나에게 시를 보냈기에 차운하여 다시 부치다

尙牧城主以詩見贈 次韻却寄

이 년간의 서울 생활로 생활 객의 마음도 다하니	二年京口客情闌
맑은 낙동강 어느 때나 노 저어 돌아갈까	淸洛何時一棹還
매우 감사함은 신군께서 늙고 병든 이를 가련히 여겨	多謝神君憐老病
편지로 진중하게 안부를 물으심일세	尺書珍重問平安

앞의 운자를 사용하여 조비중[168]에게 부치다

用前韻寄趙棐仲

서울의 눈바람에 한 해 장차 끝나려 하니	洛城風雪歲將闌
객이 있는 관문에는 사람 왕래 끊어졌네	有客關門斷往還
목사의 풍류는 선비를 아낄 줄 알아	地主風流能愛士
때때로 술을 가지고 원안[169]을 방문하였네	時時持酒訪袁安

168 조비중(趙棐仲) : 조익(趙翊, 1556~1613)으로, 본관은 풍양(豐壤), 호는 가휴(可畦)이며, 비중은 그의 자이다. 1588년(선조21)에 문과에 급제하였다. 경상도 도사(慶尙道都事), 양산 군수(梁山郡守)를 지냈다. 저서로는 《가휴집》, 《진사일기(辰巳日記)》, 《황화일기(皇華日記)》가 있다. 상주(尙州)의 속수서원(涑水書院)에 제향되었다.

169 원안(袁安) : 후한(後漢)의 명상(名相)으로, 그가 미천(微賤)했을 때 한번은 낙양(洛陽)에 큰 눈이 내렸다. 낙양 영(洛陽令)이 민가(民家)를 순행하다 보니, 다른 사람들은 모두 나가서 눈을 치우고 걸식(乞食)을 하는데 원안의 집만 유독 눈도 치우지 않고 있으므로, 사람을 시켜 왜 나오지 않느냐고 묻자, 원안이 말하기를 "큰 눈이 와서 사람들이 모두 굶주리는 때에 남에게 요구를 해서는 안 된다."라고 하였다. 《後漢書 袁安列傳》 이준 자신의 외롭고 궁핍한 처지를 원안에 비유하고, 아울러 그런 자신에게 안부를 살핀 상주 목사의 은덕을 기린 것이다.

사명을 받들어 영남으로 가는 이오봉[170]을 전송하며
送李五峯奉使嶺南

행색이 쓸쓸하여 마치 가난한 선비 같으니	行色蕭然寒士如
벼슬 직함이 자금어대[171] 찬 사람인 줄 누가 알리오	官銜誰識紫金魚
천 년 뒤 화표주로 학이 되어 돌아왔으나[172]	鶴歸華表千年後
이월 초 형양에 기러기는 없네[173]	雁盡衡陽二月初

170 이오봉(李五峯) : 이호민(李好閔, 1553~1634)으로, 본관은 연안(延安), 자는 효언(孝彦), 호는 오봉·남곽(南郭)·수와(睡窩), 봉호는 연릉부원군(延陵府院君), 시호는 문희(文僖)이다. 1584년(선조17) 문과에 합격하였으며, 사은사(謝恩使)와 고부사(告訃使)로 두 차례 중국에 다녀왔다. 예조 판서, 양관 대제학, 좌참찬 등을 역임하였다. 남계서원(南溪書院)에 배향되었으며, 저서에 《오봉집》이 있다.

171 자금어대(紫金魚袋) : 높은 관리가 차던 금으로 만든 물고기 모양〔金魚〕의 부(符)를 넣어 두는 주머니로, 고관을 뜻한다.

172 화표주(華表柱)로……돌아왔으나 : 화표주는 옛날에 교량이나 궁전, 성문이나 묘소 앞에 장식용으로 세우던 거대한 돌 기둥을 말하는데, 요동(遼東) 사람 정영위(丁令威)가 학이 되어 날아와서 앉았던 곳이다. 한(漢)나라 때 요동 사람 정영위가 영허산(靈虛山)에서 도를 닦아 신선이 되었다. 그 뒤에 학이 되어 요동으로 돌아와 화표주에 앉아 시를 지었는데, 그 시에, "새여 새여 정영위 새여, 집 떠난 지 천년 만에 오늘에야 돌아왔네. 성곽은 의구한데 사람들은 아니로세, 어찌 신선 아니 배워 무덤이 총총하뇨." 하였다. 《搜神後記》 학은 이오봉을 빗댄 말로, 사명을 받들어 영남으로 감을 말한다.

173 형양(衡陽)에 기러기는 없네 : 중국 호남성 형양현(衡陽縣)을 가리킨다. 그곳에는 회안봉(回鴈峯)이 있는데, 기러기가 언제나 이 산봉우리에 이르면 봉우리가 너무 높아 더 이상 넘어가지 못하고 봄이 되면 다시 돌아온다고 한다. 왕발(王勃)의 〈등왕각서(滕王閣序)〉에 "기러기 떼 추위에 놀라니 소리가 형양의 포구에서 끊어진

수동엔 가을 풀 묵은 것이 매우 마음 아프고　　水洞已傷秋草宿
파징엔 오직 저녁 연기가 드문 것만 보이네　　波澄惟見暮煙疎
말 타고 읊조리며 만약 상주 남쪽 길을 지난다면　吟鞭若過商南路
많은 대나무 떨기 속 낡은 오두막을 물어보시오　萬竹叢中問弊廬

-수동(水洞)은 서애의 장지(葬地)가 있는 곳이고, 파징[174]은 공〔이오봉〕의 외가 마을이다.-

다.〔雁陣驚寒, 聲斷衡陽之浦.〕"라는 구절이 있다. 기러기는 서신(書信)을 의미하므로, 서신 왕래가 없었음을 뜻한다.

174 파징(波澄) : 선산(善山) 해평(海平)의 다른 이름이다. 본래는 신라 병정(倂井)인데, 경덕왕 16년에 파징(波澄)이라 고쳐 숭선군(嵩善郡) 영현(領縣)이 되었다. 고려 태조 23년에 해평이라 고쳐 뒤에 복주에 소속되었으며, 현종 9년에 상주에 소속되었다가 인종 21년에 선산군에 소속되었다. 《新增東國輿地勝覽 卷29 慶尙道 善山都護府》

다시 차운하여 보내다
復次却寄

푸른 적삼 흰 머리로 사니 뜻이 어떠한가	青衫白首意何如
칼을 튕김[175]은 본래 생선 때문이 아닐세	彈鋏由來不爲魚
초고를 마친 뒤 서쪽 문에 병들어 누웠고	病臥西扉視草後
매화 처음 떨어짐에 남쪽으로 돌아가는 꿈 꾸었네	夢回南國落梅初
공명은 졸렬한 반랑[176]을 스스로 비웃노니	功名自笑潘郞拙
세상 염려를 엉성한 숙야[177]에게 시킬 수 있으랴	世念能令叔夜疎

175 칼을 튕김 : 원문의 '탄협(彈鋏)'은 긴 칼의 코등이를 손으로 튕긴다는 뜻으로, 좀 더 나은 대우를 받기 원하며 자신의 불우한 처지를 호소함을 말한다. 전국 시대 제(齊)나라 풍환(馮驩)이 일찍이 제나라 맹상군(孟嘗君)의 문객(門客)이 되었는데, 맹상군이 후하게 대우하지 않고 좌우로부터 천시를 받자, 풍환이 불만을 품고 손으로 칼을 두드리며〔彈鋏〕 노래하기를, "긴 칼아, 돌아가야겠다. 먹자 해도 생선이 없구나. 긴 칼아, 돌아가야겠다. 밖엘 나가려도 수레가 없구나."라고 하니, 맹상군이 좌우에게 명하여 풍환의 요구를 들어주게 하였다는 고사가 있다. 《史記 孟嘗君列傳》

176 반랑(潘郞) : 진(晉)나라 문장가 반악(潘岳)을 가리킨다. 20세에 처음 벼슬하여 낭관(郎官)이 된 뒤로 50세가 되기까지 여덟 번 벼슬을 옮겼지만 품계는 한 번밖그에 오르지 않았으므로 〈한거부(閑居賦)〉를 지어 졸렬한 관직 생활을 탄식하면서 영록(榮祿)에 담담한 심경을 피력한 바 있다. 후에 이를 '반생졸(潘生拙)'이라 하여 벼슬살이에 졸렬하거나 영록(榮祿)에 담박한 것을 비유하게 되었다. 《晉書 潘岳列傳》

177 숙야(叔夜) : 진(晉)나라 때 죽림칠현(竹林七賢) 중의 한 사람인 혜강(嵇康)의 자이다. 그의 친구인 산도(山濤)가 일찍이 자기의 관직을 대신하도록 혜강을 천거했을 때, 혜강이 이를 거절한 편지에서, "내가 산만하고 소략하여 사리와 세정에 부합하지 못하다는 것은 족하가 평소에 잘 알고 있다."라고 한 데서 온 말이다. 《文

머물러 지체하며 만나러 가지 못했으니　留滯未成携手去
도잠은 자신의 오두막 생각 견디지 못하였네[178]　陶潛無耐憶吾廬

選 卷43 書下 與山巨源絶交書》 여기서는 곧 자신을 혜강에 비유해서 말한 것이다.

178 도잠은……못하였네 : 도잠(陶潛)의 〈독산해경(讀山海經)〉에 "초여름에 풀과 나무 무성하게 자라나서, 집을 에워싸고 나뭇가지 우거졌네. 새들도 깃들 곳이 있어서 좋겠지만, 나도 내 오두막을 사랑한다오." 한 데서 온 말이다. 창석이 도잠처럼 벼슬을 그만두고 은거하고 싶은 마음이 간절함을 빗댄 것이다.

서경추[179]가 반궁에서 방문하다

徐景推自泮宮來訪

남쪽 고을 아름다운 선비 있으니 有美南州士
태산북두 같은 명성 다투어 추앙하네 爭推北斗名
어려움이 많은 날 다시 만났으나 重逢多難日
젊을 때의 마음 바뀌지 않았네 不改少年情
객이 됨에 추위가 다시 더위가 되고 作客寒仍暑
관리가 됨에 총애에도 놀란 듯하였네[180] 爲官寵若驚
걸어 돌아갈 때 모쪼록 달을 기다려 步歸須待月
소나무 그림자를 이리저리 거니시기를 松影踏縱橫

179 서경추(徐景推) : 서희서(徐希恕, 1555~?)로, 본관은 남평(南平)이며, 경추는 그의 자이다. 거주지는 영암(靈巖)이다. 1585년(선조18) 식년시 2등으로 입격하였다. 금산군(錦山郡)의 제원 찰방(濟原察訪)을 지냈다.

180 총애에도 놀란 듯하였네 : 원문 '총약경(寵若驚)'은 총애가 바로 모욕의 계기가 될 수 있으므로 경계해야 한다는 뜻이다. 《도덕경(道德經)》 제13장에 "총애와 모욕에 놀란 듯이 한다는 말은 무엇을 가리키는가. 총애는 낮은 것이므로 그것을 얻어도 놀란 듯이 하고 잃어도 놀란 듯이 한다.〔何謂寵辱若驚. 寵爲下, 得之若驚, 失之若驚.〕"라고 한 데서 유래하였다.

마산[181]의 배 안에서 숙박하고 광주 목사 윤지중[182]에게 사례하다

宿馬山舟中 謝廣牧尹止中

임금의 총애와 영광은 사모할 만하지만	君寵榮堪戀
인생의 노년은 마땅히 쉬어야 하리	人生老合休
돌아가는 배는 한만[183]을 헤치고 가니	歸帆凌汗漫
도착할 곳이 바로 창주[184]일세	到處卽滄洲
좋은 명절[185] 비로소 기러기 소리 들리고	令節初聞雁
은거할 맹세 갈매기를 저버리지 않았네[186]	幽盟不負鷗

181 마산(馬山) : 경기도 양천현(陽川縣) 남쪽 20리 지점에 있다. 창석이 1609년 8월 휴가를 요청하여 귀향할 때 마산에서 숙박한 듯하다.

182 윤지중(尹止中) : 윤의립(尹毅立, 1568~1643)으로, 본관은 파평(坡平), 초명은 의립(義立), 호는 월담(月潭)이며, 지중은 그의 자이다. 인조 때에 벼슬이 예조 판서에 이르렀고 서화(書畫)에도 뛰어났다.

183 한만(汗漫) : 본래 광대무변한 공간을 가리키는 말이다. 옛날 노오(盧敖)가 북해(北海)에서 노닐다가 이인(異人)인 약사(若士)를 만나 함께 벗으로 노닐자고 청하자, 약사가 응답하기를 "나는 구해 밖에서 한만과 만날 약속이 되어 있으니 오래 머물러 있을 수가 없다."라고 하고는 곧바로 구름 속으로 들어가 보이지 않았다는 이야기가 전한다. 《淮南子 道應訓》

184 창주(滄洲) : 물가에 있는 은사(隱士)의 거처를 비유할 때에 쓰는 말이다. 중국 삼국 시대 위(魏)나라 완적(阮籍, 210~263)의 〈위정충권진왕전(爲鄭冲勸晉王牋)〉에 "창주에 가서 지백에게 인사하고, 기산에 올라 허유에게 읍을 한다."라는 말에서 유래한 것이다.

185 좋은 명절 : 원문은 '영절(令節)'로, 여기서는 9월 9일 중양절을 말한다.

술 한 병으로 나를 대접하니 一壺來餉我

오두[187]의 두터운 뜻에 감사하네 厚意謝遨頭

186 은거할……않았네 : 《열자(列子)》 〈황제(黃帝)〉에 "바닷가에 사는 어떤 사람이 갈매기를 매우 좋아하여 매일 아침 바닷가로 가서 갈매기와 놀았는데, 날아와서 노는 갈매기가 백 마리도 넘었다. 그의 아버지가 '내가 들으니 갈매기들이 모두 너와 함께 논다고 하던데, 너는 그 갈매기를 잡아와라. 나 역시 갈매기를 좋아한다.' 하였다. 다음날 바닷가로 나가니 갈매기들이 날아다니기만 하고 아래로 내려오지 않았다."라고 하였다. 이로 인해 후에 '갈매기'는 세상을 피해 은둔하는 것을 상징하는 표현으로 많이 쓰이게 되었다.

187 오두(遨頭) : 고을 수령 또는 수령이 들놀이하는 것을 말한다. 송나라 때 성도(成都)에서는 4월 19일을 완화일(浣花日)이라고 하였다. 이날 두보(杜甫)의 초당(草堂)에 있던 창랑정(滄浪亭)에서 태수가 잔치를 벌였는데, 이때 온 고을의 사녀(士女)들이 나와서 목상에 열 지어 서서 구경하였다. 여기에서 그 목상을 오상이라고 하였으며, 수령을 오두(遨頭)라 하였는데 오두는 우두머리라는 말이다. 《成都記》

여강의 배에서 적어 상주 목사에게 보이다
驪江舟中 錄示地主

강 하나에 여울은 아흔이니	一江九十瀨
이르는 곳마다 평안한 물결이 적네	到處少安流
내가 배 저어 감에 두려운 빛 없으니	我行無怖色
바람과 달만 빈 배[188]에 가득하기 때문일세	風月滿虛舟

188 빈 배 : 무심하고 담박한 마음을 비유하는 말로, 《장자》 〈산목(山木)〉의 "배를 나란히 하여 하수를 건널 적에, 빈 배가 와서 나의 배와 부딪친다면 아무리 속 좁은 사람이라도 성을 내지는 않는다."라는 구절에서 유래한 것이다.

선산 내곡에 있는 부윤[189]을 지낸 오대조의 유허를 방문하다 부윤의 아들 네 명과 사위 한 명이 모두 관인(官印)을 찼기에 당시 사람들이 오인당이라고 일컬었다

過五代祖府尹遺墟 在善山內谷 府尹四子一婿皆佩印 時人稱五印堂

아름다운 기운이 서린 천년의 지역	佳氣千年地
화려한 당에 오인이라 이름하였네	華堂五印名
천순[190] 연간에 띠풀 베어 얽었는데	誅茅天順歲
임진왜란 때 화재를 만났네	遭火壬辰兵
묵은 자취는 원림처럼 오래되었는데	陳迹園林古
남긴 풍도는 낙동강처럼 맑네	遺風洛水淸
서성거리다 보니 감개하여	徘徊仍感慨
해가 서쪽으로 기우는 줄도 몰랐네	不覺日西傾

189 부윤(府尹) : 이언(李堰)으로, 본관은 홍양(興陽), 자는 심원(深源), 호는 낙빈(洛濱)이다. 성품이 청렴하고 강직하였다. 일찍이 전주 부윤(全州府尹)이 되었는데, 치적이 가장 우수하다 하여 세조가 교지를 내려 승직(陞職)을 포상하였다. 임기가 만료되자 물러나 선산(善山) 내곡리(內谷里)에서 지내다가 세상을 떠났다. 의흥(義興)의 나계서원(羅溪書院)에 배향되었다.

190 천순(天順) : 명나라 영종(英宗) 때의 연호로, 조선 세조 3년(1457)~세조 10년(1464)까지이다.

국포[191]가 시를 부치시고 인하여 내방하였기에 차운하여 사례하다

菊圃寄詩 仍來訪 次韻謝之

물시계에 맞춰 새벽 출근함 사양하고	禁漏辭趨曉
전원에서 평온히 가을 감상하네	田園穩賞秋
본래 아각의 봉황[192]이 아니기에	本非阿閣鳳
지금 해옹[193]의 갈매기와 짝하였네	今伴海翁鷗
근력은 해마다 줄어드는데	筋力年年減
시내와 산은 곳곳마다 그윽하구나	溪山處處幽
부끄럽게도 승경을 감상할 도구[194] 없으면서	慙無濟勝具

191 국포(菊圃) : 강박(姜樸, 1690~1742)으로, 본관은 진주(晉州), 자는 자순(子淳), 호는 국포이다. 문장으로 이름이 높았고, 특히 오상렴(吳尙濂), 채팽윤(蔡彭胤) 등의 시맥(詩脈)을 계승한 것으로 알려져 있다.

192 아각(阿閣)의 봉황 : 훌륭한 인재를 비유한다. 아각은 사면에 모두 차양이 있는 누각인데, "옛날 황제 헌원씨 때에 봉황이 아각에 둥지를 틀었다.〔昔黃帝軒轅, 鳳凰巢阿閣.〕" 하였다. 《文選 古詩 西北有古樓 李善注》

193 해옹(海翁) : 바닷가의 노인으로, 담박하게 처신해서 세상과 더불어 다투지 않는 것을 비유하여 한 말이다. 《열자(列子)》 〈황제(黃帝)〉에, 기심(機心)이 하나도 없는 어떤 사람에게 갈매기가 수도 없이 날아와 함께 노닐었다는 '구로망기(鷗鷺忘機)'의 이야기가 전해 오는데, 이를 차용하여 한 말이다.

194 승경을 감상할 도구 : 원문의 '제승구(濟勝具)'는 제승지구(濟勝之具)로, 명승지를 다니는 도구, 즉 다니기에 적합한 튼튼한 팔다리를 이른다. 동진(東晉) 사람 허순(許詢)은 산택을 노닐기를 좋아하였는데, 당시 사람들이 그에 대해 "명승지를 사랑하는 마음이 있을 뿐 아니라 제승지구(濟勝之具)도 있다." 하였다. 《世說新語 栖逸》

세상 밖에서 맑은 유람에 힘쓰네 物外辦淸遊

시사의 논의가 나누어진 때요 時議分離日
외로운 신하 늙고 병든 때라 孤臣老病秋
잠시 새장 속의 새가 되었다가 乍爲籠裏鳥
갑자기 물 속의 갈매기 되었네 翻作水中鷗
먼 들판 밖엔 세속의 풍진 적고 野外風塵少
숲 사이 맑은 경치 그윽하네 林間霽景幽
서로 알고 지낸 국포 어른이 있어 相知有菊老
흥을 타고 놀러 와 준 은혜 입었네 乘興荷來遊

꿈에 유 세마[195]가 자석[196] 벼루 한 개를 전해 주면서 서애 선생이 보낸 것이라 말하였기에 감격하여 적다
夢中柳洗馬傳致紫石一面 語以西厓先生所寄 感而識之

벼루가 깨져 최근에 먹을 갈 수 없어	破硯年來不可磨
보잘것없는 구업마저도 읊조리길 그만뒀네	些些口業廢吟哦
글쓰는 방에 문득 신령한 선물 온 것을 보니	文房忽見來神貺
돌의 품질은 안동에서 나온 것임을 응당 알겠네	石品應知出永嘉
하락[197]은 예로부터 간기[198]가 모였으니	河洛自從收間氣
연원은 더 이상 거슬러 올라갈 남은 물결이 없네[199]	淵源無復遡餘波
재주 엉성하니 감히 기대하는 마음에 부응하랴	才踈敢副相期意
다만 주묵을 갈아 도가서에 권점 찍고자 하네	但欲硏朱點道家

195 유 세마(柳洗馬) : 유단(柳褍, 1580~1612)으로, 본관은 풍산(豊山), 자는 숙정(叔整), 호는 도암(道巖)이며, 유성룡(柳成龍)의 둘째 아들이다. 1609년(광해군1) 사마시에 합격하여 익위사 세마(翊衛司洗馬)에 임명되었다. 1612년(광해군4) 김백함(金百諴)의 무고로 유단의 아우 유진(柳袗)이 서울로 압송되자 안동에서부터 뒤따라와 서울에서 옥바라지를 하였다. 그 결과 병을 얻게 되어 낙선방(樂善坊)의 누이 집에서 죽음을 맞았다. 《道巖集 附錄 遺事》

196 자석(紫石) : 자석연(紫石硯)을 가리키는데, 먹이 진하게 잘 갈리는 것으로 유명하다.

197 하락(河洛) : 일반적으로 황하(黃河)의 지류(支流)인 낙수(洛水)를 말하나, 여기서는 서애 유성룡이 살았던 하회를 말한다.

198 간기(間氣) : 세상에 드문 영걸의 기운을 뜻한다. 맹자가 "오백 년 만에 반드시 왕자가 태어나는데 그 사이에 반드시 세상에 이름난 인물이 있다." 한 데서 온 말이다. 《孟子 公孫丑下》

199 연원은……없네 : 서애가 퇴계 학맥의 적통을 이어 받았음을 뜻한다.

정경임이 대릉하로 행차했다[200]는 소식을 듣고
聞鄭景任行次大凌河

만 리 먼 곳에서 편지 옴에 한 글자가 천금 같으니 萬里書來一字金
그대 이미 대릉하 남쪽을 지났다고 들었네 聞君已過大河陰
행장은 조촐하고 입은 갖옷도 얇은데 行裝草草衣裘薄
변방 길은 아득하고 내린 눈은 많겠지 關路迢迢雨雪深
지난해 헤어지고 멀리 몽혼이 수고로우니 分袂經年勞遠夢
어느 날 술동이 열어 답답한 마음 위로할까 開尊何日慰煩襟
원래 원백[201]은 정신으로 교제함이 오래되었으니 由來元白神交久
혹 대숲에 기대어 외로이 읊조릴 날 생각하네 倘念孤吟倚竹林

200 정경임이 대릉하(大淩河)로 행차했다 : 대릉하는 만주(滿洲) 요령성(遼寧省)에 있는 강 이름이다. 정경세가 1609년(광해군1) 8월, 동지사가 되어 중국에 간 것을 말한다.

201 원백(元白) : 당(唐)나라 시인 원진(元稹, 779~831)과 백거이(白居易, 772~846)를 아울러 일컫는 말이니, 두 사람은 서로 절친한 벗이었다. 여기서는 이준 자신과 정경세를 빗댄 것이다.

형제급난도[202]에 쓴 쌍운[203]

題兄弟急難圖雙韻

섬나라 오랑캐가 옛날 고모[204] 북쪽을 공격했을 때 島夷昔襲鈷鉧北
나는 병들어 일어나지 못하고 바야흐로 숨만 쉬었네 我病不興方絫息
아, 어찌 돌아가는 형편이 이리도 급박하였던가 嗚呼曷歸事已亟
억지로 형님 덕에 몸이 벗어나 멀리 숨었네 勉以伯氏脫身而遠匿
형님은 가슴에 눈물 줄줄 흘리며 伯氏縱橫淚垂臆
다만 너와 함께 왜적에게 죽겠다고 하였네 但言與爾同死賊
나를 업고 구불구불 험한 곳에 오르니 負余邐迤而峻陟
고개 들고 슬프게 부르짖음에 산 기운도 참담하고 하늘도 빛을 잃었네
仰首哀號兮山氣慘慘天無色
왜적에게 활을 당김에 감히 다가오지 못하니[205] 彎弓向賊賊不敢逼

202 형제급난도(兄弟急難圖) : 임진왜란 당시 백화산(白華山)에서 이전(李塡)이 병으로 사경에 이른 동생 준(埈)을 업고 갖은 위험과 고난을 겪어 가며 전진(戰陣)을 빠져 나와 생명을 구하였다. 이준은 1609년(광해군1)에 화공을 불러 그림을 그리도록 하고 당시 여러 명사들이 이를 찬양한 글을 수록하였다. 그리고 서문을 썼는데, 《창석집》 권13 〈형제급난도서(兄弟急難圖序)〉가 그것이다.

203 쌍운(雙韻) : 시작법상 운자는 원래 짝수 구〔偶句〕에만 다는 것이 원칙이나 간혹 서로 다른 운자로 짝수 구 외에 홀수 구〔奇句〕에도 다는 것을 말한다.

204 고모(鈷鉧) : 경상북도 상주군(尙州郡) 모동면(牟東面)과 모서면(牟西面) 지역인 중모(中牟)에 있는 못〔潭〕 이름이다. 임진왜란 당시 향병소(鄕兵所)가 있었다.

205 왜적에게……못하니 : 이준의 〈형제급난도서(兄弟急難圖序)〉에 "왜적 한 명이 칼을 뽑아 앞으로 겨누자 형님이 하늘에 부르짖으며 말하기를, '하늘이 지각이 있다

지극한 정성에 끝내 하늘도 불쌍히 여겼네	至誠終爲天所惻
처음에는 어망에서 거품 품는 물고기 신세 슬펐더니	初悲煦沫魚在罭
마침내 주살에서 벗어나 높이 나는 새가 됨이 기뻤네	竟喜高飛鳥脫弋
지난 일 생각함에 매번 기가 막히더니	往事念來氣每塞
그림 어루만지는 오늘 눈물을 다시 닦네	撫圖今日涕更拭
그 당시 굶주리고 또 고난을 겪었으며	當時飢餓且罹棘
주리고 병들어 근심과 슬픔으로 얼굴이 매우 검었네	瓲病憂哀面深墨
외롭게 야윈 모습으로 겨우 문지방을 넘었으나	孑孑羸形僅踰閾
근력이 애초에 사나이 백 명의 특별한 힘 아닌데도	膂力初非百夫特
오히려 아우 업고 산을 오름에 날개 빌린 듯하니	尙能負弟上山如假翼
생각건대 응당 산신령이 바르고 곧음에 감동한 것일세	想應山靈感正直
이는 우연히 한 번 힘을 떨친 것이 아니고	玆非偶然一奮力
굳센 절개를 평소에 이미 먼저 심은 것일세	苦節平生已先植
내가 옛날 거듭 전염병에 걸리자 형은 곁에서	我昔再遘癘疾兄在側
간호하며 잠시도 그만둔 적 없었네	將護不曾廢頃刻
우애의 지극한 본성을 사람은 동일하게 타고났지만	友愛至性人同得
다만 보통 사람은 그믐이나 월식처럼 가려졌네	只是凡民有晦蝕
위기에 닥쳐 서로 구해 줌은 정성에서 나온 것이니	臨危相急出悃愊
이 일은 마땅히 뭇사람들의 모범이 되리라	此事宜爲衆矜式

면, 우리는 죄가 없음을 알 것이다.'라고 하고, 또 산을 올려다보고 축원하여 말하기를, '백화산신령께서는 우리를 살려 주시기 바랍니다.'라고 하였다. 이어 나를 내려놓고 활시위를 당겨 적을 맞이하면서 호통을 치면서 꾸짖었다. 목소리와 기세가 모두 준엄하니 왜적들이 크게 부르짖으며 달아났다."라고 하였다.

명망은 백화산과 함께 끝없이 높고　　名與白華之山高不極
덕은 고모담을 따라 측량할 수 없이 깊네　　德隨鈷鉧之潭深莫測
맑은 향기 돌 벼랑에 새길 필요 없으니　　淸芬不須石厓勒
백세 천추에 돌은 때때로 마멸됨이 있다네　　百歲千秋石有時而泐
아, 우리 형은 어찌 나를 죽을 지경에서 구했을 뿐이랴　　嗚呼吾兄豈惟濟我死域
나에게 학문 연마[206]를 면려하고 항상 경계하였으니　　勖我斯征常戒勑
밤길 헤매며 장님이 지팡이 의지한 듯[207]했네　　冥途倀倀賴擿埴
내가 어찌 아우의 직분 이바지할 것 생각지 않으랴　　而我盍思供爲職
내가 직분 이바지하지 않으면 신이 죽이리라　　我不供職神其殛
아, 우리 형이 이미 덕을 심었으니　　嗚呼吾兄旣種德
하늘이 보응함은 이치에 어긋남이 없으리라　　天之報應理靡忒
한 집안에 끊임없이 빼어난 재주가 모였으니　　一家袞袞鍾岐嶷
대대로 우리 가문은 제사[208] 받을 수 있으리　　世世吾宗可血食

206 학문 연마 : 원문은 '사정(斯征)'으로, 형제간에 부지런히 학문 연마함을 뜻하는 말이다. 《시경》 〈소완(小宛)〉에 "내 날마다 매진할 것이니 너도 달마다 나아가라.〔我日斯邁, 而月斯征.〕" 한 데서 나왔다.

207 장님이……듯 : 원문의 '적식(擿埴)'은 '적식명행(擿埴冥行)'의 준말로, 학문을 함에 정확한 길을 알지 못하고 헤매는 것을 말한다. 한(漢)나라 양웅(揚雄)의 "지팡이로 땅을 더듬어서 길을 찾아 어둠 속으로 나아갈 따름이다.〔擿埴索途, 冥行而已矣.〕"라고 하였고, 그 주석에 "식(埴)은 땅을 말한 것인데, 맹인(盲人)이 지팡이로 땅을 더듬어서 길을 찾는 것은 보통 사람이 밤길 걷는 것과 같다. 밤길은 깜깜하다는 뜻이다."라고 하였다.

208 제사(祭祀) : 원문의 '혈식(血食)'은 익히지 않은 날고기로 올리는 큰 제사를 말하는데, 여기서는 자손이 끊어지지 않아 제사가 영원히 이어질 만함을 말한다.

부름을 받들고 가다가 삼산[209]에서 머물며 아이들에게 주다 당시 원규는 《맹자》를 읽고, 문규는 《사기》를 읽었다

承召行次三山寄兒輩 時元圭讀孟子 文圭讀史

너희는 병이 들어 근력과 뼈가 약하고 汝病筋骸弱
나는 노쇠하여 머리털이 희어졌네 吾衰鬢髮蒼
지금 천 리 먼 곳에 떨어져 있으니 卽當千里別
어찌 부자의 정이 손상됨을 면하랴 那免兩情傷
의와 이는 추 땅의 선비[210]가 분변하였고 義利鄒儒辨
흥과 망은 사씨[211]가 상세히 하였네 興亡史氏詳
다만 모름지기 천 번을 읽는다면 直須千遍讀
문리가 심장을 꿰뚫으리라 文理貫心腸

209 삼산(三山) : 충청북도 보은군(報恩郡) 내속리면(內俗離面)과 마로면(馬老面) 경계에 있는 구병산(九屛山), 속리산(俗離山)의 천황봉(天皇峰), 금적산(金積山)을 함께 일컫는 것이다. 이 시는 1610년 본에 창석이 시강원 겸 문학으로 경연에 입시할 때 지은 것인 듯하다.

210 추 땅의 선비 : 추읍(鄒邑) 출신인 맹자로, 그의 저술인 《맹자》를 말한다. 당시 원규가 《맹자》를 읽고 있었기 때문에 이 말을 한 것이다.

211 사씨(史氏) : 역사서를 집필하고 편수하는 사관 벼슬인 태사(太史)를 높인 말로, 여기서는 사마천(司馬遷)의 《사기(史記)》를 말한다. 문규가 《사기》를 읽고 있었기 때문에 이 말을 한 것이다.

죽산[212] 가는 길에서

竹山途中

위수와 종남산[213] 둘 다 잊지 못하여	渭水終南兩未忘
갈림길에서 서글피 석양에 기댔었지	路岐怊悵倚斜陽
가고 옴이 기러기와 같음을 스스로 믿겠으나	去來自信同鳬雁
포부는 원래 패도와 왕도를 도울 정도는 아니었네	抱負元非佐霸王
설사 성대한 조정에서 보잘것없는 나를 용납한들	卽使盛朝容碌碌
노쇠하여 머리털이 이미 세었음을 어찌하리	其如衰鬢已蒼蒼
다만 보은의 바람 마치지 못했기 때문에	只緣未了酬恩願
먼 길을 산 넘고 물 건너며 눈보라를 무릅쓰네	跋涉長途冒雪霜

212 죽산(竹山) : 경기도 안성(安城) 지역의 옛 지명이다.

213 위수(渭水)와 종남산(終南山) : 장안(長安)의 남쪽과 북쪽에 있는 산과 강의 이름이기 때문에, 우리나라에서 서울의 남산(南山)과 한강(漢江)의 별칭으로 흔히 써 왔다.

한강 가는 길에서

漢江途中

병든 몸을 이끌고 남으로 내려와 쉬지[214] 못하니	扶病南來未息肩
진흙〔벼슬살이〕 속의 행색이 또 험난하였네	泥中行色又迍邅
바람은 저녁 눈과 섞여 불어옴이 매우 급하고	風和暮雪吹偏急
얼음은 봄 물에 섞여 얾이 견고하지 않네	氷雜春澌凍未堅
백년토록 도로에서 근력이 다하였으니	道路百年筋力盡
천 리 먼 고향산으로 꿈속 넋이 이끄네	故山千里夢魂牽
덧없는 명예는 나와 참으로 원수가 되니	浮名與我眞仇敵
늙기도 전에 새 서리가 이미 머리에 가득하네	未老新霜已滿顚

214 쉬지 : 원문 '식견(息肩)'은 짐을 내려놓고 어깨를 쉰다는 뜻이다. 《춘추좌씨전(春秋左氏傳)》 양공(襄公) 2년에, "정나라 성공이 병을 앓았을 때 자사(子駟)가 진(晉)나라에 식견(息肩)하기를 청하였다.〔鄭成公疾, 子駟請息肩於晉.〕" 하였다.

관동 관찰사로 가는 홍휘세[215]를 전송하며

送洪輝世觀察關東

붉은 부절[216] 동쪽으로 바닷가 산에 임하니	絳節東臨海上山
여러 신선들 어느 곳 요단에 모였나	群仙何處會瑤壇
가련하게도 풍진 세상에 백발의 나그네는	可憐皓首風塵客
조서를 초안하여 해마다 벼슬아치를 전송하네	草制年年送作官

215 홍휘세(洪輝世) : 홍서봉(洪瑞鳳, 1572~1645)으로, 본관은 남양(南陽), 자는 휘세(輝世), 호는 학곡(鶴谷), 시호는 문정(文靖)이다. 1590년(선조23) 진사가 되고, 1594년 별시 문과에 병과로 급제하였다. 1623년 인조반정을 주동하여 정사 공신(靖社功臣) 3등에 책록되고, 익녕군(益寧君)에 봉해졌으며, 벼슬이 영의정에 이르렀다. 이 시는 홍서봉이 1610년(광해군2)에 강원도 관찰사로 부임할 때 지어 준 것이다. 당시 창석은 홍문관 교리로 있었다.

216 붉은 부절 : 원문은 '강절(絳節)'로, 상제(上帝)나 신선이 사용하는 의장용 붉은 깃발을 말한다. 여기서는 절도사의 부절을 비유한 것이다.

금성으로 귀성하는 정언 목탕경[217]을 전송하며
送睦正言湯卿歸省錦城

어헌[218]이 그대를 따라 남쪽 물가에 계시니	魚軒隨子在南涯
인간 세상에서 영화롭게 봉양함이 얼마나 되랴	榮養人間有幾多
생각건대, 채색옷 입고 귀성한 날	想得綵衣歸省日
봄바람 불어 자형화[219] 피우겠지	春風吹發紫荊花

217 목탕경(睦湯卿) : 목대흠(睦大欽, 1575～1638)으로, 본관은 사천(泗川), 자는 탕경(湯卿), 호는 다산(茶山) 또는 죽오(竹塢)이다. 1601년(선조34) 진사가 되고, 1605년 별시 문과에 병과로 급제하였다. 홍문관 교리(弘文館校里), 지제교 겸 경연 시독관(知製敎兼經筵侍讀官)에 추증되었다.

218 어헌(魚軒) : 어피(魚皮)로 장식한 부인의 수레인데, 귀부인들이 이 수레를 탔다. 여기서는 목탕경의 어머니를 뜻한다.

219 자형화(紫荊花) : 일명 박태기나무라고도 하는데, 형제의 정의가 남다르게 두터움을 비유한다. 옛날 남조(南朝) 때 양(梁)나라의 경조(京兆) 사람인 전진(田眞)에게 두 아우가 있었는데, 세 사람이 분가하려고 재산을 나눈 뒤에 정원의 자형나무 한 그루까지도 3등분하려고 하였으나, 그 이튿날 자형나무가 도끼를 대기도 전에 말라 죽어 있는 것을 보고, 형제들이 크게 뉘우치고 분가하기로 한 결정을 철회하니, 자형나무가 다시 살아났다 한다. 《續齊諧記 紫荊樹》

홍문관에서 당직할 때 병조의 오군이 두보 시 보여 주기를 청하기에 시로 답하다

寓直玉堂 騎省吳君求見杜詩 以詩答之

달빛 이슬과 바람 구름은 세상사람 모두 읊조리니	月露風雲世共吟
청신함은 힘써 하음에 핍진하려 하네[220]	淸新務欲逼河陰
성인의 경전에서 누가 기꺼이 참 비결을 찾으랴	聖經誰肯尋眞訣
세속의 음악은 끝내 정음에 걸맞기 어렵네	俗樂終難叶正音
소시가 도를 배움에 방해됨을 모쪼록 믿어야 하니	須信小詩妨學道
예로부터 큰 학문은 마음을 찾는 데 달렸네	由來大業在求心
석거[221]의 천 권 책 가운데 정주의 말을	石渠千卷程朱語
시험 삼아 밝은 창가에서 뜻을 깊이 붙이시게	試向明窓着意深

220 하음(河陰)에 핍진하려 하네 : '하음'은 북주(北周) 시대 시인이며 문장가인 유신(庾信)을 가리키는데, 그의 고향이 하남성(河南省) 신야(新野)이기 때문이다. 두보(杜甫)의 〈춘일억이백(春日憶李白)〉 시에 "청신함은 유 개부의 시와 같고, 준일함은 포 참군의 시와 같네.〔淸新庾開府, 俊逸鮑參軍.〕"라고 하였는데, 유 개부(庾開府)는 유신의 관직이 표기대장군(驃騎大將軍), 개부의동삼사(開府儀同三司)에 이르렀기 때문에 이렇게 일컬은 것이다. 《杜少陵詩集 卷1》

221 석거(石渠) : 석거각(石渠閣)으로, 한(漢)나라 소하(蕭何)가 건립하여 비서(祕書)를 주로 교정하던 곳이다. 조선조 창경궁(昌慶宮)에 있던 수직청(守直廳)을 석거청(石渠廳)이라 하였다.

천추사[222]를 전송하며
送千秋使

이별한 뒤 그대 생각함에 아득히 일 년이 지났으니	別後相思杳隔年
갈림길에 이르러 어찌 슬픈 마음 없으랴	臨岐那得免悽然
문장은 절로 천금의 가치가 있으니	文章自有千金價
성명은 응당 사해에 전해질 줄 알겠네	姓字應知四海傳
신선의 패옥 차고 새벽에 성상 밖으로 달려가니[223]	仙佩曉趨星象表
객지의 가는 길은 봄에 북방 구름 가를 둘러가네	客程春繞朔雲邊
십 년 만에 은하수에 뗏목[224]을 거듭 띄우니	十年銀漢槎重泛

222 천추사(千秋使) : 1610년(광해군2)에 천추사로 연경에 다녀온 황시(黃是, 1555~1626)를 말한다. 그의 본관은 창원(昌原), 자는 시지(是之), 호는 부훤당(負暄堂)이다. 1584년(선조17) 문과에 급제하여 동부승지, 병조 참의 등을 역임하였다. 저서로 《조천록(朝天錄)》, 《부훤당집》이 있다.

223 성상(星象) 밖으로 달려가니 : 성상은 원래 별자리의 모양을 말한다. 중국에 사신으로 가는 것을 '성사(星使)' 또는 '성사(星槎)'라고도 한다. 한 무제(漢武帝) 때 장건(張騫)이 사명(使命)을 받들고 서역(西域)에 나가던 길에 황하의 근원을 찾아 한없이 거슬러 올라갔는데, 한 성시(城市)에 이르러 보니 한 여인은 방 안에서 베를 짜고 있고 한 남자는 소를 끌고 은하(銀河)의 물을 먹이고 있었다. 그들에게 "여기가 어디인가?"라고 묻자, 그 여인이 지기석 하나를 장건에게 주면서 "성도(成都)의 엄군평(嚴君平)에게 가서 물어보라." 하였다. 장건이 돌아와서 엄군평을 찾아가 지기석을 보이자, 엄군평이 말하기를 "이것은 직녀의 지기석이다. 아무 연월일에 객성(客星)이 견우성과 직녀성을 범했는데, 지금 헤아려 보니 그때가 바로 이 사람이 은하에 당도한 때였도다."라고 하였다는 전설에서 유래하였다. 《博物志 卷10》

224 뗏목 : 한(漢)나라 장건(張騫)이 서역(西域)에 사신(使臣)으로 가면서, 뗏목

황제가 궁중 술 하사하여 외로운 현신을 위로하리 帝賜宮壺慰獨賢

을 타고 가다가 물을 따라 올라가 은하수(銀河水)에 이르러, 직녀성(織女星)을 만나고 왔다는 전설(傳說)이 있다. 《博物志》

충청도 연막[225]으로 부임하는 신순부[226]를 전송하며

送申順夫赴湖西蓮幕

이십 년 전 적성[227]에 방문하였더니	二十年前過赤城
천 리 밖 서울에서 만났네	一千里外會西京
아득히 그 사이의 일을 말하고자 하나	悠悠欲說中間事
참혹하여 옛 정을 어찌하기 어렵네	慘慘難爲故舊情
대각에는 지금 후진들이 많으니	臺閣卽今多後進
조정에서 누가 선생을 다시 기억할까	朝廷誰復記先生
외로운 돛단배로 또 호서로 가는데	孤帆又向湖中去
앞 강에 비바람 몰아쳐 물결이 평온치 않네	風雨前江浪未平

225 연막(蓮幕) : 연꽃 장막이란 뜻으로 관찰사의 막부 또는 장수의 막부에 있는 도사(都事)를 가리킨다. 진(晉)나라 때 재신(宰臣) 왕검(王儉)이 막부를 열고 재사(才士)를 많이 영입하자 당시의 명사인 유고지(庾杲之)가 여기에 의탁하였으므로, 사람들이 이를 두고 연화지(蓮花池) 또는 홍련막(紅蓮幕)이라 예찬한 데서 나온 말이다. 《南史 庾杲之傳》

226 신순부(申順夫) : 신지제(申之悌, 1562~1624)로, 본관은 아주(鵝州), 호는 오봉(梧峯)·오재(梧齋)이며, 순부는 그의 자이다. 저서로는 《오봉집(梧峯集)》이 있다. 1610년(광해군2) 3월, 충청도 도사(都事)가 되었다가 사직하고 귀향하였다.

227 적성(赤城) : 순창의 옛 이름이다.

앞의 운자를 사용하여 박윤보[228]를 전송하며
用前韻送朴潤甫

아득히 떠나는 길 선성[229]을 가리키니 悠悠征路指宣城
검을 차고 아침에 백옥경[230]을 하직하네 劍佩朝辭白玉京
봉격[231]함은 바로 삼부[232]의 봉양 때문이나 奉檄政因三釜養
헤어짐[233]에 어찌 두 고을의 정을 견디랴 分襟何耐兩鄕情

228 박윤보(朴潤甫) : 박한(朴琿)으로, 본관은 무안(務安), 자는 윤보(潤甫), 호는 회이당(悔易堂)이다. 1603년(선조36) 문과에 급제하여 예안(禮安) 현감, 선산 부사 등을 지냈고 호조 좌랑을 거쳐 승문원 판교에 올랐다. 추원사(追遠祠)에 배향되었다. 저서로 《회이당집》이 있다.

229 선성(宣城) : 경상북도 안동시 예안면(禮安面)의 옛 이름이다.

230 백옥경(白玉京) : 본디 천제(天帝)가 거주하는 곳을 일컫는 말인데, 전하여 임금이 있는 곳을 가리킨다.

231 봉격(奉檄) : 임관(任官)의 사령장을 받고 관직(官職)에 나아가는 것으로, 부모를 봉양하기 위해 벼슬길에 나아간다는 봉격색희(奉檄色喜)의 준말이다. 후한(後漢)의 모의(毛義)가 가난하여 노모를 봉양하기 어려웠는데, 효행이 널리 알려져 수령에 제수하는 격문(檄文)이 오자 기뻐하여 받들었다. 그러나 노모가 돌아가시자 벼슬을 그만두었다는 고사에서 온 말이다. 《後漢書 趙淳于江劉周趙列傳序》

232 삼부(三釜) : 부(釜)는 6말 4되들이의 용량을 말하는바, 삼부는 보통 사람이 겨우 한 달을 먹을 수 있는 양으로, 전하여 박봉(薄俸)에 비유한다. 《장자》 〈우언(寓言)〉에 증자(曾子)가 이르기를 "내가 어버이 계실 적에 벼슬할 때는 3부의 녹봉으로도 마음이 즐거웠는데, 어버이 돌아가신 뒤에 벼슬할 때는 3천 종(三千鍾)의 녹봉을 받았으나, 어버이를 봉양할 수 없으므로 내 마음이 슬펐다."라고 한 데서 온 말이다.

233 헤어짐 : 저본의 '분금(分襟)'은 '분금(分襟)'의 오자로 생각되어, 이렇게 번역하였다.

봄 깊은 단협[234]에 꽃은 막 지고　　春深丹峽花初落
비 그친 황강[235]에 물은 절로 불어나리라　　雨歇黃江水自生
이별에 임하여 다시 고향 생각 더해지니　　臨別更添鄕國戀
나그네의 마음 언제나 평온할 수 있을까　　客懷能得幾時平

234 단협(丹峽) : 충청북도 단양(丹陽)을 말한다.

235 황강(黃江) : 충청북도 제천(提川)에 있는 강이다.

성암정사[236]에 적다
題星菴精舍

말 타고 안개 속 꽃핀 푸른 산으로 들어가니　馬入煙花紫翠間
시냇물 흐르는 길이 조금 질펀해도 싫지 않네　不嫌溪路細漫漫
일찍이 오부[237]에서 서릿발 날리는 상소[238] 올리더니 曾投烏府飛霜簡

236 성암정사(星菴精舍) : 경상북도 영주에 있던 정자이다. 백암(栢巖) 김륵(金玏, 1540~1616)의 연보에 의하면, 1614년(광해군6)에 이준, 조찬한(趙纘韓, 1572~1631) 등과 성암정사에서 종유하였다. 그 주에 "정사는 선생의 둘째 아들 김지선(金止善)이 지은 것으로 또한 서벽정(棲碧亭)이라 이름하였다. 선생이 계신 귀대(龜臺)가 성부(城府)에 가까워 한가하게 지내며 늙은 몸을 기를 장소가 아니었기에 만년에야 이곳에 머무른 적이 많았다. 당시 창석은 풍기(豐基) 군수이고 현주(玄洲)는 본 고을〔영주〕의 군수였다. 일시의 여러 어진 이들과 왕래하며 종유하였다."라고 하였다. 김륵의 본관은 예안(禮安), 자는 희옥(希玉), 호는 백암, 시호는 민절(敏節)이다. 박승임과 이황의 문인이다. 호조 참판, 대사성을 역임하였으며 이조 판서에 증직되었다. 《소고집》의 간행에도 참여하였다. 저서로 《백암집(柏巖集)》이 전한다.

237 오부(烏府) : 《한서(漢書)》 〈주박전(朱博傳)〉에 "한(漢)나라 때 어사부(御史府) 관사의 많은 우물물이 다 마르고, 또 어사부 안의 늘어서 있는 잣나무 위에 항상 수천 마리의 까마귀가 서식하면서 새벽에 날아갔다가 저녁에 돌아오곤 하니 이를 조석오(朝夕烏)라 하였다."라고 하였는데, 사헌부가 어사부에 해당하므로 사헌부를 '오부(烏府)' 또는 '오대(烏臺)'라고 하였다. 김륵이 1610년 대사헌이 된 것을 말한다.

238 서릿발 날리는 상소 : 원문의 '상간(霜簡)'은 고대에 어사(御使)들이 다른 관원을 탄핵하는 주장(奏章)을 뜻하는데, 우리나라 사헌부와 사간원 양사(兩司)의 관원이 탄핵하는 상주문을 뜻한다. 1611년(광해군3) 광해군이 생모를 추숭하려고 하자, 대사헌으로 있던 김륵(金玏)이 적극적으로 반대하다가 마침내 죄를 얻고 고향으로 돌아오게 되었다.

도리어 귀대[239]에서 달 낚는 낚싯대를 잡았네 却把龜臺釣月竿
백세의 큰 이름은 죽백[240]에 남기고 百世大名留竹帛
반평생의 맑은 복은 산수에 부쳤네 半生淸福着湖山
시끄러움을 피해 다시 성암에 터 잡으니 避喧更向星巖卜
도리어 풍광이 하한에 가까움을 기뻐하네 却喜風光近夏寒

-하한(夏寒)은 박소고(朴嘯皐)[241]의 정자 이름이다.-

239 귀대(龜臺) : 영주 서천 강변에 있었던 바위로 동귀대와 서귀대를 말한다. 서천의 물길이 바뀌기 전에는 강변에 있었으나 지금은 시내〔영주1동〕에 있다.

240 죽백(竹帛) : 죽간(竹簡)과 포백(布帛)으로 책을 가리키는데, 여기서는 역사책을 말한다.

241 박소고(朴嘯皐) : 박승임(朴承任, 1517~1586)으로, 본관은 반남(潘南), 자는 중보(重甫), 호는 소고·철진(鐵津)·수서옹(水西翁)이다. 이황의 문인이다. 벼슬은 공조 참의, 도승지에 이르렀다. 저서로 《소고집(嘯皐集)》이 전한다. 박승임의 문인 임흘(任屹, 1557~1620)이 쓴 행장에 "선생은 벼슬을 그만둘 나이가 되기도 전에 물러나 노년을 보낼 뜻이 많았다. 그 집이 성부에 가까운 것을 싫어하여 반곡(蟠谷)에 띳집을 지어 노년을 마칠 때까지 소요하는 장소로 삼고자 하였다. 둘째 아들 박록(朴漉, 1542~1632)이 선생을 위해 작은 건물을 짓고 짐짓 하한정(夏寒亭)이라 이름하였다."라고 하였다.

상주 목사였던 이수지[242]에게 드리다. 당시 경차관[243]으로 상주 경계에 도착하였다

贈李綏之城主 時以敬差到境

삼양[244]에 경차관으로 인일[245]을 만나니	三陽按節逢人日
사마가 문에서 욺에 객성[246]을 머물게 하네	四馬嘶門駐客星
영남의 산천에서 옛 벗을 찾으니	嶺外山川尋舊跡

242 이수지(李綏之) : 이수록(李綏祿, 1564~1620)으로, 본관은 전주, 자는 수지(綏之), 호는 동고(東皐)이다. 1586년(선조19)에 별시 문과에 급제하였고, 병조 좌랑, 홍문관 수찬, 교리, 응교, 광주 목사(廣州牧使), 상주 목사(尙州牧使), 여주 목사(驪州牧使) 등을 역임하였다. 1606년(선조39) 10월에 상주 목사로 부임하였다가 1607년 6월에 순안어사(巡按御史)의 탄핵을 받아 파직당하였다. 사후에 아들 이경여(李敬輿, 1585~1657)로 인하여 영의정에 추증되었다.

243 경차관(敬差官) : 지방에 임시로 차임해 보내는 벼슬로, 주로 전곡(田穀)의 손실을 조사하고 민정을 살피는 일을 맡았다. 대동야승 《응천일록(凝川日錄)》 경술년(1610, 광해군 2) 조에, 경상도 사는 문홍도(文弘道)의 아들 문지(文贄)가 글월을 띄워 그 형 신(賮)이 아비의 첩을 간음하였음을 고발하였는데, 일찍이 경차관(敬差官) 이수록(李綏祿)을 보내어 추고한 일이 있다고 하였다.

244 삼양(三陽) : 음력 정월(正月)이다. 정월은 태괘(泰卦)의 달로, 하괘(下卦)의 세 효(爻)가 모두 양효(陽爻)이기 때문에 삼양지월(三陽之月)이라 한다.

245 인일(人日) : 음력 1월 7일을 말한다. 이날은 가절(佳節)이라 하여, 옛 풍속에 일곱 가지 나물을 넣고 끓인 국을 먹고, 채색 천 또는 금박(金箔)으로 사람의 모양을 만들어 병풍에 붙이거나 머리에 꽂으며, 높은 곳에 올라가 술을 마셨으며, 잠을 자지 않고 밤을 지새웠다. 《荊楚歲時記》

246 객성(客星) : 나그네 별인데, 여기서는 경차관으로 온 이수록을 빗댄 말로 사용되었다.

고을의 기로들이 다정하게 맞이하네 邑中耆老慣相迎
일 년의 행역에 몸이 바야흐로 피곤하고 一年行役身方倦
만사가 마음 아프게 하니 눈물 쉬 떨어지겠네 萬事傷心涕易零
생각노니, 채색옷 입고 돌아가 어버이 모시는 날 想得綵衣歸侍日
자형화[247] 피어 금술잔에 비치리라 紫荊花發照金觥

247 자형화(紫荊花) : 박태기꽃을 가리키는데, 뒷날 형제간의 우애를 뜻하게 되었다. 남조의 양(梁)나라 전진(田眞) 삼 형제가 각기 재산을 나누고, 마지막으로 뜰에 있는 이 나무를 나누려 하니 박태기나무가 곧 시들었다. 이에 삼 형제가 다시 살림을 합치니, 나무가 다시 무성해졌다고 한다. 《續齊諧記 紫荊樹》

선종대왕[248]에 대한 만장

宣宗大王挽章

아, 드러나지 않으랴 덕의 순수함이여[249]	嗚呼不顯德之純
천도는 본래부터 어버이를 잘 공경하는 것[250]일세	天道由來克敬親
대보[251]는 이미 벽을 묻는[252] 날에 복응하였는데	大寶已膺埋璧日

248 선종대왕 : 선조대왕(宣祖大王)의 처음 묘호이다. 1608년(선조41)에 세상을 떠났을 때는 선종(宣宗)이라고 하였으나 1616년(광해군8)에 광해군이 선조(宣祖)로 바꾸자고 하여 고치게 되었다. 그 명분은 임진왜란의 위기에서 나라를 새로 개창한 것과 같은 공이 있고 조선 왕실의 종계변무(宗系辨誣)를 이루었다는 것이다.

249 드러나지……순수함이여 : 《시경》 〈유천지명(維天之命)〉은 문왕을 제사 지내는 내용으로, "하늘의 명이여. 아! 심원하여 그치지 않으니, 아! 드러나지 않을까. 문왕의 덕의 순수함이여.〔維天之命, 於穆不已? 於乎不顯, 文王之德之純?〕"라고 하였는데, 《중용장구》 제26장에서 이 시를 인용하고, 이는 문왕이 문이 되는 이유가 순수하면서 그치지 않았기 때문임을 말한 것이다."라고 하였다.

250 어버이를……것 : 선조(宣祖)는 양자로 들어간 인종(仁宗)의 비(妃) 인성왕후(仁聖王后) 박씨(朴氏)와 그 전대인 명종의 비 인순왕후(仁順王后) 심씨(沈氏)에게도 지극한 효를 다하였다. 사친(私親)을 받드는 것 또한 선조 때부터 시작되었는데, 생부인 덕흥군(德興君)을 높여서 덕홍대원군(德興大院君)이라고 하였고, 생모 군부인(郡夫人) 정씨(鄭氏)는 하동부대부인(河東府大夫人)이라고 하였다.

251 대보(大寶) : 《주역》 〈계사전 하(繫辭傳下)〉에 "천지의 큰 덕을 생이라 하고, 성인의 큰 보배를 지위라 한다.〔天地之大德曰生, 聖人之大寶曰位.〕" 한 데서 온 말로, 임금의 지위를 가리킨다.

252 벽(璧)을 묻는 : 벽은 백벽(白璧)으로, 한가운데 구멍이 뚫린 둥근 모양의 백옥(白玉)을 말하는데 깨끗한 인품을 백옥에 비유한 것이다. 벽을 묻는다는 것은 세상을 떠남을 말하는 것으로, 여기서는 명종이 승하함을 뜻한다.

장수함은 어찌 규를 잡는[253] 날에 인색하였는가　遐齡胡靳秉珪辰

큰 도모는 중흥의 대업을 영원히 세웠고　宏謨永建中興業

말명[254]은 끝내 큰 성군에게 전하셨네　末命終傳大聖人

설령 구가가 있어 새 왕의 덕에 귀의하더라도[255]　縱有謳歌歸啓德

어찌 요임금의 인자함 사모하는 통곡 견딜 수 있으랴　那堪號慟慕堯仁

오멸을 부끄럽게 여겨 씻으니 이륜이 발라지고[256]　恥湔汚衊彛倫正

253 규(珪)를 잡는 : 《서경》 〈금등(金縢)〉에 무왕(武王)이 앓아눕자, 태공(太公)과 소공(召公)이 "왕을 위하여 점을 쳐 보자."라고 하였으나, 주공(周公)은 "우리 선왕(先王)을 괴롭힐 수 없다."라고 말하고 자신이 세 개의 단(壇)을 쌓고 남쪽에다 북향으로 단을 쌓아 그곳에 서서 벽을 두고 규를 손에 잡고는 태왕(太王)과 왕계(王季)와 문왕(文王)에게 고하였다고 한 데서 온 말로, 선조의 병이 낫도록 기원했다는 뜻이다. 선조는 1552년(명종7)에 태어났으며, 재위 기간은 1567년부터 1608년까지 41년이다.

254 말명(末命) : 임종(臨終) 시의 유언(遺言)을 말한다. 《서경》 〈고명(顧命)〉에, "위대한 임금님께서 옥궤에 기대어 말명을 말씀하사, 너에게 명하여 문왕과 무왕의 교훈을 잇게 하셨다.〔皇后憑玉几, 道揚末命, 命汝嗣訓.〕" 하였다.

255 구가(謳歌)가……귀의하더라도 : 구가는 공덕(功德)을 노래하는 것이며, 원문의 '계(啓)'는 우(禹)임금 아들의 이름으로, 부왕(父王)을 이어 후계자가 된 사람을 비유한다. 여기서는 광해군을 말한다. 《맹자》 〈만장 상(萬章上)〉에, "우임금이 어진 신하 익을 하늘에 천거한 지 7년 만에 붕어하시자, 삼년상을 마치고 나서 익이 우임금의 아들 계를 피하여 기산의 북쪽으로 가 있었더니, 조근하고 송옥하는 자들이 익에게로 가지 않고 계에게로 가서 '우리 임금의 아들이다.' 하고, 노래하는 자도 익을 노래하지 않고 계를 노래하면서 '우리 임금의 아들이다.' 했다."라고 한 데서 나온 말이다.

256 오멸(汚衊)을……발라지고 : 오멸은 남의 명예를 손상시키는 더러운 모함을 말한다. 선조는 훈구세력(勳舊勢力)을 물리치고 사림(士林)들을 대거 등용하여 명

피음을 사특히 여겨 물리치니 풍속이 순박하였네[257] 邪闢詖淫俗尙淳
감옥에 기초와 문 만들었으나 묵은 잡초에 묻혔고[258] 圄設基扃埋宿莽
틀에 종과 북 매달았으나 찌든 먼지 가득하였네[259] 簴懸鍾皷蝕凝塵
한나라가 국경을 회복하듯[260] 전쟁이 그쳤고 封疆恢漢兵戈息
주나라가 예악을 홍기하듯[261] 제도가 새롭네 禮樂興周制作新

유(名儒) 이황(李滉)과 이이(李珥) 등을 극진한 예우로 대하여 침체된 정국에 활기를 불러일으키고자 힘을 다하였고, 또 기묘사화 때 화를 당한 조광조(趙光祖)에게 증직(贈職)하는 등 억울하게 화를 입은 사림들을 신원(伸寃)하고 그들에게 해를 입힌 남곤(南袞) 등의 관작을 추탈하여 민심을 수습하기도 하였다.

257 피음(詖淫)을……순박하였네 : 피음은 피사(詖辭)와 음사(淫辭)로서, 피사는 편파적인 말이고 음사는 실속이 없는 방탕한 말이다. 선비를 선발함에 문사(文詞)에만 치중하는 병폐를 없애기 위해 학행(學行)이 뛰어난 사람을 발탁, 각 고을을 순행하며 교회(敎誨)에 힘쓰도록 하고, 또 유일(遺逸)을 천거하도록 하여 조식(曺植)·성운(成運) 등 유능한 인재들을 관계(官階)에 구애받지 않고 초서(超敍)하기도 하였다. 《유선록(儒先錄)》, 《심경(心經)》, 《근사록(近思錄)》, 《소학》 등 치도(治道)에 관계되는 서적과, 윤리와 기강을 기르기 위한 《삼강행실(三綱行實)》을 짓도록 하고 이것을 모두 간행, 널리 읽히도록 하였다.

258 감옥에……묻혔고 : 교화가 잘 행해져서 죄를 짓고 감옥에 갇힌 사람이 없음을 뜻한다.

259 틀에……가득하였네 : 종과 북〔鐘鼓〕은 조선 건국 초기에 억울함이 있는 백성들로 하여금 북을 쳐서 알리도록 한 신문고(申聞鼓)를 말한다. 정사가 잘 행해져 억울한 백성이 없었기에 사용하지 않았음을 뜻한다.

260 한나라가 국경을 회복하듯 : 한나라 왕망(王莽)이 평제(平帝)를 죽인 뒤 그의 어린 아들 영(嬰)을 세워 섭정을 하면서 스스로 가황제(假皇帝)라고 일컫다가 마침내 제위를 찬탈하고 스스로 천자가 되어 국호를 신(新)이라 하였다. 광무제(光武帝)가 왕망을 무찌르고 즉위하여 한나라의 영토와 문물을 회복하였다. 《後漢書 卷1 光武帝紀 上》 임진왜란 때 왜구에게 유린된 국토를 회복한 것을 뜻한다.

261 주나라가 예악을 홍기하듯 : 임진왜란 중에 불타서 없어진 문묘(文廟)에 단

단봉[262]이 나무에서 우는 소리 우두커니 들으니	丹鳳佇聞鳴在樹
쉬파리가 가시나무에 앉는 것[263] 어찌 허락하랴	青蠅寧許止于榛
바야흐로 임금의 나이 하늘이 더해 주길 기약했더니	方期聖曆天添算
우연[264]으로 해가 질 줄 누가 생각했으랴	誰料虞淵日返輪
오직 신령한 공이 크고 넓게 남아서	惟有神功留蕩蕩
천추만세토록 비석에 빛나리	千秋萬世耀貞珉

(壇)을 설치하고 제사를 드려 전쟁 중에도 윤기(倫紀)의 소중함을 대내외에 알린 것을 뜻한다.

262 단봉(丹鳳) : 단봉성(丹鳳城)의 준말인데, 일반적으로 황제의 도성을 가리킨다. 여기서는 조정의 훌륭한 신하를 비유한 것이다. 《사기(史記)》 〈봉선서(封禪書)〉에 한 무제(漢武帝)가 세운 봉궐(鳳闕) 위에 구리로 만든 봉황이 있었다는 고사가 있다.

263 쉬파리가……것 : 《시경》 〈청승(青蠅)〉에 이르기를 "앵앵대는 저 쉬파리, 가시나무에 앉았도다. 참수하는 사람이 끝없어, 우리 두 사람을 얽는도다.〔營營青蠅, 止于榛. 讒人罔極, 構我二人.〕"라고 하였는데, 이는 소인배가 착한 사람을 참소하는 것을 풍자한 것이다.

264 우연(虞淵) : 해가 져서 머무는 곳인데, 《회남자(淮南子)》 〈천문훈(天文訓)〉에 "태양이 우연으로 떨어질 때를 황혼이라고 한다.〔日至于虞淵, 是謂黃昏.〕"라고 하였다.

김석천[265]에 대한 만시

挽金石川

봄에 유수 가에서 장구[266]를 모실 때는 杖屨春陪西水邊
조섭하여 여전히 무탈함을 기쁘게 보았었네 喜看調攝尙無愆
누가 알았으랴, 돌아가길 고한 것이 겨우 한 달 지나 告歸誰料纔踰朔
문득 하늘로 올라갔다는 부음 듣고 깜짝 놀랄 줄 承訃飜驚忽上天
집을 지음[267]에 바다 같은 은혜에 보답하지 못하고 築室未酬恩似海
시를 지음에 부질없이 샘물 같은 눈물 뿌렸네 題詩空洒淚如泉
뜰을 달리던[268] 어린 시절에 시를 들음이 일찍이었고 趨庭幼日聞詩早

265 김석천(金石川) : 김각(金覺, 1536~1610)으로, 본관은 영동(永同), 자는 경성(景惺)이며, 석천은 그의 호이다. 상주(尙州) 출신이며, 이준의 스승이다. 명종 22년에 진사시에 합격하였으나 얼마 되지 않아 아버지의 상을 당한 뒤로는 과거 공부를 그만두고 낙동강변에서 낚시로 소일하였다.

266 장구(杖屨) : 지팡이와 신발로, 어른에 대한 경칭(敬稱)으로 쓰이는데 사람을 직접 가리키지 않고 딸린 물건을 들어 존경하는 뜻을 표시하는 것이다.

267 집을 지음 : 원문은 '축실(築室)'로, 스승이 돌아가신 뒤에 무덤가에 움막을 짓고 거상(居喪)하는 것을 말한다. 《맹자》 〈등문공 상(滕文公上)〉에 "공자께서 돌아가시고 3년이 지나자 문인들이 짐을 챙겨 돌아갔지만, 자공(子貢)은 다시 돌아와 묘마당에 집을 짓고서 홀로 3년을 거처한 다음에 돌아갔다." 하였다.

268 뜰을 달리던 : 원문은 '추정(趨庭)'으로, 아들이 어버이에게 가르침을 받는 것을 말한다. "공자가 홀로 서 있을 때 아들 리(鯉)가 종종걸음으로 뜰을 지나가니, 공자가 그에게 '시를 배웠느냐?'라고 물으니 '아직 배우지 못했습니다.'라고 하였다. 그러자 공자가 '시를 배우지 않으면 말을 할 수 없느니라.' 하였다. 리는 물러나 시를 배웠다."라고 한 말에서 유래하였다. 김각에게 가학이 있었음을 말한다.

학문을 하던 평소에 힘을 붙인 것이 굳세었네 爲學平生着力堅
명성은 사마 방목에 처음 올랐을 때부터였고 聲價始騰司馬榜
충성의 공로는 임진왜란 때 여러 번 드러났네[269] 忠勞屢著壬辰年
지위는 오마[270]로 마쳤으니 벼슬은 어찌 그리 낮았나 位終五馬官何屈
집에 세 아이 있으니 재주 있고 또 현명하였네 家有三兒藝且賢
낙동강에 배 띄울 때 봄빛이 노에 가득하였고 洛水泛時春滿棹
정대의 술 마시던 곳 달빛이 잔치 자리에 비쳤네 亭臺飮處月侵筵
이름난 구역 세속 밖에서 한가로이 지냄이 오래고 名區物外優遊久
인간 세상의 맑은 복 부여받음이 매우 많았네 淸福人間賦予偏
덕이 온 고을에 높았으니 존귀함 비할 이 없고 德邵一鄕尊莫比
나이가 팔순에 이르렀으니 장수함 누가 나란할까 年垂八袠壽誰肩
그림 어루만지다 문득 뱀이 거울에 서림[271] 두렵고 按圖忽怕蛇盤鏡

269 충성의……드러났네 : 김각은 임진왜란이 일어나자 상주에서 의병을 일으켜 적을 다수 참획하는 전과를 올렸다. 이 전공(戰功)으로 인해 사온서 주부(司醞署主簿)에 제수되었으며, 왜적이 용궁현(龍宮縣)을 유린하자 조정에서는 그에게 용궁 현감을 제수하여 적에 맞서게 하였다.

270 오마(五馬) : 한(漢)나라 때 태수(太守)가 다섯 필의 말이 끄는 수레를 타고 부임하였던 데에서 유래하여 지방 수령을 뜻한다.

271 뱀이 거울에 서림 : 당나라 때 종로(鍾輅)가 지은 《전정록(前定錄)》에 원효숙(袁孝叔)이란 사람이 있었는데, 어떤 노인이 비서(秘書) 한 권을 주면서 "그대의 수명과 지위는 모두 이 책에 있으니, 일은 이전에 정해졌다.……그러나 일명(一命)을 받을 때만 한 장씩 펴 보시오."라고 하였다. 임지에 갈 때마다 책을 펴 보니 조금의 차이도 없었다. 훗날 임기를 마치고 별장으로 돌아왔는데, 새벽에 일어나 빗질하고 망건을 쓰려는데 갑자기 어떤 물체가 거울 속으로 떨어졌다. 뱀과 비슷하였는데 다리 네 개가 있었기에 효숙이 놀라 쓰러졌고 며칠 뒤에 죽었다. 그 아내가 남아 있는 책을 펴 보니 뱀이 거울 가운데 서린 그림이 있고 그 나머지는 빈 종이 몇 장이었다고 한다.

세상 떠나자 인하여 학이 무덤에서 조문함[272] 슬프네 乘化仍悲鶴弔阡
무덤의 나무에는 새로운 해가 더해지고 隴樹剩添新歲月
동산 숲은 옛 구름과 놀이 늘 감싸네 園林長鎖舊雲煙
자리에 춘풍이 일어나던[273] 고담은 아직 기억하니 高談尙記風生座
시냇물 받아들인 바닷물의 위도는 우러르기 어렵네 偉度難瞻海納川
낙사[274]에 지금부터 큰 원로 없으니 洛社從今無大老
봉호[275] 어느 곳에서 참 신선이 되셨을까 蓬壺何處作眞仙

272 학이 무덤에서 조문함 : 유효표(劉孝標)가 《세설신어(世說新語)》 〈현원(賢媛)〉의 주에 인용한 〈도간별전(陶侃別傳)〉에 "도간이 모친상을 당하여 묘 아래 있었다. 갑자기 두 객이 와서 조문했는데, 곡하지 않고 물러났다. 위의와 복장이 깨끗하고 특이하여 보통 사람이 아닌 줄을 알고 사람을 보내어 따라가 살펴보게 했는데, 다만 두 마리 학이 하늘로 날아 올라갔다."라고 한 데서 원용한 것으로, 죽은 이를 조문함을 뜻한다.

273 자리에 춘풍이 일어나던 : 주공섬(朱公掞)이 여주(汝州)에 가서 정호를 찾아뵙고 돌아와서 사람들에게 말하기를 '나는 한 달 동안이나 봄바람 속에 앉아 있었다.〔光庭在春風中坐了一箇月〕'라고 했다."라는 고사에서 원용한 것으로, 온화한 덕성을 비유한 말이다. 《二程外書 卷十二》

274 낙사(洛社) : 송나라 때 문언박(文彦博), 부필(富弼), 사마광(司馬光) 등 낙양의 원로 13명이 모여 술을 마시면서 서로 즐겼던 낙양기로회(洛陽耆老會) 또는 낙양기영회(洛陽耆英會)를 말하는데, 여기서는 상주 지역의 시사인 낙강범월시회(洛江泛月詩會)를 말한다. 이 시사는 1607년부터 1778년까지 171년간 대대로 이어졌으며, 그 가운데 8차례의 모임의 내용을 《낙강범월록(洛江泛月錄)》으로 누가(累加) 기록하였는데, 이준도 1622년(광해군14) 7월, 유진(柳袗), 전식(全湜) 등과 함께 낙강범월시회를 가지고 《낙강범월록》을 지었다.

275 봉호(蓬壺) : 전설에 나오는 산으로 바닷속에 있다는, 신선들이 사는 봉래산(蓬萊山)을 말한다. 《습유기(拾遺記)》 〈고신(高辛)〉에 이르기를 "삼호(三壺)는 바로 바닷속에 있는 세 산으로, 첫 번째는 방호(方壺)인데 이는 방장산(方丈山)이고,

구오[276]가 녹봉으로 봉양하지 못함을 탄식하여	丘吾祿養嗟無及
저 남쪽 묘소를 돎에 애통함이 더욱 맺히네	循彼南陔慟益纏

두 번째는 봉호인데 이는 봉래산이고, 세 번째는 영호(瀛壺)인데 이는 영주산(瀛洲山)으로, 모양이 마치 술병과 같이 생겼다."라고 하였다.

276 구오(丘吾) : 옛 효자 이름이다. 공자가 제(齊)나라에 가다가 도중에서 슬피 울고 있는 구오자(丘吾子)를 발견하고 이유를 묻자 "나무가 조용하고자 하나 바람이 그치지 않고, 자식이 봉양하고자 하나 어버이가 기다려 주시지 않는다. 한 번 가면 오지 않는 것은 세월이요, 다시 뵐 수 없는 것은 어버이이다."라고 대답한 뒤에 강물에 몸을 던져 죽었다는 고사가 있다. 《孔子家語 致思》 김각의 아들을 빗댄 것이다.

김 전한의 천폄〔이장〕 때 만사
金典翰遷窆挽詞

객지의 널이 들풀에 묻힌 것을 일찍이 슬퍼했더니	旅櫬曾悲野草侵
새 묏자리 지금 고향산 북쪽에 정하였네	新阡今卜故山陰
백 년 동안 문헌[277]으로 집안의 명성 오래되었고	百年文獻家聲遠
한 부의 심경으로 학문의 힘이 깊었네	一部心經學力深
황하와 태산이 예로부터 빼어난 기운 모았으니	河嶽自從收間氣
요금은 누가 다시 남긴 소리[278]를 정리할까	瑤琴誰復理遺音
풍진 세상의 병든 아우는 노쇠한 눈물 뿌린 뒤	風塵病弟餘衰淚
돌아가는 구름에 다시 눈물 뿌리며 낙수 가로 전송하네	更洒歸雲送洛潯

277 문헌(文獻) : 문은 기록 자료를 말하고, 헌은 전해 줄 인물을 말한다. 《논어》 〈팔일(八佾)〉에 공자가 "하(夏)나라 예를 내가 말할 수는 있지만 기(杞)나라에서 증거 자료를 찾기가 어렵고, 은(殷)나라 예를 내가 말할 수는 있지만 송(宋)나라에서 증거 자료를 찾기가 어렵다. 이는 문헌이 부족하기 때문인데, 문헌만 충분하다면 내가 실증할 수가 있다."라고 했다. 문헌에 대해서 주희(朱熹)는 "문은 전적을 가리키고, 헌은 현인을 가리킨다.〔文, 典籍也; 獻, 賢也.〕"라고 풀었다.

278 남긴 소리 : 원문은 '유음(遺音)'으로, 훌륭한 음악이나 시가(詩歌)를 의미하는데, 특히 종묘의 제례악을 뜻한다. 《예기(禮記)》 〈악기(樂記)〉에 "청묘(淸廟)의 슬(瑟)은 붉은 현에 너른 구멍을 밑바닥에 뚫었으며, 한 사람이 연주하면 세 사람이 화답하여 감탄하는데, 이는 선왕이 남긴 소리가 있는 것이다."라고 한 데서 온 말이다. 여기서는 임금을 보좌할 훌륭한 재주를 빗댄 것이다.

정약포[279]에 대한 만시

挽鄭藥圃

경술은 조정의 전아한 유자였고	經術朝儒雅
충성과 부지런함은 나라의 노성이었네	忠勤國老成
동산의 바람을 바야흐로 붙였더니[280]	東山方屬望
남두[281]의 정기 갑자기 잠겼네	南斗忽淪精
큰 업적은 중흥을 보좌하였으니	大業中興佐
맑은 풍도는 후세에 이름나리라	淸風後世名
양양기구전[282]에	襄陽耆舊傳

279 정약포(鄭藥圃) : 정탁(鄭琢, 1526~1605)으로, 본관은 청주(淸州), 호는 약포(藥圃)・백곡(栢谷), 시호는 정간(貞簡)이다. 임진왜란 때 호종공신(扈從功臣) 3등으로 서원부원군(西原府院君)에 봉해졌으며, 좌의정(左議政)을 지냈다. 저서로 《약포집》이 있다. 예천 도정서원(道正書院)에 제향되었다.

280 동산(東山)의……붙였더니 : 온 나라 사람들이 약포가 조정으로 나오기를 바랐다는 뜻이다. 진(晉)나라 사안(謝安)이 여러 차례 조정의 부름을 받았으나 벼슬길에 나가지 않은 채 동산(東山)에서 고상하게 지내고 있었는데, 그 당시에 창생들이 도탄에 빠졌으므로 사안 같은 명류(名流)가 조정에 나와야만 이를 구제할 수 있다고들 하였다. 《晉書 謝安列傳》 정탁은 78세 때인 1603년(선조36) 6월, 영중추부사가 되었으나 사직하였다. 저본의 '속(屬)'이 《약포집(藥圃集)》 권7 부록 만시에는 '계(係)'로 되어 있다.

281 남두(南斗) : 남방에 있는 별 이름으로, 《성경(星經)》에는 "천자의 수명을 주관한다."라고 하였다.

282 양양기구전(襄陽耆舊傳) : 진(晉)나라 습착치(習鑿齒)가 지은 것으로, 양양(襄陽)에 살았던 방덕공(龐德公)을 위시한 여러 고사(高士)의 전기를 모은 것이다.

누가 선생을 서술할 수 있을까[283] 誰可叙先生

여기서는 예천(醴泉)의 고호(古號)가 양양(襄陽)이므로 빗대어 표현한 것이다.

283 누가……있을까 : 저본의 '수가(誰可)'가 《약포집(藥圃集)》 권7 부록 만시에는 '단합(端合)'으로 되어 있다.

대간 김창원[284]에 대한 만시

挽金大諫昌遠

보수에 백옥 가지 쌍으로 뻗었고[285]	寶樹雙抽白玉株
시서의 학문은 아버지의 가르침[286]을 받았네	詩書學自鯉庭趨
중소[287] 위에서 십 년간 벼슬하였고	十年環佩重霄上
큰 바다 가에서 백리의 고을 원[288]이 되었네	百里絃歌大海隅

284 김창원(金昌遠) : 김홍미(金弘微, 1557~1604)로, 본관은 상주(尙州)이고 자는 창원(昌遠)이며, 호는 성극(省克)이다. 유성룡(柳成龍)의 문인이다. 이조 좌랑으로 있던 중 정여립(鄭汝立)의 모반 사건(謀反事件)에 연루되어 파면되었다. 그 뒤 다시 기용되어 우부승지로 있으면서 이순신(李舜臣)을 탄핵하여 파면시켰으며, 대사간, 강릉 부사 등을 지냈다. 《창석집》 권18에 행장이 실려 있다.

285 보수(寶樹)에……뻗었고 : 보수는 옥수(玉樹)와 같은 말로 지란옥수(芝蘭玉樹)를 가리키는데 훌륭하고 준수한 자제를 예찬하는 말이다. 진(晉)나라 사안(謝安)의 물음에 자제들이 아무도 대답하지 못하고 있었는데, 조카 사현(謝玄)이 "비유하자면 지란과 옥수가 정원에서 자라나게 하고 싶습니다.〔譬如芝蘭玉樹, 欲使其生於庭階耳.〕"라고 한 데서 유래한 말이다. 《晉書 謝安列傳 謝玄》 쌍으로 뻗었다는 것은 김홍미와 그의 형 김홍민(金弘敏, 1540~1594) 형제가 모두 훌륭하였다는 뜻이다. 김홍민의 자는 임보(任父)·임보(任甫), 호는 사담(沙潭)이다. 1570년(선조3) 문과에 급제하여 한림과 삼사(三司)를 거쳐, 1590년 전한이 되었다. 임진왜란 때는 의병을 규합하여 충보군(忠報軍)이라 칭하고 상주에서 적의 통로를 막아 적군이 부득이 호서 지역으로 통행하게 하는 공을 세웠다.

286 아버지의 가르침 : 원문은 '리정추(鯉庭趨)'로, 앞의 주 268 '뜰을 달리던' 참고.

287 중소(重霄) : 구소(九霄)와 같은 말로, 가장 높은 하늘이라는 뜻인데, 황제의 거처나 신선이 사는 곳을 가리킨다. 여기서는 대궐을 말한다.

288 고을 원 : 원문은 '현가(絃歌)'로, 공자의 제자 자유(子游)가 무성 읍재(武城邑

시대의 의논은 곧은 도를 용납한 적이 없었고	時議不曾容直道
하늘의 마음도 다시 우리에게 화를 주려 하였네	天心更欲禍吾徒
슬픔을 머금고 춘명[289]에서의 이별 추억하니	含悲記得春明別
해 저문 다리 곁엔 여윈 그림자만 외롭네	日暮橋頭瘦影孤

宰)가 되었을 때 백성들에게 예악을 가르쳤으므로, 곳곳마다 현가의 소리가 들렸다는 데서 유래한 말이다. 《論語 陽貨》 여기서는 김홍미가 강릉 부사의 직무를 훌륭히 수행하였다는 의미로 사용되었다.

289 춘명(春明) : 옛날 장안(長安)의 성문인 춘명문(春明門)으로, 대궐을 뜻한다.

회포를 적다

書懷

이 한 몸이 죽은 뒤의 일을 어찌 점칠 필요 있으랴 一身後事何須卜
천년 전 사람을 함께 기약할 만하네 千載前人可與期
세상은 자산의 말[290]이 너무 강직하다 여기지만 世謂子山言過直
스스로 사마의 병[291] 치료하기 어려움이 불쌍하네 自憐司馬病難醫
살아 있는 것은 모두 환상이니 무엇을 즐거워하랴 有生皆幻誰爲樂
죽어서 돌아가는 것도 슬퍼할 만한 것 아닐세 乘化而歸不足悲
가장 좋은 것은 우리의 구경법[292]인데 最是吾人究竟法
지금 성찰함에 완전히 무너짐이 부끄럽네 只今循省愧全虧

290 자산(子山)의 말 : 자산은 후한 시대 촉군(蜀郡) 성도(成都) 사람 양종(楊終)의 자이다. 경서에 밝아 명제(明帝) 때에 교서랑(校書郎)을 지내기도 하였고, 장제 때에 상소하여 서역 이오(伊吾)의 역사(役事)와 누란(樓蘭)의 둔병(屯兵)을 철폐하기를 청하여 허락을 받았다. 그는 직언으로 상소를 잘하여 투옥되기도 하였다. 《後漢書 楊終列傳》

291 사마(司馬)의 병(病) : 한(漢)나라 사마상여(司馬相如)가 오랫동안 소갈병(消渴病)을 앓았던 것을 말한다. 《漢書 司馬相如傳》

292 구경법(究竟法) : 원래 제법실상(諸法實相)을 뜻하는 불가(佛家)의 용어로, 최고 경지의 원리를 뜻하는데, 여기서는 '궁극적으로 추구해야 할 유가의 학문방법'을 말한다.

원주 목사 유운룡[293]에 대한 만시

挽柳原州 雲龍

상서로운 풀이 난 당에는 상체[294] 꽃 화려하고　瑞草堂中常棣華
시서 익히는 자리에는 자손이 많았네　詩書席上子孫多
정치의 명성은 서한 시대 순리와 같고　政聲西漢循良吏
문물은 우리나라의 재상 집안일세　文物東韓宰相家
별빛이 묘수[295]에서 빠짐에 문득 놀라니　星彩忽驚淪昴宿
신선 고을에 노을이 감싼 것을 차마 보리오　仙鄉忍見鎖煙霞
빙허대 아래 강물은 비단 같은데　憑虛臺下江如練
당시에 뗏목 한번 띄우지 못한 것이 한스럽네　恨未當時一泛槎

293 유운룡(柳雲龍) : 1539~1601. 본관은 풍산(豐山), 자는 응현(應見), 호는 겸암(謙菴), 시호는 문경(文景)이다. 유성룡(柳成龍)의 형으로 이황(李滉)의 문하에서 수학하였다. 1595년 벼슬이 원주 목사(原州牧使)에 이르렀다. 이조 판서에 추증되고 풍기의 우곡서원(愚谷書院)에 제향되었다. 문집에 《겸암집(謙菴集)》이 있다. 《겸암집연보》 부록에는 이준의 만시가 다섯 수 실려 있는데, 저본의 시는 그중 첫째 시이다.

294 상체(常棣) : 산앵두꽃으로, 형제간에 우애롭게 지내는 즐거움을 말할 적에 이 꽃을 끌어다가 쓴다. 《시경》 〈상체(常棣)〉에 이르기를 "상체의 꽃이여, 환하게 빛나도다. 무릇 지금 사람들로서는, 형제만 한 이가 없느니라.〔常棣之華, 鄂不韡韡. 凡今之人, 莫如兄弟.〕"라고 한 데서 온 말이다. 아우인 유성룡과 우애가 깊었음을 뜻한다.

295 묘수(昴宿) : 하늘의 별자리인 28수(宿) 가운데 18번째 별자리로, 《천문유초(天文類抄)》에는 묘(昴)는 "서방을 주관하고,……또 상사(喪事)를 주관한다."라고 하였다.

서애 선생에 대한 만사[296]

西厓先生挽詞

공손히 생각건대 기자(箕子)의 교화가 열려	恭惟箕教闡
찬란히 해와 별처럼 드리웠네	燦燦日星垂
도를 부지함이 여러 군자들을 거쳐	扶植經諸子
유행함이 한쪽 모퉁이에 미쳤네[297]	流行被裔陲
하늘이 장차 큰 임무를 내리려 함에	天將降大任
공이 또 남쪽 지방에서 태어났네	公又起南維
의표와 품격은 천 길의 측백나무요	標格千尋柏
문장 솜씨는 오색의 지초였네	文章五色芝
연원처럼 학문은 유래가 있었고	淵源來有自
때맞은 비처럼 교화가 이에 베풀어졌네[298]	時雨化仍施

296 서애(西厓)……만사 : 서애 선생은 유성룡(柳成龍, 1542~1607)으로, 본관은 풍산(豊山), 자는 이현(而見), 호는 서애, 시호는 문충(文忠)이며 퇴계(退溪) 이황(李滉)의 문인이다. 1566년(명종21) 문과에 급제하여 영의정(領議政)을 지냈다. 저서에 《서애집(西厓集)》과 《징비록(懲毖錄)》 등이 있다. 이준은 유성룡의 문인으로, 이 만시는 《서애선생연보(西厓先生年譜)》 권3 부록에도 수록되어 있는데, 저본과 비교해 본 결과 단순히 글자의 출입만 있을 뿐 아니라 구절의 수도 다르고 내용도 상당히 다르다.

297 도를……미쳤네 : 유학의 도통이 정몽주에서 여러 군자들을 거쳐 한쪽 모퉁이인 안동의 퇴계에 의해 집대성되었고, 퇴계 학문의 적통을 서애가 계승하였음을 말한다.

298 때맞은……베풀어졌네 : 사람 교화하는 것을 때맞춰 내리는 비에 비유한 말이

끊어진 학문은 장차 실마리를 전하려고	絶學將傳緒
노년에 홀로 장막을 드리웠네[299]	窮年獨下帷
여러 경전에서 정수를 맛보았고	群經味腴髓
한 가지 생각은 털끝만 한 것에도 삼갔네	一念謹毫釐
도를 체득함은 성을 근본으로 삼았고	體道誠爲本
마음 다스림은 경이 기초였네	治心敬是基
옥병에 담긴 얼음[300]은 쇄락[301]함과 같고	壺氷同灑落

다. 《맹자》 〈진심 상(盡心上)〉에, 공자의 교육 방식을 다섯 가지로 분류하면서 첫 번째로 "제때에 내리는 단비처럼 교화시키는 경우가 있다.〔有如時雨化之者.〕"라고 하였는데, 그 주(註)에 "공자가 안자(顔子)와 증자(曾子)를 가르칠 때가 바로 그렇다."라고 하였다. 이것에 대해 《주자어류》에서 "비유하면 파종하고 북돋운 농작물이 인력을 한껏 다 쏟았으나 싹이 아직 돋아나지 않은 바로 그때 홀연히 약간의 단비를 만난 것과 같으니, 생기를 어떻게 막을 수 있겠는가."라고 하였다. 《朱子語類 卷34 論語16 述而篇 不憤不啓章》

299 장막을 드리웠네 : 원문은 '하유(下帷)'로, 깊이 들어앉아 학문에 전념함을 말한다. 한(漢)나라 때의 대유(大儒)인 동중서(董仲舒)를 가리키는데, 그가 일찍이 휘장을 깊이 내려 치고 방 안에 들어앉아 글을 강독하면서〔下帷講誦〕 제자들을 교수(敎授)할 적에 3년 동안이나 밖에 나가지 않고 학문에 정진(精進)했던 데서 온 말이다. 《史記 儒林列傳 董仲舒》

300 옥병에 담긴 얼음 : 원문은 '호빙(壺氷)'으로, 고결하고 바른 성품을 비유한다. 남조(南朝) 시대 송(宋)나라 포조(鮑照)의 시에 "곧은 절조는 붉은 거문고 줄과 같고, 맑은 성품은 옥병 속의 얼음 같네.〔直如朱絲繩, 淸如玉壺氷.〕"라고 하였다. 《鮑參軍集 卷3 代白頭吟》

301 쇄락(灑落) : 마음에 아무 집착(執着)이 없어 상쾌함으로, 고결하고 바른 성품을 비유한다. 송(宋)나라 황정견(黃庭堅)이 〈염계시 병서(濂溪詩 幷序)〉에서 주돈이(周敦頤)의 인품을 평하며 "용릉의 주무숙은 인품이 매우 고상하고 흉중이 깨끗하기가 마치 온화한 바람과 맑은 달빛 같다.〔舂陵周茂叔, 人品甚高, 胸中灑落, 如光風

쟁반의 물을 받들듯 더욱 조심히 지켰네 盤水益矜持

표리 공부에 무엇을 빠트렸으리오 表裏功何闕

깊이 연구함에 피로하지 않았네 鑽硏力未疲

말은 남들이 패복하는 바가 되고 言爲人佩服

행동은 세상의 종사가 되었네 行作世宗師

덕은 이미 자신에게서 이루어졌으니 德旣成於己

문장도 또한 이에서 창대하였네 文將倡自玆

눈으로 봄에 책을 문득 외웠으며 目過書輒誦

마음으로 터득함에 이치를 모두 알았네 心得理皆知

학문 축적이 두터우니 시행함이 의당 넓었고 積厚敷宜博

재주가 많으니 명망을 다투어 추대하였네 才多望競推

천 길 위 봉황이 광채를 보고[302] 覽輝千仞鳳

구강의 거북을 바쳤네[303] 納錫九江龜

학문은 황왕[304]의 바름을 본받았고 學以皇王正

霽月.〕"라고 한 데서 유래하였다. 《山谷集 卷1 濂溪詩》

302 천……보고 : 한(漢)나라 가의(賈誼)의 〈조굴원부(弔屈原賦)〉에 "봉황은 천 길 높이 날다가, 성인의 빛나는 덕을 보고 내려간다.〔鳳凰翔于千仞兮, 覽德輝而下之.〕"라고 한 데서 온 말이다.

303 구강의 거북을 바쳤네 : 《서경》 〈우공(禹貢)〉에, "구강에서는 큰 거북을 얻으면 바친다.〔九江納錫大龜〕"라고 하였는데, 집전(集傳)에, "큰 거북은 1척 2촌으로 나라의 큰 거북이니, 항상 얻을 수 있는 것이 아니다. 그러므로 일정한 공물로 삼지 않고 만약 우연히 얻으면 위에 올려 바치게 하는 것이다. 납석(納錫)이라고 말한 것은 아랫사람이 위에 올린다는 말이니, 그 일을 중히 한 것이다."라고 하였다.

304 황왕(皇王) : 이상적 정치를 행하는 천자나 군주로, 삼황오제삼왕을 말한다. 삼황은 복희(伏羲)·신농(神農)·황제(黃帝)이고, 오제(五帝)는 소호(少昊)·전욱

유학은 가동[305]의 비속함을 부끄럽게 여겼네	儒羞賈董卑
지극한 논의를 옥구슬처럼 들려주었고	琳琅聞至論
여러 의문점을 벼락처럼 분석하였네	霹靂剖群疑
칼날을 놀려 뒤얽힌 문제점 없애고[306]	游刃無盤錯
수레를 몰아 험준한 곳을 지나갔네	驅車歷險巇
희음[307]은 대려[308]와 조화를 이루었고	希音諧大呂

(顓頊)·제곡(帝嚳)·제요(帝堯)·제순(帝舜)이며, 삼왕은 하(夏)의 우왕(禹王), 상(商)의 탕왕(湯王), 주(周)의 문왕(文王)·무왕(武王)이다. 요순(堯舜)의 정치를 황도(皇道)라 하고, 삼대(三代)의 정치를 왕도(王道)라 한다.

305 가동(賈董) : 전한(前漢) 시대의 유자(儒者)인 가의(賈誼)와 동중서(董仲舒)를 합칭한 말이다. 충신으로 이름 높은 가의도 한 문제(漢文帝)에게 시국(時局)을 구제하기 위하여 〈치안책(治安策)〉을 올렸을 뿐이고, 현신인 동중서는 한 무제(漢武帝)에게 〈천인삼책(天人三策)〉을 올렸을 뿐 군주의 잘못을 바로잡고 치국을 이루지 못하였으니, 어려운 때를 만나 국정(國政)을 바로잡고 부흥(復興)하는 일에 큰 역할을 할 수 없었음을 말한 것이다. 저본에는 '동(董)'으로 되어 있는데, '동(董)'의 오자로 생각되어 수정하였다.

306 칼날을……없애고 : '칼날을 놀려'의 원문 '유인(游刃)'은 일을 하는 데 여유가 있음을 말한다. 포정(庖丁)이 소 잡는 방법에 대해 말하기를 "두께가 없는 칼을 두께가 있는 틈새에 넣으니, 널찍하여 칼날을 움직이는 데에 반드시 여유가 있습니다."라고 하였다.《莊子 養生主》'뒤얽힌 문제점'의 원문 '반착(盤錯)'은 반근착절(盤根錯節)의 준말로, 서린 뿌리와 얼크러진 마디라는 뜻인데, 처리하기 어려운 일을 비유한다. 주로 외직(外職)으로 나가 맡기 어려운 고을을 잘 다스리는 것을 뜻한다.

307 희음(希音) : 들어도 들리지 않는 소리로, 오묘한 음악을 가리키는데, 여기서는 깊은 학문과 탁월한 능력을 비유한다.《노자(老子)》 제41장에 "큰소리는 소리가 없고, 큰 형상은 형체가 없다.〔大音希聲, 大象無形.〕"라고 한 데서 유래하였다.

308 대려(大呂) : 황종대려(黃鍾大呂)의 준말로, 타인의 시문이 장엄하고 정대하다는 뜻으로 찬미할 때 쓰는 말이다. 황종은 고대 음악의 12율(律) 중에 양률(陽律)의 제1율이고, 대려는 음률(陰律)의 제4율이다.

화곤[309]은 종이[310]를 보좌하였네 華袞補宗彝
마른 나무는 단비를 필요로 하고 枯槁須甘霔
상처 난 이는 훌륭한 의원을 기다렸네 瘡痍待上醫
신장에서 주즙으로 비유하였고[311] 宸章舟楫喩
우리 유학에서는 동량으로 기대했네 吾道棟樑期
바른 낯빛으로 조정 반열[312]에 달려가니 正色趨鵷序
온 조정이 우의[313]를 바라보았네 傾朝望羽儀
다스림에 예악 흥기할 것을 생각하고 治思興禮樂
도는 귀신에게 질정할 만하였네 道可質神祇

309 화곤(華袞) : 원래 왕공(王公)의 복장으로 매우 영광스럽고 귀중한 물건인데, 유성룡이 영의정 지낸 것을 뜻한다.

310 종이(宗彝) : 천자의 제복(祭服)에 수놓은 호랑이와 원숭이 문장(文章)이다. 원래 '종이'는 종묘의 제사에 사용하는 술 그릇으로, 그릇에 호랑이와 원숭이의 모습을 그려 넣었던 데서 유래하였다. 여기서는 종묘사직을 뜻한다.

311 신장(宸章)에서 주즙(舟楫)으로 비유하였고 : 신장은 왕이 지은 시문(詩文)으로, 〈병신년(1596, 선조29) 9월 모일, 사직을 윤허하지 않는 교서〔丙申九月日不允敎書〕〉를 말한다. 우복 정경세가 대작하였으며 《서애선생연보(西厓先生年譜)》 권3 부록에 실려 있는데, "지난날에 일찍이 두 구절을 내려 경에게 고하기를, '냇물을 건널 적에는 그대를 배와 노로 삼고, 국을 끓일 적에는 그대를 소금과 매실로 삼겠다.〔川爲舟楫, 羹作鹽梅.〕'라고 하였다."라는 구절이 있다. 주즙은 '배와 노'로, 세상을 건지는 재상과 대신을 비유한 것이다. 《서경》 〈열명 상(說命上)〉에 "큰 냇물을 건널 때는 너로써 배와 노를 삼겠다.〔若濟巨川, 用汝作舟楫.〕"라고 한 데서 유래하였다.

312 조정 반열 : 원문은 '원서(鵷序)'인데, 원추새〔鵷〕가 날아갈 때 순서가 있으므로, 조정의 반열에 비유한다.

313 우의(羽儀) : 《주역》 〈점괘(漸卦) 상구(上九)〉에 "기러기가 공중에 점진하니, 그 깃이 의법(儀法)이 될 만하니 길하다.〔鴻漸于陸, 其羽可用爲儀 吉.〕"에서 나온 말로, 지위가 높고 재덕이 있어 남의 존중을 받고 모범이 되는 것을 비유한다.

시초[314]함에 향안[315]에서 모셨고　視草陪香案
조매[316]함에 정사[317]에 발탁되었네　調梅擢鼎司
정충은 필량[318]을 다하였으나　精忠殫弼亮
시사는 염희[319]에 맡겼네　時事屬恬嬉
정히 변경의 방비가 해이해짐을 만남에　政値邊防解
어찌 외적의 난리가 닥칠 줄 알았으랴　那知外難罹
명나라가 응당 호걸을 보내 주어　皇天應畀傑
청사[320]의 위태로움 부지하는 임무 맡겼네　青社任扶危

314 시초(視草) : 옛날 문장을 관장한 신하가 임금의 조서나 유시(諭示)를 수정하던 것을 말한다.

315 향안(香案) : 대궐 안의 향로나 촛대 옆에 놓아 두는 책상으로, 흔히 임금을 모시는 시종신(侍從臣)이 있는 곳을 가리킨다. 《新唐書 儀衛志上》 여기서는 임금을 가리키는 말로 쓰였다.

316 조매(調梅) : 매실(梅實)로 조리(調理)한다는 의미인데, '매(梅)'는 매실로 만든 식초를 말한다. 은 고종(殷高宗)이 부열(傅說)을 재상으로 삼으면서 "만약 양념을 넣은 국을 만들려거든 그대가 소금과 매실이 되어 주오.〔若作和羹, 爾惟鹽梅.〕"라고 하였는데, 전하여 훌륭한 재상이 임금을 잘 보좌하는 것을 의미한다. 《書經 說明下》

317 정사(鼎司) : 삼공(三公)으로, 바로 정승의 지위를 말한다.

318 필량(弼亮) : 필량은 왕을 보좌(輔佐)한다는 말이다. 《서경》 〈필명(畢命)〉에 "사세를 보좌하였으며, 안색을 엄정히 하여 아랫사람을 거느렸다.〔弼亮四世, 正色率下.〕"라고 하였는데, 공영달(孔穎達)의 소(疏)에 "양(亮)은, 좌(佐)이다.〔亮, 佐也.〕"라고 하였다. 사세는 주공(周公)이 보좌한 문왕·무왕·성왕·강왕을 말한다.

319 염희(恬嬉) : 원래는 직무를 게을리한다는 뜻이나, 여기서는 마음을 쓰지 않고 느긋하게 대처함을 말한다.

320 청사(青社) : 동방(東方)의 토지신을 제사 지내던 곳으로, 동방 지역을 가리킨다. 천자는 5색의 흙으로 태사(太社)를 만들고 제후를 봉할 때에는 각각 그 방위에 해당하는 색깔의 흙을 백모(白茅)에 싸서 주는데, 그러면 제후는 귀국하여 그 흙으

출렁이는 제해[321]의 물결이 무너지고 蕩漾鯷波潰
자욱하게 살무사의 독이 불어왔네 迷漫虺毒吹
선공[322]처럼 주의를 부지런히 올렸고 宣公勤奏議
제갈량처럼 전력을 다할 것을 허락하였네[323] 諸葛許驅馳
접역[324]이 끝내 옛 국토를 회복하였으니 鰈域終恢舊
큰 공훈은 마침내 누구에게 힘입었나 鴻勳竟賴誰
국난에 마음은 쇠 같았으나 艱虞心似鐵
고생으로 머리털이 실처럼 세었네 辛苦鬢成絲
뭇사람의 입은 무쇠도 오히려 녹이지만[325] 衆口金猶爍

로 사직을 세웠다. 원래는 제(齊)나라가 동방에 있기 때문에 청사라 했는데, 우리나라도 동방에 있기 때문에 이 말을 인용한 것이다. 《史記 三王世家》

321 제해(鯷海) : 제(鯷)는 고대에 동해(東海) 바다 가운데에 있는 종족의 이름이다. 《한서(漢書)》 〈지리지 하(地理志下)〉에, "회계(會稽)의 바다 바깥에 동제인(東鯷人)이 살고 있는데, 20여 개의 나라로 나누어져 있다."라고 하였는데, 우리나라를 가리킨다.

322 선공(宣公) : 당 덕종(唐德宗) 때의 한림학사 육지(陸贄, 754~805)로, 선공은 그의 시호이다. 주의(奏議)를 모아 놓은 《육선공주의(陸宣公奏議)》는 당 태종(唐太宗)의 《정관정요(貞觀政要)》와 함께 정치가의 필독서로 꼽혀 왔다. 《新唐書 陸贄列傳》

323 제갈량(諸葛亮)처럼……허락하였네 : 원문 '구치(驅馳)'는 〈출사표(出師表)〉에 "이로부터 감격하여 마침내 선제께 촉한을 위해 분주히 노력할 것을 허락하였습니다.〔由是感激, 遂許先帝以驅馳.〕"라고 한 데서 나온 말로, 국사에 진력할 것을 허락했다는 뜻이다.

324 접역(鰈域) : 가자미〔比目魚〕가 나는 지역이라는 뜻으로, 《이아(爾雅)》 〈석지(釋地)〉의 "동쪽에 가자미가 있는데, 눈을 나란히 붙이지 않으면 다닐 수가 없다. 그 이름을 접이라고 한다.〔東方有比目魚焉, 不比不行, 其名謂之鰈〕"라는 말에서 나온 말이다. 중국의 동쪽에 있는 조선을 가리키는 말이다.

곧은 자태는 옥처럼 갈리지 않았네[326]	貞姿玉不緇
참소하는 말이 탄식스럽게도 끝이 없어	讒言嗟罔極
죄를 주고자 하니 어찌 사직하지 않으랴	欲罪詎無辭
묘당의 계책은 장차 왜적을 얽어매려는 것이었는데	廟略將縻賊
대간의 논평은 교묘히 잘못을 찾았네[327]	臺評巧覓疵

325 뭇사람의……녹이지만 : 근거 없는 말로 헐뜯고 비방하여 사람을 궁지에 몰아넣는 것을 말한다. 전국 시대 장의(張儀)가 위왕(魏王)에게 "뭇사람의 입은 무쇠도 녹일 수 있고, 참소가 쌓이면 뼈도 녹일 수 있다.〔衆口鑠金, 積毁銷骨.〕"라고 한 말에서 유래한 것이다. 《史記 張儀列傳》 여기서는 명나라의 병부 주사 정응태(丁應泰)가 임진왜란은 조선에서 왜병을 끌어들여 중국을 침범하려 한 것이라며 무고사건을 일으키자 유성룡이 1598년(선조31) 9월에 정응태의 주장이 아무런 근거가 없음을 밝히기 위해 진주사(陳奏使)로 임명되었으나, 빨리 출발하지 않는다는 탄핵을 받고, 10월에 진주사와 영의정에서 체직된 것을 말한다.

326 옥처럼 갈리지 않았네 : 지조를 굳게 지킴을 비유한 말이다. 《논어》 〈양화(陽貨)〉에 "단단하다고 말하지 않겠는가, 갈아도 얇아지지 않으니. 희다고 말하지 않겠는가, 검은 물을 들여도 검어지지 않으니.〔不曰堅乎? 磨而不磷. 不曰白乎? 涅而不緇.〕"라고 한 데에서 온 말이다.

327 참소하는……찾았네 : 1594년(선조27) 4월에 명나라가 참장(參將) 호택(胡澤)을 보내 그들이 추진하는 일본과의 강화 성립에 조선이 앞장서 찬동하라고 강압하는 사건이 일어났다. 우리나라는 명나라의 명을 받는 형편이었으므로, 끝내 거절할 수 없게 되었다. 유성룡은 마지못해 "위엄을 떨쳐서 완악함을 엄징하고, 계교를 써서 붙들어 매어 화란을 없애는 것,〔震之以威, 以創其頑, 縻之以計, 以弭其禍.〕 이 두 가지는 모두 옛날의 제왕들이 오랑캐들을 제어하는 대권(大權)으로, 흉포한 자를 금지시키고 생령들을 곡진히 보전해 주는 데로 돌아가는 것입니다. 시기에 따르고 형세를 살펴서 하는 것은 오직 성조(聖朝)에서 택하여 하는 바에 달려 있을 뿐입니다." 하였다. 그런데 호택은 그 표현을 불만으로 여겨, 스스로 '미지이계(縻之以計)'를 '미지이관(縻之以款)'으로 고쳐서 가져갔다. '진지이위(震之以威)'는 무력으로써 위압함(정복)을, '미지이관'은 계략으로써 회유함(강화)을 가리킨다. 이는 바로 은근

유씨를 편안케 한 공은 주발에게 있었으니[328]	安劉功在勃
관중이 아니었다면 세상은 오랑캐가 되었으리[329]	微管世爲夷
적석[330]으로 전원에 돌아옴은 갑작스러웠고	赤舃歸田遽
심의로 낙동강에서 일어남[331]은 느긋하였네	深衣起洛遲

히 미지이관(계)의 도리, 즉 봉공 허여(강화)의 방도를 제시한 것이다. 1598년(무술년) 9월에 정응태(丁應泰) 사건이 일어나자 이이첨(李爾瞻)·정인홍(鄭仁弘) 등 북인 일파는 처음의 규피 연행(規避燕行)의 죄명에다 주화 매국(主和賣國)의 죄명을 가해 멋대로 비판하고 탄핵함으로써, 마침내 서애를 삭탈관작이라는 비참한 정치적 실각으로까지 몰아갔다.

328 유씨(劉氏)를……있었으니 : 여씨(呂氏)를 섬멸하고 유씨의 한실(漢室)을 안정시킨 일을 말한다. 한 고조가 죽은 뒤의 일을 여후(呂后)가 물었을 때, "주발은 중후하기만 할 뿐 문채가 없으나, 그래도 유씨를 편안케 할 자는 반드시 주발일 것이다.〔周勃重厚少文, 然安劉氏者必勃也.〕"라고 유언하였는데, 그 말대로 나중에 주발이 진평(陳平)과 합세하여 여씨(呂氏)의 모반을 평정하고 유한(劉漢)의 천하를 지킨 고사가 전한다. 《史記 高祖本紀》 1592년(선조25), 유성룡이 세자 책봉을 건의하여 광해군(光海君)을 세자로 삼은 일을 말한다.

329 관중이……되었으리 : 《논어》 〈헌문(憲問)〉에서 자로(子路)와 자공(子貢)이 관중(管仲)이 지조를 지키지 않아 어질지 않다고 주장하자, 공자는 "관중이 환공을 도와 제후의 패자가 되어 한번 천하를 바로잡아 백성들이 지금까지 그 혜택을 받으니, 관중이 없었다면 우리는 머리를 풀고 좌임을 하였을 것이다."라고 하여 그의 공적을 인정하였다. 좌임(左衽)은 오른쪽 옷섶을 왼쪽 옷섶 위로 여미는 오랑캐의 의복 제도를 말한다.

330 적석(赤舃) : 옛날 제후가 면류관에 함께 신던 신발로 후대에는 지위 높은 공경(公卿)을 의미한다. 《시경》 〈낭발(狼跋)〉에 "공이 큰 아름다움을 사양하니, 붉은 신이 편안하다.〔公孫碩膚, 赤舃几几.〕"라고 하여, 당시 주공이 비방과 의심을 받았지만 대처함에 떳떳함을 잃지 않은 모습을 형용한 것이라 하였다. 여기서는 유성룡이 탄핵을 받아 삭탈관직되었지만 대신으로서의 위의가 떳떳하였음을 표현한 것이다.

331 낙동강에서 일어남 : 낙동강의 '낙(洛)'은 송나라 재상 사마광(司馬光)이 벼슬

높은 하늘 북극성 우러러보며　九天瞻北極
십 년 동안 남쪽 물가에서 지체되었네[332]　十載滯南涯
살아서 외로운 충성 다하기를 바랐더니　生願孤忠盡
죽으면서도 오히려 표문 두 편[333]을 남겼네　亡猶兩表遺
인간 세상에서는 바야흐로 동상을 주조하렸더니[334]　人間方鑄象

을 그만두고 은거한 낙양(洛陽)을 비겨 말한 것이다.

332 높은……지체되었네 : 임금에 대한 충성은 변하지 않았으나, 1598년(선조31) 12월 삭탈관직된 뒤 세상을 떠난 1607년까지 벼슬하지 않았음을 말한다.

333 표문 두 편 : 제갈량(諸葛亮)이 한(漢)나라 유선(劉禪)에게 전・후출사표(前後出師表)를 올린 것에 빗대어 충성을 뜻한다. 안자순(安子順)은 "제갈량의 출사표(出師表)를 읽고 눈물을 흘리지 않는 자는 충신이 아니다."라고 평하였다. 《文章軌範》 서애의 행장에 의하면, 정미년(1607, 선조40) 2월에 또 소명이 있었다. 당시에 공은 이미 오래도록 병을 앓고 있었으므로 사양하고 나아가지 않았다. 그러자 내의(內醫)를 보내어 약재를 싸 가지고 가 구료하게 하였다. 병세가 위독해지자 유소(遺疏)를 기초하였는데, "덕을 닦고 정사를 세우며, 공정하게 듣고 두루 보며, 백성을 기르고 어진 자를 등용하며, 군정(軍政)을 닦고 양장(良將)을 가려 뽑으라."라는 내용을 정성스럽게 말하였다. 유성룡에 대한 행장은 《서애선생연보》 부록에 정경세가 지은 것으로 되어 있고, 《우복집》 권27에도 실려 있다. 그러나 《창석집》 권17에 글자의 출입만 있을 뿐 동일한 내용의 서애 행장이 실려 있고, 권10 〈유 계하에게 주다〔與柳季華〕〉 두 번째 편지에 "비루하고 졸렬한 제가 찬술한 행장은 엉성한 솜씨에서 나왔습니다.〔鄙拙所撰行狀, 出於潦草.〕", "우복은 정력이 갑자기 줄어 더 이상 스스로 글 짓는 일에 힘쓸 수 없으니, 염려스럽고 한탄스럽습니다.〔愚伏精力頓減, 無復自力於筆硏之役, 可念可歎.〕" 등의 표현이 있으니, 창석이 지은 듯한데 자세한 내막은 알 수 없다.

334 인간……주조하렸더니 : 서애의 동상을 세워 수호신으로 삼고자 했다는 뜻이다. 진(秦)나라의 완옹중(阮翁仲)은 키가 크고 용감하였는데 진시황이 군사를 주어 임조(臨洮)를 지키게 하니, 그 위엄이 오랑캐들에게 떨쳐졌다. 옹중이 죽자 그의 모습을 동상으로 만들어 함양(咸陽) 궁문 앞에 세웠는데, 흉노들이 와서 보고는 그가

하늘에서는 이미 기성을 올라탔네[335] 天上已乘箕
많은 선비들 산이 무너진 것[336]에 통곡하고 多士山摧慟
도성의 백성들 비처럼 눈물 흘리며 슬퍼하였네 都民雨泣悲
물결을 막아 냄에 저작을 남겼으나[337] 障瀾留述作
벽을 묻음에[338] 모습을 감추었네 埋璧掩容姿
온 천하에서 재주를 논함 극진하였으나 宇宙論才盡
충현에게 운명을 부여함 기이하였네 忠賢賦命奇
장려하고 허여해 주신 것 문득 생각함에 翻思蒙奬與
나에게 융성하게 베푼 은혜 어떻게 갚으랴 何以答隆私
벽돌을 갈아도 보배 되기 어렵거늘 磨甎難成寶
연지를 발라 부질없이 추함만 꾸몄네 施鉛枉飾媸

살아 있다며 놀라 떨었다고 한다. 이후 수호신으로 석상이나 동상을 만드는 근거가 되었다. 《天中記 卷21 長人》

335 기성을 올라탔네 : 원문 '승기(乘箕)'는 '기기(騎箕)'와 같은 말로 기미성을 탄다는 의미로, 조정 대신(大臣)의 죽음을 의미한다. 《장자(莊子)》 〈대종사(大宗師)〉에 "부열(傅說)은 도를 터득하고 무정(武丁)을 도와 천하를 모두 소유하였으며, 죽은 뒤에는 별이 되어 동유성(東維星)을 타고 기성(箕星)과 미성(尾星)을 몰아 열성과 나란하게 되었다."라고 한 데서 온 말이다.

336 산이 무너진 것 : 스승이나 훌륭한 사람의 죽음을 슬퍼한다는 말이다. 공자(孔子)가 자신이 별세할 꿈을 꾸고 아침에 일찍 일어나 뒷짐을 지고 지팡이를 짚은 채 문 앞에서 한가로이 거닐며 노래하기를 "태산이 무너지겠구나. 들보가 부러지겠구나. 철인이 죽게 되겠구나."라고 하였다. 그러고 나서 7일 뒤에 공자가 세상을 떠났다는 데서 온 말이다. 《禮記 檀弓上》

337 물결을……남겼으나 : 지난 일을 경계로 삼아 앞으로의 일을 대비한다는 의미로 임진왜란의 상황을 기록하여 저술한 《징비록(懲毖錄)》을 남긴 것을 말한다.

338 벽(璧)을 묻음에 : 세상을 떠남을 말한다. 앞의 주 252 '벽(璧)을 묻는' 참고.

부요[339]에 참으로 날개 빌려주었으니	扶搖眞假翼
감사의 마음 다만 몸에 새겼네	感戢只鐫肥
약석 같은 경계의 가르침을 자주 받들어	藥石頻承誨
궁장[340] 안을 다행히 엿볼 수 있었네	宮墻幸竊窺
누가 알았으랴, 문운이 막혀	誰知文運否
갑자기 철인의 죽음을 알릴 줄	忽報哲人萎
빛나는 학업을 삼가 자손들에게 남기니[341]	赫業欽貽厥
현명한 자제가 본받아 닮았네[342]	賢郎式似之

339 부요(扶搖) : 회오리바람으로, 《장자(莊子)》 〈소요유(逍遙遊)〉에 "붕새가 남쪽 바다로 날아갈 때에는 수면을 3천 리나 박차고 회오리바람을 타고서 9만 리까지 올라간다. 그러고는 북쪽 바다를 떠나 6개월을 날아가 쉰다."라고 한 데서 온 말로, 큰 포부를 가지고 훌륭한 일을 하고자 함을 말한다.

340 궁장(宮墻) : 궁궐의 담장이라는 뜻으로, 학문과 인격의 높이와 범위 또는 사문(師門)의 의리를 비유하는 말로 쓰인다. 《논어》 〈자장(子張)〉에 자복경백(子服景伯)이 숙손무숙(叔孫武叔)의 말을 빌려 자공이 공자보다 낫다는 말을 전하자 자공이 "궁궐의 담장에 비기자면, 나의 담장은 어깨에 미치는지라 집안의 좋은 것을 넘볼 수 있거니와 공자의 담장은 몇 길인지라 그 문으로 들어가지 못하면 종묘의 아름다움과 백관의 넉넉함을 볼 수 없는 것과 같다."라고 한 말에서 유래하였다.

341 자손들에게 남기니 : 원문은 '이궐(貽厥)'로, 자손에게 훌륭한 계책이나 모범으로 삼을 만한 방법을 남겨 주는 것을 뜻한다. 《시경》 〈문왕유성(文王有聲)〉에 "후손에게 계책을 남겨 주어, 공경하는 자손을 편안케 하니, 무왕은 훌륭한 군주로다.〔詒厥孫謀, 以燕翼子, 武王烝哉.〕"라고 하고, 《서경》 〈오자지가(五子之歌)〉에 "밝고 밝은 우리 선조는 만방의 임금이시니, 법전이 있고 법칙이 있어 자손에게 남겨 주셨다.〔明明我祖, 萬邦之君, 有典有則, 貽厥子孫.〕"라고 한 데서 유래하였다.

342 본받아 닮았네 : 원문은 '식사지(式似之)'로, 자기 몸을 선(善)하게 수양했을 뿐 아니라, 선으로 아들을 가르쳐서 아들도 선을 행하게 했다는 의미이다. 《시경》 〈소완(小宛)〉의 "네 자식을 잘 가르쳐서 좋은 점을 본받아 닮게 하라.〔教誨爾子, 式

단청에 모습이 이미 그려졌고[343] 丹青形已畫
고금의 사람 입이 비석이 되네 今古口爲碑
어느 곳에서 부채[344]를 볼까 何處看符采
가을 강에 달빛만 가득하네 秋江月滿時

縠似之.〕"라는 말에서 유래한 표현이다.

343 단청에……그려졌고 : 서애가 1604년 7월에 호성 공신(扈聖功臣)에 녹훈되었으며, 9월에 충훈부(忠勳府)에서 화사(畫師)를 내려보내어 화상(畫像) 그리기를 청한 일이 있다.

344 부채(符采) : 옥(玉)이 띠고 있는 은은한 문채이다. 여기서는 안에 쌓인 충양(充養)에 의하여 밖으로 나타나는 풍채를 말한다.

이한음[345]에 대한 만시

挽李漢陰

나라가 중도에 쇠퇴한 운수가 있었더니	國有中衰運
하늘이 세상에 빼어난 인재를 낳았네	天生間世才
거센 물결에 기둥[346] 하나에 의지하여	頹波憑一柱
성대한 은혜로 삼정승에 뽑혔네	盛眷擢三台
조선과 중국에서 명성에 모두 감복하였으나	夷夏名皆服
임진왜란 때는 참소로 끝내 안타깝게 되었네[347]	龍蛇讒竟哀

345 이한음(李漢陰) : 이덕형(李德馨, 1561~1613)으로, 본관은 광주(廣州), 자는 명보(明甫), 호는 한음·쌍송(雙松)·포옹산인(抱雍散人), 시호는 문익(文翼)이다. 1613년(광해군5) 이이첨의 사주를 받은 삼사에서 영창대군(永昌大君)의 처형과 폐모론을 들고 나오자, 이항복과 함께 이를 적극 반대하였다. 이에 삼사가 모두 이덕형을 모함하며 처형을 주장했으나, 광해군이 관직을 삭탈해 이를 수습하였다. 그 뒤 용진(龍津)으로 물러가 국사를 걱정하다 병으로 죽었다. 글씨에 뛰어났고, 포천의 용연서원(龍淵書院), 상주의 근암서원(近巖書院)에 제향되었다. 저술로《한음문고(漢陰文稿)》가 있다.

346 기둥〔柱〕: 중류지주(中流砥柱)로, 중국 하남(河南) 삼문협(三門峽)에 있는 작은 바위섬인데, 황하(黃河) 강줄기 안에 서 있다. 황하의 세찬 물결에도 굽히지 않고 버티고 서 있는 그 형상으로 인해, 세상 풍파를 견디며 굳센 지조를 지키는 사람을 비유한다.

347 임진왜란……되었네 : 이덕형(李德馨)은 임진왜란이 일어난 후 북상 중이던 소서행장(小西行長)이 충주(忠州)에서 이덕형을 만나기를 요청하자 홀로 적진에 가서 담판하였지만 목적을 이루지 못하고 돌아와서 평양에서 정주(定州)까지 왕을 호종하였고, 정주에서 청원사(請援使)로 명나라에 파견되어 명군의 파병을 성취시켰

슬픈 마음이 산곡에 들어맞으니 傷心中散曲

광릉 모퉁이로 부치네[348] 寄向廣陵隈

다. 임진왜란이 끝나고 선조를 호종한 공신에 대해서 녹훈할 때 서울에서 의주(義州)까지 호종하지 않았다는 이유로 공신 명단에서 제외된 일이 있다. 《국역 선조실록 34년 5월 1일》

348 산곡(散曲)에……부치네 : 산곡은 광릉산(廣陵散) 곡조를 말한다. 진(晉)나라 때 죽림칠현(竹林七賢)의 한 사람 혜강(嵇康)은 일찍이 〈광릉산(廣陵散)〉이라는 고상한 금곡(琴曲)을 혼자만 타고 남에게는 전수하지 않았다. 뒤에 그가 참소를 입어 죽게 되었는데, 처형되기 직전에 거문고를 가져다 〈광릉산〉 한 곡을 타고는 탄식하여 말하기를 "원효가 일찍이 나에게서 〈광릉산〉을 배우려고 하였으나, 내가 매양 아끼고 가르쳐 주지 않았더니, 〈광릉산〉 고상한 곡조가 이제부터 끊어지게 되었다."라고 하였다. 《晉書 嵇康列傳》 이덕형의 본관이 광주이기 때문에 광릉산 곡조를 끌어온 것이다.

사인 권흔[349]에 대한 만시

挽權舍人 昕

말세라 인재가 적었더니	末路人才少
오직 그대만 뜻과 행실이 아름다웠네	惟君志行佳
서쪽 사립엔 주상의 사랑이 감돌더니	西扉紆上眷
남악의 천주가 중간에 꺾였다[350]고 알리네	南柱報中摧
선함이 쌓임에 하늘은 보답이 없으나	善積天無報
명성이 높음에 땅에서는 묻히지 않았네	名高地不埋
근심스런 구름이 늙은 나의 눈물에 섞여	愁雲和老淚
한강 모퉁이로 날아가네	飛向漢江隈

349 권흔(權昕) : 1568~? 본관은 안동(安東), 자는 숙절(叔節)로, 권근(權近)의 후손이다. 1602년에 알성시(謁聖試) 을과(乙科)에 1위로 합격하였다.

350 남악(南嶽)의……꺾였다 : '남악'은 오악(五嶽)의 하나인 형산(衡山)을 가리키고, '천주(天柱)'는 형산에 있는 봉우리 이름으로 중임(重任)을 떠맡고 있는 원로대신을 비유한다. 나라의 기둥이 꺾인 것이 슬프다는 말로, 권흔의 죽음을 탄식하여 한 말이다.참고로 당나라 유종원(柳宗元)의 시 〈유이십팔과 함께 여 형주의 죽음을 슬퍼하며 강릉의 이・원 두 시어사에게도 부쳐 보냄〔同劉二十八哭呂衡州兼寄江陵李元二侍御〕〉에 "형산에 막 천주봉이 꺾이니, 사림들이 초췌하게 서로 만나 통곡하누나.〔衡岳新摧天柱峰, 士林憔悴泣相逢.〕"라고 하였다. 유이십팔은 유우석(劉禹錫), 여 형주는 여온(呂溫), 이는 이경검(李景儉), 원은 원진(元稹)이다.

이험[351]을 애도하며

悼李馦

근래 서방의 불교를 배웠으나	近學西方解脫門
자애의 깊은 뿌리를 끊었다고 누가 말하랴	誰言慈愛斷深根
바람 맞으며 어진 그대 생각하는 눈물 뿌리니	臨風一灑思賢淚
곳곳마다 인생의 험난함을 보겠네	到底應看苦海翻

351 이험(李馦) : 1589~? 본관은 영천(永川), 자는 문백(聞伯)이며, 창석 이준의 사위이다.

고취병[352]에 대한 만시 혹 두곡이라고도 한다
挽高翠屛 或稱杜谷

옛날 영공[353]은 새끼줄로 띠를 매었더니 帶索榮公古
이제 두곡은 벼슬을 그만두었네 投簪杜谷今
시대와 더불어 모두 자취가 사라졌으나 與時俱混迹
세대를 뛰어넘어 흉금을 논할 만하네 隔世可論襟
단사표음은 평소의 즐거움이었고 簞食平生樂
거문고와 책은 태고의 마음이었네 琴書太古心
들보가 꺾임[354] 어찌 그리도 급하게 알리나 樑摧何遽報
하늘이 유림을 버리려 하네 天欲喪儒林

352 고취병(高翠屛) : 고응척(高應陟, 1531~1605)으로, 본관은 안동(安東), 자는 숙명(叔明), 호는 취병이다. 일찍 과거에 급제하였으나 벼슬길에 나가지 않고 고향에서 학문에 전념하였다. 풍기 군수(豐基郡守), 회덕 현감(懷德縣監) 등을 역임하고 경주 제독(慶州提督)으로 나갔다가 곧바로 사직하고는 고향으로 돌아와 있다가 죽었다.

353 영공(榮公) : 춘추 시대의 은사 영계기(榮啓期)로, 가난 속에서 도(道)를 즐겼다. 공자가 태산을 유람하다가 영계기를 만났는데, 가죽옷을 입고 새끼줄을 띠로 매고〔鹿裘帶索〕 거문고를 타면서 노래하고 있었다. 이에 공자가 "선생께서는 무엇이 그리 즐겁습니까?" 하고 묻자, 영계기가 "하늘이 만물을 냄에 있어서 사람이 가장 귀한데, 나는 이미 사람으로 태어났으니 이것이 첫 번째 즐거움이다. 남자와 여자의 구별에 있어서 남자가 높고 여자가 낮은데, 나는 이미 남자로 태어났으니 이것이 두 번째 즐거움이다. 사람이 태어나서는 해와 달을 보지 못하고 강보에 싸인 채 죽는 자도 있는데, 나는 이미 나이가 90세이니 이것이 세 번째 즐거움이다."라고 대답하였다. 《列子 天瑞》

354 들보가 꺾임 : 스승이나 훌륭한 사람의 죽음을 슬퍼한다는 말이다. 앞의 주 336 '산이 무너진 것' 참고.

통판 배상익[355]에 대한 만시

挽裵通判 尙益

부자 사이에 서로 일찍이 교제를 맺었기에　父子之間早托交
옛 놀던 곳 생각하니 꿈처럼 아득하네　舊遊回首夢迢迢
그대 부친은 일찍이 봉영[356]의 나그네 되었고　乃翁曾作蓬瀛客
훌륭한 아들[357]은 아직 옥설 같은 의표가 남았네　令嗣猶存玉雪標
단비가 한 경내 적시는 것을 우두커니 볼렸더니　膏雨佇看霑一境
문성은 어찌 그리도 급하게 높은 하늘을 닫았는가　文星何遽閟重霄
저승[358]에서 내 아이[359]에게 모쪼록 말해 주오　泉臺須向吾兒說

355 배상익(裵尙益) : 1581～1631. 본관은 성주(星州), 자는 익재(益哉), 호는 치암(癡巖)·몽규암(夢葵庵)·청야당(靑野堂) 등이다. 나주 목사(羅州牧使) 배응경(裵應褧)의 아들이다. 여러 차례 제수되었으나 나아가지 않다가, 1631년 진주판관에 제수되어 부임하는 길에 여주에서 객사하였다. 천곡(泉谷)의 봉계서원(鳳溪書院)에 제향되었으며, 저서로는 《치암집(癡巖集)》이 있다. 창석은 배상익 및 배상익의 아버지 배응경과 교류하였다.

356 봉영(蓬瀛) : 봉래(蓬萊)와 영주(瀛洲)의 병칭으로, 방장(方丈)과 함께 바다 가운데에 있다고 전하는 삼신산(三神山)을 가리킨다. 여기서는 배상익의 아버지 배응경이 1602년(선조35)에 세상을 떠난 것을 말한다.

357 훌륭한 아들 : 배상익의 아들이 둘인데, 장남 유화(幼華)는 벼슬이 도사(都事)이고 호는 팔사(八斯)이며, 차남 유장(幼章)은 백부의 후사가 되었다.

358 저승 : 원문 '천대(泉臺)'는 천양(泉壤)과 같은 말로, 곧 황천(黃泉)을 뜻한다.

359 내 아이 : 이준의 셋째 아들인 이문규(李文圭, 1600～1630)로, 계비 능성 구씨 소생이다. 자(字)는 이승(理勝)으로 정경세(鄭經世)의 문하에서 예(禮)를 배웠다. 1630년 삼척 부사인 아버지를 따라 삼척(三陟)에 갔는데, 때마침 온 경내에 창진(瘡

하상의 내 남은 혼이 이미 다 사라졌다고　　　　河上殘魂已盡消

疹)이 크게 번지고 있었기에 이준이 시골에 돌아가 피하라고 명하였으나, "늙으신 부모님을 두고 차마 멀리 떠나지 못하겠습니다." 하였는데, 얼마 지나지 않아 창진에 감염되어 10월 6일에 죽고 말았다.

군청 벽에 쓰다
題郡壁

칠정에서 오직 분노가 제어하기 어려우니	七情惟怒制之難
온화한 기운이 화가 나면 불과 마찬가지일세	和氣焚時火一般
선유가 이치를 살핀다는 말[360]을 알겠노니	認得先儒觀理說
빼어난 공부는 끝내 산도 꺾음[361] 징험하였네	奇功終可驗摧山

360 선유가……말 : 정호(程顥)가 장재(張載)에게 말하기를 "사람의 정 가운데 나타나기 쉬우면서 어려운 것은 오직 노여움이 심하니, 다만 노여울 때에 그 노여움을 빨리 잊고 이치의 옳고 그름을 살필 수 있다면 또한 외물의 유혹을 미워할 것이 없음을 알 수 있고 도에 대한 생각 또한 반을 넘은 것이다."라고 하였다. 《心經附註 卷1》

361 산도 꺾음 : 《주역(周易)》 〈손괘(損卦) 상(象)〉에 "산 아래 못이 있음이 손(損)이니, 군자는 이것을 보고 분노를 징계하고 욕망을 막는다.〔山下有澤損, 君子以懲忿窒欲.〕"라고 하였고, 《주자어류(朱子語類)》 권72에 주희가 이것을 풀이하기를, "분노를 징계하기를 산을 꺾어 버리듯이 하고, 욕망을 막기를 골짜기를 메우듯이 해야 한다.〔懲忿如摧山, 窒慾如塡壑.〕"라고 하였다.

청부 선백[362] 박숙빈[363]에게 사례하며 생백당[364] 시의 운을 사용하다

謝靑鳧仙伯朴叔彬 用生白堂韻

마음은 하찮은 오두미[365]를 경영하지 않더니	方寸無營五斗輕
어찌하여 이곳에선 오히려 삶을 고달프게 하나	如何此地尙勞生
청성[366]에서 편안하다는 문자를 근래에 받으니	靑城近得平安字

362 청부(靑鳧) 선백(仙伯) : '청부'는 경상북도 청송군(靑松郡)의 옛 이름이고, '선백'은 신선 가운데 으뜸인 신선을 가리키는데, 여기서는 박이장이 청송 부사로 부임했기 때문에 이렇게 표현한 것이다. 박이장은 1614년(광해군6) 2월에서 1616년 8월까지 청송 부사로 재임하였다.

363 박숙빈(朴叔彬) : 박이장(朴而章, 1547~1622)으로, 본관은 순천(順天), 자는 숙빈(叔彬), 호는 호은(壺隱)・용담(龍潭)・도천(道川) 등이다. 임진왜란 때 김성일(金誠一)의 주청으로 종사관이 되어 크게 활약하였다. 1615년 폐모론(廢母論)이 일어나자 이를 반대하다가 삭직되어 성주(星州)에서 후진 양성으로 여생을 마쳤다. 성주의 청천서원(晴川書院)에 제향되었다. 저서로는 《용담집》이 있다.

364 생백당(生白堂) : 청송 관아의 전면 좌측에 있었던 부속 건물로, 망미정(望美亭)이라고도 하였다.

365 오두미(五斗米) : 닷 말의 쌀이란 뜻으로, 여기서는 아주 작은 녹봉(祿俸)을 뜻한다. 도잠(陶潛)이 일찍이 팽택 영(彭澤令)으로 있을 때 마침 군(郡)의 독우(督郵)가 현(縣)을 순시하게 되어, 아전이 도잠에게 의관을 갖추고 독우를 뵈어야 한다고 하자, 도잠이 탄식하며 말하기를 "나는 오두미의 하찮은 녹봉 때문에 허리를 굽혀서 향리의 소인을 정성으로 섬길 수 없다." 하고, 마침내 현령의 인끈을 풀어 던지고 떠나 버린 데서 온 말이다. 《晉書 陶潛列傳》

366 청성(靑城) : 도교에서 신선들이 산다고 하는 청성산(靑城山)을 가리키는데, 청송을 비유한다.

백수에도 아직 옛정이 남아 있네　白首猶存故舊情
관리 생활로 세속에서 늙음이 스스로 가련하고　吏役自憐塵裏老
신선의 유람으로 그림 속으로 떠남이 늘 부럽네　仙遊長羡畫中行
수고당[367] 뒤 천 그루의 소나무 있으니　秀孤堂後松千樹
언제쯤 마주하여 함께 눈이 밝아질런지　相對何時眼共明

367 수고당(秀孤堂) : 청송 관아의 부속 건물로, 《청송부읍지(青松府邑誌)》에는 "객사의 북쪽 동헌인 신민헌(新民軒)의 서쪽에 있으며, 선조 기묘년(1579, 선조12)에 부사 고경허(高景虛)가 창건하고 퇴계 이황이 편액을 썼다."라고 되어 있다. 그러나 퇴계는 1570년 세상을 떠났으니, 착오가 있는 듯하다.

구월 구일 두서정에 올라

九日登斗西亭

성시에는 일이 매우 많으니	城市偏多事
인생에 몇 번이나 한가함이 있었던가	人生有幾閑
편지 보내와 달 뜨는 포구에서 맞이하고	抵書邀月浦
술를 가져와 가을 산을 감상하네	携酒賞秋山
끊어진 비탈길은 별들보다 높고	絶磴星辰表
높은 바람은 우주 사이에 있네	高風宇宙間
높은 곳에 올라 나의 만년을 탄식하니	登臨嗟我晩
모든 일에 벼슬한 것이 후회스럽네	萬事悔爲官

쌍간서재가 완성되어 배우는 이들을 면려하며
雙澗書齋成 勉學者

치우친 곳이라 가르침이 없었기에	僻左曾無教
독서[368]하며 암송하는 소리 적었네	伊吾少誦聲
하늘로부터 얻은 것〔性〕은 선하니	得於天者善
지역이 신령하지 않다고 말하지 마라	無曰地非靈
큰 돌이 쌍간서재를 둘렀고	巨石襟雙澗
뭇 산이 두어 기둥을 지켜 주네	群山護數楹
장수[369]를 여기에서 시작하리니	藏修從此始
보배를 품고 조정에서 드날리기를 기다리네	抱寶待揚庭

368 독서(讀書) : 원문의 '이오(伊吾)'는 글을 읽는 소리이다.

369 장수(藏修) : 한결같은 마음으로 학업에 매진한다는 뜻으로, 《예기》 〈학기(學記)〉에 "군자는 배움에 있어 장하고, 수하고, 식하고, 유한다.〔君子之於學也, 藏焉, 修焉, 息焉, 遊焉.〕"라고 하였는데, 공영달(孔穎達)의 소(疏)에서 "장은 마음속에 항상 학업을 품는 것이고, 수는 닦고 익히기를 그만두지 않는 것이다."라고 풀이하였다.

아천[370]은 전태지[371]의 고향이다. 빼어난 산과 물이 있어 방문할 것을 약속하였다. 묵은 빚을 갚지도 못했는데 내가 갑자기 고향으로 떠나게 되었다. 태지가 술을 가지고 와서 신곡천 가에서 이별하였기에 시를 지어 사례하며

莪川 全泰之舊業也 有山水之勝 有約相訪 宿債未酬 而忽作故山之行 泰之携酒來 別於新谷川邊 詩以謝之

아천에 이르기 전 나는 명성 알았으니	莪川未到我能名
신령한 경계가 의연히 사명[372]에 닿았네	靈境依然接四明
처마 밖 학산에 옥색 기운 내려오고	簷外鶴山來縹氣
배개 곁 귀간에 차가운 물소리 떨어지네	枕邊龜澗落寒聲
청려장 짚고[373] 방문하려던 약속에 달려가지 못했고	青藜未赴尋眞約

370 아천(莪川) : 지금 경상북도 영천시 화산면 괴정리 소재의 지명이다.

371 전태지(全泰之) : 전경업(全景業)인데, 인물 이력이 자세하지 않다.

372 사명(四明) : 산의 이름으로 영파부(寧波府)와 소흥부(紹興府) 사이에 있다. 당나라 때 풍류로 이름이 높았던 하지장(賀知章)이 사명광객(四明狂客)으로 자호(自號)하고 그곳에서 은거하였다고 한다. 《新唐書 賀知章列傳》 조정에서 벼슬하다가 고향으로 돌아온 전경업을 비유한다.

373 청려장(青藜杖) 짚고 : 저본에는 '려(黎)'로 되어 있는데, '려(藜)'의 잘못으로 보인다. 한 성제(漢成帝) 때 유향(劉向)이 천록각(天祿閣)에서 서책을 교정하고 있을 적에 한번은 밤에 황의(黃衣)를 입은 노인이 청려장(青藜杖)을 짚고 찾아와서는 청려장 끝에 불을 일으켜 유향을 비춰 주고, 또한 홍범오행(洪範五行), 천문지도(天文地圖) 등의 글을 유향에게 전해 주었는데, 이때 유향이 그 노인의 성명을 묻자, 그 노인은 "나는 태을(太乙)의 정기인데, 천제께서 유씨의 자식 중에 박학한 자가 있다는 말을 듣고 내려가서 살펴보게 하였다."라고 했다 한다.

막걸리는 멀리 나그네 전송하는 정을 머금었네　白酒遙銜送客情
나그네 소매 이미 놓으나 아직 이별에 그리워하여 征袂已分還戀別
오히려 돌아갈 길을 잊었는데 저녁놀 일어나네　却忘歸路暮煙生

구성 수령에게 부치면서 연아체[374]를 본뜨다

寄龜城守 效演雅體

기린 같은 의표 보려 해도 매개가 도리어 없더니	麟標一見却無媒
말을 나란히 하여 봄을 찾은 것이 몇 번이던가	竝馬尋春問幾回
귀서[375]에는 석양에 바람이 피리 소리 보내 오고	龜筮夕陽風送笛
학정에는 새벽에 달이 술잔에 비치네	鶴汀殘夜月侵杯
이별할 때 취한 글씨는 용이 꿈틀거리는 듯하더니	別時醉墨龍猶動
요즘의 소식은 편지 전하는 기러기[376]가 오지 않네	近日音書鴈不來
서글프게도 오리 신[377] 바라볼 방법이 없어	怊悵無由望鳧舃

374 연아체(演雅體) : 시체(詩體)의 하나이다. 이것은 송(宋)나라의 시인 황정견(黃庭堅)으로부터 시작되었는데, 이 시체는 새, 짐승, 곤충 등 여러 종류의 동물들을 소재로 삼아 각 구절(句節)마다 한 종류 혹은 두 종류의 동물 이름을 넣어서 지은 것이 특징이다.

375 귀서(龜筮) : 지명인 듯한데 자세하지 않다.

376 기러기 : 한(漢)나라 소무(蘇武)가 흉노(匈奴)에 사신으로 갔다가 19년 동안이나 억류되어 있었다. 소제(昭帝)가 흉노와 화친을 맺고 소무를 돌려보내라고 요청했으나 흉노는 소무가 벌써 죽었다고 속였다. 이에 한나라 사신이 다시 흉노에게 가서 역시 속여 말하기를 "우리 천자께서 상림원(上林苑)에서 흰 기러기를 쏘아 잡았는데, 기러기 발목에 묶여 온 소무의 편지에 소무의 무리가 어느 늪 속에 있다고 했으므로 그를 데려가려고 지금 온 것이다."라고 하자, 흉노는 그 말을 듣고 깜짝 놀라 사과하고 소무를 돌려보냈다고 한다. 그리하여 후에 서신을 '안족' 또는 '안신(雁信)'이라 일컫게 되었다. 《漢書 蘇武傳》

377 오리 신 : 신선들이 신는 신발로, 지방의 수령을 가리키는 뜻으로 쓰인다. 후한(後漢) 명제(明帝) 때 선인(仙人) 왕교(王喬)가 신술(神術)이 있었던바, 그가 일찍

부질없이 나비 꿈[378] 꾸며 서쪽 모퉁이로 가게 하네 空教蝶夢到西隈

이 섭현 영(葉縣令)으로 있으면서 매월 삭망(朔望) 때마다 거기(車騎)도 없이 머나먼 길을 와서 조회에 참예하므로, 임금이 그를 괴이하게 여겨 그 내막을 알아보게 하였다. 그 결과, 그가 올 때마다 오리 두 마리가 동남쪽에서 날아오므로, 그물을 쳐서 오리를 잡고 보니 바로 왕교의 신이었다는 고사에서 온 말로, 전하여 지방관을 의미한다.

378 나비 꿈 : 《장자(莊子)》 〈제물론(齊物論)〉에 "일찍이 장주(莊周)가 꿈에 나비가 되어, 기뻐하며 훨훨 나는 것이 분명 나비였다.……이윽고 깨어 보니 의기양양한 모습의 장주가 분명하였다. 그래서 장주가 꿈에 나비가 된 것인지, 나비가 꿈에 장주가 된 것인지를 알 수 없었다."라는 고사에서 원용한 것으로, 장주가 꿈에 나비가 되어 훨훨 날아다닌 것처럼 창석도 나비가 되어 그리운 벗을 찾아가는 꿈을 자주 꾼다는 말이다.

앞 시의 운을 사용하여 박중식[379]이 내방함에 사례하여
用前韻謝朴仲植來訪

오늘 같은 좋은 만남 매개가 없었을 때는	良覿如今未有媒
아득히 옛 놀던 곳으로 머리만 자주 돌렸네	舊遊迢遞首頻回
늘어진 버들 그림자는 천관[380]의 집에 드리우고	垂楊影拂天官宅
부드러운 나물 향기는 지주[381]의 술잔에 이바지하네	細菜香供地主杯
백발로 양수[382] 동쪽에서 멀리 헤어짐을 근심했더니	白髮瀼東愁遠別
녹음 드리운 정오에 다시 내방함이 기뻤네	綠陰亭午喜重來
무슨 까닭으로 내가 사는 구암 가로 와서	何緣着我龜巖畔
세모에 물가의 모퉁이에서 나를 찾았는가	歲暮相尋水一隈

379 박중식(朴仲植) : 박회무(朴檜茂, 1575~1666)로, 본관은 반남(潘南)이고, 중식은 자이며, 호는 육우당(六友堂)・숭정야로(崇禎野老)이다. 정구(鄭逑), 정경세(鄭經世)의 문인이다. 병자호란 때 의병을 일으켜 출정하였으나 이미 화의가 성립되어, 통곡하며 돌아와 두문불출하고 소나무, 전나무, 매화, 대나무, 연, 국화를 심고 애완하면서 여생을 마쳤다. 산천서원(山泉書院)에 제향되었다.

380 천관(天官) : 도교(道敎)에서 받드는 삼관(三官)인 천관, 지관(地官), 수관(水官) 중의 하나로, 하늘에 있으며 인간에게 복을 준다고 한다. 은둔하며 지내는 박회무의 집을 말한다.

381 지주(地主) : 앞 시에서 나온 구성 군수를 가리킨다.

382 양수(瀼水) : 사천성(四川省) 봉절현(奉節縣) 산간의 냇물 이름인데, 두보(杜甫)가 일찍이 기주(夔州) 지방에서 노닐 때 그곳 산천을 정말 좋아하여 차마 떠나지 못하고 양수의 동쪽, 서쪽 등으로 세 번이나 집을 옮겨 살았다는 고사가 있다.

성즉행[383]에게 부침

寄成則行

아름다운 절기 인일[384]을 만났는데	佳節逢人日
빼어난 자취는 사성[385] 때문에 멀어졌네	英躔隔使星
비단 자리에 손님을 붙잡아 술 취하고	綺筵留客醉
쏟아지는 이야기에 등불을 짝하여 듣네	霏屑伴燈聽
일이 끝나니 머리 온통 세었으나	事往頭渾白
편지에 답장 오니 눈이 몇 번이나 반갑게 변했던가[386]	書回眼幾靑

383 성즉행(成則行) : 성진선(成晉善, 1557~?)으로, 본관은 창녕(昌寧), 호는 연강(烟江), 즉행(則行)은 그의 자이다. 1613년(광해군5) 인목대비(仁穆大妃) 폐모론이 일었을 때 아들 하연(夏衍)과 조카 이생인(李生寅)이 이이첨(李爾瞻)의 사위 이상항(李尙恒) 등과 함께 대비를 모해하는 상소를 올려 그의 처지를 난처하게 하였으나, 자신은 절의를 지켜 끝까지 정청(庭請)에 참여하지 않았다. 뒤에 대사간, 홍문관 부제학, 승정원 우승지 등을 역임하였다.

384 인일(人日) : 음력 1월 7일을 말한다. 이날은 가절(佳節)이라 하여, 옛 풍속에 일곱 가지 나물을 넣고 끓인 국을 먹고, 채색 천 또는 금박(金箔)으로 사람의 모양을 만들어 병풍에 붙이거나 머리에 꽂고, 높은 곳에 올라가 술을 마셨으며, 잠을 자지 않고 밤을 지새웠다. 《荊楚歲時記》

385 사성(使星) : 임금이 지방에 파견한 사신(使臣)을 가리킨다. 후한 화제(後漢和帝)가 즉위하여 각 주현(州縣)에 미복(微服) 차림의 사자(使者)를 파견해서 풍요(風謠)를 채집하게 하였는데, 두 명의 사자가 익주(益州)에 당도하여 이합(李郃)의 후사(候舍)에 투숙하였다. 그날 밤에 이합이 두 사자에게 별을 가리키면서, "두 사성이 익주(益州)의 분야(分野)로 향하였다."라고 말했다는 데서 온 말이다. 《後漢書 方術列傳 李郃》

상산에 아름다운 약속 있었기에	商山有佳約
역의 매화 지도록 줄곧 기다렸다네[387]	直待驛梅零

386 눈이……변했던가 : '청안(青眼)' 고사를 원용한 것으로, 청안은 반가워하는 눈길이라는 뜻이다. 진(晉)나라 때의 명사(名士)인 완적(阮籍)이 세속의 법도에 구애받지 않고 지내면서 속사(俗士)를 만나면 흰자위〔白眼〕를 드러내어 경멸하는 뜻을 보이고, 의기투합하는 사람을 만나면 검은 눈동자〔青眼〕로 대하여 반가운 뜻을 드러냈다는 고사에서 온 말이다. 《晉書 阮籍列傳》

387 역의……기다렸다네 : '역매(驛梅)'는 역사(驛使) 편에 부치는 매화를 가리킨다. 남조 송나라의 육개(陸凱)가 강남에 있을 때 교분이 두터웠던 범엽(范曄)에게 매화 한 가지를 부치면서 "매화를 꺾다가 역사를 만났기에 농두 사는 그대에게 부치나니. 강남에는 아무것도 없어 애오라지 한 가지의 봄을 보낸다오.〔折梅逢驛使, 寄與隴頭人. 江南無所有, 聊贈一枝春.〕"라는 시를 함께 부친 데서 유래하였다. 만날 약속을 지키기 위해 방문하겠다는 편지를 기다렸으나 오지 않았음을 말한다.

동쪽 시내에 부담이 있는데 두 언덕이 깎아지른 곳에 있다. 물이 바위 위에서 나와 폭포를 이루어 부담의 중심으로 쏟아지는데 아름다운 물소리가 들을 만하다. 내가 그 위에 나아가 돌을 쌓아 대를 만들고 '오여'[388]라고 이름하였는데 매우 그윽한 운치가 있었다

東澗有釜潭 在雙厓斗斷處 水從巖上作瀑布 瀉釜心 泠泠可聽 余就其上 疊石爲臺 名曰奧如 甚有幽致

빼어난 돌은 숫돌처럼 오히려 미끄럽고	秀石礱仍滑
나는 듯한 물은 쳐다보니 더욱 깊네	飛泉瞰更深
오목한 곳은 천 섬들이 솥이 되고	凹成千石釜
울리는 소리 일곱 줄의 거문고 되었네	鳴作七絃琴
옛 자취에 신선의 부뚜막 남았고	舊迹留仙竈
찬 물소리 속세의 마음을 씻어 주네	寒聲灑俗心
땅이 깊고 적당한 곳에 그윽하니	地幽於奧適
작은 집 지어 숲에 살고자 하네	小築欲依林

388 오여(奧如) : 유종원(柳宗元)의 〈영주용흥사동구기(永州龍興寺東丘記)〉에 "놀기에 적당한 것이 대개 두 가지가 있다. 넓게 트이고 깊고 그윽한 것이니, 이와 같을 따름이다.〔游之適, 大率有二. 曠如也, 奧如也, 如斯而已.〕"라고 한 데서 따온 것이다.

서쪽 시내는 동쪽 시내의 백 보쯤에 있는데, 소나무와 바위의 빼어난 경치가 있다. 내가 그 사이에 대를 쌓고 '광여'라고 이름하였는데 시야가 조금 넓기 때문이다. 아래에 구유 같은 바위가 있기에 비로소 조암이라 불렀다

西澗在東澗百步許 有松石之勝 余築臺其間 名曰曠如 爲眼界稍豁也 下有石如槽 始喚槽巖

우레의 도끼로 처음 쪼갤 때는 놀랐더니	雷斧驚初劈
신선이 지팡이 짚고 다시 방문함이 기쁘네	仙笻喜再過
바위가 둘러싸니 그림 같은 벼랑이 펼쳐지고	巖回開畫障
꽃이 피니 붉은 놀이 넘쳐 나네	花發漲丹霞
경물이 빼어나 시 읊는 곳 많으니	景物吟邊闊
이름난 곳에 길을 다시 빌리네	名場路更賒
대가 넓고 적당한 곳에 완성되니	臺成於曠適
앉아서 해가 서쪽으로 기우는 것을 마주하네	坐對日西斜

유배지인 부안으로 떠나는 전성지[389]를 전송하며
送全性之赴扶安謫所

해 저문 관하[390]는 가는 길 험난한데	歲暮關河行路難
해진 갖옷 여윈 말로 겨울바람 차갑네	弊裘羸馬朔風寒
둥글고 밝은 달은 남북의 차이가 없으니	一輪明月無南北
푸른 바다 맑은 하늘에서 밤마다 보리라	碧海靑天夜夜看
눈 산 얼음 비탈은 말이 가기 어려운데	雪山氷坂馬行難
바람 부는 날씨는 처량하고 북방 바람 차갑네	風日凄凄朔氣寒
모든 일은 장자후[391] 때문이 아니니	萬事不由章子厚
자양[392]의 글을 고요할 때 보기 좋으리	紫陽書好靜時看

389 전성지(全性之) : 전이성(全以性, 1578~1646)으로, 본관은 용궁(龍宮), 자는 성지, 호는 운계(雲溪)이다. 1606년(선조39) 문과에 급제하였고, 고성 군수, 합천 군수 등을 지냈다. 저술로 4권 2책의 《운계집》이 있다.

390 관하(關河) : 함곡관(函谷關)과 황하(黃河)의 병칭으로, 고향이나 도성에서 멀리 떨어진 변방을 뜻하는데, 여기서는 전이성의 유배지인 부안을 가리켜서 한 말이다.

391 장자후(章子厚) : 송나라 장돈(章惇, 1035~1106)으로, 자후는 그의 자이다. 폐지된 왕안석(王安石)의 신법(新法)을 다시 시행하면서 이에 반대하는 사마광(司馬光), 문언박(文彦博), 여공저(呂公著), 범순인(范純仁) 등 원우제현(元祐諸賢)이라 불리는 사람들을 배척하였다. 《宋史 章惇列傳》 전이성을 무함하여 귀양 가게 만든 사람을 비유한 말이다.

392 자양(紫陽) : 안휘성(安徽省)에 있는 산 이름으로, 주희(朱熹, 1130~1200)를 가리킨다. 주희와 아버지 주송(朱松)이 이곳에서 자양서실(紫陽書室)을 짓고 글을 읽었으며, 별호를 자양이라 하였다.

낙재 서행보[393]에게 부침

寄徐樂齋行甫

지난날 영양(永陽 영천(永川))의 작은 별장에서 오지산(五芝山)으로 지산[394] 어른의 유적을 방문하였다. 인하여 구룡산(九龍山) 정상에 올라 구름 낀 산 수백 리를 바라보니 마음에 가득한 속세의 티끌을 모두 씻어 주어 참으로 상쾌하였다. 구불구불한 길을 걸어 동쪽으로 가서 공암(孔巖)의 자연을 두루 답사하고 삼족당[395]에

393 서행보(徐行甫) : 서사원(徐思遠, 1550~1615)으로, 행보는 그의 자이다. 본관은 달성(達城)이고 호는 미락재(彌樂齋) 또는 낙재(樂齋)이다. 정구(鄭逑)의 문인으로, 선조 때 학행으로 천거되어 감역(監役)과 찰방(察訪)을 지내고, 청안 현감(淸安縣監)에 부임하여 학문 진흥과 후진 양성에 힘썼다. 이후 형조·호조 정랑, 역학교정(易學校正) 등에 임명되었으나 벼슬에 뜻이 없어 모두 응하지 않았다. 대구의 이강서원(伊江書院)과 청안(淸安)의 구계서원(龜溪書院)에 제향되었으며, 저서로는 《낙재집》이 있다.

394 지산(芝山) : 조호익(曺好益, 1545~1609)으로, 본관은 창녕(昌寧), 자는 사우(士友), 호는 지산, 처음의 시호는 정간(貞簡)인데 후에 문간(文簡)으로 고쳐 내렸다. 최황(崔滉)의 무함으로 평안도에 유배되었으나 계속 학문에 정진하고 후진을 양성해 그곳의 학풍을 크게 진작시켜 관서부자(關西夫子)라 불렸다. 문집으로 《지산집(芝山集)》이 전한다.

395 삼족당(三足堂) : 1519년(중종14)에 김대유(金大有, 1479~1552)가 창건한 건물로, 경상북도 청도군 매전면 금곡리에 있다. 김대유의 본관은 김해, 자는 천우(天祐), 호는 삼족당(三足堂)이다. 탁영(濯纓) 김일손(金馹孫, 1464~1498)의 조카이다. 현량과(賢良科)로 나아가 호조 좌랑, 정언 등의 관직을 역임하였다. 청도의 자계서원(紫溪書院)에 제향되었다.

올랐는데 풍모가 어제 같아 공경하고 우러를 만하였다. 이곳은 그대의 유거(幽居)에서 겨우 수십 리의 가까운 거리였으나, 내가 마침 고향집에 병고(病故)가 있다는 소식을 듣고 돌아갈 마음이 바빠서 결국 만나러 가지 못하였으니, 이내 마음의 답답함을 이해하실 것이다. 우연히 율시 한 편을 지어 마음을 전한다.

우연히 꽃 물결 따라 산문에 들어갔는데	偶隨花浪入山門
지척의 거리에서 어찌하여 그대를 보지 못했던가	咫尺如何不見君
골짜기의 기이한 경치는 스스로 자랑할 만하지만	洞裏奇觀堪自詑
주역의 심오한 의미 누구에게 논할까	易中奧意向誰論
젊은 날 호방한 기운은 부질없이 검을 휘감더니[396]	少年豪氣空纏劍
늘그막의 생애는 다만 구름[397]만 관장하네	暮境生涯只管雲
반평생에 만날 날이 이미 늦었고	良覿半生成晼晚
귀밑머리 희어져 날마다 어지럽네	鬢邊衰白日紛紛

396 호방한……휘감더니 : 전설 속의 보검인 용천검(龍泉劍)과 태아검(太阿劍)의 기운을 원용한 것으로, 재능이 뛰어난 사람을 비유한다. 앞의 주 154 '쌍룡검(雙龍劍)의 기운' 참고.

397 구름 : 벗을 간절히 그리워하는 마음을 뜻한다. 두보(杜甫)가 이백(李白)을 그리워하면서 지은 〈춘일억이백(春日憶李白)〉에 "위수 북쪽엔 봄 하늘에 나무가 무성하고, 강 동쪽엔 저문 날에 구름이 일어나네.〔渭北春天樹, 江東日暮雲.〕"라고 하였다.

곰티재[398] 가는 길에서

熊峴途中

동천[399]의 산 빛이 매우 울창하니	東川山色鬱蒼蒼
돌길이 험난해도 먼 길 한스럽지 않네	石路崎嶇不恨長
삼십 리에 맑은 그림자 푸른 그늘이 지니	淸樾綠陰三十里
한낮의 바람이 불어 베옷에 서늘하게 스미네	午風吹透布衣涼

398 곰티재 : 경상북도 청도군 청도읍에서 매전면(梅田面)을 연결하는 고개이다.

399 동천(東川) : 동창천(東倉川)으로, 운문댐에서부터 유천(楡川)에 이르는 강 이름이다. 원래는 운문천(雲門川) 또는 대천(大川)으로 불렸는데, 삼족당(三足堂) 김대유(金大有, 1479~1551)가 기묘사화로 관직을 박탈당하고 고향 청도로 돌아와 가난한 이를 위해 가뭄과 기근을 대비하는 곡식 창고를 관아 동쪽에 지었기에 '동창(東倉)'이라 불렸고, 이로 인하여 동창천이 되었다 한다.

지주와 함께 운문사를 유람하고 구불구불 군성(郡城)에 도착하였다. 인하여 지난해 병영에서의 고통을 생각하며 벽에 적힌 시에 차운하여 적다

同地主遊雲門 迤到郡城 仍憶往歲兵間之苦 次壁上韻以識之

높이 올라 놀 밖을 바라보고　登眺煙霞表
가까운 거리[400]에서 돌아왔네　歸來莽蒼間
외로운 성에는 여전히 말을 머물러 두니　孤城仍駐馬
오랑캐 정벌하던 지난 일[401] 생각나네　往事憶征蠻
저녁 비는 동평로[402]에 내리고　暮雨東平路
가을바람은 대산관[403]에 부네　秋風大散關
남은 생은 위로할 만한 일 없으니　餘生差可慰
술을 가져와 화려한 봄을 감상하네　携酒賞春斑

400 가까운 거리 : 원문의 '망창(莽蒼)'은 희미하게 보이는 교외를 뜻하는 말로 여기서는 가까운 거리를 의미한다. 《장자(莊子)》 〈소요유(逍遙游)〉에 "가까운 교외에 가는 사람은 세 끼 밥만 가지고 갔다가 돌아와도 배가 아직 부르다.〔適莽蒼者, 三飡而返, 腹猶果然.〕"라고 한 데서 온 말이다.

401 오랑캐……일 : 정확히 언제인지는 알 수 없다. 다만 창석은 1595년(선조28) 경상도 도사가 되고 조도사(調度使)의 일을 겸한 일이 있고, 1597년 정유재란 때 소모관(召募官)에 차출되었기에 남하하여 의병을 규합한 일이 있다.

402 동평로(東平路) : 지명인 듯한데, 자세하지 않다.

403 대산관(大散關) : '대진관(大震關)'이라고도 하며, 지금의 중국 섬서성(陝西省) 보계현(寶鷄縣) 서남에 있는 대산령(大散嶺) 위에 설치된 관문인데 험하여 요새지로 이름났다.

대구 부사에게 드림

寄達城守

구름 산만 보고 그대를 보지 못하고
지는 꽃과 고운 풀 보며 동쪽 마을을 지났네
헤어진 뒤 얼마나 그리웠던가
서쪽으로 돌아가는 한 조각 구름에 부치네

只見雲山不見君
落花芳草過東村
別來多少相思意
付與西歸一片雲

청윤[404] · 극정 · 명숙[405] · 행원 등과 함께 구룡산에 올랐는데 아들 대규[406]도 또한 모시고 갔다

同淸允克貞明叔行遠登九龍山 阿一大圭亦侍行

여섯 사람이 여섯 쌍 밀랍 나막신 신고	六人雙蠟屐
만 길의 구룡산에 올랐네	萬仞九龍山
멀리 구름 하늘로 반쯤 들어가고	逈入雲霄半
소리 높여 우주 사이에서 읊조리네	高吟宇宙間
흉금이야 비록 작지만	胸襟雖自小
시야는 본래 넓다네	眼界本來寬
날 저물자 상쾌한 기운 더해지는데	日暮添蕭爽
숲을 뚫고 차가운 옥경 소리 들리네	穿林玉磬寒

404 청윤(淸允) : 정담(鄭湛, 1552~1634)으로, 본관은 영일, 자는 청윤(淸允), 호는 복재(復齋)이다. 임진왜란이 일어나자 솔선수범으로 창의(倡義)하여 영천성 회복에 큰 공훈을 세웠는데, 이 공훈으로 선무원종공신(宣武原從功臣)에 책록되고, 승훈랑 내사직(承訓郎內司直)과 후에 의금부 도사(義禁府都事)에 제수되었으나 나아가지 않고, 전후 수습과 후진 양성에 힘썼다.

405 명숙(明叔) : 박돈(朴暾, 1577~1654)으로, 본관은 밀양(密陽), 자는 명숙(明叔), 호는 오졸자(吾卒子)이다. 조호익(曺好益)의 문하에서 수학하였다. 1616년(광해군8)에 생원시에 합격하였다. 저술로 《오졸자실기(吾卒子實記)》가 있다.

406 대규 : 창석(蒼石) 이준(李埈)의 장남인 이대규(李大圭, 1583~1654)로, 본관은 흥양(興陽), 자는 혼성(混成)이다. 1618년(광해군10) 식년시 진사에 입격하였고, 용궁 현감, 비안 현감(比安縣監)을 역임하였다.

영천 수령의 방문에 사례하며 군루의 시에 차운하다
謝永陽守見訪 次郡樓韻

늦봄에 홀로 나귀 타고 영천으로 돌아감에	一驢春晚永陽回
들 살구와 산 석류가 차례로 피었겠지	野杏山榴次第開
두 물길이 근심 속에 가로막음을 견딜 수 없더니	二水不堪愁裏隔
깃발 한 쌍이 바라던 중 오심이 매우 감사하였네	雙旌多謝望中來
맑은 시사에 감히 시비를 말할 수 있으랴	是非敢說淸時事
모쪼록 깊고 얕은 잔에 탁주를 기울이시길	深淺須傾濁酒杯
가장 좋은 것은 옷깃을 떨치고 강해로 떠나	最好拂衣江海去
흰 구름 쌓인 곳에서 함께 서성이는 것일세	白雲堆裏共徘徊
나그네 가는 길 구불구불 영천으로 돌아가니	客行邐迤永州回
태수의 정이 깊어 비단 자리 펼쳤네	太守情深綺席開
반평생 갈림길에서 출처를 함께하였고	岐路半生同出處
천 리의 강호에 아직 돌아가지 못했네	江湖千里未歸來
북두성 사이 보배 기운은 쌍으로 검을 휘감고[407]	斗間寶氣雙纒劍
젓대 소리에 봄 근심으로 한번 술잔을 잡네	笛裏春愁一把杯
내일 청성에서 동쪽으로 멀리 떠나면	明日靑城東去遠
저녁 구름 낀 어느 곳에서 홀로 서성일까	暮雲何處獨徘徊

407 북두성……휘감고 : 전설 속의 보검인 용천검(龍泉劍)과 태아검(太阿劍)의 기운을 원용한 것으로, 재능이 뛰어난 사람을 비유한다. 앞의 주 154 '쌍룡검(雙龍劍)의 기운' 참고.

영천 수령과 율정에서 노닐며

同永陽守遊栗亭

세상일로 베개를 높이 베지 못했더니	世事違高枕
흐르는 세월 굴러가는 수레바퀴 같네	流光劇轉輪
잠시 남가일몽[408]을 돌아보고	暫回柯郡夢
함께 율정의 봄을 감상하네	同賞栗亭春
푸른 물은 차갑게 앉은 자리로 침범하고	綠水寒侵座
맑은 바람은 시원하게 두건에 가득하네	淸風爽滿巾
스스로 부끄러운 것은 어려움이 많던 날	自慙多難日
못난 몸[409]이 구차하게 몸을 보존한 것이네	潦倒苟全身

408 남가일몽(南柯一夢) : 한바탕 헛된 꿈과 같은 덧없는 인생을 뜻한다. 당나라 때 순우분(淳于棼)이 술에 취하여 회화나무 아래에서 잠을 자면서 꿈을 꾸었는데, 꿈에 대괴안국(大槐安國)의 남가군(南柯郡)을 다스리면서 20년간이나 부귀영화를 누리다가 깨어나서 보니, 남가군은 바로 회화나무 남쪽 가지 아래에 있는 개미굴이었다고 한다. 《南柯記》

409 못난 몸 : 원문 '요도(潦倒)'는 몸을 잘 검속하지 못하여 행동거지가 산만함을 뜻한다. 혜강(嵇康)의 〈여산거원절교서(與山巨源絶交書)〉에 "내가 요도하고 추소하여 현실 사정에 절실하지 못한 것은 족하가 예전부터 아는 바이다.〔足下舊知吾潦倒麤疎不切事情〕"라고 하였다. 여기서는 곧 저자인 이준 자신을 비유한 말이다. 《晉書 嵇康傳》

해월헌[410] 시에 차운하여

次海月軒韻

낙동강 천 리에 조수가 통하지 않아	洛江千里不通潮
편지는 지금껏 오래도록 적막하네	書信如今久寂寥
서로 바라봄에 아득한 구름을 몇 번이나 근심했나	相望幾愁雲渺渺
멀리 노닐며 아득한 꿈속에서 길이 전송하였네	逈遊長送夢迢迢
만고의 오두[411]에서 금 술잔 펼치고	鰲頭萬古開金盞
삼경에 학 등[412]에서 옥 퉁소 연주하네	鶴背三更捻玉簫
바닷가 정자에서 달 뜨는 것 보고자 하니	欲向海亭看月出
무릉도원 가는 다리 막아 끊게 하지 마오	莫敎遮斷武陵橋

410 해월헌(海月軒) : 황여일(黃汝一, 1556~1622)로, 본관은 평해(平海), 자는 회원(會元), 호는 해월헌(海月軒)·매월헌(梅月軒)이다. 1585년(선조18) 문과에 급제하여 사헌부 장령, 성균관 전적, 예천 군수를 지내고, 1617년 동래진 병마첨절제사가 되었다. 평해의 명계서원(明溪書院)에 제향되었다. 저술로 《조천록(朝天錄)》, 《해월집》이 있다. 이산해(李山海)의 《아계유고(鵝溪遺稿)》 권2 기성록(箕城錄)에 〈해월헌〉 시가 있고, 이수광의 《지봉집》 권4에 〈해월헌 시에 차운하여 황회원을 위해 제하다〔次海月軒韻爲黃會元題〕〉 시가 있다.

411 오두(鼇頭) : 자라의 머리이다. 《열자(列子)》 〈탕문(湯問)〉에 "바다에 다섯 개의 산이 있었는데 뿌리가 연결되지 못하여 바다에 둥둥 떠다니고 있었다. 이에 상제가 큰 자라 열다섯 마리를 보내어 머리로 산을 이게 하니, 비로소 산이 안정되었다."라고 하였다. 여기서는 누대가 바닷가에 서 있음을 형용한 것이다.

412 학 등 : 신선은 학을 타고 노닌다는 전설에서 온 말로, 《열선전(列仙傳)》에 의하면, 주 영왕(周靈王)의 태자인 왕자교(王子喬)는 본디 생소(笙簫)를 불어서 봉황의 울음소리를 잘 냈는데, 그가 일찍이 선인(仙人) 부구공(浮丘公)에게서 도를 배운 지 30여 년 뒤에 구지산(緱氏山)에서 백학(白鶴)을 타고 승천(昇天)했다.

정 찰방의 계정에 들러

過鄭察訪溪亭

정씨 어른 노닐던 곳에	鄭老逍遙地
푸른 병풍이 초록 이끼 보호하네	靑屛護綠苔
동풍에 친구 그리워 눈물 흘리며	東風故人淚
해 지는데 홀로 대에 올랐네	落日獨登臺

입암촌[413]
立巖村

티끌 속에 남은 자취 근심스럽더니　塵中愁滯迹
호리병 속[414]에서 그대 만남이 기쁘구나　壺裏喜逢君
소나무 늙어 푸른 이끼가 덮였고　松老封蒼蘚
대가 높아 붉은 구름에 닿았네　臺高切絳雲
옥 퉁소는 고개 중턱에서 들리고　玉簫聞半嶺

413 입암촌(立巖村) : 전국적으로 동일한 지명이 많이 있으나, 앞에 〈영천 수령과 율정에서 노닐며〔同永陽守遊栗亭〕〉라는 시를 보면, 경상북도 영천(永川) 소재의 마을인 듯하다. 지금은 포항시 북구 죽장면 입암리로 편입되었다. 여헌(旅軒) 장현광(張顯光, 1554~1637)이 입암사우(立巖四友)인 동봉(東峯) 권극립(權克立), 수암(守庵) 정사진(鄭四震, 1567~1616), 윤암(綸庵) 손우남(孫宇男, 1564~1623), 우헌(愚軒) 정사상(鄭四象, 1563~1623)의 권고로 이곳에 들어와 제자들을 가르쳤다. 1606년(선조39)에 입암에서 제자 정사진 형제가 주도한 만활당(萬活堂)이 완공되자 여헌은 인동과 입암을 거점으로 학문에 정진하였으며, 1608년 광해군이 즉위하자 여헌은 입암으로 들어가 방대한 《역학도설(易學圖說)》을 쓰기 시작한다. 1628년 정묘호란이 일어나자 호소사(號召使)로 명을 받아 의병과 군량을 모았고 1636년(인조14)년 병자호란이 일어나자 의병을 창도하였으나, 그 이듬해 삼전도(三田渡)에서의 항복 소식을 듣고 다시 입암에 들어가 6개월 뒤에 세상을 떠났다.

414 호리병 속 : 호로(壺蘆) 속에 있는 별천지, 신선의 세계이다. 호공(壺公)이란 신선이 저잣거리에서 약을 팔고 있었는데, 모두 그가 그저 평범한 사람인 줄로만 알고 있었다. 하루는 비장방(費長房)이란 사람이, 호공이 천장에 걸어 둔 호로 속으로 들어가는 것을 보고는 비범한 인물인 줄 알고 매일같이 정성껏 그를 시봉하였더니, 하루는 호공이 그를 데리고 호로 속으로 들어갔는데, 호로 속은 완전히 별천지로 해와 달이 있고 선궁(仙宮)이 있었다 한다. 《神仙傳 壺公》 입암촌을 비유한 것이다.

금 벼랑은 외로운 마을을 보호하네	金障護孤村
돌아올 약속 남겨 두었으니	留得歸來約
산신령이 이문을 새기는 것을 면하리라[415]	山靈免勒文

415 돌아올……면하리라 : 중국 남북조 시대의 문인 공치규(孔稚圭)가 〈북산이문(北山移文)〉을 지어 스스로 은자로 자처했던 주옹(周顒)이란 인물이 조정에 출사한 것을 산신(山神)의 입을 빌려 조롱한 것을 원용한 것이다. 여기서는 여헌이 은거를 결심하여 결코 벼슬길에 나아가지 않을 것임을 말한다.

입암촌에서 제공들이 멀리서 찾아온 것에 사례하며
立巖村 謝諸公遠來

세속 밖 깊은 산 늘그막에 맹세하였는데	劵外深山老結盟
제공들은 무슨 일로 함께 가길 허락하였나	諸公何事許同行
천 구비 돌비탈은 푸른 벼랑에 이어졌고	千回石磴緣靑壁
만 길의 붉은 놀은 적성을 마주하네[416]	萬仞霞標對赤城
물빛이 정히 쇠다리미로 다린 듯하니[417]	水色政如金斗熨
사람의 마음이 어찌 맑은 옥병에 양보하랴	人心寧讓玉壺淸
그대의 다리 힘을 모쪼록 굳세게 한다면	憑君脚力須堅着
걸음걸음 올라갈 때 시야가 더욱 선명하리라	步步高時眼轉明

416 만……마주하네 : 적성(赤城)은 절강(浙江) 천태현(天台縣)에 있는 산인데, 흙이 붉어 형상이 마치 운하(雲霞)와 같고 치첩(雉堞)과 같으므로 적성이라 일컫는다. 《문선(文選)》에 실려 있는 손작(孫綽)의 〈천태산부(天台山賦)〉에, "적성산에는 안개를 일으켜 표지를 세웠다.〔赤城霞擧而建標〕"라고 한 것을 원용하였다. 입암촌의 위치가 높음을 비유한 말이다.

417 쇠다리미로 다린 듯하니 : 잔잔하여 물결이 일지 않음을 비유한다.

거듭 방대에 들러

重過方臺

융참〔전쟁〕으로 옛날에 동쪽 변방 지났기에	戎驂昔日過東隈
당시에 방대에 한번 오르지 못한 것이 한이었네	恨不當時一上臺
천 리에서 몇 번 외로운 베개의 꿈에서 돌아보았나	千里幾回孤枕夢
십 년 만에 다시 친구의 술잔 잡았네	十年重把故人杯
맑은 샘은 물이 흘러 요금이 울리는 듯하고	清泉決決瑤琴咽
붉은 벼랑은 겹겹이 그림 병풍이 펼쳐진 듯하네	丹壁層層畫障開
지금까지 인간 세상에 머물 곳이 없었더니	人世至今無住着
남은 생은 이곳에서 서성이고자 하네	餘生欲向此徘徊

자하산에서 신여섭[418]의 시에 차운하여

紫霞山 次申汝涉韻

일찍이 선동[419]에서 만난 것 생각하니	憶曾仙洞會
엄화[420]가 몇 겹이나 둘렀던가	罨畫幾重圍
푸른 물은 하늘을 머금은 채 맑고	綠水涵天淨
붉은 놀은 땅을 둘러싸고 날아가네	丹霞匝地飛
다시 노닒에 힘쓸 날은 없으나	再遊無日辦
외로운 꿈은 돌아갈 때가 있으리	孤夢有時歸
잊지 못하는 그 당시의 약속	耿耿當時約
그윽한 거처에서 늘그막에 함께 의지하세	幽居老共依

418 신여섭(申汝涉) : 신즙(申楫, 1580~?)으로, 본관은 영해(寧海), 자는 여섭, 호는 하음(河陰)이다. 정경세(鄭經世)의 문인이다. 선조조에 전적(典籍)을 지냈으며, 광해조 때에는 대북파가 패륜 행위를 거듭하자 벼슬을 버리고 명승지를 찾아 유랑하였다. 병자호란 때는 의병장이 되었고, 사복시 정(司僕寺正)을 지냈다. 성리학을 비롯하여 의약, 복서(卜筮), 지리, 천문 등에 통달하였다.

419 선동(仙洞) : 경상북도 문경시(聞慶市) 가은읍(加恩邑)에 위치한 계곡인 선유동(仙遊洞)으로, 문경팔경에 속한다.

420 엄화(罨畫) : 본디 화려한 채색 그림을 가리킨 것으로, 전하여 산수의 뛰어난 경치를 이른 말이다. 《오흥통지(吳興統志)》에 의하면 절강성(浙江省) 장흥현(長興縣) 서쪽에는 수목(樹木)이 울창하기로 유명한 엄화계(罨畫溪)가 있다고 한다.

백담정사에 쓰다

題柏潭精舍

상서로운 세상 빼어난 의표는 외뿔 기린 같으니	瑞世奇標一角麟
티끌 먼지가 어찌 이 사람에게 붙으랴	氛埃豈合着斯人
가 없는 곳에서 바람과 달을 홀로 차지하고	獨占風月無邊地
늙지 않은 몸으로 암랑[421]을 일찍 사직하였네	早乞巖廊未老身
광악[422]이 빼어난 기운 거둔 것에 문득 놀라니	光岳忽驚收閒氣
노을 진 동쪽 물가 누가 다시 관장하랴	煙霞誰復管東濱
어여쁘게도 못가의 푸른 측백나무가	可憐潭上蒼蒼柏
당시의 참 기상을 보존하고 있네	留得當時氣象眞

421 암랑(巖廊) : 높고 큰 낭무(廊廡)로, 정승들이 모여 있는 의정부(議政府)를 가리키는 말로 쓰인다.

422 광악(光岳) : 광은 해, 달, 별의 삼광(三光)을 가리키고, 악은 태산(泰山), 숭산(嵩山), 형산(衡山), 화산(華山), 항산(恒山)의 오악(五岳)을 가리키는데, 곧 천지(天地)와 같은 말이다.

조암 소서를 아우르다

槽巖 幷小序

동쪽 마을에 작은 시내가 있는데, 시내 좌우에 흰 돌이 담장처럼 선 것이 마치 구유 모양과 같았기에 비로소 조암이라 이름하였다. 물이 구유 가운데서 솟아나 거문고와 비파 소리처럼 맑은데 물결은 차갑고 푸른빛을 머금어 비록 한여름이라도 마르지 않았다. 내가 계묘년(1603, 선조36)에 그곳을 방문하고 그윽한 운치가 감상할 만함을 사랑하였다. 땅을 다지고 나무를 심어 노년에 소요할 곳으로 삼았으나 중간에 세상일에 골몰하고 나그네처럼 옮겨 다니느라 그 사이에서 한번 노닐며 상하[423]의 그리움을 펼 수 없었다. 마침 올 여름에 기성(基城) 군수에서 파직되어 고향으로 돌아왔는데[424] 숲과 나무가 황량하여 거의 눈으로 볼 수 없을 지경이었다. 맑은 샘과 흰 돌이 가리워져 더러운 길이 된 것을 애석히 여겼다. 대충 자르고 정리하여 경치를 조망하고 물소리 듣기에 편

423 상하(桑下) : 뽕나무 밑에서 하룻밤을 지낸 인연이란 뜻인데, 잠시 동안 머문 곳을 가리키는 말로 쓰인다. 이준은 1599년부터 1603년까지 5년간 단양 군수로 재직하면서 지역 백성들과 정이 들었기 때문에, 비록 타향이지만 고향처럼 느껴진다는 말이다. 《후한서(後漢書)》 〈양해열전(襄楷列傳)〉에 "승려는 뽕나무 아래에서 사흘 밤을 묵지 않는다. 오래 머물러 은애가 생기지 않게 하려는 것이니, 정진이 지극한 것이다."라고 한 데서 나왔다.

424 기성(基城)……돌아왔는데 : 기성은 풍기(豐基)의 옛 이름이다. 이준은 1613년(광해군5) 풍기 군수가 되었다가 1615년 봄, 어떤 일 때문에 파직되어 고향으로 돌아왔다.

하게 하였다. 인하여 짧은 율시를 지어 기록한다.

동쪽 마을의 그윽하고 치우친 곳　　東村幽僻處
오늘 다시 수레를 멈추었네　　此日更停車
흰 돌은 구유 모양으로 갈라졌고　　白石槽形拆
맑은 샘은 비단 빛깔처럼 투명하네　　清泉練色虛
하나의 언덕은 적막한 것이 사랑스러우나　　一丘憐寂寞
두 귀밑머리는 쇠락함을 어찌할까　　雙鬢奈蕭疎
아직도 경영할 뜻이 있기에　　尙有經營意
거친 숲을 손질하고 또 호미질하네　　荒林手且鉏

회곡[425]과 함께 다시 백담을 노닐며
同晦谷再遊柏潭

강은 넓은데 유리처럼 깨끗하고	江闊玻瓈淨
대가 높아 항해[426]와 통하네	臺高沆瀣通
음식상엔 푸른 살구가 있고	飣盤青杏子
지팡이 짚은 이는 적송자[427]일세	柱杖赤松翁
정히 배로 달빛 따라 이동하려 하니	政欲舟移月
누가 젓대로 바람을 희롱하게 하랴	誰教笛弄風
인간 세상에도 참된 경계 있거늘	人間有眞境
어찌 신선 세계[428] 부러워하랴	何羨到瀛蓬

425 회곡(晦谷) : 권춘란(權春蘭, 1539~1617)으로, 본관은 안동(安東), 자는 언회(彦晦), 호는 회곡(晦谷)이며, 이황(李滉)의 문인이다. 임진왜란 때 의병을 일으켰으며, 청송 부사(青松府使)로 있다가 물러나 학문에 전념하였다. 저서로는 《진학도(進學圖)》, 《공문언행록(孔門言行錄)》, 《회곡집(晦谷集)》 등이 있다.

426 항해(沆瀣) : 깊은 밤중에 내리는 이슬 기운인데, 도가(道家)에서는 이것을 수명(修命)의 약으로 들이마신다. 《열선전(列仙傳)》에 "봄철에는 조하(朝霞)를, 여름철에는 항해를 복식(服食)한다." 하였다.

427 적송자(赤松子) : 고대 전설상의 선인이다. 한(漢)나라의 개국 공신 장량(張良)이 한 고조(漢高祖)를 도와 천하를 평정한 뒤에 유후(留侯)의 봉작을 받고 나서, "바라건대 인간 세상의 일을 버리고 적송자를 따라 노닐고 싶다."라고 하고는 벽곡(辟穀)과 도인(導引) 등의 신선술을 닦았다는 고사가 전한다. 《史記 留侯世家》 여기서는 동행한 권춘란을 비유한 것이다.

428 신선 세계 : 원문은 '영봉(瀛蓬)'으로, 전설상의 봉래(蓬萊), 방장(方丈), 영주(瀛洲) 삼신산(三神山) 중에서 영주와 봉래의 합칭으로, 동해 가운데 있으며 신선이 살고 있다고 한다.

유계화[429]에게 부침
寄柳季華

열병[430]이 괴롭게 모여든다 말하지 마오	莫言疢疾苦相叢
도를 즐긴 이래로 곤궁함을 원망치 않았네	樂道年來不怨窮
시서 천 권의 공부는 끝날 날이 없으나	千卷詩書無日了
죽 한 바가지도 굶을 때 있다네	一瓢饘粥有時空
강호에서 마음이 같은 벗을 생각할 때마다	江湖每憶同心友
갈림길에서 누가 실각한 늙은 나를 가련히 여길까	岐路誰憐失脚翁
십 년 동안의 삼상이 지금 지척 거리 되었으니[431]	十載參商今咫尺
저물녘 강 동쪽으로 방문함을 감히 사양하리오	敢辭相訪暮江東

429 유계화(柳季華) : 유진(柳袗, 1582～1635)으로, 본관은 풍산(豊山). 자는 계화, 호는 수암(修巖)이다. 유성룡의 셋째 아들로, 1616년 유일(遺逸)로 천거되어 세자익위사 세마(世子翊衛司洗馬)에 제수되었으나 사양하였다. 1623년(인조1) 인조반정 뒤 다시 학행으로 천거되어 봉화 현감이 되었고 형조 정랑과 합천 현감에 이르렀다. 병산서원(屛山書院)에 제향되었으며, 저서로 《수암집》이 있다. 유진의 아들 유천지(柳千之)는 창석의 사위이다.

430 열병 : 원문 '진질(疢疾)'은 어렵고 힘든 환경을 비유하는 말이다. 《맹자》〈진심 상(盡心上)〉에 "사람 중에 덕스러운 지혜〔德慧〕와 기술적인 지능〔術知〕을 가진 자는 항상 재환(災患) 속에 있게 마련이다.〔人之有德慧術知者, 恒存乎疢疾.〕"라고 한 데서 나온 말이다.

431 삼상(參商)이……되었으니 : '삼상'은 삼성(參星)과 상성(商星)의 병칭이다. 삼성은 서쪽에, 상성(商星)은 동쪽에 있어 서로 멀리 떨어져 있기 때문에 동시에 두 별을 함께 볼 수 없으므로, 전하여 친구 간에 서로 멀리 떨어져 있어 만나지 못하는 것을 비유한다. 지척 거리가 되었다는 것은 하회에 살던 유진이 1617년(광해군9) 상주 가사리(佳士里)로 이주하여 정착했기 때문에 이렇게 말한 것이다.

앞 시의 운자를 사용하여 김이득[432]에게 드림

用前韻贈金而得

강가의 뭇 봉우리는 푸른 옥 떨기 같은데	江上群峯碧玉叢
이곳에서 서로 만나니 뜻이 어찌 다함이 있으랴	此中相見意何窮
빈풍[433]은 사리를 알아 답답한 더위를 몰아내고	蘋風解事吹煩暑
매우[434]는 정이 많아 저녁 하늘을 가리네	梅雨多情逗晚空
호숫가에서 헤어진 지 지금 몇 년이 되니	湖外別離今隔歲
세상의 근심과 걱정으로 각자 늙은이 되었네	世間憂患各成翁
앉아서 한가히 낚시하고 나무하는 일 이야기하니	坐來閑話漁樵事
모르는 새 차가운 달[435]이 이미 동쪽에 떠올랐네	不覺寒蟾已上東

432 김이득(金而得) : 김지덕(金知德, 1563~?)으로, 상주에 거주하였으며 정경세, 이준, 유진 등과 교유하였다.

433 빈풍(蘋風) : 개구리밥이라는 수초의 잎에서 일어나는 바람이다. 전국 시대 초(楚)나라 송옥(宋玉)의 〈풍부(風賦)〉에 "대저 바람은 땅에서 생기고, 푸른 개구리밥의 뾰족한 잎에서 일어난다.〔夫風生於地, 起於青蘋之末.〕"라고 하였다.

434 매우(梅雨) : 매실이 누렇게 익을 무렵에 내리는 비라는 뜻으로, 초여름부터 시작되는 장맛비를 가리킨다.

435 차가운 달 : 원문 '한섬(寒蟾)'에서 '섬(蟾)'은 섬월(蟾月)이다. 상고 시대 후예(后羿)의 아내 항아(姮娥)가 서왕모(西王母)의 선약(仙藥)을 훔쳐 월궁(月宮)으로 달아나 두꺼비〔蟾蜍〕가 되었다는 전설 때문에 그렇게 부른다.

백동에서 즉흥적으로

柏洞卽事

겹겹의 여러 산봉우리는 옥룡이 달리는 듯하고	疊疊群山走玉虯
가운데 길 하나는 붉은 강이 흐르는 듯하네	中間一道絳河流
구름이 계곡 입구에 걷히니 하늘은 오히려 넓고	雲開峽口天猶闊
길이 숲 사이로 들어가니 땅은 더욱 그윽하네	路入林間地轉幽
붉은 벼랑 하늘을 찌르니 채색 무리 떠 있고	丹壁軼空浮彩暈
푸른 그늘 여름 되니 맑은 가을을 머물러 두었네	綠陰當暑逗淸秋
골짜기에 밭 갈고 우물 팜[436]에 민풍이 옛스러우니	谷中耕鑿民風古
사는 사람들에게 언덕 하나를 빌리고자 하네	欲向居人借一丘

436 밭……팜 : 원문은 '경착(耕鑿)'으로, 태평성대를 구가한다는 뜻이다. 요임금 때에 어느 노인이 지었다는 〈격양가(擊壤歌)〉에 "해가 뜨면 일어나고 해가 지면 쉬면서, 내 우물 파서 마시고 내 밭을 갈아서 먹을 뿐이니, 제왕의 힘이 나에게 무슨 상관이랴.〔日出而作, 日入而息, 鑿井而飮, 耕田而食, 帝力於我何有哉?〕"라고 한 데서 온 말이다.

구로회첩[437] 시에 차운하여 소서를 아우름
次九老會帖韻 幷小序

가정(嘉靖) 계사년(1533, 중종28)부터 을사년(1545, 명종 1)까지 무릇 십수 년간 분천(汾川)[438]에서 기로회(耆老會)를 설치한 것이 세 번인데, 농암(聾巖)[439] 선생 집안의 3대가 모두 참여하였다. 또 자서(自叙)에서 이르기를 "증조와 고조 이상 사대조와 오대조가 모두 팔십 구십의 장수를 누렸다."라고 하였고, 전에 이르기를 "사

437 구로회첩(九老會帖) : 구로(九老)는 시문(詩文)에 뛰어난 옛 친구들이라는 뜻으로, 백거이(白居易)가 만년에 형부 상서(刑部尙書)로 치사하고 나서는 향산거사(香山居士)라 자칭하고, 여덟 원로들과 함께 구로회(九老會)를 결성하여 매양 서로 왕래하면서 풍류를 즐겼던 데서 온 말이다. 여기서는 농암(聾巖) 이현보(李賢輔, 1467~1555)가 만년에 고향으로 돌아와 분천(汾川)에 살면서 그 위에 집을 지어 '애일당(愛日堂)'이라 하고, 어버이를 받들어 위안하여 모시면서 그 바위는 '농암(聾巖)'이라 하여 자기의 생각을 사물에 비하여 은근히 나타냈다. 또 일찍이 부제학으로 근친하러 오니 이때 참찬공(參贊公)의 나이 94세이고, 숙부 이균(李鈞)의 나이 92세이며, 외숙 첨지 권수익(權受益)이 82세였다. 여기에 향인 중 나이 높은 사람 6인을 모아 '구로회(九老會)'를 만들었는데, 자손이 앞에 가득하고 공이 채색 옷을 입고 춤을 추니 영광스런 효도의 성함이 보고 듣는 자로 하여금 마음을 움직이게 하였다.

438 분천(汾川) : 경상북도 안동(安東)의 도산 근처를 흐르는 개천의 이름으로 분수(汾水), 분강(汾江)이라고도 한다.

439 농암(聾巖) : 이현보(李賢輔, 1467~1555)로, 본관은 영천(永川), 자는 비중(棐仲), 호는 농암·설빈옹(雪鬢翁), 시호는 효절(孝節)이다. 1498년(연산군4)에 식년 문과에 급제하여 부제학, 경상도 관찰사, 형조 참판, 호조 참판 등을 지냈다. 저서에 《농암집(聾巖集)》이 있다.

람의 장수와 요절, 귀함과 천함은 성수(星數 운수)를 물을 겨를이 없고 마음을 두고 일을 행하는 것에 달렸다."라고 하니, 이것을 보면 세족(世族)이 덕을 심은 것이 두터움을 알겠다. 게다가 함께 모인 여러분들은 모두 당대의 나이가 많고 덕이 높은 사람이다. 그들은 반백의 눈썹과 흰 수염으로 그림 속의 사람처럼 빛나 당시 사람에게 발돋움하여 바라보게 하는 사람이었으니, 화락하고 장수하는 조짐이 됨을 알겠다. 서로 더불어 감탄하며 읊조리고, 읊조리며 노래함에 불쑥 우러러 사모하는 마음이 일어나니, 이 모임이 사람들에게 선한 일 하기를 권하는 것도 어떠하겠는가. 당시의 남은 자취가 첩(帖) 가운데 갖추어져 있어 아름다운 유풍이 마치 어제와 같으니, 참으로 공경하여 우러를 만하다. 지금 첩(帖) 가운데 적힌 시에 화운하여 그 자손들을 면려하여 삼가 지키고 또 선을 쌓고 아름다움을 북돋우어 가풍을 무너트림이 없기를 생각하게 한다.

향락[440]의 고상한 풍취는 몇 년이나 지났던가	香洛高風閱幾年
빼어난 노닒을 이 당 앞에서 다시 보았네	英遊重見此堂前
수염과 머리털 모두 학처럼 흼에 이미 놀랐고	已驚髭髮都成鶴
신선 세계 가지 않아도 또한 신선이 있네	不到瀛蓬亦有仙
천상의 화려한 직함은 새로운 비와 이슬이요	天上華銜新雨露
호중[441]의 좋은 일은 옛 숲과 샘이라	壺中勝事舊林泉

440 향락(香洛) : 향산거사(香山居士) 백거이(白居易)가 치사(致仕)하고 나서 낙양(洛陽) 향산(香山)에서 구로회(九老會)를 결성하였기 때문에 이렇게 말한 것이다.

선양함은 현가[442] 소리 들리기를 기다리면 되니　揄揚會待絃歌被
화려한 그림으로 고육이 전해 주기[443]를 고대하랴　藻繢何勞顧陸傳

441 호중(壺中) : 호중천(壺中天)의 준말로, 신선의 세계이다. 후한(後漢)의 선인(仙人) 호공(壺公)이 시장에서 약을 팔다가 장이 파하면 문득 사람들 모르게 병 속으로 들어가곤 했는데, 우연히 다락 위에서 그것을 본 술사(術士) 비장방(費長房)이 그를 따라 병 속으로 들어가 보니 그 속에 선경(仙境)과 같은 별천지가 펼쳐져 있었다는 고사에서 온 말이다. 《後漢書 費長房列傳》

442 현가(絃歌) : 금슬(琴瑟)을 타고 시가를 노래하는 것을 말하는데, 공자(孔子)의 제자 자유(子游)가 일찍이 무성(武城)의 재(宰)로 있을 적에 그곳 백성들이 모두 거문고를 타고 시가를 노래했다는 데서 온 말로, 전하여 지방관이 되어 예악으로써 백성들을 잘 교화시키는 것을 의미한다. 《論語 陽貨》

443 고육(顧陸)이 전해 주기 : 고육은 동진(東晉)의 화가인 고개지(顧愷之)와 육탐미(陸探微)를 가리킨다. 화가가 그림으로 그려 전하는 것을 말한다.

분항[444]의 새 거처에 적다
題汾巷新居

띳집이 쓸쓸하나 세속의 어지러움 없으니	茆屋蕭條絶世紛
기이한 경치를 모두 거두어 동산에 들였네	盡收奇勝入林園
천 봉우리 비 개니 황금 장막을 둘렀고	千峯霽色圍金障
만 이랑의 가을 물에는 주름 무늬 일어나네	萬頃秋波起縠紋
난초 지초 모래톱에 가득하니 초객[445] 생각하고	蘭芷滿汀懷楚客
안개에 길을 잃으니 신선의 도화원[446]을 감추었네	煙霞迷路祕仙源
어명을 기다리지 않고 돌아가 늙을 곳을 정했으니	不煩勅賜容歸老
임금 은혜에 일 푼이라도 보답하길 어찌 생각하랴	何計君恩答一分

444 분항(汾巷) : 《창석집》 권11 〈답곽정보(答郭靜甫)〉에 "낙동강 죽암(竹巖) 맞은편에 한 구역을 얻어서 '분항'이라 이름하고 바야흐로 밭을 사고 집을 지어 만년에 소요할 곳으로 삼았다."라고 하였다. 상주시 중동면 죽암리(竹巖里)에서 낙동강 건너편이 상주시 낙동면 분황리(分皇里)인데, 분항은 혹 분황의 옛 지명인지 모르겠다. 1615년(광해군7) 여름에 창석은 낙동강 가에 별업(別業)을 짓고, 뒤편에 초학대(招鶴臺)를 지었는데, 이 일을 말하는 듯하다.

445 초객(楚客) : 춘추 시대 초나라 충신으로 상강에 유배되었던 굴원(屈原)을 가리킨다. 굴원이 지은 《이소경(離騷經)》에 "난초와 지초는 변하여 향기를 잃고, 전초와 혜초는 바뀌어 띠풀이 되었네.〔蘭芷變而不芳兮, 荃蕙化而爲茅.〕"라는 구절이 있다.

446 도화원(桃花源) : 무릉도원으로, 세상을 피해 은거하는 곳 또는 이상향을 비유한다. 도잠(陶潛)의 〈도화원기(桃花源記)〉에 의하면, 동진(東晉) 태원(太元) 연간에 무릉의 한 어부가 복숭아꽃이 떠내려오는 물줄기를 따라 계속 올라가 보니, 포악한 진(秦)나라 시대에 난리를 피해서 들어온 사람들이 선경(仙境) 속에 살고 있었는데, 그곳에서 며칠 머물다가 돌아온 뒤에 다시 찾아가 보려고 하였지만 길을 잃어 실패했다고 한다. 《陶淵明集 卷6 桃花源記》

강기지[447]에 대한 만시

挽康起之

교유한 것 손꼽아 보니 이십여 년인데	交遊屈指卄餘春
만년에 이 사람만 홀로 참됨을 지켰네	末路斯人獨葆眞
자태는 춘란처럼 빼어나니 어찌 속됨을 띠었으랴	姿擢春蘭寧帶俗
마음은 가을 물처럼 맑으니 티끌이 남지 않았네	心淸秋水不留塵
편안히 즐거워하며 가난하게 살았고	晏如樂在貧居日
자손에게 물려줄[448] 계책 깊었으나 병이 위중하였네	貽厥謀深病亟辰
훗날 상산고사전에	他日商山高士傳
풍류로는 응당 성이 강씨인 사람을 기록하리라	風流應記姓康人

447 강기지(康起之) : 강복룡(康伏龍)으로, 처음 자는 한보(漢輔)였는데, 기지로 바꾸었다. 《창석집》 권12에 〈강기지자설(康起之字說)〉이 있다.

448 자손에게 물려줄 : 원문은 '이궐(貽厥)'이다. 앞의 주 341 '자손들에게 남기니' 참고.

여규를 전송하며

送汝圭

정답게 서로 곁에 살았더니	款款居相傍
서글프게 떠나는 길 문득 바쁘네	涼涼去忽忙
가난하고 천할 때의 벗과 이별도 견디기 어려운데	不堪貧賤別
하물며 길이 먼 것을 견딜 수 있으랴	況耐道途長
단정하고 정성스러움으로 자기를 단속하자 했고	端慤要持己
겸손하고 공손함으로 한 고을에 살고자 했네	謙恭欲處鄉
입신양명은 너희에게 기대하니	立揚須汝輩
나는 늙어 머리털이 희어졌네	吾老鬢蒼蒼

달밤에 둘째 아들의 거문고 소리를 듣고

月夜聞二子琴

적적한 삼경의 밤에	寂寂三更夜
이자의 거문고 소리 맑고 깨끗하네	泠泠二子琴
본래 도기[449]가 있으니	本來有道器
마땅히 이에는 티끌 마음이 없네	合此無塵心
중화[450]의 성을 기를 만하니	足養中和性
어찌 세속의 음악을 논하리오	寧論世俗音
밝은 달이 있어 알아줄 것이니	相知有明月
깊은 숲에 감추어진 것 탓하지 마라	不恨閟深林

449 도기(道器) : 수행을 하여 도를 이룰 만한 근기를 말한다.

450 중화(中和) : 치우치거나 어그러짐이 없는 바른 성정(性情)을 말한다. 《중용장구》 제1장에 "기뻐하고 노하고 슬퍼하고 즐거워하는 정이 발하지 않은 것을 '중(中)'이라 이르고, 발하여 모두 절도에 맞는 것을 '화(和)'라 이르니, 중이란 것은 천하의 큰 근본이요, 화란 것은 천하의 공통된 도이다. 중과 화를 지극히 하면 천지가 제자리를 편안히 하고 만물이 잘 생육될 것이다."라고 하였다.

사람 우곡을 가리킨다 을 그리워하며

懷人 指愚谷

한 해가 서글프게 장차 저물려 하니 歲行慘將暮
곤궁한 오두막에 홀로 앉아 시름겹네 獨坐愁窮廬
슬픈 기러기가 소리 내며 무리를 생각하니 哀鴻聲念群
사람을 그리워함에 더욱 한숨이 나네 懷人益欷歔
만나지 못한 것은 사 년이 넘었고 契闊四年强
거리는 천 리 남짓일세 道里千里餘
재앙은 어찌하여 이유도 없이[451] 오며 災何無妄來
귀밑머리는 어찌하여 늙기도 전에 성글어졌나 鬢何未老疎
오고 감은 먼 꿈속에만 있고 來往有遠夢
안부 물음에 짧은 편지조차 없네 問訊無尺書
평소 골육의 정 있었는데 平生骨肉情
이에 이르러 길에 지나가는 남 같구나 到此行路如
외로운 마음을 끝내 누가 알아주랴 孤懷竟誰識
서늘한 달이 섬돌에 떨어지네 涼月墮階除
포승줄을 지금에야 비로소 푸니[452] 縲紲今始釋

451 이유도 없이 : 원문 '무망(無妄)'은 무망지재(無妄之災)의 준말로, 아무런 이유도 없이 재앙을 받는 것을 말한다. 《주역(周易)》〈무망괘(無妄卦) 육삼효(六三爻)〉의 "애매하게 당하는 재앙이니, 누군가가 매어 둔 소를 길 가는 사람이 훔쳐 갔건마는 마을 사람들이 누명을 쓰게 된다.〔無妄之災, 或繫之牛, 行人之得, 邑人之災.〕"라는 말에서 나온 것이다.

근심 걱정은 오히려 모두 없어졌네　　憂患尙俱虛
강가에 푸른 산을 사서　　江上買靑山
그윽한 곳에 터 잡아 살 약속 하였지　　有約卜幽居
봄 두둑에서 함께 소 기르고　　春疇同飯牛
가을 물에서 함께 물고기 낚으세　　秋水共釣魚
빈천을 엿처럼 달게 여기고　　貧賤甘飴糖
부귀를 거름풀처럼 천하게 보겠네　　富貴視土苴
몸을 움직임에 늘상 기둥에 부딪치다가　　行身慣觸楹
길이 끝나야 짐짓 수레를 돌렸네[453]　　窮路且回車
단공의 가장 좋은 계책[454]은　　檀公第一策
옛날 읊었던 수초부[455]를 찾는 것일세　　舊賦尋遂初

452 포승줄을……푸니 : 1615년(광해군7) 봄, 창석이 어떤 일로 파직되어 귀향한 것을 말한다.

453 길이……돌렸네 : 진(晉) 시대의 완적(阮籍)은 천성이 방달(放達)하여 때로는 울분을 달래려고 마음 내키는 대로 혼자 수레를 몰고 아무 곳으로나 가다가 길이 막혀 더 이상 갈 수 없으면 문득 통곡하고 돌아왔다는 '궁도곡(窮途哭)'의 고사를 원용한 것이다. 여기서는 온갖 곤경을 겪은 뒤에야 잘못을 깨닫고 되돌아왔음을 비유하였다. 《晉書 阮籍列傳》

454 단공(檀公)의……계책 : 단공은 남조(南朝) 제(齊)나라 때의 장군 단도제(檀道濟)를 말한다. 남제(南齊)의 왕경칙(王敬則)이 위급한 때를 만나 말하기를, "단공의 삼십육계(三十六計) 가운데 달아나는 것이 상책이다.〔檀公三十六策, 走爲上策.〕"라고 하였다. 《資治通鑑 卷141 齊紀 高宗明皇帝下》 곧 위기를 모면하기 위하여 달아나는 것을 이르는데, 여기에서는 벼슬을 그만두고 떠남을 뜻한다.

455 수초부(遂初賦) : 수초(遂初)는 은거하려던 처음 먹은 마음을 이룬다는 뜻이니, 벼슬을 그만두고 은거하기를 희망하는 말이다. 진(晉)나라 때 손작(孫綽)이 고상한 뜻이 있어 일찍이 수초부를 짓고 자신의 뜻을 이루었는데, 뒤에 산기상시(散騎

뒤척이며 잠 못 이루는데	轉輾不成寐
뭇 닭들의 울음소리가 나를 근심스럽게 하네	衆鷄鳴愁余
시가 완성되어 다시 홀로 읊조리니	詩成還獨吟
늙은이의 눈물이 옷자락을 적시네	老淚沾衣裾

常侍)의 벼슬을 지내면서 상소하여 환온(桓溫)의 전횡(專橫)을 저지하자, 환온이 좋지 않게 여겨 말하기를 "어찌하여 그대의 수초부를 찾지 않고 남의 국사를 간섭하는가."라고 한 데서 온 말이다. 《晉書 孫楚列傳 孫綽》

최시응[456] · 신여섭 · 홍숙경[457]에게 주고 아울러 고선승[458] · 전성지에게도 소식을 전하다

寄崔時應申汝涉洪叔京 兼柬高善承全性之

서사를 묵묵히 궁구할 땐 솔창을 닫았다가	默窮書史掩松窓
흥을 타고 때때로 저녁 강에 배 띄웠네	乘興時時泛暮江
봉령의 네 신선[459]은 원래 한 사람 부족하고	鳳嶺四仙元欠一
호계의 세 사람 웃음[460]엔 혹 두 사람 더 있네	虎溪三笑或添雙

456 최시응(崔時應) : 최정호(崔挺豪, 1573～1622)로, 본관은 충주(忠州), 자는 시응, 호는 저곡(樗谷)이다. 1591년(선조24) 진사(進士) 3등(三等) 3위로 합격하였다. 1613년(광해군5)에 단성 현감으로 부임했으나 정인홍(鄭仁弘)의 청을 거절하여 좌천되었다. 1625년(인조3) 광주 목사(廣州牧使)로 있을 때 문회(文晦)가 박응성(朴應晟), 권진(權眕) 등을 무고하면서 함께 정배(定配)되었다.

457 홍숙경(洪叔京) : 홍호(洪鎬, 1586～1646)로, 본관은 부계(缶溪), 자는 숙경, 호는 무주(無住) · 동락(東洛)이다. 정경세(鄭經世)의 문인이다. 1606년(선조39) 식년 문과에 병과로 급제하였다. 예조 정랑, 공조 참의, 홍해 군수, 우부승지, 대사간 등을 지냈다. 저술로 《무주일고(無住逸稿)》가 있다.

458 고선승(高善承) : 고인계(高仁繼, 1564～1647)로, 본관은 개성(開城), 자는 선승(善承), 호는 월봉(月峯)이다. 인조반정 후 성균관 전적, 충청도 도사, 예안 현감 등을 역임하였다. 1645년(인조23) 왕이 80세가 넘은 신하들에게 가자(加資 : 품계나 관직을 올려 줌)하여, 81세로 통정대부에 오르고 용양위 부호군(龍驤衛副護軍)이 되었다. 상주 효곡서원(孝谷書院)에 제향되었다.

459 봉령(鳳嶺)의 네 신선 : 진(秦)나라 말기에 진시황(秦始皇)의 폭정을 보고 어지러운 세상을 피하여 이 산에 은거한 동원공(東園公) · 하황공(夏黃公) · 녹리선생(甪里先生) · 기리계(綺里季) 등 네 사람인 상산사호(商山四皓)를 말한다.

460 호계의……웃음 : 호계삼소(虎溪三笑)의 고사를 인용한 것이다. 호계는 중국

몸이 한가하니 세속의 꿈 꾸지 않고 身閑不作紅塵夢
마음이 예스러우니 백설가[461] 자주 짓겠지 心古頻飜白雪腔
스스로 탄식스러움은 병든 몸이 추위에 웅크리고 自歎病蹤寒政蟄
짧은 지팡이로 앞의 징검다리 건널 계책 없음일세 短笻無計度前矼

여산(廬山)의 동림사(東林寺) 앞에 있는 시내이다. 진(晉)나라 혜원법사(慧遠法師)가 이곳에 있으면서 손님을 보낼 때 이 시내를 건너지 않았는데 여기를 지나기만 하면 문득 호랑이가 울었기 때문이다. 하루는 도연명(陶淵明), 육수정(陸修靜)과 함께 이야기를 하다가 자신도 모르는 사이에 이를 넘자 호랑이가 우니 세 사람은 크게 웃고 헤어졌다고 한다. 《廬山記》

461 백설가(白雪歌) : 격이 높은 곡조로서 훌륭한 재능을 지녔으나 세상이 제대로 알지 못하는 것을 말한다. 송옥(宋玉)의 〈대초왕문(對楚王問)〉에 "영중(郢中)에서 노래하는 나그네가 있어 맨 처음 〈하리곡(下里曲)〉, 〈파인곡(巴人曲)〉을 노래하자 국중에서 그것을 창화하는 자가 수천 명이었고,…… 〈양춘곡(陽春曲)〉, 〈백설곡(白雪曲)〉을 노래하자 국중에서 그것을 창화하는 자가 수십·명이었다.…… 그 곡조가 고상할수록 창화하는 자가 더욱 적었던 것이다."라는 말에서 유래하였다.

상주 목사 죽간[462]에게 사례하며

謝竹澗地主

꿈[463]에서 오직 수고로이 양지를 찾았더니 宵栩惟勞兩池尋
아름다운 약속 도리어 병 때문에 취소되었네 佳期却被病相侵
맑은 조정에 홀로 남쪽으로 귀양 온 객이 되었으나 淸朝獨作南遷客
한밤중에 길이 북쪽 임금 바라보는 마음 걸렸네 中夜長懸北望心
천 이랑의 물을 머금은 숙도[464] 같은 도량이요 叔度量涵千頃水
아홉 빛깔[465] 봉황처럼 빛나는 양성[466]의 문채일세 襄城文耀九苞禽

462 죽간(竹澗) : 강복성(康復誠, 1550~1634)으로, 본관은 신천(信川), 자는 명지(明之), 호는 죽간(竹磵)이다. 1579년(선조12) 사마시(司馬試)에 합격하여 여러 관직을 거쳤고, 1614년(광해군6) 9월에 상주 목사로 부임하여 1617년 10월까지 재임하였으며, 이후 사직하고 은거하였다. 1623년 인조반정(仁祖反正) 후 다시 관로에 나가 부평 군수·성주 목사를 지냈으며, 이듬해 이괄(李适)의 난 때 왕을 호종한 공으로 중추부 지사(中樞府知事)가 되었다. 문집에는 《죽간집》이 있다.

463 꿈 : 원문은 '소허(宵栩)'로, 밤에 잠을 자면서 꾸는 꿈을 말한다. 《장자》 〈제물론(齊物論)〉에, "옛날에 장주가 꿈속에서 나비가 되어 펄펄 날아다녔다. 그는 자기 자신은 유쾌하게 느꼈지만, 자기가 장주인 줄은 알지 못하였다. 그러다가 얼마 뒤에 깨어나니 바로 장주였다."라고 한 데서 온 말이다.

464 숙도(叔度) : 후한 때 사람 황헌(黃憲)으로 자가 숙도이다. 그는 자품이 청수하고 총명하여 당시 사람들로부터 안자(顔子)에 비유되기까지 했는데, 그와 같은 고을 사람인 진번(陳蕃)과 주거(周擧)는 항상 말하기를 "두어 달만 황생을 보지 못하면 마음속에 비린한 생각이 다시 마음에 싹터 버린다.〔時月之間, 不見黃生, 則鄙吝之萌, 復存乎心.〕"라고 한 고사가 있다. 여기서는 강복성을 비유한 말이다. 《後漢書 黃憲列傳》

언제나 연악[467]에서 맑은 감상 때 모시고서　　　何時淵岳陪淸賞
달빛이 숲에 가득할 때 이야기하며 송대에 이를까 話到松臺月滿林

-함련은 다른 판본에는 "흐르는 세월에 서리가 귀밑머리 속임을 참지 못하고, 꽃 소식에 부질없이 눈이 꽃술 꺾음에 놀라네.〔流光不耐霜欺鬢 花信空驚雪折心〕"라고 되어 있다.-

465 아홉 빛깔 : 원문 '구포(九苞)'는 봉황이 지녔다는 아홉 가지 특징을 말하는데, 구포명(口包命), 심합도(心合度), 이청달(耳聽達), 설굴신(舌詘伸), 채색광(彩色光), 관구주(冠矩州), 거예구(距銳鉤), 음격양(音激揚), 복문호(腹文戶)이다. 《山堂肆考 卷211 羽蟲 鳳》

466 양성(襄城) : 송(宋)나라 인종(仁宗) 때 양성지현(襄城知縣)을 지낸 범순인(范純仁)으로, 자는 요부(堯夫), 시호는 충선(忠宣)이다. 여러 내외직을 역임하고, 철종(哲宗) 때 태원지부(太原知府) 등 여러 지방관을 지내면서 크게 선정을 베풀어 중서시랑(中書侍郎)에 이르렀다. 불의(不義)를 보고는 참지 못하는 강직한 성품이었으나, 백성들에게는 매우 온화하고 너그러웠다. 《宋史 范純仁列傳》《宋元學案 3》

467 연악(淵嶽) : 상주(尙州)와 선산(善山)의 경계 지점에 있는 산으로, 갑장산(甲長山)이라고도 한다. 여기서는 연악에 있는 연악서원(淵嶽書院)을 말하는데, 1702년(숙종28)에 지방 유림의 공의로 박언성(朴彦誠)·김언건(金彦健)·강응철(康應哲)·조광벽(趙光璧)·강용량(康用良)의 덕행과 업적을 추모하기 위해 창건하여 위패를 모셨다.

연악 최승암[468]을 유람하며

遊淵岳最勝巖

우주에 내 태어남이 늦었는데	宇宙吾生晩
이곳의 임천은 그윽하네	林泉此地幽
지팡이 하나 짚고 사슴의 자취[469] 찾고	一筇尋鹿跡
한나절 동안 자라 머리에 기댔네	半日倚鼇頭
꽃 색깔은 붉은색으로 물들인 듯하고	花色紅疑染
남기 빛은 푸른 물에 흐를 듯하네	嵐光翠欲流
산신령이 응당 나를 못 가게 하니	山靈應挽我
가고자 하다가 다시 머무르네	欲去更淹留

468 최승암(最勝巖) : 갑장산에는 스님을 사모한 한 처녀가 낭떠러지로 몸을 던졌다는 애틋한 사연이 담겨 있는 상사(相思) 바위가 있는데, 일대에서 전망이 가장 좋아 최승암이라 불린다.

469 사슴의 자취 : 산속에 은거함을 뜻할 때 사슴을 벗한다는 표현을 많이 쓰는 것을 원용하여 은거할 만한 곳이란 뜻으로 사용하였다. 당(唐)나라 백거이(白居易)의 〈서림사에 묵은 뒤 이른 아침 동림사 만 상인의 법회에 참석하러 가면서 최 십이 원외에게 부치다〔宿西林寺 早赴東林滿上人之會 因寄崔十二員外〕〉에 “귀양 가며 대궐 떠나매 봉황새가 멀어지고, 늙어서 여산에 들어가니 고라니 사슴이 따른다.〔謫辭魏闕鵷鸞隔, 老入廬山麋鹿隨.〕” 하였다.

옥봉정사에 적다
題玉峯精舍

백화산 아래 삽짝문 닫으니	白華山下掩柴扉
서쪽 가는 사옹[470]이 옛날 낚시하던 바위일세	西傍沙翁舊釣磯
가랑비 밤새 내려 단조[471]가 젖었고	微雨夜來丹竈濕
묵은 구름 아침에 걷히니 옥 병풍이 둘렀네	宿雲朝捲玉屛圍
한가한 가운데 풍경은 예나 지금이나 같고	閑中風景自今古
분수 밖의 공명은 시비를 따짐이 많네	分外功名多是非
연사[472]에 다시 만나길 기약하노니	蓮社有期重把手

470 사옹(沙翁) : 전식(全湜, 1563~1642)으로, 본관은 옥천(沃川)이고, 자는 정원이며, 호는 사서(沙西), 시호는 충간(忠簡)이다. 유성룡(柳成龍), 장현광(張顯光)의 문인이다. 광해군의 실정으로 벼슬을 단념하고 정경세(鄭經世), 이준(李埈) 등과 산수를 유람하여 세칭 상사(商社)의 삼로(三老)라 일컬어졌다. 인조반정 이후 예조정랑, 교리를 거쳤으며, 병자호란 때에는 의병을 일으켜 적을 방어하였다. 이후 대사간, 대사헌, 대사성 등을 역임하였다. 상주(尙州) 백옥동서원(白玉洞書院)에 제향되었다.

471 단조(丹竈) : 신선이 금단(金丹) 즉 단약(丹藥)을 굽는 화덕으로, 여기서는 옥봉정사 경내에 남아 있는 움푹 파인 바위를 가리킨다.

472 연사(蓮社) : 백련사(白蓮社)의 약칭으로, 유자와 승려의 교분을 뜻하는 말이다. 동진(東晉) 때 여산(廬山) 동림사(東林寺)의 고승(高僧) 혜원법사(慧遠法師)가 당대의 명유인 도잠(陶潛), 육수정(陸修靜) 등을 초청하여 승속(僧俗)이 함께 염불 수행(念佛修行)을 할 목적으로 백련사를 결성하고 서로 왕래하며 친밀하게 지냈던 데서 온 말이다. 《蓮社高賢傳 慧遠法師》 여기서는 옥봉정사를 말한다.

가을바람에 벽라의[473] 만들고자 하네 秋風欲製薜蘿衣

473 벽라의(薜蘿衣) : 칡덩굴로 만든 옷이라는 말인데, 보통 산에 사는 은자(隱者)의 복장을 가리킨다. 《초사(楚辭)》 〈구가(九歌) 산귀(山鬼)〉에 "벽려로 옷을 해 입고 여라의 띠를 둘렀도다.〔被薜荔兮帶女蘿〕"라는 말에서 유래하였다.

낙동강에 배 띄우고
洛江泛舟

봄 물가에 말안장 내려 노을 낀 나루에 배 띄우니	卸鞍春渚泛煙津
천 이랑의 깊은 못에 옥 같은 물고기 가득하네	千頃深潭甃玉鱗
지역이 영원[474]으로 들어가도 오히려 길 있고	地入靈源還有路
산이 숭악[475]과 이어지니 티끌이 전혀 없네	山聯嵩岳絶無塵
하늘의 이슬은 맑아서 마실 만하고	九天沆瀣淸堪吸
깊은 밤 별들은 멀리서 이웃하려 하네	五夜星辰逈欲隣
세상일이 사람을 몰아 내일 또 떠나야 하니	世故驅人明又去
고개 돌려 동쪽 물가 생각함을 멈출 수 없네	不禁回首憶東濱

474 영원(靈源) : 신비한 약수가 샘솟는다는 영원산을 말하는데, 일반적으로 물의 근원에 대한 미칭(美稱)으로 사용된다.

475 숭악(嵩嶽) : 중국 오악(五嶽)의 하나로 하남성에 있는 명산이다. 숭산, 숭고산(嵩高山) 또는 중악(中嶽)이라고도 일컬으며, 뾰족한 봉우리 셋이 있어 산세가 매우 수려하다.

십청정[476] 시권 뒤에 적고 인하여 죽간[477]에게 드림
題十青亭卷後 仍呈竹澗

하악에서 영령이 돌아오고[478]부터	自從河嶽返英靈
몇 백 년 만에 또 선생을 낳았네	幾百年來又篤生
문하에는 다만 흰 머리 노인 둘만 남았고	門下只留雙白首
시권에는 뒤늦게 십청정을 읊은 것 있네	卷中追賦十青亭
바른 기상은 송백이 됨을 응당 알리니	應知正氣爲松柏
문채가 남아 있어 해와 별을 비추네	賸有文章照日星
늦게 태어난 후생도 오히려 위로가 되니	生晩後人猶足慰
남은 향기 모쪼록 죽간 어른께 듣게 해야 하리	遺芳須借竹翁聽

476 십청정(十青亭) : 노수신(盧守愼, 1515~1590)으로, 본관은 광주(光州), 자는 과회(寡悔), 호는 소재(蘇齋)·이재(伊齋)·암실(暗室)·십청정(十青亭), 시호는 문간(文簡)이다. 선조 때 영의정을 지냈으며, 문집인 《소재집》이 전한다. 《소재집속집》에 〈십청정수창시(十青亭酬唱詩)〉가 실려 있는데, 이것의 시권(詩卷)인 듯하다.

477 죽간(竹磵) : 강복성(康復誠, 1550~1634)의 호이다. 앞의 주 462 '죽간(竹澗)' 참고.

478 하악(河嶽)에서 영령(英靈)이 돌아오고 : 황하(黃河)와 오악(五嶽)의 병칭이다. 오악은 동악인 태산(泰山), 남악인 형산(衡山), 서악인 화산(華山), 북악인 항산(恒山), 중악인 숭산(嵩山)을 이른다. 황하와 오악의 빼어난 정기가 상주로 모여서 훌륭한 인물이 태어날 토대가 만들어졌다는 의미이다.

효곡의 수연 자리에서

孝谷壽席

백발에 장수하며 세속 밖에서 노니니	鶴髮龜齡物外遊
수성의 새로운 빛이 숲 언덕에 비치네	壽星新彩照林丘
삼생[479]의 맑은 복은 하늘이 특별히 준 것이고	三生淸福天偏畀
한 골짜기에 한가한 거처는 땅이 더욱 그윽하네	一壑閑居地轉幽
창밖의 옥 같은 산봉우리는 늘 그림 같고	窓外玉峯長似畫
골짜기 안의 아름다운 풀은 가을을 알지 못하네	洞中瑤草不知秋
정이 많은 고개 위의 황매우[480]는	多情嶺上黃梅雨
응당 화려한 수연 위해 한나절은 그치리라	應爲華筵半日收

479 삼생(三生) : 먹여 주는 임금, 가르쳐 주는 스승, 길러 주는 부모의 역할을 다 하였다는 뜻이다. 이 말은 《국어(國語)》 〈진어(晉語)〉에, "사람은 세 분 덕에 사니, 이들을 섬기기를 한결같이 하여야 한다. 아버지는 나를 낳아 주시고, 스승은 나를 가르쳐 주시고, 임금은 나를 먹여 주셨으니, 아버지가 아니면 태어나지 못하고 임금이 먹여 주지 않으면 자라지 못하고, 스승이 가르쳐 주지 않으면 알지 못하니 낳아 주신 것과 똑같다."라고 한 데서 온 것이다.

480 황매우(黃梅雨) : 매실이 누렇게 익는 계절인 초여름에 내리는 긴 장맛비를 말한다.

거듭 옥봉을 지나며

重過玉峯

일 년 만에 서쪽 모퉁이에 도착한 것이 거듭 기쁘니　一年重喜到西隈
두 눈이 밝아질 때에 온갖 잡념이 사라지네　雙眼明時百念灰
수면은 평평하여 쇠다리미로 다린 것을 보는 듯　水面平看金斗熨
산 모습은 고요하여 옥 병풍 펼친 것을 대한 듯하네　山容靜對玉屛開
공명은 나와 원래 분수가 맞지 않으나　功名與我元無分
풍경은 사람을 맞음에 오히려 매개가 있네　風景迎人却有媒
다만 한스럽게도 좋은 유람 하늘이 돕지 않아　只恨勝遊天不侈
오상[481]에서 우레 같은 담화 들을 계책이 없구나　遨床無計聽談雷

481 오상(遨牀) : 《성도기(成都記)》에 "태수가 두자미(杜子美)의 초당(草堂)에 나와서 놀고 잔치할 때면 사녀(士女)들이 너른 뜰에 의자를 늘어놓고 앉는데, 이 의자를 오상(遨牀)이라 하고 태수는 놀이의 우두머리라는 뜻에서 오두라고 하였다." 하였다. 강복성(康復誠, 1550～1634)이 상주 목사로 재임중이었기 때문에 이 말을 한 것이다. 참고로 강복성의 상주 목사 재임 기간은 1614년(광해군6) 9월부터 1617년 10월까지이다.

겨울날
冬日

빈 산의 비바람에 겨울이 참혹한데 空山風雨慘玄冬
홀로 앞 창에 기대니 온갖 생각이 몰려오네 獨倚前窓萬念攻
세상 살며 일찍이 범에게 다친[482] 나그네 되었고 涉世曾爲傷虎客
시내에 임하여 또한 고기 낚는 늙은이 되었네 臨溪還作釣魚翁
세월 허비하기 쉬움은 마치 물을 쏟는 것 같고 光陰易失如翻水
학업 이루기 어려움은 흡사 바람을 잡는 듯하네 學業難成似捕風
우뚝한 뜻은 아직도 방촌의 마음에 남았으니 磊落猶存方寸物
때때로 검을 퉁기며[483] 노쇠하고 게으름을 위로하네 有時彈劍慰衰慵

482 범에게 다친 : 범 이야기를 들을 때 범에게 다쳐 본 사람이 다른 사람들보다 더 두려움을 느낀다는 뜻으로, 일은 경험해 본 사람이 더 잘 안다는 말이다. 《근사록(近思錄)》 권7에, "옛날에 일찍이 범에게 부상당한 자가 있었는데, 딴 사람들은 범을 말할 때에 비록 삼척동자라도 모두 범이 무서운 줄을 알았으나, 끝내 범에게 부상당한 적이 있는 자의 정신과 얼굴빛이 두려워하여 지성으로 무서워하는 것과는 같지 않았다."라고 한 데서 유래하였다.

483 검을 퉁기며 : 장부의 호장(豪壯)한 기개를 분발하는 뜻으로, 전국 시대 제나라 풍환(馮驩)이 맹상군의 문객이 되었을 때 좌우로부터 천시를 받아 음식 제공이 소홀하자, 기둥에 기대어 손으로 검을 치면서 노래하기를 "장협아, 돌아가야겠다. 먹자 해도 생선이 없구나."라고 한 데서 온 말이다. 《史記 孟嘗君列傳》

정경보[484]에게 부침

寄鄭慶輔

서리 맞은 잎은 쓸쓸하고 금빛 국화 시들었는데	霜葉蕭蕭菊萎金
가을바람이 어느 곳에서 옷깃을 열게 하랴	秋風何處可開襟
시는 너무 여위었기에 몇 해 동안 그만두었고	詩因太瘦經年廢
술은 근심이 많기 때문에 하루 종일 따르네	酒爲多愁盡日斟
만 마리 말이 달리는 가운데 누가 말을 멈출까[485]	萬馬奔中誰駐足
외로운 난새의 곡조 가운데 지음이 있네[486]	孤鸞曲裏有知音
이별한 뒤 그리는 마음을 알고자 한다면	別來欲識相思意
흰 머리털이 무단히 이미 비녀 덮은 것을 보라	白雪無端已點簪

484 정경보(鄭慶輔) : 정영방(鄭榮邦, 1577~1650)으로, 본관은 동래(東萊), 자는 경보(慶輔)이고 호는 석문(石門)이다. 정경세의 문하에서 성리학을 배웠다. 경학과 당시(唐詩)에 조예가 깊었다. 스승이 그의 재능을 아깝게 여겨 관직에 나갈 것을 여러 번 권하였으나 당시의 혼란한 정치를 싫어해 벼슬하지 않고 진보(眞寶)에 내려와 학문 연구에 전념했다.

485 만 마리……멈출까 : 남다른 지조와 신념이 있음을 칭송한 표현이다. 북송(北宋) 신종 때의 명신(名臣)으로 왕안석(王安石)의 친구였던 왕존(王存)이 신법(新法)의 폐해를 논한 소(疏)를 자주 올렸으나 받아들여지지 않자, 스스로 외직을 청하여 항주 지사(杭州知事)로 나갔다. 이에 사마광(司馬光)이 "함께 달리는 만 마리의 말 속에서 발걸음을 멈출 수 있는 사람은 왕존일 것이다."라고 그의 지조를 찬미하였는데, 이 고사를 원용하여 말한 것이다. 《宋史 王存列傳》

486 외로운……있네 : 외로운 난새의 곡조는 '고란조(孤鸞操)'로, 도연명(陶淵明)의 〈의고(擬古)〉 시에, "윗줄은 경별학이요, 아랫줄은 조고란이로다.〔上絃驚別鶴, 下絃操孤鸞.〕"라고 하였다. 일반적으로 부부(夫婦)가 서로 헤어짐을 뜻하지만, 여기서는 정영방과 헤어지게 됨을 이른 것이다.

월간 형님 집 분재의 매화꽃이 활짝 피었기에 우곡의 시에 차운하여

月澗兄家盆梅盛開 次愚谷韻

홀로 봄빛으로 겨울[487]을 압도하니　　獨將春色壓玄冥
만 점의 천연적인 꽃이 좌중을 놀라게 하네　　萬點天葩一座驚
천하에 곧고 소박함을 짝할 꽃이 없고　　天下無花配貞素
뜰에는 다투어 하늘거리는 눈이 있네　　庭中有雪鬪輕盈
다만 신선을 맞아 술동이에 술 거르니　　但邀仙伯樽斟淥
오랑캐에게 젓대로 맑은 매화 희롱케 하지 마오[488]　　休遣羌兒笛弄淸
한스러운 것은 시인이 품평을 잘못하여　　可恨詩人題品誤
이유 없이 수선화의 형[489]이라 부른 것일세　　居然喚作水仙兄

487 겨울 : 원문 '현명(玄冥)'은 겨울 귀신의 이름이다. 《예기》 〈월령(月令)〉에 "겨울철의 상제(上帝)는 전욱(顓頊)이요, 그 귀신은 현명이다."라는 기록이 보인다.

488 오랑캐가……마오 : 오랑캐의 피리 곡조 중에 〈낙매화곡(落梅花曲)〉이 있어서 매화가 떨어질까 염려하는 것이다. 이백(李白)의 〈낭중 사흠과 함께 황학루 위에서 피리 소리를 듣다〔與史郎中欽聽黃鶴樓上吹笛〕〉에 "황학루 위에서 옥 젓대를 부니 강성 오월에 매화가 떨어지는구나.〔黃鶴樓上吹玉笛, 江城五月落梅花.〕" 하였다.

489 수선화의 형 : 매화를 뜻한다. 북송의 황정견(黃庭堅)이 지은 〈왕충도가 수선화 50포기를 보내 주어 흔연히 마음에 들어 시를 짓다〔王充道送水仙花五十枚欣然會心爲之作咏〕〉에 "향기 머금은 흰 몸매는 성 기울일 만하니, 산반은 아우이고 매화는 형이라네.〔含香體素欲傾城, 山礬是弟梅是兄.〕"라고 한 데서 온 말로, 이후 매화를 지칭하는 말로 쓰이게 되었다. 대나무와 매화를 아울러 일컬을 때에도 죽우매형(竹友梅兄) 또는 죽제매형(竹弟梅兄)이라고 한다.

옥성서원[490]의 문인 모임 회원은 정경임 · 김이정 · 최계승[491] · 신문숙[492] · 손계진[493] · 임무숙[494] · 김무회[495] · 백씨 그리고 나이다

490 옥성서원(玉成書院) : 경북 상주시 외남면에 있는 서원이다. 1631년(인조9)에 지방 유림의 공의로 김득배(金得培) · 신잠(申潛) · 김범(金範)의 학문과 덕행을 추모하기 위하여 창건하였다. 그 뒤에 이전(李埈)과 이준(李埈)이 추가 배향되었다. 선현 배향과 지방 교육의 일익을 담당하여 오던 중, 대원군의 서원 철폐령으로 1868년(고종5)에 훼철되었다. 그 뒤 단소(壇所)를 설치, 계속 향사를 지내 오다가 1977년에 복원되었다.

491 최계승(崔季升) : 최현(崔晛, 1563~1640)으로, 본관은 전주(全州), 자는 계승(季昇), 호는 인재(訒齋), 시호는 정간(定簡)이다. 정구(鄭逑)의 문하에서 수학하였으며, 형조 참의, 부제학, 강원도 관찰사 등을 지냈다. 저서로는 《인재집》이 있다.

492 신문숙(申文叔) : 신경익(申景翼)으로, 본관은 평산(平山)이다.

493 손계진(孫季進) : 손린(孫遴, 1566~1628)으로, 본관은 안동(安東), 자는 계진, 호는 문탄(聞灘)이다. 정묘호란이 일어나자 정경세(鄭經世)에 의해 추천되어 의병장이 되었고, 난리가 끝난 뒤에는 고향으로 돌아가 있으면서 여러 차례의 권유에도 불구하고 벼슬에 나가지 않았다. 대구의 봉암사(鳳巖祠)에 제향되었으며, 저서로는 《문탄집(聞灘集)》이 있다.

494 임무숙(任茂叔) : 임숙영(任叔英, 1576~1623)으로, 본관은 풍천(豐川), 초명은 상(湘), 자는 무숙, 호는 소암(疎庵) · 동해산인(東海散人)이다. 1611년(광해군3) 별시에 병과(丙科) 7위로 급제하였다. 별시 전시(殿試)에서 대책(對策) 응제문(應製文)에 척신(戚臣)을 비판하는 과격한 내용을 담아 광해군의 노여움을 사서 방목(榜目)에서 삭과(削科)되었다가 나중에 회복되었다. 승문원 박사, 봉상시 직장, 홍문관 박사 · 수찬, 사헌부 지평 등을 역임하였다.

495 김무회(金无悔) : 김지복(金知復, 1568~1635)으로, 본관은 영동(永同), 자는 무회(无悔) 또는 수초(守初), 호는 우연(愚淵)이다. 유성룡(柳成龍)을 사사하였으며, 이준(李埈) · 정경세(鄭經世) 등과 학문적인 교유가 있었다. 광해군 때 간신 이이첨(李爾瞻)을 탄핵하는 소를 올렸으나 관철되지 않자, 은둔할 생각으로 고향에 돌아갔다가 인조반정 후 여러 벼슬을 역임하고, 1635년 사예(司藝)에 임명된 뒤 죽었다. 저서로는 《우연문집(愚淵文集)》 2권 1책이 있다.

玉成文會 鄭景任金而靜崔季升申文叔孫季進任茂叔金无悔伯氏及吾

두 지역에서 아득히 십 년을 지냈더니	兩地悠悠十載心
벼슬아치[496]들 연이어 찾아옴이 기쁘네	聯翩冠蓋喜相尋
신선 사는 고을 예로부터 지령이라 불렀는데	仙鄕自昔名芝嶺
사람 숫자는 지금 죽림칠현[497]보다 많네	人數如今剩竹林
눈 녹은 뒷산에 시내는 옥을 쏟아내고	雪盡後山溪瀉玉
비 갠 동쪽 물가에 버들은 금빛으로 흔들리네	雨晴東渚柳搖金
오고 가는 빼어난 경계에는 그윽한 정취 많으니	往來勝境多幽趣
발자취는 어찌 육침[498]함을 근심하랴	蹤跡何愁轉陸沈

496 벼슬아치 : 원문 '관개(冠蓋)'는 관원의 관복과 수레를 가리키는데, 일반적으로 관원의 행차를 말한다.

497 죽림칠현(竹林七賢) : 중국 위(魏)나라와 진(晉)나라 시절 완적(阮籍)·혜강(嵇康)·산도(山濤)·상수(向秀)·유령(劉伶)·완함(阮咸)·왕융(王戎)을 가리킨다. 이들은 당대의 정치권력에 불만을 품고 죽림에 모여, 거문고와 술을 즐기고 청담(淸談)을 주고받으며 세월을 보냈다. 여기서는 작가를 포함하여 모두 9명이 모였으므로 칠현보다 두 사람이 많음을 말한다.

498 육침(陸沈) : 본래 육지에 물이 없는데도 빠졌다는 말로, 은거(隱居)를 비유하는 말이다. 한 무제(漢武帝) 때 낭관(郎官)을 지낸 동방삭(東方朔)이 술이 거나할 때면 노래하기를, "속세에 파묻혀 지내기도 하고, 금마문(金馬門)에서 세상을 피하기도 하네. 궁전 안에서도 세상 피하고 몸 온전히 할 수 있거늘, 깊은 산속의 띳집을 찾을 필요 뭐 있겠는가."라고 하였다. 《史記 滑稽列傳》

김무회 집에서의 연회

金无悔家讌集

납일[499]이 돌아오니 납주[500] 향기롭고	臘日回時臘酒香
차가운 빛 띠는 북산은 눈이 하얗구나	北山寒色雪蒼蒼
술 취한 손과 주인은 마음이 서로 기쁘고	醉來賓主相歡意
아스라이 화창한 봄기운이 온 집에 가득하네	熏作春和滿一堂
이틀 동안 몽롱하게 술 마시고 취하니	兩日瞢騰醉作鄕
늙은이의 호기가 푸른 하늘에 닿았네	白頭豪氣埒穹蒼
화려한 잔치에 문득 천화〔눈〕가 떨어지니	華筵忽被天花落
빼어난 경치는 파공이 거닐었던 설당[501]일세	絶勝坡公步雪堂

499 납일(臘日) : 동지(冬至) 뒤에 오는 셋째 술일(戌日)인데, 이날 선조와 온갖 신에게 제사, 곧 납향(臘享)을 지낸다. 조선 시대에는 동지 뒤 셋째 미일(未日)을 납일로 하였다.

500 납주(臘酒) : 설에 마시기 위해 선달에 빚어 놓은 술을 가리킨다.

501 설당(雪堂) : 소식(蘇軾)의 별호이다. 소식은 원풍(元豐) 3년(1080)에 황주(黃州)로 좌천되었는데 2년 뒤 임술년에 동파(東坡) 기슭에 설당을 짓고 스스로 동파설당(東坡雪堂)이라고 벽에 써 붙였다. 〈후적벽부〉 시작 부분에 "이해 시월 보름에 설당에서 출발하여 장차 임고정으로 돌아가려 하였다. 두 길손이 나를 따라 황니판을 지나는데, 서리와 이슬이 벌써 내려서 나뭇잎이 모두 떨어졌다.〔是歲十月之望, 步自雪堂, 將歸於臨皐. 二客從予過黃泥之坂, 霜露旣降, 木葉盡脫.〕"라고 하였다.

병풍시 여덟 편[502]

屛詩八篇

책을 읽음 讀書

성이 정을 따르면 드디어 초심을 잃나니	性逐情移遂喪初
우매하고 막힘을 열어 통하게 함은 독서에 달렸네	開昏通塞在劬書
가르침은 뭇 동몽이 절실히 바랄 때 보여 주고[503]	訓謨垂示群蒙切
의리는 익숙히 독서한 때라야 바야흐로 볼 수 있네	義理方看熟讀餘
총명함을 귀먹고 눈먼 것 같이 되지 말고	莫遣聰明聾瞽似
모름지기 맛이 벼나 기장 같음 알아야 하리	須知意味稻粱如
연마하고 궁구함은 마음 전일함 더욱 귀히 여기니	硏窮更貴心專一
주경 공부 또한 성글게 하지 마라	主敬工夫且莫疎

몸을 공경함 敬身

조그마한 나의 몸은 어버이에게서 나누어졌으니	藐我身從父母分
내 몸을 공경치 않음은 내 어버이를 업신여김일세	吾身不敬慢吾親
하늘이 나에게 부여한 것은 사물의 경우와 다르니	天之與我異於物

502 병풍시 여덟 편 : 이준의 나이 57세인 1616년(광해군8)에 가훈으로 지은 것이다. 형 월간(月澗) 이전(李㙉, 1558~1648)이 이 시에 대해 풀이한 〈창석의 병풍시 뒤에 쓰다〔書蒼石屛詩後〕〉가 《월간집》 권3에 실려 있다.

503 가르침은……보여 주고 : 《주역》 〈몽괘(蒙卦) 초육(初六)〉의 "내가 어린아이를 찾는 게 아니다. 어린아이가 나를 찾는다.〔匪我求童蒙, 童蒙求我.〕"라고 한 것을 원용하였다. 배우는 사람이 절실하게 배우려는 성의가 있어야 가르쳐 준다는 뜻이다.

내가 만약 하늘을 더럽히면 누가 사람이라 말하랴	我若褻天誰曰人
반드시 네 몸 삼가기를 큰 제사 지내듯 하며	必飭爾躬如大祭
혼자 있는 깊숙한 방에서도 신명을 대한 듯 하라	有幽其室對明神
시청언동[504]을 모두 이치에 따라야 하니	視聽言動皆循理
그런 뒤라야 몸을 공경할 수 있다고 말하네	然後謂之能敬身

마음을 지킴 操心

형기에 드러나기 때문에 오직 위태로우니[505]	發於形氣故惟危
일각이라도 놓치면 천 리를 치달리네	一刻放之千里馳
본성은 예로부터 요임금 같이 선했더라도	本性向來堯共善
이익의 마음이 막 움직이면 도척과 함께 돌아가네	利心纔動跖同歸
자신의 사욕 이기기를 원수 공격하듯 하고	己私克若攻仇敵
경계하고 삼가는 공부 엄하게 부사를 대하듯 하라	戒愼功嚴對父師
시작[506]은 본래 작은 물방울에서 시작되니	觴濫本從涓滴始

504 시청언동(視聽言動) : 안연(顔淵)이 인(仁)을 실천하는 조목을 묻자 공자가 "예가 아니면 보지 말며, 예가 아니면 듣지 말며, 예가 아니면 말하지 말며, 예가 아니면 움직이지 말라.〔非禮勿視, 非禮勿聽, 非禮勿言, 非禮勿動.〕"라고 한 것을 염두에 둔 말이다. 《論語 顔淵》 이에 대해 이천(伊川) 정이(程頤)가 〈사물잠(四勿箴)〉을 지어서 경(敬) 공부의 요결을 제시했다.

505 형기에……위태로우니 : 《서경》 〈대우모(大禹謨)〉 에 "인심은 위태롭고 도심은 은미하니, 정밀하게 살피고 한결같이 지켜야 진실로 그 중도를 잡을 것이다.〔人心惟危, 道心惟微, 惟精惟一, 允執厥中.〕"라고 한 것을 원용하였다. 이것은 이른바 '16자 심법(心法)'으로, 주자(朱子)는 이것을 성현이 심법(心法)을 전수해 준 도통(道統)이라 하여 매우 중요시하였다.

506 시작 : 양자강 같은 큰 강도 근원을 거슬러 올라가면 술잔에 넘칠 정도의 작은

마음을 지킴은 더욱 미미할 때 막는 데 달렸네　操心尤貴在防微

말을 삼감 愼言

재앙의 원인이 되는 말을 쉽게 하지 말라[507]　無易由言禍所因
한 이불 덮어도 마음이 다르거늘 하물며 남이랴　同衾異意況非親
나라에 도 없을 땐[508] 마땅히 병을 막듯 지키고[509]　宜如甁守邦無道
또 사당에 사람 있을 땐 금인의 함구함[510]을 배우라　且學金緘廟有人

물에서 시작되었다는 말로, 사물의 시발점이라는 의미로 쓰인다. 《순자(荀子)》 〈자도(子道)〉에 "공자(孔子)가 제자 자로(子路)를 훈계하여 '예로부터 장강은 민산에서 시작되는데, 그것이 처음 시작될 때의 근원은 술잔에 넘칠 만큼 작다.〔昔者, 江出於岷山, 其始出也, 其源可以濫觴.〕' 하였다."라고 한 데서 온 말이다.

507 말을……말라 : 《시경》 〈소반(小弁)〉에 "군자는 쉽게 말을 말지어다, 담장에도 귀가 달렸느니라.〔君子無易由言, 耳屬于垣.〕"라고 한 데서 온 말이다.

508 나라에……땐 : 《논어》 〈헌문(憲問)〉에, "나라에 도가 있을 때에는 당당하게 말하고 당당하게 행동하지만 나라에 도가 없을 때에는 당당하게 행동하되 말은 공손히 해야 한다.〔邦有道, 危言危行, 邦無道, 危行言孫.〕"라고 하였는데, 나라에 도가 없을 때, 행동은 고상하게 하되 말은 조심하라는 뜻이다.

509 병을 막듯 지키고 : 입조심하라는 의미이다. 주희(朱熹)의 〈경재잠(敬齋箴)〉에 "입조심하기를 병 막듯이 하고, 뜻 억제하기를 성 쌓듯이 하라.〔守口如甁, 防意如城.〕"라고 하였다.

510 금인의 함구함 : 말을 삼가라는 경계를 이른다. 《공자가어(孔子家語)》 〈관주(觀周)〉에 "공자가 주나라 서울에 갔다가 마침내 태조와 후직(后稷)의 묘(廟)에 들어갔는데, 묘당 오른쪽 계단 앞에 구리로 만든 사람이 있었다. 그 입의 세 곳이 꿰매져 있었고, 그 등에는 다음과 같은 말이 새겨져 있었다. '옛날에 말을 삼간 사람이다. 경계할지니, 말을 많이 하지 말라. 말이 많으면 실수도 많아진다.……입은 무엇인가? 재앙의 문이다. 강한 사람은 제대로 죽지 못하고, 이기기를 좋아하는 사람은 반드시 그 적을 만나게 된다.……경계해야 할 것이다!'"라는 말이 보인다.

옳고 그름을 가벼이 입에 올리지 말라 莫把是非輕掉舌
예와 지금의 많은 사람들 몸을 망치게 되었네 幾多今古致亡身
문사 닦음은 본래 실상에 말미암음을 귀히 여기니 修辭本貴由乎實
말만 잘하는 사람 예로부터 어짊이 적다네 利口從來鮮矣仁

분노를 억제함 制忿

성난 기운이 화기를 태움은 불과 마찬가지니 忿氣焚和火一般
칠정에서 오직 성냄을 제어함이 어렵네 七情惟怒制之難
몸을 망침은 실로 터럭 같은 미세함에서 시작되니 敗身實自毫芒細
외물을 응접함에 모름지기 도량이 넓기를 구하라 應物須求器量寬
혹 마음을 지킴이 잔잔한 물과 같게 해야 하니 倘使持心如止水
그런 뒤라야 힘을 얻어 최산[511]을 경험하리라 終然得力驗摧山
약산이 경계하였는데 그대는 아는가 모르는가 藥山有戒君知否
귀국의 표선이 눈 깜짝할 사이라네[512] 鬼國飄船一瞥間

511 최산(摧山) : 분노를 징계함을 비유한다. 《주역(周易)》 〈손괘(損卦) 상(象)〉에 "산 아래 못이 있음이 손(損)이니, 군자는 이것을 보고 분노를 징계하고 욕망을 막는다.〔山下有澤損, 君子以懲忿窒欲.〕"라고 하였는데, 주희의 《주자어류(朱子語類)》 권72에는 이것을 풀이하기를, "분노를 징계하기를 산을 꺾어 버리듯이 하고 욕망을 막기를 골짜기를 메우듯이 해야 한다.〔懲忿如摧山, 窒慾如塡壑.〕"라고 하였다. 주희의 말은 《심경부주(心經附註)》 〈징분질욕장(懲忿窒慾章)〉에도 인용되어 있다.

512 약산(藥山)이……사이라네 : 약산은 당나라 때의 승려 유엄 선사(惟儼禪師)를 가리킨다. 진덕수(眞德秀)의 《서산문집(西山文集)》 권34 〈발양화부인시보문품(跋楊和父印施普門品)〉에 "당나라 이 문공(李文公)이 약산 선사에게 묻기를, '무엇을 「흑풍이 배에 불어 귀국에 떨어뜨린다.〔黑風吹船, 飄落鬼國.〕」라는 것입니까?'라고 하자, 선사가 말하기를, '이고(李翶)처럼 어린 아이가 이것은 물어 무엇하려느냐?'라

비방을 그침 弭謗

시끄러운 참소 소리 옛 사람도 근심하였는데　　嘵嘵讒口昔人憂
더구나 지금 세상은 풍속이 더욱 투박함에랴　　何況如今俗益偸
참소가 쌓이면 뼈도 녹이는 줄[513] 누가 알리오　　積毀誰知到銷骨
추위 막는 것은 또한 갖옷 더 입는 것[514]에 달렸네　　禦寒要亦在添裘
시끄럽게 시비를 말로 서로 분변하지 말고　　呶呶勿用言相辨
힘써 오직 덕을 더욱 닦기를 생각하라　　勉勉惟思德益修
원화 연간 비방받은 사람들[515]에게 말을 부치노니　　寄語元和遭謗者
인을 실천하여 자신을 다스리는 계책으로 삼으라　　蹈仁須作理身謀

고 하였다. 그러자 이고는 얼굴에 발끈 화내는 모습이 있었다. 선사가 웃으며 말하기를, '이 성내는 마음이 일어나는 것이 바로 「흑풍이 배에 불어 귀국에 떨어뜨린다.」라는 것입니다.'라고 하였다. 아, 약산은 사람을 잘 계발한다고 말할 수 있도다."라고 하였다.

513 참소가……줄 : 근거 없는 말로 헐뜯고 비방하여 사람을 궁지에 몰아넣는 것을 말한다. 전국 시대 장의(張儀)가 위왕(魏王)에게 "뭇사람의 입은 무쇠도 녹일 수 있고, 참소가 쌓이면 뼈도 녹일 수 있다.〔衆口鑠金, 積毀銷骨.〕"라고 한 말에서 유래한 것이다. 《史記 張儀列傳》

514 추위……것 : 송나라 육유(陸游)의 시에 "높고 빠른 바람 강가에 닥치니, 세모에 비바람이 잦도다. 원컨대 갖옷을 더 입으시오, 찬 기운이 사람에게 미칠 수 있으니.〔高飈泊江渚, 歲晩風雨頻. 願言添衣裘, 寒陰能薄人.〕"라고 한 말에서 유래한 것이다. 《劍南詩稾 卷1 送陳德邵宮教赴行在二十韻》

515 원화(元和)……사람들 : 원화는 당나라 헌종(憲宗)의 연호로 806년에서 820년까지 15년간 사용되었다. 당 목종(唐穆宗) 때부터 무종(武宗) 때까지 약 40년 동안 우승유(牛僧孺), 이종민(李宗閔) 등을 우두머리로 하는 당과 이길보(李吉甫), 이덕유(李德裕) 등을 우두머리로 하는 당이 서로 나뉘어 붕당을 만들고 정권을 다투었는데, 당시에 이를 '우이의 당〔牛李之黨〕'이라 불렀으며 많은 사람들에게 비방을 받았다. 《唐書 李德裕傳》

집안을 바르게 함 正家

삼한 때부터 빛나는 업적이 열려	奧自三韓赫業開
선조가 남긴 은택 참으로 아득하구나	祖先遺澤儘悠哉
법도는 본래 시경과 서경에서 나오고[516]	規模本自詩書出
본말[517]은 모두 효도와 우애에서 나오네	源委都從孝友來
선 쌓고 어짊 쌓으면 경사를 이르게 할 수 있고[518]	積善累仁能致慶
무당 섬기고 복을 빌면 오히려 재앙을 부르네	事巫祈福反招災
다만 사교[519]로 집안의 법도를 바르게 한다면	但將四教正家法

516 법도는……나오고 : 가정에서 부형의 가르침을 받았다는 뜻이다. 공자가 홀로 서 있을 때 그 아들 백어(伯魚)가 종종걸음으로 뜰을 지나가는데 공자가 "시(詩)를 배웠느냐?" 하였다. 이에 백어가 "배우지 못했습니다." 하니, 공자가 "시를 배우지 않으면 말을 할 수 없다." 하였다. 백어가 물러나 시를 배웠다. 후일에 또 공자가 홀로 서 있을 때 백어가 종종걸음으로 뜰을 지나가는데 공자가 "예(禮)를 배웠느냐?" 하였다. 이에 백어가 "배우지 못했습니다." 하니, 공자가 "예를 배우지 않으면 설 수 없다." 하였다. 백어가 물러나 예를 배웠다. 《論語 季氏》

517 본말(本末) : 원문은 '원위(源委)'로, 물의 발원과 귀속처를 말하는데 사정의 본말을 뜻한다. 《예기》 〈학기(學記)〉에 "삼왕(三王)이 물에 제사를 지낼 때 모두 먼저 개울에 제사 지내고 나중에야 바다에 제사를 지냈다. 개울은 물의 발원처이며 바다는 물이 흘러 모여드는 곳이기 때문이다. 이를 일러 근본을 힘쓴다 하는 것이다."라고 하였다. 정현(鄭玄)의 주에, "원(源)은 샘이 솟아 나오는 곳이고, 위(委)는 물이 흘러 모이는 곳이다."라고 하였다.

518 선……있고 : 선대에 선을 행하여 덕을 쌓음으로써 그 후손이 복록을 누리게 된다는 뜻이다. 《주역》 〈곤괘(坤卦) 문언(文言)〉에 "선을 쌓은 집안에는 후손에게 반드시 남은 경사가 있게 마련이고, 불선을 쌓은 집안에는 후손에게 반드시 남은 재앙이 돌아오게 마련이다."라고 한 것을 원용한 것이다.

519 사교(四教) : 시(詩), 서(書), 예(禮), 악(樂)을 가리킨다. 《예기(禮記)》 〈왕제(王制)〉에 "악정(樂正)은 사술(四術)을 숭상하고 사교(四教)를 세우며 선왕이 남

옛 업적 지금 다시 회복함을 거의 보리라　舊業庶看今再恢

이웃과 화목함 睦隣

서로 보호하고 구제함은 예경에 보이니[520]　相保相賙著禮經
오직 서로 화목함을 구할 뿐이니 어찌 서로 다투랴　惟求相睦豈相爭
계돈사[521]에서 취하고 배불리 먹기를 함께 기약하고　共期醉飽鷄豚社
작서[522]의 뜰에서 시끄럽게 부르짖음 매우 경계하라　切戒喧呼雀鼠庭
남은 재물을 곧바로 헐어 다급한 이를 도와주고　直斥贏餘資緩急
탐욕과 포악함으로 외로운 이웃 업신여기지 마라　莫將貪暴侮孤惸
남전 향약[523]을 만약 실행할 수 있다면　藍田有約如能討

긴 시, 서, 예, 악에 따라 선비를 양성하니, 봄과 가을에는 예악을 가르치고 겨울과 여름에는 시서를 가르친다."라고 하였다.

520 서로……보이니 : 《주례》 〈대사도(大司徒)〉에, "다섯 집이 비(比)가 되어 서로 보호하게 하고, 5비가 여(閭)가 되어 서로 맞아들이게 하고, 4여가 족(族)이 되어 서로 상장(喪葬)을 돕게 하고, 5족이 당(黨)이 되어 서로 구제하게 하고, 5당이 주(州)가 되어 서로 구휼하게 하고, 5주가 향(鄕)이 되어 서로 대우하게 한다."라고 한 것을 말한다.

521 계돈사(鷄豚社) : 온 마을 사람들이 한데 모여 계(契)를 닦는 것을 가리킨 말로, 한유(韓愈)의 시에 "같은 마을 사람들을 위하여, 닭과 돼지로 봄가을에 잔치하리라."라고 한 데서 온 말이다. 《昌黎集 卷7 南溪始泛》

522 작서(雀鼠) : '작각서아(雀角鼠牙)'의 준말로, 송사를 뜻한다. 《시경》 〈소남(召南) 행로(行露)〉에, 강포한 자가 여자를 억압하여 혼인하자 이에 여자가 상대방이 이치에 닿지 않는 억지 논리를 펴는 것을 흥(興)의 수법으로 노래하기를, "누가 참새에 뿔이 없다고 하겠는가. 뿔이 없다면 어떻게 내 지붕을 뚫었겠는가?〔誰謂雀無角, 何以穿我屋?〕"라고 하고 "누가 쥐에 어금니가 없다고 하겠는가. 없다면 어떻게 우리 집 담을 뚫었겠는가?〔誰謂鼠無牙, 何以穿我墉?〕"라고 한 데서 유래하였다.

예속이 오늘날 이루어지지 않음을 어찌 근심하랴 禮俗何憂今不成

523 남전 향약(藍田鄕約) : 중국 북송(北宋) 때 남전에 살던 여대충(呂大忠), 여대방(呂大防), 여대균(呂大鈞), 여대림(呂大臨) 형제가 그 고을 사람들과 서로 지키기로 약속한 자치 규범인 《남전여씨향약(藍田呂氏鄕約)》을 말한다. "덕과 업을 서로 권하고,〔德業相勸〕 허물과 그른 일을 서로 경계하고,〔過失相規〕 예의 바른 풍속으로 서로 사귀고,〔禮俗相交〕 근심스럽고 어려울 때 서로 구한다.〔患難相恤〕"라는 등의 네 조목을 골자로 하는데, 후세 향약의 기준이 되었다. 《小學 善行》

한문공의 오잠서[524]를 읽고 느낌이 있어

讀韓文公五箴序有感

젊을 때의 마음이 늙어서 더욱 헛되니	少小心期老轉空
지금 청동 거울 대할 면목이 없네	只今無面對青銅
반평생 거칠고 미친 것 같다는 호칭만 실컷 얻었고	半生贏得疎狂號
하루도 각고의 노력으로 공부한 적은 전혀 없었네	一日都無刻苦功
독실히 한들 어찌 대도에 들어감을 바랐으랴만	慥慥那望大道入
유유범범하여 소인과 같음을 면하지 못하였네	悠悠未免小人同
비 내리는 창가에 온종일 향을 사르고 앉아	雨窓終日燒香坐
전인의 말 반복해 읽음에 내 마음에 느낌이 있네	三復前言感我衷

524 오잠서(五箴序) : 한유(韓愈)가 '유(游)', '언(言)', '행(行)', '호오(好惡)', '지명(知名)'에 대해 각각 한 수씩 다섯 수로 <오잠(五箴)>을 짓고, 그에 대해 서문을 쓴 것이다.

이득 김지덕에 대한 만시

挽金而得 知德

더벅머리 시절 교분 맺어 백발에 이르렀으니	垂髫交契到垂絲
잠시 이별도 슬프거늘 하물며 영원한 결별이랴	暫別相悲況永違
선배의 전형은 지금 아득해졌으나	先輩典刑今杳杳
어진 자제의 풍도는 아직도 남아 있네	賢郎風度尙依依
풍당에서 옛날 목욕 땐 물고기와 무리지었더니	楓塘舊浴魚同隊
봉도의 새 인연으로 학이 되어 멀리 날아갔네[525]	蓬島新緣鶴迥飛
무슨 까닭으로 덕 있는 집안 기이한 재앙 겹쳐	何故德門奇禍荐
또 뜰 섬돌에 어린 난초가 베어짐을 보는가	又看庭砌稚蘭腓

525 봉도(蓬島)의……날아갔네 : '봉도'는 봉래산(蓬萊山)으로, 동해 바다 가운데 신선이 산다는 영주산(瀛洲山), 방장산(方丈山) 등 삼신산(三神山) 중의 하나이다. 김지덕이 죽어 신선이 되어 학을 타고 떠났다는 것을 말한다.

덕장 상인에게 드림
贈德莊上人

누런 치아의 여인[526]을 보기 전에 未見黃牙女
푸른 눈동자의 승려가 먼저 들어왔네 先進碧眼僧
항하[527]의 오묘한 비결을 들었고 恒河聞妙訣
부석사에 함께 오른 것 생각나네 浮石憶同登
발 아래 천계[528]가 있고 脚底來千界
마음속에 열 개의 등불[529] 켰네 心中點十燈
어찌 유자와 승려를 따질 것 있으랴 何須問儒墨
시냇가에서 왕래한 적 있다네[530] 溪上往來曾

526 누런 치아의 여인 : 여신선을 말하는 듯한데, 자세하지 않다.

527 항하(恒河) : 인도(印度)의 동쪽을 흐르는 갠지스강의 한역(漢譯)이다. 불경(佛經)에서 많은 수량을 말할 때에는 흔히 항하의 모래에 비유한다.

528 천계(千界) : 불교에서 말하는 삼천대천세계(三千大千世界)의 준말로, 천지사방, 즉 온 세상을 의미한다.

529 등불 : 불교의 선종(禪宗)에서는 마음으로 마음을 전하는 것〔以心傳心〕을 등불이 등불에 광명(光明)을 전하는 데 비유하여 전등(傳燈)이라 한다. 서로 의기가 투합함을 말한다.

530 시냇가에서……있다네 : 유자와 승려가 교유하는 것으로, '호계삼소(虎溪三笑)'의 전설을 원용한 것이다.

옥성에 밤비 내리고

王成夜雨

용이 삼농[531]을 위로함에 뜻이 있어	龍公有意慰三農
하늘 표주박을 한번 쏟아 무더위를 씻어 주네	一瀉天瓢洗蘊隆
밤새 비가 얼마나 왔는지 알고자 한다면	欲識夜來多少雨
베개 머리에서 운대[532] 찧는 소리 들어 보라	枕邊雲碓聽頻舂

531 삼농(三農) : 평지(平地)와 언덕과 습지(濕地)의 농사를 말한다. 《주례(周禮)》 〈천관총재(天官冢宰) 태재(太宰)〉에 "삼농에서 아홉 가지 곡식을 생산한다."라고 하였는데, 정현(鄭玄)이 "삼농은 평지와 산과 택이다."라고 해설하였다. 또한 봄, 여름, 가을에 철에 맞게 농사 짓는 것을 가리키기도 하는데 이후에는 농민 또는 농사를 범칭하는 말로 쓰인다.

532 운대(雲碓) : 운모(雲母)를 찧던 물방아를 말한 것으로, 전하여 물방아를 가리킨다. 백거이(白居易)의 〈심곽도사불우(尋郭道士不遇)〉 시에 "약 화로엔 불이 있어 단약이 응당 들었겠고, 운대엔 사람 없어 물이 절로 방아를 찧네.〔藥爐有火丹應伏, 雲碓無人水自舂.〕"라고 하였는데, 자주(自註)에 "여산에는 운모(雲母)가 많아서 물방아로 운모를 찧기 때문에 세속에서 이것을 운대라 호칭한다."라고 하였다. 《白樂天詩集 卷17》

회포를 적음
述懷

벼슬 낮다 말하지 마오 진짜 내 재주가 못났다네	莫言官拙眞才拙
재능 있는 것이 아닌데 식록이 너무 많구나[533]	不是人浮食大浮
꿈속의 계산으로 돌아가지 못하는데	夢裏溪山歸不得
읍청정 위에는 또 새 가을이 되었네	挹淸亭上又新秋

533 재능……많구나 : 《예기》〈방기(坊記)〉의 "군자는 식록이 남보다 많은 것보다는, 차라리 남의 식록이 내 것보다 많기를 바란다."라고 한 데서 원용한 말로, 덕에 비해 식록이 너무 많음을 의미한다.

참판 김륵[534]에 대한 만시

挽金參判 玏

재주는 짝할 이 없고 학문은 연원 있었으니	才調無倫學有源
이른 나이에 명성은 조정의 벼슬아치에게 떨쳤네	早年聲采動朝紳
조낭[535]으로 시사를 논함에 서릿발처럼 엄숙하였고	皁囊論事風霜肅
강절[536]로 임금 은혜 펴니 우로가 새로웠네	絳節宣恩雨露新
거북이 구강으로 들어가[537] 일찍이 상서가 되었고	龜納九江曾作瑞

534 김륵(金玏) : 1540~1616. 본관은 예안(禮安), 자는 희옥(希玉), 호는 백암(柏巖), 시호는 민절(敏節)이다. 영천에서 태어나 이황(李滉)·황준량(黃俊良)에게 배웠다. 임진왜란이 일어나자 안집사(安集使)로 영남 지방의 민심을 수습하고, 1593년(선조26) 경상우도 관찰사, 대사헌 등을 지냈다. 사후 이조 판서에 추증되었으며, 저술로 《백암집》이 있다. 《백암집》 부록에는 이준의 만시 두 편이 실려 있는데, 저본에는 둘째 시만 실려 있다.

535 조낭(皁囊) : 비밀스런 일을 임금에게 아뢸 때는 검은 보자기에 싸서 밀봉하여 올리는 것으로, 상소를 가리킨다. 후한(後漢) 말에 재변이 자주 일어나자, 임금이 채옹(蔡邕)에게 조칙하기를 "경술(經術)을 갖춰 진술하여 검은 보자기에 봉하여 올리라."라고 한 데서 온 말이다. 《後漢書 蔡邕傳》 김륵은 1595년(선조28) 대사헌으로 있을 때 '절화의(絶和議)' 등 왜적에게 복수를 하기 위한 계책에 중점을 두어 16조의 시무를 진달한 〈사헌부진시무차(司憲府陳時務箚)〉가 있는데, 모두 치안에 좋은 대책이라는 평을 들었다.

536 강절(絳節) : 상제(上帝)나 신선이 사용하는 의장용 붉은 깃발을 말한다. 김륵은 1593년(선조26) 경상우도 관찰사를 지냈다.

537 거북이 구강(九江)으로 들어가 : 《서경》 〈우공(禹貢)〉에, "구강에서는 큰 거북을 얻으면 바친다.〔九江納錫大龜〕"라고 하였는데, 집전(集傳)에, "큰 거북은 1척 2촌으로 나라의 큰 거북이니, 항상 얻을 수 있는 것이 아니다. 그러므로 일정한 공물

학이 신선 세계로 돌아가 이미 참을 찾았네　　鶴歸三島已尋眞
술동이 앞 이별의 말 지금도 오히려 기억하건만　　罇前別語今猶記
모든 일이 아득하여 정신을 슬프게 하네　　萬事悠悠一愴神

로 삼지 않고 만약 우연히 얻으면 위에 올려 바치게 하는 것이다. 납석(納錫)이라고 말한 것은 아랫사람이 위에 올린다는 말이니, 그 일을 중히 한 것이다."라고 하였다. 김륵이 조정에서 높은 벼슬 함을 비유한 것이다.

회곡 권춘란[538]에 대한 만시

挽權晦谷 春蘭

덧없는 명성 사모하지도 가난 슬퍼하지도 않았으니	不戀浮名不戚貧
맑은 풍도는 도연명 이후 어찌 인물이 없겠는가[539]	淸風陶後豈無人
교제의 정 아교에 옻칠 더함[540]이 절로 다행스럽고	交情自幸膠投漆
고아한 지조는 거울에 티끌 없음을 항상 보았네	雅操常看鏡末塵
독실한 공부는 어찌 암실에선들 속인 적 있으랴[541]	篤學豈曾欺暗室

538 권춘란(權春蘭) : 1539～1617. 본관은 안동(安東), 자는 언회(彦晦), 호는 회곡(晦谷)이다. 구봉령(具鳳齡)·이황(李滉)의 문인이다. 1560년(명종15)에 사마시에 합격하고, 1573년(선조6)에 문과에 급제하여, 성균관 사성·청송 부사 등을 역임하였다. 주계서원(周溪書院)에 제향되었다. 저서로 《회곡집(晦谷集)》, 《공문언인록(孔門言仁錄)》 등이 전한다.

539 도연명……없겠는가 : 송(宋)나라 주돈이(周惇頤)의 〈애련설(愛蓮說)〉에 "아, 국화를 사랑한 이가 도연명 이후로 또 있었다는 말은 거의 듣지 못하였다."라는 말을 원용하였다. 여기에서 도연명 이후 맑은 풍도를 가진 사람은 권춘란뿐이라는 뜻으로 사용한 것이다.

540 아교에 옻칠 더함 : 아교로 붙이면 떨어지지 않고 옻으로 칠을 하면 역시 떨어지지 않으므로 돈독하고 굳은 우정을 비유할 때 흔히 '교칠지교(膠漆之交)'라고 한다. 후한(後漢) 때 진중(陳重)과 뇌의(雷義)는 우의가 매우 두터웠는데, 세상 사람들이 "아교와 옻칠을 두고 견고하다 하지만 뇌의와 진중의 사귐만은 못하리라."라고 한 데서 유래하였다. 《後漢書 獨行 陳重雷義傳》

541 독실한……있으랴 : 낙빈왕(駱賓王)의 〈형화부(螢火賦)〉에 "암실에 들어가서도 속이지 않는다."라고 하였고, 정자(程子)가 말하기를 "학문은 어두운 방에서 속이지 않는 것으로부터 시작된다."라고 하였다. 《心經附註 卷1》

품은 재주 끝내 성명의 시대에 버려진 것 한스럽네 抱才終恨負明辰
아직 못 위에 맑은 가을 달 남아 있어 尙餘池上淸秋月
당시의 참모습을 쏟아 내네 寫得當時面目眞

영산으로 부임하는 전성지를 전송하며

送全性之上任靈山

수령의 신분으로 찾아온 곳에　　軒騎相尋地
바람 서리로 한 해가 저물려 하네　　風霜欲暮天
지방관[542]으로서 재주는 비록 굽혔으나　　一麾才縱屈
박한 녹봉[543]으로 봉양함은 도리어 편하였네　　三釜養還便
잠시 백성들의 바람을 위로하려고　　暫慰蒼生望
장차 조서[544]의 선포됨을 받들려 하였네　　行承紫誥宣
푸른 바위에 신선의 자취 있으면　　蒼巖有仙迹
나를 위해 맑은 샘물을 따라 주오　　爲我酌淸泉

542 지방관 : 원문은 '일휘(一麾)'로, '휘(麾)'는 수레의 휘장이다. 남조(南朝) 송(宋)나라 안연지(顏延之)의 〈오군영(五君詠)〉에 "누차 천거해도 관직에 들어오지 않더니, 수레 하나 타고서 지방관으로 나갔네.〔屢薦不入官, 一麾乃出守.〕"라고 하였다. 《文選 卷21 五君詠 阮始平》

543 박한 녹봉 : 원문은 '삼부(三釜)'로, 아주 박한 녹봉을 말한다. 부(釜)는 6두(斗) 4승(升)에 해당한다. 증자(曾子)가 이르기를 "내가 어버이 계실 적에 벼슬할 때는 3부의 녹봉으로도 마음이 즐거웠는데, 어버이 돌아가신 뒤에 벼슬할 때는 3천 종(三千鍾)의 녹봉을 받았으나, 어버이를 봉양할 수 없으므로 내 마음이 슬펐다."라고 한 데서 온 말이다. 《莊子 寓言》

544 조서(詔書) : 원문은 '자고(紫誥)'로, 금낭(錦囊)에 담아 자니(紫泥)로 입구를 봉한 뒤 인장(印章)을 찍어서 반포하는 임금의 조서(詔書)를 말한다. 전성지가 영산 수령의 임명 조서를 받았음을 말한다.

우곡의 분매 시[545]에 차운하여

次愚谷盆梅韻

조화옹은 때아닌 봄을 되돌릴 수 있으니	造化能回律外春
서호[546]에서 옛 정신을 지금 보겠네	西湖今見舊精神
홀로 층층의 얼음 속에 서는 것을 사양치 않으나	不辭獨立層氷裏
곁에는 삼생에 결습[547]하는 사람이 있네	傍有三生結習人

545 우곡의 분매 시 : 정경세의 《우복집(愚伏集)》 권2에 〈분매(盆梅)〉 4수가 있는데, 그 가운데 첫째 시를 차운하였다. 원시에는 "이 시는 꽃망울이 맺힌 것을 읊은 것이다.〔右蓓蕾〕"라는 원주가 달려 있다.

546 서호(西湖) : 송(宋)나라의 임포(林逋)가 은거한 채 매화를 가꾸면서 살던 곳이다. 임포는 자가 군복(君復)인데, 명리(名利)를 구하지 않고 서호(西湖)의 고산(孤山)에 은거해 살면서 20년 동안 성시(城市)로 나오지 않았다. 서화를 잘 그리고 시를 잘 지었으며, 장가도 들지 않고 자식도 두지 않은 채 매화나무를 심고 학을 기르면서 지냈는데, 세상에서는 이를 '매처학자(梅妻鶴子)'라고 하였다. 《宋史 隱逸列傳上 林逋》

547 삼생(三生)에 결습(結習) : 삼생은 불교 용어로, 전생(前生), 현생(現生), 내생(來生)을 가리키는바, 중생이 선악의 업(業)을 지음으로 인하여 윤회의 고통을 받아서 생사가 서로 이어지는 것을 말한다. 결습 역시 불교 용어로, 어떤 사물에 집착하는 상념이 있음을 뜻하는바, 전하여 오래 쌓여서 제거하기 어려운 습관을 말한다. 여기서는 이준 자신을 비유한 것이다.

다시 분매를 방문하고 앞의 시에 첩운하여

再訪盆梅 疊前韻

눈 밟으며 나무 한 그루의 봄기운 찾았다가	蹋雪曾尋一樹春
다시 오니 성근 꽃술이 오히려 활기차네	重來疎蘂尙精神
아득히 바라보니 나를 아는가 모르는가	相看脈脈知吾否
지난번 시를 읊조렸던 둘째 되는 사람이라네	前度吟詩第二人

-전날 매화를 찾았을 때 월간(月澗) 형님이 함께 갔기 때문에 이렇게 말한 것이다.-

상주 목사 정사우[548]의 방문에 감사하며

謝丁城主士優來訪

물 서쪽 빈터 몇 칸의 작은 집에	數間蝸室水西堧
백결선생[549]처럼 해진 솜옷 안고 있네	百結先生擁敗綿
처마 틈에선 늘 등에 햇빛 쬐는[550] 나그네였더니	簷隙長爲負暄客
문 앞에는 바람 타는 신선이 문득 내려왔네	門前忽降御風仙
백성 다스림에 이미 팽선[551]의 법칙에 익숙하고	治民已慣烹鮮法

548 정사우(丁士優) : 정호선(丁好善, 1571~1633)으로, 본관은 나주(羅州), 자는 사우, 호는 동원(東園)이다. 이조 정랑, 지평, 정언, 강원도 관찰사, 안변 부사(安邊府使) 등을 지냈는데, 1612년(광해군4)에 김직재(金直哉)의 옥사(獄事)가 일어났을 적에는 정경세와 함께 옥에 갇히기도 하였다. 1617년(광해군9) 4월에 상주 목사로 부임하여 1619년 10월까지 재임하였다.

549 백결선생(百結先生) : 신라 자비왕 때 낭산(狼山) 아래에 살았다는 인물로, 집안이 매우 가난하여 백 군데나 꿰맨 옷을 입고 다녔으며 늘 거문고를 가지고 다니며 희로애락을 거문고 가락으로 표현하였다. 어느 세밑에 아내가 이웃에서 곡식 찧는 소리를 듣고 "남들은 모두 곡식을 찧는데 우리는 찧을 곡식이 없으니 어떻게 세밑을 지낼꼬?"라고 하자, 그는 거문고로 절구 찧는 소리를 내어 아내를 위로했다고 한다. 《三國史記 卷48 百結先生列傳》

550 등에 햇빛 쬐는 : 원문 '부훤(負暄)'은 임금에게 공경과 충성을 다하는 것을 말한다. 송(宋)나라의 농부가 햇볕을 쬐면서 자기 아내에게 "햇볕을 등에 쬐면 얼마나 따뜻한지를 아무도 모르니, 이것을 임금에게 알려 드리면 큰 상을 받을 것이다."라고 말했다는 우화가 있다. 《列子 楊朱》

551 팽선(烹鮮) : 《노자(老子)》에 "큰 나라를 다스리는 자는 마치 작은 생선을 삶듯이 해야 한다."라고 한 데서 온 것이다. 작은 생선을 삶을 때 뒤집고 흔들면 다 문드러지기 때문에 가만히 두어야 하는 것이니, 무위(無爲)의 선치(善治)를 가리키는

임금 사랑함에 일찍이 간렵의 글[552]을 올렸네　戀主曾投諫獵篇
하늘의 뜻은 이별 괴로움 불쌍히 여기는 듯하니　天意似憐離別苦
옥 같은 의표가 문득 잠시 왕림함을 허락하였네　瓊標却許暫時聯

말로 쓰인다.

552 간렵(諫獵)의 글 : 전한(前漢)의 문인 사마상여(司馬相如)가 〈상림부(上林賦)〉를 지어 천자(天子)와 제후(諸侯)들이 즐기는 수렵의 호화로움을 논하면서 절약을 풍간(諷諫)한 것을 원용하였다.

동원의 시에 차운하고 아울러 곡강 수령에게도 소식을 전하다

次東園韻 兼柬曲江守

장리〔수령〕의 인자한 정사를 기쁘게 만나니	爲政欣逢長吏仁
상주의 맑은 대낮에 비단옷이 새롭네[553]	相州淸晝錦衣新
누가 알리오, 동각에서 매화 읊조리는[554] 손이	誰知東閣吟梅客
함께 서쪽 삽짝에서 시초[555]하던 사람인 것을	同是西扉視草人

553 상주(相州)의……새롭네 : 출세하여 고향에 가는 금의환향을 의미한다. 송나라의 명신 한기(韓琦)가 일찍이 재상으로 무강군 절도사(武康軍節度使)가 되어 자기 고향인 상주(相州)를 다스리면서 그곳에 주금당(晝錦堂)을 세우고 또 시를 지었는데, 구양수(歐陽脩)가 그 시에 의거해서 〈상주주금당기(相州晝錦堂記)〉라는 기문을 지어 한기의 뜻을 칭송한 고사가 있다. 《古今事文類聚續集 卷4》

554 동각(東閣)에서 매화 읊조리는 : 지방관의 시흥을 뜻한다. '동각'은 지방 수령의 관아(官衙)를 뜻한다. 남조(南朝) 양(梁)나라 하손(何遜)이 건안왕(建安王)의 수조관(水曹官)으로 양주(楊州)에 있을 때 관청 뜰에 매화 한 그루가 있어서 매일같이 그 나무 아래서 시를 읊곤 하였다. 뒤에 낙양(洛陽)에 돌아갔다가 그 매화가 그리워서 다시 양주로 발령해 주길 청하여 양주에 당도하니 매화가 한창 피었기에 매화나무 아래서 종일토록 서성거렸다. 두보(杜甫)의 〈배적이 '촉주의 동정에 올라 손님을 전송하며 이른 매화를 만나 그리움이 생겨'란 시를 보낸 것에 화답하다〔和裴迪登蜀州東亭送客逢早梅相憶見寄〕〉에 "동각의 관매가 시흥을 움직이니, 도리어 하손이 양주에 있을 때 같구나.〔東閣官梅動詩興, 還如何遜在楊州.〕"라고 하였다. 《杜少陵詩集 卷9》

555 시초(視草) : 옛날 문장을 관장한 신하가 임금의 조서(詔書)나 유시(諭示)를 수정하는 것을 말한다. 이준이 1608년(선조41)에 예문관 전적, 홍문관 교리가 되었는데, 이때 동원(東園) 정호선(丁好善, 1571～1633)과 같은 관청에서 벼슬한 것을

문채는 상서로운 해 쳐다보듯 진실로 어여뻤더니	文彩允憐瞻瑞日
귀한 음악[556] 양춘가[557]에 어찌 화답할 수 있으랴	希音那得和陽春
벼슬살이에 경뢰[558]가 막혔다고 말하지 마오	宦遊莫道瓊雷隔
때때로 신선 같은 소동파가 영빈[559] 방문함을 보았네	時見坡仙訪穎濱

말하는 듯하다.

556 귀한 음악 : 원문 '희음(希音)'은 보통 사람이 듣지 못하는 귀한 음악이라는 뜻이다. 《노자(老子)》 제41장의 "큰 소리는 소리가 들리지 않으며, 큰 형상은 그 모양을 볼 수 없다.〔大音希聲, 大象無形.〕"라는 말에서 유래하였다. 여기서는 동원의 시를 말한다.

557 양춘가(陽春歌) : 격이 높은 곡조를 말한다. 앞의 주 461 '백설가(白雪歌)' 참고.

558 경뢰(瓊雷) : 중국의 경주와 뇌주(雷州)를 함께 이르는 말이다. 소식(蘇軾)이 경주 해남(海南)으로 귀양 가면서 뇌주로 귀양 가는 그의 아우 소철(蘇轍)에게 보낸 시에 "경주와 뇌주가 운해로 막혔다고 싫어하지 마라. 멀리서 서로 바라볼 수 있도록 허락한 것도 성은이다.〔莫嫌瓊雷隔雲海, 聖恩尙許遙相望.〕"라고 하였다. 《東坡全集 卷24 吾謫海南子由雷州被命……作此詩示之》 정호선이 상주 목사로 재임하고 있을 때, 그의 형제 중 한 명이 곡강 수령으로 부임했기 때문에 이 말을 한 것이다.

559 영빈(穎濱) : 송(宋)나라 소철(蘇轍)의 만년(晩年)의 호(號)이다. 동파(東坡) 소식(蘇軾)의 아우이며, 당송팔대가(唐宋八大家)의 한 사람이다.

돌아가신 부모님이 봉작을 받음[560]

先考妣贈封

서리 이슬 내리며[561] 가을 몇 번이나 지났나	露降霜霑閱幾秋
육아[562]에 남은 슬픔 마음에 남아 있네	蓼莪遺慟在心頭
일생 동안 덕 쌓으니 신명이 알 것이오	一生積德神明識

560 돌아가신……받음 : 창석의 아버지 이수인(李守仁, 1524~1592)은 임진왜란 때 경상북도 상주의 안령 전투에서 사망하였으며, 통정대부 승정원 좌승지에 추증되었다. 그러나 추증된 시기에 대해서는 자세하지 않다. 《창석행장》에 의하면, 1613년(광해군5) 가을에 임해군(臨海君)의 치옥(治獄)과 관련한 익사 공신(翼社功臣)과 유영경(柳永慶)의 치옥과 관련한 정운 공신(定運功臣)에 참록되어 선영에 분황례를 행하였다고 하였으니, 원종공신의 아버지가 생전에 관직을 역임한 경우, 역임한 관직에서 한 등급을 승급하여 추증하는 규정이 있기 때문에 이 시기일 가능성이 있다. 그러나 《창석집》 권11 〈형님께 답하다〔答伯氏〕〉 6번째 편지에 "성상께서 사친의 상을 스스로 주관하고자 한다."라는 표현이 있고, 7번째 편지에 "가을 기운이 잠시 시원해지기를 기다려 고향에서 분향제(焚黃祭)를 행하기를 청하고자 한다.", "성상께서 초하루와 보름에 혼궁(魂宮)에 나아가 제사 지내신다." 등의 표현이 있으니, 인조(仁祖)의 생모인 인헌왕후(仁獻王后) 구씨(具氏)가 승하한 1626년(인조4) 1월 14일 이후일 가능성도 있다.

561 서리 이슬 내리며 : 《예기(禮記)》 〈제의(祭義)〉에 "상로가 내리면 군자가 이를 밟음에 반드시 서글픈 마음이 든다."라고 한 대목을 응용한 것으로, 돌아가신 부모를 생각하는 마음을 나타내고 있다.

562 육아(蓼莪) : 돌아가신 부모님을 애타게 사모하는 자식의 마음을 뜻하는 말이다. 《시경(詩經)》 〈육아(蓼莪)〉에 "슬프다 우리 부모, 나를 낳아 고생했네.〔哀哀父母, 生我劬勞.〕"라는 구절이 있는데, 진(晉)나라의 왕부(王裒)가 학생들을 가르칠 때에 이 대목에 이르면 그만 눈물을 쏟으며 통곡했다는 고사가 전한다. 《晉書 王裒列傳》

이품에 책봉되니 총애가 넉넉하네 　二品疏封寵渥優

더 이상 채의[563] 입고 수연에서 모실 수 없으니 　無復綵衣陪壽席

다만 황지[564]를 선영에서 불사르네 　但將黃紙燎先丘

남은 생은 효도를 옮겨 충성하기를 바라니 　餘生移孝爲忠願

신하 직분 닦을 때 자식의 직분도 닦이네 　臣職修時子職修

563 채의(綵衣) : 곧 색동옷을 말한 것으로, 춘추 시대 초(楚)나라의 효자로 명성이 높았던 노래자(老萊子)가 나이 일흔에 어린애처럼 색동옷을 입고 부모 앞에서 새 새끼를 가지고 장난을 하여 부모를 즐겁게 했던 고사에서 온 말로, 전하여 부모에게 효도하는 것을 뜻한다.

564 황지(黃紙) : 황지찰(黃紙札)의 준말로, 임금이 황마지(黃麻紙)에 써서 관작(官爵)을 수여하는 문서를 말한다. 황찰(黃札)이라고도 한다. 관직이 추증(追贈)된 경우 조정에서 추증의 사령장(辭令狀)과 누런 종이에 쓴 사령장의 부본(副本)을 수여하면 그 자손은 추증된 사람의 분묘(墳墓)에 이를 보고하고 누런 종이의 부본을 그 자리에서 불태우는 분황례를 거행한다.

북막[565]으로 부임하는 김회중[566]을 전송하며

送金晦仲赴北幕

고개의 구름은 불과 같고 물은 끓는 듯하니　嶺雲如火水如湯
한여름의 고된 노정은 만 리나 멀구나　六月嚴程萬里長
백발의 늙은 선비 아직도 기상 담대하나　白首老儒猶膽氣
잠시 어새[567]를 떠났는데 또 용만의 거친 곳일세　乍離魚塞又龍荒

565 북막(北幕) : 함경북도 경성(鏡城)에 설치된 북병영(北兵營)의 별칭이다.

566 김회중(金晦仲) : 김헌(金憲, 1566~1624)으로, 본관은 상산(商山), 자는 회중, 호는 송만(松灣)이며, 유성룡에게 배웠다. 칠로(七路)의 막부(幕府)를 보좌하였는데, 영남의 경우는 두 번 역임하였으나 광해군 때 정치가 혼란하자 벼슬을 그만두고 현인들과 도의를 강마하였다. 인조반정 이후 다시 벼슬하였으며, 풍기 군수로 부임한 이듬해에 관(官)에서 세상을 떠났다. 《立齋集 卷35 松灣金公墓碣銘》

567 어새(魚塞) : 바닷가 변방을 말하는 듯한데, 구체적인 지역은 자세하지 않다.

오월 십구일 밤 꿈에 심일송[568]을 방문하였는데, 공은 병이 심하여 말을 못하였다. 내가 시 두 구절로 아뢰기를 "사람이 태어나 예로부터 누군들 죽지 않으랴, 향기로운 명성을 남겨 고금에 빛내야 하리."라고 하였다. 잠에서 깨니 근심스러워 마침내 두 구절을 첨가해 율시 한 편을 완성하였다. 꿈을 꾸고 며칠 지나서 필운[569]의 부음을 들었으니, 이상하도다

五月十九日夜 夢訪沈一松 公病甚不語 余以兩句詩告之曰 人生自古誰無死 留得馨名耀古今 覺而愀然 遂添成一律 夢數日而聞弼雲之訃 異哉

빛나는 지초 같은 의표 사림을 비추더니　　燁燁芝標映士林
이별한 뒤 흰 머리카락이 이미 비녀에 가득하네　　別來霜雪已盈簪
술동이 앞에선 평소의 참모습 보지 못했더니　　尊前未見平生面

568 심일송(沈一松) : 심희수(沈喜壽, 1548~1622)로, 본관은 청송(靑松), 자는 백구(伯懼), 호는 일송・사재(思齋)・수뢰누인(水雷累人), 시호는 문정(文貞)이다. 노수신(盧守愼)의 문인으로, 우의정・좌의정을 지냈고 청백리(淸白吏)에 뽑혔다. 광해군 때 폐모론(廢母論)이 일어나자 둔지산(屯之山)에 은거하여 《주역》을 읽고 시를 읊으며 자신의 지조를 지켰다. 문장에 능하고 글씨를 잘 썼다. 상주의 봉암사(鳳巖祠)에 제향되었으며, 저서로는 《일송집(一松集)》이 있다.

569 필운(弼雲) : 이항복(李恒福, 1556~1618)으로, 본관은 경주(慶州), 자는 자상(子常), 호는 필운(弼雲)・백사・동강(東岡), 시호는 문충(文忠)이다. 임진왜란 때 도승지로서 선조를 의주로 호종하였으며, 1600년에 영의정에 올랐다. 1617년 폐모론(廢母論)이 일어나자 이를 극력 반대하다 관작이 삭탈되었으며 이듬해에 북청에 유배되어 63세의 나이로 죽었다. 죽은 해에 복관되고, 청백리(淸白吏)에 녹선(錄選)되었다.

꿈속에선 옛날의 마음을 거듭 논하였네　夢裏重論舊日心
도성을 떠남에 참소 끝없음을 항상 아파하고　去國每傷讒罔極
시국 근심함에 어찌 병이 침범함 피할 수 있으랴　憂時那免病相侵
사람이 태어나 예로부터 누군들 죽지 않으랴　人生自古誰無死
향기로운 명성 남겨 고금에 빛나게 해야 하리　留得馨名耀古今

장여헌에게 드림

贈張旅軒

모든 일이 바둑 같으니 두지 않는 것이 고수인데[570] 萬事如棋不着高
장용[571]에 과감하니 세상의 조롱 받는 듯하네 果於藏用似堪嘲
나는 만년에 갈림길에서 배회하니 暮年岐路徘徊日
도리어 숲 사이에 일찌감치 둥지 튼 것이 부럽네 却羨林間早結巢

570 모든……고수인데 : 대복고(戴復古)의 〈음중달관(飮中達觀)〉이란 시에 "일심은 물과 같아서 평평한 게 좋고, 만사는 바둑과 같아서 두지 않는 게 고수라네.〔一心似水唯平好, 萬事如棋不著高.〕"라고 하였다. 《石屛詩集 卷5》

571 장용(藏用) : 군자가 재능과 능력을 감추고 있다는 뜻이다. 《주역》 〈계사전 상(繫辭傳上)〉에, "인에 드러나며 용에 감추어져 만물을 고무하되 성인과 함께 근심하지 않으니, 성한 덕과 큰 업이 지극하다."라고 하였다.

문경 수령 심자경의 시에 차운하다. 당시 자경은 오산[572]에서 와서 묵고 이튿날 함께 속리산을 유람하였다
次聞喜守沈子敬韻 時子敬自鰲山來宿 明日同遊俗離山

삽짝문에 봉황 부절 머무르니	柴門留鳳節
짚신 신고 오산에서 오셨네	芒蹻自鰲山
경물의 빛은 늦가을을 맞았고	物色當秋晚
교제의 정은 세한[573]의 지조를 지켰네	交情保歲寒
옛날에는 은하수[574] 위에서 노닐었더니	舊遊霄漢上
지금은 물과 구름 사이로 향해 가네	今向水雲間
옥처럼 화려한 말에 화답하고자 하나	欲和瑤華語
읊조림에 글자가 온당치 않네	吟來字未安

572 오산(鰲山) : 전라남도 구례군(求禮郡) 문척면 죽마리에 있는 산으로, 지리산을 마주보는 자라 모양의 산이다. 야트막하고 능선이 부드러워 가족 등반에 적당하다.

573 세한(歲寒) : 《논어》 〈자한(子罕)〉의 "날씨가 추워진 다음에야 송백이 끝까지 시들지 않음을 알 수가 있다.〔歲寒然後知松柏之後彫也〕"라고 한 데에서 원용한 것이다. 어려움에 처해서도 절조를 변치 않는 것을 말한다.

574 은하수 : 원문 '소한(霄漢)'은 하늘의 은하수를 말하지만, 여기서는 때를 만나 고관이 됨을 말한다. 명(明)나라 하경명(何景明)의 〈화학부(畫鶴賦)〉에 "오호라, 새는 군자에 비유할 수 있으니, 때를 만나면 소한이요 때를 잃으면 가시밭이다.〔吁嗟, 鳥類比之君子, 遇則霄漢, 失則荊杞.〕"라는 구절이 있다.

늘그막에 바야흐로 수레 돌리고	垂老方回駕
해를 마치도록 산에서 나가지 않았네	終年不出山
다만 성명 보전하기를 기약할 뿐이니	但期全性命
본디 배고픔과 굶주림은 두렵지 않네	本不怕飢寒
다시 안개 노을과 짝하는 것을 기뻐하며	更喜煙霞侶
가까운 거리[575]에서 서로 찾네	相尋莽蒼間
번화한 외물을 부러워하지 않으니	紛華無外慕
비로소 이 몸이 편안함을 깨닫겠네	始覺此身安

575 가까운 거리 : 원문의 '망창(莽蒼)'은 희미하게 보이는 교외를 뜻하는 말로 여기서는 가까운 거리를 의미한다. 《장자(莊子)》 〈소요유(逍遙游)〉에서 "가까운 교외에 가는 사람은 세 끼 밥만 가지고 갔다가 돌아와도 배가 아직 부르다.〔適莽蒼者, 三飡而返, 腹猶果然.〕"라고 한 데서 온 말이다.

속리산을 유람하며

遊俗離山

언제 구름을 잘게 갈라 한 갈래 길 만들었나	一逕何年細斫雲
신령의 공로와 부처의 힘으로 절간이 새롭네	神功佛力梵宮新
승려의 혀 밑에서 삼장[576]이 넘쳐 남을 만나니	逢僧舌底飜三藏
내 가슴속에 육진[577] 일어남이 부끄럽네	愧我胸中惹六塵
방랑하는 신세 어찌 당세의 일에 관여하리	浪跡豈關當世事
남은 생 이 산 사람이 되고자 하네	餘生欲作此山人
밤 되어 움직이던 것들 모두 잠겨 조용하니	夜來群動渾潛寂
한 심지의 향로 향에 이미 참이 내려왔네	一炷爐香已降眞

576 삼장(三藏) : 경장(經藏), 율장(律藏), 논장(論藏)으로 불교 경전의 총서를 말한다.

577 육진(六塵) : 색(色)・성(聲)・향(香)・미(味)・촉(觸)・법(法)의 육경(六境)을 말하는데, 이것이 사람의 몸속에 들어가서 사람의 정심(淨心)을 더럽히고 진성(眞性)을 흐리게 하므로 육진(六塵)이라 한다.

옥정 상인에게 드림

贈玉淨上人

가을 하늘 바람 이슬에 남은 맑음이 넉넉한데	秋空風露藹餘淸
난새와 학이 우는 소리 옥 생황 연주하는 듯하네	鸞鶴泠泠度玉笙
요단[578]에서 걸어 나가 신선을 맞이하니	步出瑤壇迎羽客
수정봉 아래는 한밤의 달이 떴네	水精峯下月三更

578 요단(瑤壇) : 아름다운 옥을 깎아 만든 누대라는 의미로, 흔히 신선이 사는 선경을 가리킨다.

수정봉

水精峯

귀신을 부리고 신령을 부르는 조물주의 호기가	役鬼徵靈造物豪
쇠를 자르고 옥을 깎아 이 산이 우뚝하네	劖金削玉此山高
하늘에 드러난 정상은 응당 학과 부딪힐 것이고	半空露頂應摏鶴
구지에 서린 뿌리는 자라 다리를 자른 듯[579]하네	九地盤根想斷鼇
맑은 기운이 하늘에서 항해와 통하고	灝氣自天通沆瀣
신령한 의표 바다에 임하여 파도를 진압하네	靈標臨海鎭波濤
사람이 살면서 갈거미의 한[580]을 면하고자 한다면	人生欲免蛸蛂恨
만 길의 수정봉 정상에서 수고를 되돌리시길[581]	萬仞峯頭一撥勞

579 자라……듯 : 수정봉이 우뚝하게 솟아 있다는 말이다. 《열자》 〈탕문〉에 "옛날에 여와씨(女媧氏)가 오색의 돌을 단련하여 하늘의 뚫린 부분을 기우고, 자라의 발을 잘라서 사방의 기둥으로 세웠다."라고 하였다.

580 갈거미의 한 : 자세하지 않다. 다만 《창석집》 속집 권4의 〈서애 선생께 올림〔上西厓先生〕〉 편지에 "갈거미가 한만을 사모함〔蛸蛂之慕汗漫〕"이란 표현이 있으니, 우물안 개구리 같은 불교의 좁은 식견을 벗어나 크고 넓은 유학의 학문을 익히지 못하고 살았다는 후회를 말하는 듯하다.

581 만 길의……되돌리시길 : 불교에서 돌아 나와 유학으로 귀의하는 것을 말한다.

복천사[582] 시에 차운하여

福泉次韻

빛나는 금빛과 푸른빛이 푸른 하늘에 비치니	煌煌金碧射穹蒼
임금 행차[583]가 언제 절간[584]에 머물렀던가	淸蹕何年駐上方
보서[585] 남겨 두어 옥 책상자에 갈무리하였으니	留得寶書藏玉笈
오늘날까지 규획[586]이 천향[587]에 젖었네	至今奎畫濕天香

582 복천사(福泉寺) : 신라 성덕왕 19년인 720년에 창건되었으며, 고려 공민왕이 극락전에 무량수(無量壽)라는 편액을 친필로 써서 내렸다. 《신증동국여지승람》 권16 〈충청도 보은현〉에 "복천사는 법주사(法住寺) 동쪽 7리쯤 되는 곳에 있다. 절 동쪽에 있는 샘의 돌들 사이에서 쏟아져 나오는 샘물을 식수(食水)로 쓰기 때문에 이렇게 이름 지은 것이다. ○천순(天順) 갑신년에 우리 세조 대왕(世祖大王)이 속리산에 거동했을 때 병풍연(屛風淵)에 잠시 들렀다가, 이튿날 법주사에서 이 절까지 두루 경치를 구경한 다음 호종(扈從)하는 문신(文臣) 김수온(金守溫)에게 명해서 이 일을 기록하게 했다."라고 기록되어 있다. 1592년(선조25) 불에 탔으나 곧 중건하였다.

583 임금 행차 : 원문은 '청필(淸蹕)'로, 임금의 행차에 사람의 통행을 금하고 길을 치우는 일을 말한다.

584 절간 : 원문 '상방(上方)'은 본래 주지(住持)의 거처를 뜻한다. 사찰의 대명사로 쓰이기도 한다.

585 보서(寶書) : 세조가 1464년 이 절에서 신미(信眉), 학조(學祖), 학열(學悅) 등과 함께 3일 동안 기도를 드린 뒤 절에 이르는 길목의 한 목욕소에서 목욕을 하고 피부병이 깨끗이 낫자 이 절을 중수하도록 하고, '만년보력(萬年寶曆)'이라는 사각옥판을 하사하였는데, 아마도 이를 가리키는 듯하다.

586 규획(奎畫) : 임금의 글씨, 어필(御筆)을 말한다.

587 천향(天香) : 궁중(宮中)에서 사용하는 훈향(薰香)으로 어향(御香)이라고도 한다. 임금께서 서적을 내렸기 때문에 내사기(內賜記)에 궁중의 향기가 배어 있었다고 표현한 것이다.

상현서원[588]

象賢書院

두 협곡 동쪽으로 아직 녹음이 덮이기 전인데	雙峽東來未了靑
흰 구름은 예나 지금이나 신선의 집을 지키네	白雲今古護仙扃
세 현인[589]의 덕업은 하늘이 빼어남을 모은 것이오	三賢德業天鍾秀
한 이랑의 서원은 땅이 신령함을 밝힌 것일세	一畝儒宮地炳靈
계단 아래의 고운 샘물엔 도맥이 흐르고	階下嫩泉流道脈
난간 앞의 푸른 회나무는 의형을 생각게 하네	檻前蒼檜想儀形
옛 사람의 아름다운 자취 그대가 따르고자 한다면	昔人芳躅君如泝
모쪼록 밝은 창에서 구경을 외우시게	須向明窓誦九經

588 상현서원(象賢書院) : 충청북도 보은군 내속리면 서원리에 있는 서원이다. 1555년(명종10) 삼년성(三年城) 안에 서원을 창건해 김정(金淨, 1486~1520)을 모시고, '삼년성서원'이라고 했다. 1610년(광해군2) 상현이라는 사액을 받았으며, 1672년(현종13) 성운(成運, 1497~1579)을 추가 배향하였다. 1681년(숙종7) 성제원(成悌元, 1506~1559)과 조헌(趙憲, 1544~1592)을, 1695년 송시열(宋時烈, 1607~1689)을 추가 배향하였다.

589 세 현인 : 1635년 창석이 세상을 떠나기 전에 봉안된 사람은 김정(金淨) 한 사람뿐이다. 나머지 두 사람은 분명하지 않은데, 추후 배향된 사람 가운데 창석 생전에 배향에 대한 논의가 있었던 두 사람인 듯하다.

사곡[590]에 들렀는데 느낌이 있어

過沙谷有感

좋은 날 화려한 집에 옥 거문고 어루만지니 勝日華堂按玉徽

술잔 대함에 나그네의 마음 서글픔을 이상타 마오 臨觴休怪客心悲

고개 돌려 이십 년 전 일을 생각하니 回頭二十年前事

도리어 요양에 학이 다시 돌아온 듯하네[591] 却似遼陽鶴再歸

590 사곡(沙谷) : 상주(尙州) 화령현(化寧縣)에 있는 지명으로 소재(穌齋) 노수신(盧守愼, 1515～1590)의 종택이 있는 곳이다. 노수신의 본관은 광주(光州), 자는 과회(寡悔), 호는 소재・이재(伊齋)・암실(暗室)이다. 시호는 문의(文懿)인데 후에 문간(文簡)으로 바뀌었다. 을사사화로 순천으로 유배되었다가 양재역 벽서 사건에 연루되어 진도로 이배, 19년간 귀양살이를 하였다. 온유하고 원만한 성격으로 사림의 중망을 받았으며, 특히 선조의 지극한 존경과 은총을 받았다. 시문에 능했으며 저서로 《소재집》이 있다. 충주의 팔봉서원, 상주의 도남서원(道南書院) 등에 제향되었다.

591 요양에……듯하네 : 요양(遼陽)은 요동(遼東)이다. 한(漢)나라 때 요동에 정령위(丁令威)라는 사람이 살았는데 영허산(靈虛山)에 가서 도술을 배운 뒤에 학(鶴)으로 변신하여 요동에 돌아와 성문(城門)의 화표주(華表柱)에 앉아 있었다. 이윽고 어떤 소년이 활로 자기를 쏘려고 하자, 학이 높이 날아올라 말하기를 "두루미로 변한 정령위가 집 떠난 지 천년 만에 돌아왔네. 성곽은 예전 그대로인데 사람은 그렇지가 않구나. 어이하여 신선이 되는 법 배우지 않아서 죽어 묻힌 무덤이 여기저기 쌓였는고." 하고 한탄하면서 하늘 높이 사라졌다고 한다. 《搜神後記》 여기서는 노수신(盧守愼)이 살아 돌아온 듯함을 비유적으로 말한 것이다.

문경 수령이 시를 보내 왔기에 차운하여 보냄
聞慶守有贈詩 次韻却寄

만년에 숲 사이에서 세상의 어지러움 사양하니	晩向林間謝世紛
어리석은 꿈 금문[592]에 이르게 할 수 있으랴	肯教癡夢到金門
좋은 유람에 옥 같은 그대가 매우 생각나더니	勝遊苦憶人如玉
돌아가는 흥은 여전히 눈 가득한 마을[593] 어여쁘네	歸興仍憐雪滿村
남쪽 고을에서 달밤[594]에 이별한 것 한스럽더니	別恨南州生桂魄
동각에 매화 혼이 꿈틀댈 때 시정이 일어나네[595]	詩情東閣動梅魂
언제쯤 다시 허락될까 송창에 묵으며	何時更許松寮宿
침상에서 뭇 글들 상세히 논할 수 있기를	床上群書得細論

592 금문(金門) : 금마문(金馬門)으로, 본디 학사(學士)들이 대조(待詔)하던 곳이었는데, 전하여 조정(朝廷)을 가리킨다.

593 눈 가득한 마을 : 진(晉)나라 때 왕휘지(王徽之)가 산음에 살고 있었는데, 밤에 눈이 내렸다. 그러자 왕휘지는 갑자기 친구인 대규(戴逵)가 보고 싶어서 밤중에 작은 배를 타고 그를 찾아갔는데, 문 앞에 도착해서는 만나 보지 않고 되돌아왔다. 사람들이 그 까닭을 묻자, 왕휘지는 "내가 흥이 나서 갔다가 흥이 다해 돌아왔는데, 하필 대규를 만나 볼 필요가 있겠는가."라고 한 고사를 원용하였다. 《世說新語 任誕》 여기서는 친구인 상대방을 방문하고 싶다는 뜻으로 쓰였다.

594 달밤 : 원문 '계백(桂魄)'은 달 속에 계수나무가 있다는 전설에서 온 말로, 달을 비유하는 시어(詩語)로 쓰인다.

595 동각(東閣)에……일어나네 : 지방관의 시흥을 뜻한다. 앞의 주 554 '동각(東閣)에서 매화 읊조리는' 참고.

독운사에게 부침

寄督運使

지난날 화려한 깃발이 녹문[596] 지날 때를 생각하니　憶昨華旌過鹿門
이별한 뒤 소식이 아득하여 들리지 않았네　別來消息杳無聞
반평생 동안 세상에는 지음[597]이 적었는데　半生於世知音少
한마디 허락은 공의 부탁함 정성스러워서일세　片諾惟公托意勤
바닷가 떠도는 신세는 쌓인 눈에 막혔고　海上羈蹤淹積雪
산속 여윈 그림자는 외로운 구름과 짝하네　山中瘦影伴孤雲
속세에서 서로 만날 날 점칠 수 없어　風塵未卜相從日
한밤중 달을 봄에 꿈속의 혼만 괴롭네　看月中宵惱夢魂

596 녹문(鹿門) : 세상을 피해 숨어 지내는 곳을 말한다. 후한(後漢) 말에 방덕공(龐德公)이 처자를 이끌고 녹문산(鹿門山)으로 들어가 약초를 캐며 세상 밖으로 나오지 않았던 고사에서 유래한 것이다. 《後漢書 逸民列傳 龐公》

597 지음(知音) : 자신의 마음을 알아주는 사람으로, 춘추 시대 거문고의 명인 백아(伯牙)가 높은 산에 뜻을 두고 연주를 하면, 친구인 종자기(鍾子期)가 "멋지다. 마치 태산(泰山)처럼 높기도 하구나."라고 평하고, 흐르는 물에 뜻을 두고 연주를 하면 "멋지다. 마치 강하(江河)처럼 넘실대는구나."라고 평하였는데, 종자기가 죽고 나서는 백아가 더 이상 세상에 지음(知音)이 없다고 탄식하며 거문고 줄을 끊어 버린 고사에서 유래하였다. 《列子 湯問》

송사를 처리함

聽訟

선입견 가진 말 격파하기 어렵다 말고	先入之言莫難破
스스로 옳다는 자기 생각 다스리기 어렵다 말라	自是之私莫難攻
이 두 가지가 마음을 해치지 않아야만	二者不爲心之害
심체가 공변됨 채울 수 있다고 말할 수 있네	可謂能充心體公

보은 수령 강우[598]에 대한 만시

挽姜報恩 霐

괴안국[599]은 삼 년의 꿈이오	槐國三年夢
강산은 한 폭의 그림일세	江山一幅圖
청렴하고 가난해도 마음은 유유자적하고	淸寒心自適
순박하고 성실하니 모습은 바보 같았네	朴實貌如愚
문득 고을 어진 이의 부음을 알리니	忽報鄕賢逝
또한 외로운 우리들 마음 아프게 하네	還傷我輩孤
돌아가는 구름에 늙은이의 눈물이 섞이는데	歸雲和老淚
지는 해는 동쪽 호수로 떨어지네	斜日落東湖

598 강우(姜霐, 1525~1616) : 본관은 진주, 자는 택원(澤遠)이다. 강응청(姜應淸)의 아들로 상주에서 거주하였다. 1558년(명종13) 진사에 입격하였다. 정경세의 《우복집》 권2 〈만강보은 우〔挽姜報恩 霐〕〉의 "평소에 시루 안에 티끌 낀 걸 오래전부터 알았네.〔久識平居甑有塵〕"라는 구절의 원주에 "공이 일찍이 두 현(縣)의 수령이 되었으나 가난함이 더욱 심해졌으므로 범염(范冉)의 고사를 인용하였다."라는 내용이 있다.

599 괴안국(槐安國) : 당나라 때 순우분(淳于棼)이 술에 취하여 자기 집 남쪽에 있는 홰나무〔槐樹〕 밑에 누워서 잠이 들었는데, 꿈에 대괴안국(大槐安國)이란 나라로부터 초빙을 받고 가서 남가군 태수(南柯郡太守)가 되어 부귀영화를 실컷 누리다가 깨었다는 남가일몽(南柯一夢)의 고사에서 온 말로, 전하여 낮잠, 또는 부귀영화의 덧없음을 의미한다. 《南柯記》

서악에서 사또 박노직[600]의 시에 차운하여

西嶽 次朴使君魯直韻

우뚝한 서악을 그대와 올랐는데 岧嶢西嶽與君攀
사흘을 치달리고 하루만 한가했네 三日驅馳一日閑
멀리 흩어지는 흰 구름에 작은 길이 열리고 逈砾白雲開小徑
새로 지은 절간[601]은 뭇 산을 압도하네 新營紺宇壓群山
흥이 일어 홀로 안개 노을 밖에 머무르니 興來獨住煙霞表
정사가 간소함에 서류 사이[602]에 어찌 수고로우랴 政簡何勞案牘間
두 눈은 참으로 고상한 곳에 붙이게 해야 하니 雙眼儘敎高處着
세속의 일 근심스런 얼굴에 들어오게 하랴 肯將塵事入愁顔

600 박노직(朴魯直) : 박로(朴簬, 1584~1643)로, 본관 밀양(密陽), 자는 노직(魯直), 호는 대호(大瓠)이다. 1609년(광해군1) 문과에 급제하였고, 인조반정 뒤 세자빈객·도승지·형조 참판·병조 참판 등을 지냈다. 정묘호란 뒤에 후금(後金)의 심양에 여러 차례 파견되었고 병자호란 후에는 심양에 볼모로 잡혀 간 소현세자를 3년간 수행하였다. 대후금 외교 업무를 담당하여 온건한 입장에서 일을 처리하여 그 분야의 전문가로 인정받았다. 문집으로 《대호유고(大瓠遺稿)》가 있다.

601 절간 : 원문 '감우(紺宇)'는 불교 사원의 별칭으로, 감원(紺園) 혹은 감전(紺殿)이라고도 한다.

602 서류 사이 : 원문은 '안독간(案牘間)'으로 관리로서 업무에 종사하는 것을 말한다. 저본에는 '간(間)'이 '문(問)'으로 되어 있는데, 운자(韻字)와 의미에 의거하여 수정하였다.

우연히 적음

偶書

의리와 이익은 사람에게 주인과 손님 같은데	義利於人有主賓
몸과 재화 중에 무엇과 친해야 할지 알지 못하네	不知身與貨誰親
가련쿠나, 많은 경영하던 일들이	可憐多少營爲事
예나 지금이나 모두 가마의 먼지가 되었네	今古同歸一窰塵

전시원에 대한 만시
挽全施遠

젊은 날 재주는 매우 뛰어났더니	少日才何健
노쇠한 나이에는 병이 더욱 겹쳤네	衰年病轉仍
신선의 고을에 학을 탔다고 들었으니	仙都聞馭鶴
청운의 길에 바람 탄 붕새를 저버렸네[603]	雲路負摶鵬
두터운 정의는 여전히 대대로 이어지고	厚誼仍聯派
깊은 정은 벗 잃음을 애도하네	深情悼失朋
남해[604]의 부모 봉양 끝마치지 못했으니	南陔養未卒
구천에서도 한스러움을 이기지 못하리라	九地恨難勝

603 청운의……저버렸네 : 웅대한 포부를 펴는 이른바 붕정만리(鵬程萬里)의 여정을 시작하지 못하고 세상을 떠났다는 말이다. 《장자(莊子)》 〈소요유(逍遙遊)〉에 "붕새가 남쪽 바다로 날아갈 때는 물결을 3천 리나 박차고 회오리바람을 타고 9만 리나 날아올라 여섯 달을 가서야 쉰다."라고 하였는데, 이를 원용하여 한 말이다.

604 남해(南陔) : 《시경》 〈소아(小雅)〉의 편명이다. 서(序)에 의하면 "남해는 효자가 부모를 봉양할 일로써 서로 경계한 노래이다."라고 하였다. 제목만 전하고 가사가 없어졌는데, 진(晉)나라 속석(束晳)이 보완하여 "남쪽 밭두둑 따라 난초를 캐네. 어버이 생각할 적마다 마음이 왜 이리 설레는지.〔循彼南陔, 言采其蘭. 眷戀庭闈, 心不遑安.〕"라고 하였다. 이선(李善)의 주(註)에, "비탈을 따라 향초(香草)를 캐는 것은 부모를 공양하기 위해서이다."라고 하였다.

겨울날 회포를 써서 아이들에게 보여 줌
冬日書懷示兒輩

뜰의 나무 바람에 소리 내고 기러기 서리에 우니 庭樹吟風鴈叫霜
차가운 소리는 누가 근심스런 마음에 들여보냈나 寒聲誰遣入愁腸
주림과 추위 천명에 달렸으니 가난을 어찌 슬퍼하랴 飢寒有命貧何戚
치택[605]을 기약할 수 없으니 늙음이 마음 아프네 致澤無期老可傷
저녁 새는 숲에 잠듦이 나처럼 피곤한데 暮鳥投林如我倦
시든 꽃이 시렁에 쓰러져 누굴 위해 향기롭나 殘花偃架爲誰香
세속의 일 없애는 것은 오직 한 잔의 술이니 消磨世事惟杯酒
취해 잠들어 몽롱함에 그 맛이 유장하구나 醉睡昏昏一味長

병은 장경과 같고[606] 게으름은 혜강 같으니[607] 病似長卿懶似康
이 마음은 완전히 세상을 잊었네 此心全與世相忘

605 치택(致澤) : 치군택민(致君澤民)을 줄인 말로, 군주를 요순(堯舜)과 같은 성군(聖君)으로 만들고 백성들에게 은택을 입힌다는 뜻이다.

606 병은 장경(長卿)과 같고 : 장경은 한대(漢代)의 문장가인 사마상여(司馬相如)의 자이다. 그는 소갈병(消渴病)을 앓아 벼슬을 그만두고 은퇴하여 무릉(茂陵)에 살다가 죽었다. 《史記 司馬相如列傳》

607 게으름은 혜강(嵇康) 같으니 : 혜강은 진(晉)나라 때 죽림칠현의 한 사람으로 중산대부(中散大夫)를 지냈다. 산도(山濤)가 자신을 천거하자 절교서(絶交書)를 보냈는데, 거기에 자신은 천성이 괴팍하고 게을러서 보름 혹은 한 달씩이나 머리와 얼굴을 씻지도 않고 잠자리에서는 아주 늦게 일어나며 몸에는 이가 항상 득실거린다고 하였다. 《文選 卷43 嵇叔夜與山巨源絶交書》

입은 웅장한 말이 없어도 견백[608]할 수 있었고 口無雄辯能堅白
귀밑머리는 쓸데없는 근심 때문에 쉬 희게 변했네 鬢爲閑愁易變蒼
도를 지켜 본래 조맹[609]을 가벼이 여겼고 守道本來輕趙孟
천명을 알았으니 어찌 장창[610]을 원망하랴 知天安用怨臧倉
종유하던 이 점점 줄고 숲속 벽진 곳에 사니 過從漸少林居僻
때때로 도연명 시 한두 장을 읽네 時讀陶詩一兩章

608 견백(堅白) : 단단하고 흰 것으로, 심지(心志)가 지극히 견고하고 결백해서 주위 환경에 결코 영향을 받지 않음을 이르는 말이다. 《논어(論語)》 〈양화(陽貨)〉에 공자(孔子)가 필힐(佛肸)을 찾아가려고 하자, 필힐이 혹시나 공자를 욕보일까 걱정한 자로(子路)가 공자에게 가지 말라고 하였다. 그러자 공자가 말하기를 "단단하다고 하지 않던가? 갈아도 없어지지 않으니. 희다고 하지 않던가? 검은 물을 들여도 검어지지 않으니."라고 한 데서 온 말이다.

609 조맹(趙孟) : 춘추(春秋) 시대 진(晉)나라 권신(權臣)인 조돈(趙盾)과 그 직계 후손들을 말한다. "존귀하고자 함은 사람의 똑같은 마음이니, 사람마다 자기에게 존귀함이 있건마는 생각하지 않아서 모를 뿐이다. 남이 존귀하게 해 준 것은 양귀가 아니니, 조맹이 존귀하게 해 준 것을 조맹이 능히 비천하게 할 수 있다."라고 하고, 이어서 인의와 충신을 행하고 선을 즐거워하며 게을리하지 않는 천작(天爵)을 강조하였다. 《孟子 告子上》

610 장창(臧倉) : 전국 시대 노 평공(魯平公)의 폐신(嬖臣)인데, 평공이 일찍이 맹자(孟子)를 만나려고 하자, 장창이 맹자는 예(禮)를 지키지 않은 분이라 하여 평공으로 하여금 맹자를 만나지 못하게 하였다. 맹자의 제자(弟子)인 악정자(樂正子)가 그 사실을 맹자에게 고하자, 맹자가 이르기를, "가는 것도 누가 시켜서 갈 수 있고, 못 가는 것도 누가 막아서 못 갈 수 있지만, 가고 못 가는 것은 인력으로 할 수 있는 것이 아니다. 내가 노후를 만나지 못한 것은 하늘의 뜻이거니, 장 씨의 자식이 어떻게 나로 하여금 만나지 못하게 하겠는가?"라고 한 고사가 있다. 《孟子 梁惠王下》

우곡에게 산개〔산갓〕를 부침

寄山芥愚谷

옥 같은 잎이 얼음 눈 속에서 나오니	玉葉生氷雪
맑은 장이 폐를 시원하게 하네	淸漿爽肺脾
은근히 보낼 뜻을 가지니	慇懃持贈意
풍미가 본디 서로 맞아서일세	風味本相宜

서악 시에 첩운하여 박 사또에게 부침
疊西嶽韻寄朴使君

천상의 좋은 유람 따라갈 수 없어	天上英游不可攀
부질없이 거문고와 역사서로 긴 한가함을 짝하네	空齊琴史伴長閑
어제 홰나무 가지 남은 꿈[611]에서 돌아오고	槐柯昨日回殘夢
가을바람에 계수나무 떨기 소산으로 시를 짓네[612]	叢桂秋風賦小山
떠돌이 신세 잠시 서악 위에 머무니	浪跡暫留西岳上
그윽한 회포가 자주 흰 구름 사이로 떨어지네	幽懷頻落白雲間
가득한 낙동강 물이 은하수처럼 막고 있으니	盈盈洛水銀河隔
어찌하면 술동이 열고 얼굴을 한번 펼 수 있을까	安得開樽一破顏

611 홰나무……꿈 : 남가일몽(南柯一夢)으로, 한바탕의 헛된 꿈과 같은 덧없는 인생을 뜻하는데, 벼슬살이를 비유한다. 앞의 주 408 '남가일몽(南柯一夢)' 참고.

612 계수나무……짓네 : '계수나무 떨기〔叢桂〕'는 산림에 은거한 것을 의미한다. 한나라 때 회남왕(淮南王) 유안(劉安)이 문사(文士)들을 모아 사부(辭賦)를 짓게 하고는 이들을 대산(大山)과 소산(小山) 두 부류로 나누었는데, 이 중 소산에 속하는 문사가 지은 〈초은사(招隱士)〉는 산중 생활의 궁고(窮苦)함을 극도로 형용하여 둔세(遁世)의 선비들을 풍자하는 데 목적이 있었다. 그 〈초은사〉에 "계수나무 숲 우거져 산이 그윽하니, 구불텅 뻰은 줄기 가지 서로 얽혔어라.〔桂樹叢生兮山之幽, 偃蹇連蜷兮枝相繚.〕"라고 하여 산중의 풍경을 잘 묘사하였다. 《楚辭 卷8 招隱士》 그 후 좌사(左思), 육기(陸機) 등이 역시 비슷한 경향의 작품들을 지었는데 산중의 청려(淸麗)한 풍경을 주로 형용함으로 인해 원래의 목적과는 달리 산림에의 은거를 찬미하는 식으로 변천하였다. 따라서 여기서는 창석이 첩첩산중 깊은 곳에 은거했다는 것을 표현한 것이다.

상주 목사 죽간이 술을 가지고 방문하였기에

謝竹澗地主携酒見訪

이수 서쪽 가에 몇 칸의 집을 지으니	伊水西頭屋數椽
흰 구름과 푸른 대가 외로이 자는 나를 짝하네	白雲靑竹伴孤眠
신선의 자취가 문득 그윽히 사는 곳으로 왕림하니	仙蹤忽降幽棲地
마을 이름을 응당 소동천이라 해야 하리	村號應呼小洞天
찬 계곡이 변하여 바다 같은 봄물이 되고	寒谷變成春似海
깊은 은혜 흘러 샘 같은 술이 되었네	深恩流作酒如泉
돌아가는 깃발이 저물녘 동쪽 숲의 비 맞으니	歸旌暮帶東林雨
한밤중에도 잊지 못하고 그리워하네	耿耿中宵一念懸

솔 숲의 그윽한 집 대나무로 서까래 만드니	松裏幽齋竹作椽
한가한 가운데 일상은 다만 외로이 자는 것이라	閑中日用只孤眠
목사의 행차 한가한 날에 찾아 주신 곳에	軒車暇日相尋地
비바람 치는 텅 빈 산에 날은 저물려 하네	風雨空山欲暮天
스스로 우습게도 단사표음으로 누항에 살면서[613]	自笑簞瓢依陋巷

613 단사표음(簞食瓢飮)으로 누항(陋巷)에 살면서 : 단사표음은 대그릇에 담긴 밥과 표주박에 담긴 물이라는 뜻으로, 청빈하게 생활하며 도(道)를 즐거워함을 뜻한다. 《논어(論語)》 〈옹야(雍也)〉에서 공자(孔子)가 제자 안회(顔回)를 칭찬하며 말하기를, "어질도다, 안회여! 한 대그릇의 밥을 먹고 한 표주박의 물을 마시며 누추한 시골에 사는 것을 사람들은 근심하며 견디지 못하는데, 안회는 그 즐거움을 바꾸지 않으니, 어질도다, 안회여!"라고 하였다.

도리어 시종신으로 감천에서 모실 것[614] 생각하네　還思簪槖侍甘泉
시국 위태로운데 티끌 같은 보답도 다하지 못하니 時危未效涓埃報
나라를 잊지 못하는 과부의 근심[615] 밝은 해와 같네　耿耿嫠憂皎日懸

614 시종신(侍從臣)으로……것 : 시종신의 원문 '잠탁(簪槖)'은 옛날에 사관(史官)이 손에 행낭을 들고 머리에 붓을 꽂은 채 임금을 좌우에서 모셨던 '부탁잠필(負槖簪筆)'의 고사에서 비롯된 것이다. 감천(甘泉)은 섬서성(陝西省) 감천산(甘泉山)에 있는 궁전으로, 본디는 진(秦)나라의 궁궐이었는데, 뒤에 한 무제(漢武帝) 때 이궁(離宮)으로 삼았다. 궁궐의 뜻으로 사용된다.

615 과부의 근심 : 《춘추좌전》 소공(昭公) 24년에 "과부가 베 짤 씨줄이 모자라는 것을 걱정하지 않고, 주나라 왕실이 쇠락하는 것을 걱정하는 것은 화가 장차 자신에게 미칠까 두려워하기 때문이다."라고 한 데서 유래한 말로, '이불휼위(嫠不恤緯)'라 하며, '칠실지우(漆室之憂)'와 함께 자신의 일은 잊고서 나라를 걱정하는 마음을 뜻하는 말로 쓰인다.

감원재[616]에 씀

題鑑源齋

천지 사이에 생활함은 완전히 어제와 같은데	俯仰渾如昨
삶과 죽음에 몇 해나 지났나	存亡幾隔秋
객이 와도 알려 주는 학은 없으나	客來無鶴報
못이 따뜻하니 헤엄치는 물고기 있네	池暖有魚游
어찌 술동이 앞의 즐거움 회복할 수 있으랴	那復樽前樂
부질없이 젓대 속에 근심만 더하네	空添笛裏愁
동풍 부니 옷깃 가득 눈물 흘리며	東風滿襟淚
해 질 녘에 홀로 누각에 기대네	斜日獨憑樓

616 감원재(鑑源齋) : 자세하지 않다. 다만 '감원'이란 명칭은 주희(朱熹)의 시 〈관서유감(觀書有感)〉의 "반 이랑 방당이 거울처럼 펼쳐지니, 하늘 빛 구름 그림자 그 안에서 배회하네. 묻노니 어이하여 그처럼 해맑을까, 근원에서 생수가 흘러오기 때문이지.〔半畝方塘一鑑開, 天光雲影共徘徊. 問渠那得淸如許, 爲有源頭活水來.〕"라고 한 데서 취한 것이다.

원규[617]에게 부침

寄元圭

도로는 끊임없이 먼데	道路綿綿遠
바람은 쏴쏴 불어오네	天風淅淅吹
느껴 상심함은 그것이 가장 쉬우니	感傷渠最易
근심과 염려에는 내 어찌 끝이 있으랴	憂念我何涯
과거 급제는 참으로 나머지 일이니	科第眞餘事
몸과 마음을 선하게 스스로 지키라	身心善自持
평소에 항상 경계하고 삼가서	平居常戒愼
아버지와 스승을 마주할 때처럼 하라	如對父師時

617 원규(元圭) : 1597~1661. 본관은 흥양(興陽), 자는 기성(器成), 호는 서곡(鋤谷)으로 창석의 둘째 아들이다. 정경세(鄭經世)의 문인으로, 1627년 진사에 합격하고 1639년 문과에 급제하여 정랑(正郎)을 지냈다.

상주 목사 조현부[618]가 방문함에 사례하며

謝城主趙玄夫來訪

일찍이 함께 냉천정[619] 들렀던 것 생각하니	憶曾同過冷泉亭
이별한 뒤 다시 함께할 인연이 없었네	別後無因更合并
돌아가는 꿈은 몇 번이나 청학동을 찾았던가	歸夢幾尋靑鶴洞
읊조리는 말채찍은 지금 흰 구름 삽짝에 있으리	吟鞭今在白雲扃
매화는 목사[620]를 맞아 봄보다 먼저 피고	梅迎皁蓋先春發
달은 화려한 등불 대신하여 밤새도록 밝네	月替華燈徹夜明
그윽한 곳은 은둔한 관리 됨에 방해되지 않으니	幽地不妨爲隱吏
목사께서 이곳에 자주 머무름 사양치 마시오	莫辭軒車此頻停

618 조현부(趙玄夫) : 조찬한(趙纘韓, 1572～1631)으로, 본관은 한양(漢陽), 자는 선술(善述), 호는 현부・현주(玄洲)이다. 조양정(趙揚庭)의 아들이며, 조위한(趙緯韓)의 아우이다. 1606년 증광문과(增廣文科)에 급제했다.1623년 인조반정(仁祖反正)으로 형조 참의가 되어 승문원 제조(承文院提調)를 겸임했고, 이듬해 우승지 등을 거쳐 1629년 선산 부사(善山府使)가 되었다. 문집에는 《현주집》이 있다. 1621년(광해군13) 1월에 상주 목사로 부임하여 1623년 7월까지 재임하였다.

619 냉천정(冷泉亭) : 충북 영동군 황간면(黃澗面) 원촌리 일대에 있는 명승지 '한천팔경(寒泉八景)'의 하나이다. 한천팔경은 월류봉(月留峯), 화헌악(花獻岳), 용연동(龍淵洞), 산양벽(山羊壁), 청학굴(靑鶴窟), 법존암(法尊巖), 사군봉(使君峯), 냉천정(冷泉亭)이다. 이 한천팔경이 지금은 황간에 속해 있지만, 옛날에는 상주에 속했었다.

620 목사 : 원문 '조개(皁蓋)'는 검정 비단으로 만든 일산이다. 한(漢)나라 제도에 지방 군수들이 수레의 뚜껑을 검정색으로 하였다는 데서 지방 수령을 가리킨다.

가사리에 씀[621] 유계화가 사는 곳이다

題佳士里 柳季華所居

몇 칸의 띳집에 호걸이 살고 있으니	數間茅舍着人豪
담장과 지붕은 비록 낮지만 도의는 높네	墻屋雖卑道義高
문밖에 거마가 적음을 싫어하지 마오	門外莫嫌車馬少
푸른 산 흐르는 물을 마음으로 교제하고 계시니	青山流水是心交

621 가사리(佳士里)에 씀 : 이 시는 수암(修巖) 연보에 의하면, 1619년(광해군11)에 지어진 것이다. '가사리'는 상주시 중동면 우물리에 있는 지명인데, 팔공산, 일월산, 속리산 등 세 산이 모이고, 낙동강과 위천(渭川) 두 물줄기가 합류하는 삼산이수(三山二水)의 정기가 모인 명당일 뿐만 아니라, 우복과 창석의 거주지에 가까워 강학에 편했기 때문에 유성룡의 셋째 아들 유진(柳袗, 1582~1635)이 1617년에 이곳에 터를 잡았고 그 이듬해 봄에는 여기로 이주하였다. 처음 터를 잡을 때 가시덩굴이 우거졌기에 시리(柴里) 또는 시상촌(柴桑村)이라고 하였는데, 수암이 가사리(佳士里)로 바꾸었다고 한다.

창사정 시권[622]에 씀

題彰賜亭詩卷

뜻하지 않게 경영하여 작은 정자 지으니[623]	無計經營築小亭
몇 번이나 그윽한 곳 만나 많은 정을 허비했던가	幾逢幽勝費多情
약간의 백금은 다행히 천자의 하사함에 힘입었고	數金幸賴天輸債
두 글자는 자랑스럽게도 지역의 새 이름이 되었네	兩字仍誇地得名
자연에서의 빼어난 흥취로 지금 즐거움 보전하고	逸興林泉今保樂
대려[624]의 넉넉한 공으로 옛날 맹세에 참여하였네	豊功帶礪昔參盟

622 창사정 시권(彰賜亭詩卷) : '창사정'은 이호민(李好閔, 1553~1634)이 양주(楊州) 풍양현(豐壤縣)에 지은 정자이다. 이호민은 1600년(선조33) 명나라에 사신으로 갔다가 천자에게 받은 상금으로 선영 인근에 땅을 사서 이 정자를 지었다. 본디 역은정(亦恩亭)이라 명명하였으나 1602년(선조35) 왕세자 책봉 조서를 반포하러 조선에 온 고천준(顧天埈)이 창사정으로 개명하였다. 이호민은 고천준과 최정건(崔廷健)의 시를 받아 권첩(卷帖)으로 만들고, 여기에 당대 문인들의 시를 받았다. 《簡易集 卷3 彰賜亭帖序》《五峯集 卷7 月陰里契卷序》

623 뜻하지……지으니 : 최립(崔岦, 1539~1612)의 《간이집(簡易集)》 권3 〈창사정권첩 서문〔彰賜亭帖序〕〉에 의하면, 이호민은 재산이 없었는데 명 황제의 하사금 덕택으로 정자를 경영할 계책이 이루어졌다고 하였다.

624 대려(帶礪) : 산려하대(山礪河帶)의 준말로, 공신의 가문은 영구히 작록(爵祿)을 보존하게 한다는 뜻이다. 한나라 고조(高祖) 유방(劉邦)이 개국 공신들을 책봉하면서 "황하가 변하여 끈처럼 되고, 태산이 닳아 숫돌처럼 될 때까지, 그대들의 나라가 영원히 존속되어, 후손들에게 전해지도록 할 것을 맹세한다.〔使河如帶, 泰山若礪, 國家永寧, 爰及苗裔.〕"라고 한 말에서 유래하였다. 《史記 高祖功臣侯者年表》 이호민이 임진왜란 때 왕을 의주로 호종(扈從)하였기에 그 공으로 1604년(선조37)

바람 서리 내리는 저녁 풍경 모름지기 지켜야 하니 風霜晩景須加護
세도가 공에 의지해 경중을 점치네 世道憑公卜重輕

사직을 부지한 공 이루고 곧 벼슬 그만두니[625] 扶社功成卽引年
재상에서 신선으로 바뀌는 데 어찌 방해가 되랴 何妨宰相易神仙
맑은 바람은 일찍이 대궐에서 사라졌으나 淸風夙向金門隱
현묘한 비결은 응당 옥 책상자에 전해지리 玄訣應從玉笈傳
만 리 조천길 가니 천자의 은택 젖었고 萬里朝天霑聖澤
십 금으로 땅을 사니 선영 곁이었네 十金買地傍先阡
윤음 작성하던[626] 씩씩한 필력 지금은 쓸모없으니 演綸健筆今無用
위곡[627]의 새 시로 많은 시에 화운하겠네 韋曲新詩和百篇

호성 공신(扈聖功臣) 2등으로 연릉군(延陵君)에 봉해졌고, 그 뒤 대광보국숭록대부(大匡輔國崇祿大夫)가 되고, 부원군(府院君)에 진봉된 것을 말한다.

625 벼슬 그만두니 : 원문의 '인년(引年)'은 늙었기에 관직에서 물러나는 치사(致仕)를 뜻한다.

626 윤음(綸音) 작성하던 : 연륜은 임금의 윤언(綸言)을 연역(演繹)한다는 뜻으로, 조정에서 임금의 윤음을 작성하는 것을 말한다. 《예기(禮記)》 〈치의(緇衣)〉의 "왕이 한 말이 실 같다면 밖으로 퍼지는 것은 윤(綸) 같다.〔王言如絲, 其出如綸.〕"라는 말에서 온 것이다.

627 위곡(韋曲) : 조상 대대로 살던 세거지를 말한다. 당(唐)나라 때 위씨는 위곡(韋曲)에, 두씨(杜氏)는 두곡(杜曲)에 살았는데, 위곡과 두곡은 모두 장안성 남쪽에 있었다. 당시 "성 남쪽의 위씨와 두씨는 하늘과의 거리가 1자 5치일 뿐이다.〔城南韋杜, 去天尺五.〕"라는 말이 있었다. 여기서는 이호민이 세거지로 은거하였기 때문에 이렇게 말한 것이다. 《辛氏三秦記》《雍錄 卷7》

서울 가는 아이들을 전송하며

送兒輩西行

서울 가는 길 다섯 가지 경계 있으니　西行有五戒
깊이 기억하여 잊지 말아라　念念勿忘焉
토잔[628]에서는 말 타지 말고　兎棧毋騎馬
금탄[629]에서는 배에 오르지 말아라　金灘莫上船
강이 얼었으면 봄에 건너길 삼가고　江氷春愼涉
길이 막혔으면 밤에도 잠자지 말아라　路梗夜休眠
더욱 두려워할 것은, 한성에 들어가는 날　更怕入城日
번화함에 마음이 쉬 변하는 것이니라　紛華心易遷

628 토잔(兎棧) : 경상북도 문경현(聞慶縣)에 있는 협곡 이름이다.

629 금탄(金灘) : 충주의 서쪽이 달천(獺川)이고 동쪽이 동달천인데, 탄금대(彈琴臺) 합수머리에서 만나 금탄(金灘)이 된다고 한다.

유계[630]잡영

西溪雜詠

서산 西山

진 씨[631]는 건안 사람이요	眞氏建安人
이 산은 동해 가에 있네	此山東海潯
사는 곳 우연히 이름이 같으나	所居偶同名
큰길 내 마음을 괴롭히네[632]	景行勞我心
어떤 사람인들 임금을 섬기지 않으랴만	何人不事君
공은 유독 임금을 사랑함이 깊었네	公獨愛君深
이제 와 남긴 상소[633] 읽어 보니	至今讀遺疏

630 유계(酉溪) : 이준의 집안인 흥양(興陽) 이씨(李氏)들의 반촌인 상주 청리면에 있는 유천(酉川)을 말한다.

631 진 씨(眞氏) : 진덕수(眞德秀, 1178~1235)로, 자는 경원(景元)·희원(希元)·경봉(景峰)·경희(景希), 호는 서산(西山), 시호는 문충(文忠)이며, 복건성(福建省) 건주(建州) 사람이다. 시정(時政)에 대해 자주 건의했고, 주소(奏疏)는 수십만 자에 이르렀다. 주희(朱熹)의 문인 첨체인(詹體仁)에게 수학하였으며, 정주이학(程朱理學)을 계승 발전시키는 데 힘썼다. 저술로《대학연의(大學衍義)》,《진문충공집(眞文忠公集)》 등이 있다.

632 큰길……괴롭히네 : 큰길의 원문 '경행(景行)'은《시경》〈거할(車舝)〉의 "높은 산을 우러러보고 큰길을 따르도다.〔高山仰止, 景行行止.〕"라는 구절에서 연유하였다. 높은 산과 큰길처럼 훌륭한 분을 우러러 흠모하는 마음을 말한다. '내 마음을 괴롭히네'는《시경》〈연연(燕燕)〉에 "바라보아도 미칠 수 없어 내 마음 실로 괴롭네.〔瞻望弗及, 實勞我心.〕"라는 구절에서 따온 것으로, 진덕수의 학문적 수준에 따라가지 못하여 마음이 괴롭다는 뜻이다.

밝은 해가 외로운 내 마음에 비추네 皎日照孤忱

서실 書室

서가에 책 수백 권 꽂혔고 架插數百卷
창문에는 신광이 빛나네 窓牖燭神光
읽으니 마음이 매우 열리고 讀來心孔開
읽지 않으니 혀가 딱딱해지네 不讀舌本强
젊을 때 보고 기억하길 힘써야 하니 少時務記覽
늙으면 잊어버리는 것 많다네 老去多廢忘
새것 되풀이하니 시력이 약해지지만 繙新眼力短
옛것 익히니 의미가 오래가네 溫故意味長

석간 石澗

서쪽 물줄기가 가운데 물과 합쳐지니 西澗合中澗
검푸르고 찬 물결 맑아서 바닥이 보이네 紺寒清見底
늦여름에도 바람은 그치지 않고 六月風不歇
한밤중에 빗물이 항상 뿌려지는 듯하네 三更雨每灑
늙은이 돌 위에 앉아 老翁坐石上
때때로 맑은 물에 장난하네 時時弄清泚
이로부터 마음속은 自此方寸中

633 남긴 상소 : 진덕수는 많은 상소를 올렸는데, 특히 1225년에 올린 〈소제예시상전주차(召除禮侍上殿奏箚)〉에 "건도(乾道)·순희(淳熙) 연간에는 조정에 벼슬하는 자는 선물이 문 앞에 이르는 것을 수치로 여겼고, 외직을 맡은 자는 선물 보따리가 도읍에 들어옴을 수치로 여겼다."라는 내용이 있다. 《西山文集 卷4 召除禮侍上殿奏箚》

더위와 번뇌가 문득 씻긴 듯하네　熱惱頓如洗

채소밭 菜畦

이슬에 젖은 새 나물을 따니　和露摘新蔬
푸르고 푸르게 옥이 광주리에 가득하네　青青玉滿筐
삶아서 저녁 밥 반찬으로 하니　爛烹佐晩食
수저에 아직도 향기가 남았네　匙箸猶帶香
어리석구나 만양[634]의 꿈이여　癡哉萬羊夢
늦었구나 몇 이랑의 별장이여　晩矣數畝莊
마음속에 진실로 걸릴 것 없다면　心中苟無累
나물밥이 고량진미보다 낫다네　菲食勝膏粱

산뽕나무 마을 柘村

해마다 누에 치는 달엔　年年養蠶月
누에 치는 여인 누에가 주릴까 근심하네　蠶婦憂蠶飢
처마 둘레에 뽕나무 심으니　遶簷種桑樹
푸른 그늘이 이미 우거졌네　綠陰已離離

634 만양(萬羊) : 부귀영화를 뜻한다. 당 무종(唐武宗) 때의 재상 이덕유(李德裕, 787~849)가 한번은 화복(禍福)을 잘 알아맞히는 스님을 불러 자신의 앞날을 물어보았는데, 스님은 그에게 남쪽으로 멀리 폄적되어 갔다가 머지않아 돌아올 것이라고 하였다. 이덕유의 운명에 양 1만 마리를 먹게 되어 있는데, 아직 500마리가 차지 않았기 때문이라는 것이었다. 10여 일 뒤에 진무절도사(振武節度使)가 쌀과 양 400마리를 보내오자 이덕유는 매우 놀라 돌려주려고 하였으나, 스님은 이미 받은 것이어서 귀양 가면 다시는 돌아오지 못할 것이라고 하였는데, 10일 뒤에 조주(潮州)로 폄적되었다고 한다. 《古今事文類聚 後集 卷39 毛蟲部 羊 當食萬羊》《宣室志 卷9》

들 밖의 모든 초목들　野外凡草木
매우 무성한 것이 눈을 기쁘게 하네　悅目多葳蕤
나라 경륜하는 일을 논하지 말라　莫論經綸事
공용이 이〔잠부〕에 미치지 못한다네　功用不及伊

누런 버드나무 黃楊

아버지께서 너를 매우 사랑하여　先君酷愛汝
재배하는 데 힘을 얼마나 쏟았던가　幾費栽培力
지난해에 말라 죽은 것이 참혹하니　往年慘枯死
조물주도 애석해 마지않았네　造物惜不得
이웃집에서 옮겨 심으니　移植自隣家
여전히 옛 빛깔이었네　依然舊顏色
귀하게 여기는 바는 추워진 뒤에도 무성한 것이니　所貴歲寒榮
윤년의 액운[635]을 어찌 마음 아파하리오　何傷閏年厄

벽오동 碧梧

벽오동나무 손수 심은 것이　手植梧桐木
삼 년 만에 이미 푸른 하늘에 닿았네　三年已摩蒼
붉은 줄[636] 덮이는 것 바라지 않았으니　不願朱絲被

635 윤년의 액운 : 윤년에는 황양목, 즉 회양목이 액운을 당한다는 말이다. 이 시제는 소식(蘇軾)의 "뜨락의 초목 봄이 오면 무수히 자라건만, 오직 황양목은 윤년에 재앙을 당한다네.〔園中草木春無數, 只有黃楊厄閏年.〕"라는 시구에서 나온 것인데, 소식의 자주(自註)에 "속설(俗說)에 의하면, 황양목이 1년에 한 치씩 더디게 자라다가 윤년을 만나면 오히려 세 치가 줄어든다고 한다." 하였다. 《蘇東坡詩集 卷11 監洞霄宮兪康直郎中所居四詠 退圃》

하물며 푸른 봉황의 날갯짓[637]을 바라겠는가 況望靑鳳翔
해마다 늦여름 날씨에 年年六月天
더위 피할 방법이 매우 없네 避暑苦無方
그늘 아래 이 흰머리 늙은이는 蔭此白首翁
즐거워하며 희황[638]을 마주하네 熙熙對羲皇

창포 菖蒲

시냇물 바닥의 우거진 창포 茸茸澗底蒲
구절[639]의 상품이 많구나 九節多上品
땅이 그윽하니 뿌리는 절로 오래되고 地幽根自老
날씨 차가우니 빛깔은 더욱 늠름하네 天寒色逾凜

636 붉은 줄 : 원문 '주사(朱絲)'는 금슬(琴瑟)의 붉은 현(弦)으로, 벽오동나무로 거문고를 만든다는 뜻이다. 《예기(禮記)》 〈악기(樂記)〉에 "청묘(淸廟)에 쓰는 악기는 주현으로 하고, 또 소리를 부드럽게 하기 위해 악기 밑에 큰 구멍을 뚫는다."라고 하였다.

637 봉황의 날갯짓 : 부귀를 바라지 않는다는 의미이다. 《시경》 〈권아(卷阿)〉의 전(箋)에 "봉황의 성질은 오동나무가 아니면 깃들이지 않고, 대 열매가 아니면 먹지 않는다.〔鳳凰之性, 非梧桐不棲, 非竹實不食.〕"라고 한 것을 원용하였다.

638 희황(羲皇) : 희황은 상고(上古) 때의 전설적 임금인 복희씨(伏羲氏)를 말한다. 진(晉)나라 은사인 도잠(陶潛)이 말하기를, "더운 여름날에 느긋하게 북쪽 창가에 누워 있으면 맑은 바람이 서늘하게 불어와 스스로 생각해도 내가 희황 상인(羲皇上人)처럼 여겨진다."라고 하였는데, 곧 희황 상인은 순박하고 염담(恬淡)하여 아무런 세속적 영위(營爲)가 없는 태고 시절의 백성을 비유하는 말이다. 《晉書 陶潛傳》

639 구절(九節) : 창포(菖蒲)의 한 치마다 아홉 개 이상의 마디가 있는 것을 말하는데, 창포 중에 이것이 가장 상품이라고 한다. 《포박자(抱朴子)》 〈선약(仙藥)〉에 "창포는 반드시 돌 위에서 난 것으로, 한 치마다 아홉 마디 이상인 데다 자줏빛 꽃이 핀 것이 더욱 좋다."라고 하였다.

하늘과 땅에 굳센 기운 있으니 乾坤有勁氣
미물〔창포〕 또한 함께 부여받았네 微物亦同稟
산뜻하게 세속의 자태 없으니 蕭然無俗姿
은자의 사랑함이 매우 깊네 幽人愛偏甚

함담[640] 菡萏

아름다운 꽃 수선이라 부르니 天葩號水仙
이슬이 씻어 주어 더욱 곱구나 露洗更嬋研
비단 버선 신고 사뿐히 달빛에 걷고 羅襪微步月
얼음 같은 자태 근심스레 안개에 기대네 氷姿愁倚煙
정을 머금었으니 무엇을 하소연하려는 듯하고 含情欲何訴
그림자 돌아보니 스스로 불쌍히 여기는 듯하네 顧影如自憐
천 년 동안 나를 알아주는 이 적었는데 千載少知己
삼생에 누구와 인연을 맺었는가 三生誰結緣

신이[641] 백거이의 시에 '신이화는 희고'[642]란 구절이 있는데, 세상에서 이 꽃을 신이라 부르는 것은 잘못이다. 이제 황매로 부르고자 한다 辛夷 白詩有辛夷花白

640 함담(菡萏) : 일반적으로 연꽃을 말한다. 연의 경우 부위에 따라 명칭이 다른데, 최립(崔岦, 1539~1612)의 《간이집(簡易集)》 권2 〈영허당기(盈虛堂記)〉에 의하면, 뿌리를 우(藕), 줄기를 가(茄), 잎을 가(葭), 꽃을 함담(菡萏), 꽃의 열매를 연(蓮), 그 연 속의 것을 적(的), 적 속의 것을 의(薏)라고 한다. 그러나 저본의 내용은 연꽃이 아닌 수선화를 읊고 있다.

641 신이(辛夷) : 개나리라고도 하고 목련이라고도 하는데, 둘로 다 쓰이는 듯하다. 《국역 임하필기》 제35권의 〈벽려신지(薜荔新志)〉에도 "세상 사람들은 모두 개나리인 황만화(黃蔓花)를 신이(辛夷)라고 하는데, 《본초(本草)》에는 목련인 목필화(木筆花)가 신이로 되어 있다."라고 되어 있다. 그러나 이준은 황매화로 인식하고 있다.

之句 俗呼此花爲辛夷者非也 今欲號以黃梅

그늘진 언덕에 눈은 아직 안 녹았는데 陰崖雪未消
성근 꽃잎 황금빛으로 빛나네 疎蕊金色燦
세상 사람들 번화함을 중히 여기니 世人重繁華
외로운 꽃은 누가 즐겨 완상하랴 孤芳誰肯玩
품격을 만약 논할 수 있다면 品格如可論
매형[643]과 매우 짝할 수 있네 梅兄堪作伴
그런데도 아름다운 이름 없으니 尙恨無佳名
황매라 부르고자 하네 欲以黃梅喚

두견화[644] 중국 사람들은 만산홍이라고 부른다 杜鵑 華人號爲滿山紅

산을 덮었다가 다시 물에 비치니 遮山復映水
네가 봄빛을 매우 차지하였구나 爾偏占春光
초요[645]의 불이 깃발에 펄럭이고 僬僥火翻旗

642 신이화(辛夷花)는 희고 : 당나라의 시인이자 문신인 백거이(白居易, 772~846)의 시집인 《백향산시집(白香山詩集)》 권16의 〈대춘증〔代春贈〕〉의 승구에 나오는데, "산은 푸른 남기 토하고 물을 빛을 발하며, 신이화는 희고 버들가지는 누르다.〔山吐晴嵐水放光, 辛夷花白柳梢黃.〕"라고 하였다. 백거이 시의 '신이'는 백목련을 가리킨다.

643 매형(梅兄) : 매화를 말한다. 앞의 주 489 '수선화의 형' 참고.

644 두견화(杜鵑花) : 진달래꽃으로, 산석류(山石榴)라고도 한다. 전국 시대 말기에 촉(蜀)나라 망제(望帝)인 두우(杜宇)는 만년에 재상에게 제위를 선양하고 죽은 뒤 그 원통한 넋이 두견으로 화하여 밤새 울다가 피를 토하고야 그쳤으며, 또 두견새가 토한 피로 물든 꽃이 두견화가 되었다는 전설이 있다. 《華陽國志 卷3 蜀志》

645 초요(僬僥) : 고대 전설 속의 난쟁이로, 《열자(列子)》 〈탕문(湯問)〉에 "중원으

구루[646]의 단사가 꽃판에 점찍었네	句漏砂點房
비 오는 틈을 타 몇 떨기 캐어	乘雨斸數叢
꽃이 상에서 피는 것 보기를 기다리네	待看花拂床
만약 흐드러지게 피우고자 한다면	若欲開爛熳
뿌리를 상하게 하지 말라	莫使根本傷

로부터 동으로 40리를 가서 초요국(僬僥國)을 얻었는데, 사람들의 키가 한 자〔尺〕 다섯 치〔寸〕이다." 하였다. 여기서는 진달래가 키가 작기 때문에 초요에 비긴 것이다.

646 구루(句漏) : 중국 광서(廣西) 북류현(北流縣)에 있는 산이다. 진(晉)나라의 선인(仙人) 갈홍(葛洪)은 선도(仙道)를 좋아하였는데, 구루 지방에 선약(仙藥)의 재료가 되는 단사(丹沙)가 생산된다는 말을 듣고 자청하여 구루 영이 되어 그곳에서 단사를 제련하였다 한다. 《晉書 葛洪列傳》 진달래꽃이 붉은 단사처럼 선명함을 표현하기 위해 끌어온 것이다.

그윽한 거처의 초여름[647]

幽居初夏

작은 시냇가에 띳집 몇 칸 있으니	數間茅屋小溪濱
고요한 가운데 늙은 몸 붙이기에 마땅하네	靜裏端宜着老身
푸른빛은 이미 남쪽 시냇가 버들과 어우러지고	翠色已交南澗柳
서늘한 그늘은 북쪽 창가의 대나무와 만나네	凉陰欲合北窓筠
아취 이루어지니 절로 말을 잊는 경지에 이르고	趣成自到忘言地
뜻이 맞으니 참으로 세상을 오만히 여기는 사람 같네	意得眞如傲世人
송료[648] 다 마시고 그대로 취해 잠드니	飮罷松醪仍醉睡
베갯가에 들리는 새소리에 자주 잠 깨네	枕邊啼鳥喚醒頻

647 그윽한 거처의 초여름 : 이 시는 장현광(張顯光)의 《여헌집》 속집 권1에 실린 〈이 부천의 유거에 쓰다〔題李缶川幽居〕〉와 내용이 동일하다.

648 송료(松醪) : 솔잎이나 솔뿌리를 넣고 빚은 탁주를 가리킨다. 소식(蘇軾)의 〈중산송료부(中山松醪賦)〉에 "뽕나무 느릅나무에서 재료를 거두어, 중산의 송료를 담근다."라고 하였다.

의국의 담장 모퉁이에 산국화가 있는데 바람 서리가 몰아치는데도 힘써 맞서는 모습이 있었기에 감동하여 시를 지어 좌중에 보이다 일명 가국화라고 한다

醫局墻隈有山菊花 爲霜風所撲 有力戰之狀 感而賦之示座中 一名假菊花

산국화는 진짜가 아닌 가짜이나	山菊花假非眞
분명하게 참 거짓을 가릴 필요 없네	不用分明辨眞假
꽃 이름은 비록 가짜지만 절개는 진짜이니	花名雖假節是眞
바람 서리와 괴롭게 싸우며 오히려 꺾이지 않네	苦戰霜風猶不挫
평소 손뼉 치며 절의를 논하니	平居抵掌談節義
남자의 마음은 이와 같이 커야 하리라	男子心期如許大
하루아침에 어려움 만나 바람에 쓸리는 풀 같다면	一朝臨難草靡風
자신의 삼강오륜은 침 뱉는 것보다 가벼우리	身上三綱輕一唾
작은 담장 모퉁이의 산국화	山菊花小墻隈
꽃은 엽전보다 작고 흰색은 옅네	花小於錢白色淺
비록 옥 같은 눈에 자랑할 좋은 모습은 없으나	雖無好貌誇玉雪
여전히 서리 눈을 깔보는 곧은 자태 있네	尙有貞姿傲霜霰
예로부터 사물의 본성도 절로 떳떳함 있는데	由來物性自有常
어찌하여 사람의 마음은 쉽게 변하는가	奈何人心易受變
그대는 보지 못하였나	君不見
오랑캐 조정에 머리 조아리며 애걸한 무리가	頓顙胡庭乞哀輩
명절을 끝내 초개처럼 천하게 버린 것을	名節終歸草芥賤

정한강[649]에 대한 만시

挽鄭寒岡

예의 교화 막 쇠하여 우리 공 기다렸더니	禮敎將衰待我公
여러 학설 절충하여 어리석은 무리 이끌었네	折衷諸說導羣蒙
통덕문[650] 활짝 열어 문풍이 비로소 떨쳐졌더니	門開通德文方振
신안 사람[651] 떠나자 도학이 또 궁해졌네	人去新安道又窮
청사[652]의 높은 이름은 응당 북두처럼 추앙받고	筠史高名應仰斗
백대[653]의 맑은 절개는 새바람 일으킨 것 생각하네	柏臺淸節想生風
소매 속에 일판향 아직 남아 있으니	袖中一瓣香猶在

649 정한강(鄭寒岡) : 정구(鄭逑, 1543~1620)로, 본관은 청주(淸州), 자는 도가(道可), 호는 한강(寒岡), 시호는 문목(文穆)이다. 이황(李滉, 1501~1570)과 조식(曺植, 1501~1572)의 문인이다. 천거로 벼슬길에 나아가 형조 참판과 대사헌 등을 지냈다. 근기남인의 실학자들에게 큰 영향을 주었다. 저본에는 만시 3수가 실려 있고, 《한강연보》 권4에는 2수가 실려 있는데, 공통되는 것은 1수뿐이다.

650 통덕문(通德門) : 후한 때 대학자 정현(鄭玄)의 덕을 표창하기 위해 그의 고향인 고밀현(高密縣)에 만든 문이다. 곧 정구를 정현에 견주는 뜻으로 인용한 것이다.

651 신안(新安) 사람 : 신안현이 고향인 주희(朱熹)를 말하는데, 이 또한 정구를 주희에게 견준 것이다.

652 청사(靑史) : 원문은 '균사(筠史)'로, 역사를 말한다. 종이가 없던 시절 푸른 대껍질에 사실(史實)을 기록하던 데서 유래한다.

653 백대(柏臺) : 사헌부로, 한(漢)나라 때 이곳에 잣나무를 많이 심었기에 백부(柏府)·백대라고 한다. 《漢書 朱博傳》 정구는 1608년(광해군 즉위년) 3월, 대사헌 겸 세자보양관에 특배되었는데 임해군(臨海君)의 역모사건이 발생하자 관련자를 모두 용서하라는 소를 올린 뒤 대사헌직을 그만두고 귀향하였다.

혹 당년의 범백숭을 기억하실까[654] 倘記當年范伯崇

큰 절개로 당시에 험난함을 겪었으나[655] 大節當時歷險夷
만년에는 형비[656]에서 굶주림을 잊을 수 있었네 晩來衡泌足忘飢
백매원[657]이 깨끗하니 자주 지팡이 짚고 거닐었고 百梅園淨頻携杖
천 길 한강[658]에서 옷깃 몇 번 떨쳤던가 千仞岡寒幾振衣

654 소매……기억하실까 : 일판향(一瓣香)은 본디 불가(佛家)에서 숭배하는 사람을 공경하는 뜻으로 피우는 한 조각의 향으로, 흔히 스승의 정신과 학문을 가리킨다. 백숭(伯崇)은 주희(朱熹)의 문인인 범염덕(范念德)의 자인데, 이준(李埈)이 자기를 그에게 견주어 한 말이다. 곧 이준의 스승인 유성룡(柳成龍)과 정구는 다같이 이황의 문인으로서 학문의 경향이 같기 때문에 후일 지하에서 정구를 만났을 때 자기를 기억해 주기를 바라며 스스로 반문한 것이다. 저본의 '당년(當年)'이 《한강 연보》 권4 만장(輓章)에는 '타년(他年)'으로 되어 있다.

655 큰……겪었으나 : 정구가 1608년 임해군(臨海君)의 옥사가 일어나자 관련자를 모두 용서하자는 상소를 올린 것과 1613년 계축화옥(癸丑禍獄)이 일어나자 다시 상소를 올려 영창대군(永昌大君)을 구하려 한 것, 그리고 1617년 폐모론(廢母論) 때에도 인목대비(仁穆大妃)를 서인(庶人)으로 쫓아내지 말 것을 주장한 것 등을 말한다.

656 형비(衡泌) : 나무를 가로질러 만든 보잘것없는 문인 형문(衡門)과 그곳에 흐르는 샘물인 비천(泌泉)으로, 은자(隱者)가 지내는 곳을 말한다. 《시경》 〈형비(衡泌)〉에 "형문의 아래 한가히 지낼 만하고, 비천이 넓고 넓으니 굶주림을 달랠 만하네.〔衡門之下, 可以棲遲; 泌之洋洋, 可以樂飢.〕"라는 말에서 유래하였다. 정구가 은둔하면서 많은 저술 활동을 하며 제자를 기른 것을 말한다.

657 백매원(百梅園) : 정구가 41세 때 성주(星州) 창평(蒼坪)에 회연초당(檜淵草堂)을 조성하면서 그 정원에 매화나무 100그루와 대나무를 심고 정원의 이름을 백매원(百梅園)이라 하였다. 《寒岡先生年譜 卷1》

658 한강(寒岡) : 한강정사(寒岡精舍)로, 정구(鄭逑)가 31세 때인 1573년(선조6)에 성주 창평산(蒼坪山) 선영 아래 외강(外岡)에 선영(先塋)을 보살필 목적으로 집을 짓고, 주희(朱熹)의 한천정사(寒泉精舍)의 '한(寒)' 자에 선영의 외강이라는 '강

길 잃은 이에게 분명히 알려 줌 자신의 임무로 삼아 指掌迷途爲己任
마음으로 나라 근심함을 하늘은 알아줌이 있으리라 寸心憂國有天知
법문[659]께서 마침 흥쇠의 운수를 만났기에 法門會值興衰運
슬프게도 소미성[660] 상서로운 빛이 사라졌네 可惜祥輝閟少微

-정원에 매화나무 100그루를 심고 인하여 백매원(百梅園)이라 이름하였다.-

교화가 인향[661]의 예도와 겸양 가운데 남았으니 化在仁鄕禮讓中
가르침을 베푼 횡거[662]의 유풍이 남아 있네 橫渠設敎有遺風

(岡)' 자를 붙여 이름한 것이다.

659 법문(法門) : 원래 불가(佛家)의 말로, 여러 부처님의 말씀은 세상의 법칙이 된다고 하여 법이라 하고, 이 법은 여러 성인이 도에 들어가는 문이 된다고 하여 붙여진 이름인데, 후세에는 유가에서도 그대로 사용하였다. 여기서는 정구의 대칭으로 사용되었다. 정구의 다양한 분야에 걸친 방대한 저술은 이황학파의 주자를 기반으로 한 학문적 전통과 서경덕·조식학파의 박학(博學)의 전통을 계승한 결과로, 근기남인 실학파의 탈주자학적 사상에 영향을 주었다.

660 소미성(少微星) : 처사(處士)를 상징하는 별자리로, 이 별이 빛나면 처사가 세상에 나오고 빛을 잃으면 처사가 죽는다고 한다. 진(晉)나라 사부(謝敷)가 태평산(太平山)에 은거하였는데, 어느 날 달이 소미성을 가리자 점쟁이가 "처사가 죽을 것이다." 하였고, 사부가 죽었다고 한다. 《晉書 謝敷列傳》

661 인향(仁鄕) : 상대방이 사는 고장을 높여 부르는 말로, 여기서는 정구가 살았던 경상북도 성주를 가리킨다.

662 횡거(橫渠) : 송대(宋代)의 학자 장재(張載)의 호이다. 그는 젊어서 병사(兵事)를 담론하기 좋아했는데 범중엄(范仲淹)으로부터 "유자에게 스스로 명교(名敎)가 있어 즐길 만하거늘, 어찌하여 병사를 일삼겠는가."라는 경계와 함께 《중용(中庸)》을 읽으라는 권유를 받고 《중용》을 읽었다. 그러나 그것에 만족하지 않고 또 석씨(釋氏), 노씨(老氏)를 찾아가 수년 동안 불교(佛教) 등을 연구했으나 역시 아무런 소득이 없음을 알고는 마침내 돌아와서 육경(六經)에 전념했다. 《宋史 張載傳》 정구

이른 나이의 때맞은 비[663]는 퇴계에게 맞았고	早年時雨霑陶社
백대의 학문 연원은 포은에 닿아 있네	百代淵源泝圃翁
천곡[664]에서 심경 강의하여 유학 목탁 울렸더니[665]	川谷講心儒鐸振

역시 제자백가·역사·산수(算數)·병진(兵陳)·의약(醫藥)·복서(卜筮)·풍수지리 등 여러 방면에 걸쳐 박학하였으나 마침내 유학으로 돌아왔고 예학에 조예가 깊어 많은 예서를 편찬했기 때문에 장재에 비긴 것이다.

663 때맞은 비 : 사람 교화하는 것을 때맞춰 내리는 비에 비유한 말이다. 앞의 주 298 '때맞은……베풀어졌네' 참고.

664 천곡(川谷) : 경상북도 성주를 말하는데, 이 지역에 이천(伊川)과 운곡(雲谷)이라는 지명이 있기 때문이다. 여기서는 경상도 성주(星州) 벽진면(碧珍面) 해평리(海平里)에 있던 천곡서원(川谷書院)을 말한다. 1558년(명종13) 성주 목사로 있던 노경린(盧慶麟)을 중심으로 한 지방 유림의 공론으로 송나라의 정이(程頤)와 주희(朱熹), 우리나라의 김굉필(金宏弼)과 이언적(李彦迪)의 학덕을 추모하기 위하여 창건되었다. 창건 당시에 연봉서원(延鳳書院)이라 칭하였으나 정구 등이 천곡으로 개칭하였다. 선조 6년(1572) 사액(賜額)되었으며 뒤에 정구와 장현광(張顯光)을 추배(追配)하였다.

665 심경……울렸더니 : 정구는 《심경(心經)》을 중시하여 외출할 때에도 손에서 떼지 않았으며 아침저녁으로 읽고, 제자를 가르치는 주된 교재로 삼았다. 1603년 정민정(程敏政)의 《심경부주(心經附註)》를 비판한 이황의 《심경후론(心經後論)》을 계승해 《심경발휘(心經發揮)》를 저술했는데, 육구연(陸九淵)의 입장을 반영한 정민정의 설을 모두 삭제하고 이정(二程)과 주자의 설을 새롭게 재구성한 것이다. 목탁(木鐸)은 옛날 정교(政敎)를 베풀 때에 흔들어서 사람들을 경계시키던 도구인데, 전하여 세인(世人)을 가르쳐 인도할 만한 성인을 가리킨 것으로, 유가(儒家)의 종사(宗師)로서의 역할을 말한다. 《논어》 〈팔일(八佾)〉에, 의(儀) 땅의 봉인(封人)이 공자를 만나 보기를 요청하면서 "이곳에 오는 군자들을 내가 만나 보지 않은 적이 없다." 하여 공자의 제자들이 만나 보게 해 주었다. 그 사람이 공자를 만나 보고 나와서 제자들에게 "당신들은 선생이 지위를 잃은 것을 근심할 필요 없겠소. 천하가 무도한 지 오래이니, 하늘이 아마도 부자를 목탁으로 삼으실 것이오."라고 한 데서 나왔다.

가야산 모퉁이 무너지니[666] 사림이 텅 비었네　倻山折角士林空
세도 쇠하고 다시 철인(哲人) 사망의 애통함 품으니 世衰更抱人亡慟
이 마음을 어떻게 하늘에 하소연할까　此意何由訴上穹

666 가야산 모퉁이 무너지니 : 한강의 죽음을 말한다. 《한강 연보》에 의하면, 그의 나이 77세이던 1619년(광해군11)에 가야산의 북쪽 모서리가 무너졌고, 한강이 죽은 1620년 1월 5일 아침에는 사수(泗水) 가의 나뭇가지에 상고대가 끼는 이변이 있었는데, 사람들이 모두 한강 선생이 운명할 조짐이라고 말하였다.

귀래재[667] 한 상서에게 부침

寄歸來齋韓尙書

당시 강과 산의 빼어난 기운이 모이니 河岳當年間氣鍾

태산 같은 명성 무거웠으나 운명은 도리어 궁했네 泰山名重命還窮

어제 그르고 오늘 옳음에 귀전원[668]을 읊었으나 昨非今是歸田賦

뒤에 즐거워하고 먼저 근심하며 나라에 충성 맹세했네 後樂先憂許國忠

667 귀래재(歸來齋) : 한준겸(韓浚謙, 1557～1627)으로, 본관은 청주(淸州), 자는 익지(益之), 호는 유천(柳川)·귀래재, 봉호는 서원부원군(西原府院君), 시호는 문익(文翼)이다. 인조의 장인이다. 1586년(선조19)에 문과에 급제한 뒤 우승지·대사성·경상 감사 등을 거쳐 1601년 1월 사도 도체찰부사(四道都體察副使)가 되었으며, 1607년에 평안도 관찰사를 거쳐 이후 함경 감사·대사헌·도원수 등을 역임하였다. 선조로부터 영창대군(永昌大君)의 보필을 부탁받은 유교칠신(遺敎七臣)의 한 사람이다. 함흥의 문회서원(文會書院)에 제향되었으며, 저서로 《유천유고(柳川遺稿)》가 있다. 한준겸은 선영(先塋)이 있는 원주(原州)의 시골 마을에다 조그마한 집을 짓고서 '귀래재(歸來齋)'라 명명(命名)하고는 다시 그 위에 '유천(柳泉)'이라는 두 글자를 덧붙인 사실이 있다. 《簡易集 卷2 柳泉歸來齋記》

668 귀전원(歸田園) : 관직에서 은퇴하고 전원으로 돌아가 한가한 삶을 영위하려는 뜻을 말한다. 원문 '귀전부(歸田賦)'는 도잠(陶潛)의 〈귀거래사(歸去來辭)〉와 〈귀전원(歸田園)〉 등에서 유래한 말이다. 여기서는 전원으로 돌아가 한가한 삶을 영위하려는 뜻이 있으면서도 관직을 맡아 먼 길을 가는 신세를 말한 것이다. 한준겸은 1613년(광해군5) 계축옥사에 연루되어 고향으로 쫓겨났다가 1617년에 유배되어 계속 귀양살이를 하던 중에, 1621년(광해군13) 오랑캐의 침입에 대비할 적임자로 뽑혀 유배지에서 지중추부사(知中樞府事)로 임명되는 동시에 오도 도원수(五道都元帥)가 되어 국경을 수비하러 떠나게 되었는데 이러한 상황을 표현한 것이다.

편지는 아득히 멀어 떠나는 기러기에 의지하고　書信迢迢憑旅雁
흐르는 세월은 빨라 찬 귀뚜라미 우네　流光忽忽泣寒蛩
위기에는 모름지기 영웅의 힘에 의지해야 하니　艱危須藉英雄力
우두커니 이 어른이 기안한 난서[669]를 보네　佇見鸞書起此翁

한번 이별한 뒤 그리움 세월 따라 깊어지는데　一別風神歲月深
이 생애에 어느날 다시 마음을 논할까　此生何日更論心
먼 노정은 괴롭게도 산과 강이 막혀있고　長程苦被山河隔
짧은 갈옷은 눈비 맞을까 근심일세　短褐仍愁雨雪侵
지극한 보배인 백벽을 팔 마음[670]은 없으나　至寶無期沽白璧
명군의 시대에 황금으로 주조한 상[671]이 있다네　明時有像鑄黃金

669 난서(鸞書) : 난봉서(鸞鳳書)의 준말로, 전설상에 서체(書體) 가운데 하나인데, 중국 태고 때 황제(黃帝) 헌원씨(軒轅氏)의 아들 소호(少昊) 금천씨(金天氏)가 만들었다고 한다. 옛날에 조서(詔書)를 학두서체(鶴頭書體)로 써서 학서(鶴書)가 조서를 지칭하는 말로 쓰이는 것처럼, 여기서는 난서 역시 조서를 지칭하는 말로 쓰인 듯하다. 즉 우리나라 임금이 오랑캐 방비를 위해 중국 황제에게 도움을 요청하는 조서를 가리킨다.

670 백벽(白璧)을 팔 마음 : 조정에 나가 벼슬할 마음을 뜻한다. '백벽'은 티없이 흰 바탕의 매우 진귀한 옥이다. 전국 시대 우경(虞卿)이 일찍이 짚신을 신고 우산을 등에 맨 채로 돌아다니다가 조(趙)나라에 가서 효성왕(孝成王)을 만나 유세하였는데, 처음 만나 유세하고서는 황금(黃金) 100일(鎰)과 백벽(白璧) 한 쌍(雙)을 하사받았고, 재차 만나 유세하고서는 조나라의 상경(上卿)이 되던 고사에서 유래하여, 백벽이 왕의 지우(知遇)를 받는 전고로 쓰이게 되었다.《史記 虞卿列傳》

671 황금(黃金)으로 주조(鑄造)한 상(像) : 옛날 백아(伯牙)는 거문고를 잘 타고 그의 친구 종자기(鍾子期)는 거문고 소리를 잘 알아들었다. 그런데 종자기가 죽자 백아가 자기의 거문고 소리를 알아들을 사람이 없다 하여 마침내 거문고를 부숴 버

출처는 시운에 달렸음을 오래전부터 알았으나　　久知出處關時運
그럼에도 임금 생각에 눈물이 옷깃에 가득하네　　猶自思君淚滿襟

리고 종신토록 타지 않았고, 황금(黃金)으로 종자기의 상(像)을 주조해 놓고 평생 동안 그리워했다고 한다. 《列子 湯問》 명군의 시대에는 벼슬살이보다 지기지우(知己之友)가 있는 것이 더욱 중요함을 표현한 말이다.

지은이 **이준(李埈)**

1560년(명종15)~1635년(인조13). 경북 상주 달내〔酉川〕 출신으로, 본관은 흥양(興陽), 자는 숙평(叔平), 호는 창석(蒼石)이다. 어린 시절에 석천(石川) 김각(金覺)과 서산(西山) 민은(閔誾)에게 배웠고, 그 뒤에 서애(西厓) 유성룡(柳成龍, 1542~1607)에게 수학하였다. 1582년(선조15) 생원시에 합격하고, 1591년(선조24) 문과에 급제하여 권지교서관정자(權知校書館正字)에 보임되었다. 임진왜란이 일어나자 고향으로 돌아와 의병을 일으켜 우복(愚伏) 정경세(鄭經世, 1563~1633)를 주장(主將)으로 하고 자신은 소모장(召募將)이 되어 백화산 고모담에 진을 치고 왜적에게 대항했다. 1595년에는 경상도 도사가 되었고, 이후 예조 정랑, 단양 군수 등을 역임하였으며, 1604년 주청사(奏請使)의 서장관으로 명나라에 다녀왔다. 남긴 글과 저서로는 중국 역대 왕들의 덕행과 신하들의 정사(正邪)를 밝힌 《중흥귀감(中興龜鑑)》, 임진왜란 때 형님인 월간(月澗) 이전(李琠, 1558~1648)이 자신을 업고 피신한 일을 그림으로 그리게 하고 조선 명사 26명이 여기에 서문과 시를 붙여 만든 화첩 《형제급난도(兄弟急難圖)》 등이 있다.

옮긴이 **김숭호(金崇浩)**

한문학 전공으로 박사학위를 받았다. 현재 한국고전번역원 권역별거점연구소 경북대학교 영남문화연구원 선임연구원으로 재직하고 있다. 한문 공부 모임인 주덕회(周德會) 회원이다. 역서로 《전쟁은 속임수다》가 있고, 《주자대전》, 《목재집》, 《구사당집》, 《입재집》 등의 번역에 참여하였다. 편서로 《초결가·초천자》가 있다.

한국고전번역원 권역별거점연구소협동번역사업
경북대학교 영남문화연구원 연구진

연구책임자 정병호(경북대학교 한문학과 교수)
공동연구원 이규필(경북대학교 한문학과 교수)
선임연구원 김영옥
김승호
보조연구원 정지아 · 허태환
자문 이갑규(한국국학진흥원 대구강원 주임교수)

창석집 1
이준 지음 | 김승호 옮김
2025년 12월 31일 초판 1쇄 발행
편집 · 발행 경북대학교출판부 | 등록 1973년 10월 10일 ㉣97호
주소 대구광역시 북구 대학로 80
전화 053-950-3830 | 팩스 053-953-4692 | 이메일 press@knu.ac.kr

값 30,000원

ISBN 978-89-7180-666-1 94810
978-89-7180-665-4 (세트)